자활정책론

자활정책론

초판 1쇄 인쇄 2006년 11월 25일
초판 1쇄 발행 2006년 12월 5일

지은이 / 이인재 편

펴낸곳 / 도서출판 나눔의집
펴낸이 / 박정희
주   소 / 152-790 서울시 구로구 구로3동 182-13번지
            대륭포스트타워 2차 1205호
전   화 / 02-2082-0260~2
팩   스 / 02-2082-0263
Nanum@ncbook.co.kr

값 16,000원
ISBN 89-5810-100-8 (93330)

●파본은 구입하신 곳에서 바꿔 드립니다.

비판과대안을위한사회복지학회
한국 사회복지학 쟁점 총서 04

자활정책론

이 인 재 편

사회복지
전문출판 나눔의 집

자활지원사업이 우리 사회에 제도화된 지도 벌써 5년이 지났다. 1997년의 경제 위기 극복을 위한 생산적 복지의 핵심 사업으로 도입된 국민기초생활보장제도에서는 생활보호법에서 형식적 규정으로만 존재하던 자활사업을 근로 가능한 수급자들의 근로연계 프로그램으로 도입하였다. '조건부수급자' 라는 새로운 범주를 만들어 자활사업에 참여하는 것을 전제로 생계급여를 제공하였다. 자활지원사업은 '자활급여' 라는 명칭에서 의미하는 것처럼 기초생활보장제도의 급여의 하나이면서, 동시에 자활사업에 종사하여 수입을 올리는 '근로활동' 을 의미한다. 급여이면서 동시에 유급근로활동이라는 복합적 의미의 자활지원사업은 기존 사회보장제도의 규정과 충돌하고 있다. 유급근로활동을 하는 근로자는 연금제도, 고용보험, 산재보험 등 사회보험제도의 대상이 되어야 하나, 조건부수급자는 공공부조제도인 기초생활보장제도의 대상자라서 사회보험제도의 대상이 될 수 없다. 이는 자활지원사업의 독특한 특성을 보여 주는 사례이다.

자활사업의 시작은 우리 사회에 '근로연계복지' (workfare)의 도입을 본격화하는 계기를 제공하였다. 사회적 약자들의 기본 생활보장을 위한 현금과 현물급여를 지속적으로 제공하는 것도 한 방안이 될 수 있다. 그러나 그것보다는 그들의 능력에 맞는 일자리를 제공하는 것과 동시에 그들의 직업능력을 고양시키는 것이 더 나은 방안이 될 것이다. 새로운 정보화 사회에는 인적 자원 개발을 위한 평생학습이 확대되고 있으며, 현장에서 일을 통해 배우는 '학습형 일자리' 가 요구되고 있다. 그런 의미에서 사회적 약자들에게 일자리를 제공하여 탈빈곤을 추구하는 자활지원사업은 시대적 흐름에 부합하는 제도라 할 수 있다.

자활지원사업의 성과, 즉 자활을 통한 탈빈곤과 자립은 제도 도입 초기에 비해 성과가 나아지고 있지만, 여전히 미약한 수준이다. 자활사업이 기대만큼 성과를 내지 못하는 원인은 여러 가지로 지적되고 있다. 사업 대상자와 자활성과 목표와의 불일치, 보충급여방식을 기반으로 하는 기초생활보장제도의 미비한 근로유인효과, 전부 아니면 전무 방식의 급여지급방식, 자활근로-자활공동체-자활자립이라는 단일한 자활경로, 허술한 자활사업 전달체계, 여전히 미흡한 정부지원, 자활사업 수행기관의 열악한 현실과 전문성 문제 등 다양한 복합적 요인이 자활사업의 현실을 규정하고 있다.

그럼에도, 자활지원사업은 5년을 경과하면서 우리 사회에 사회적 약자들의 탈빈곤을 위한 새로운 성공의 단초들을 제시하고 있다. 공공의 자금과 민간의 자율성, 헌신이 결합하여 새로운 형태의 '사회경제활동'의 한 유형을 제시하였고, 폐자원재활용, 간병, 집수리, 청소 등 공익적인 성격을 띠면서 시장에서 충분히 공급되지 못했던 사회서비스를 제공하여 서비스를 제공받는 수혜자는 물론이고 서비스를 제공하는 근로자까지 일자리를 얻게 되는 이중의 효과를 가져왔다. 조건부수급자 중심의 자활사업은 차상위계층까지 확대되었고, 사회적 일자리 사업은 저출산·고령화 사회를 맞이하여 노인들에게 일자리를 제공하는 '노인 일자리 사업'으로 확대되었다.

5년을 경과하면서 성과 미흡이라는 비판과 동시에 우리 사회 탈빈곤을 위한 새로운 도전으로 기대되고 있는 '자활지원사업'에 대해 본격적으로 다룬 서적이 거의 없다. 이 책은 이러한 문제 제기에 대한 소박한 응답으로 준비되었다. 그동안 단편적으로 우리나라 자활지원 제도를 소개하거나 선진국, 특히 유럽의 사회적 일자리와 사회적 기업을 소개하는 책은 일부 나왔으나, 우리나라에서 지난 5년간 진행된 자활지원사업을 본격적으로 소개한 글은 없다. 그런 의미에서 이 책의 출간이 갖는 의미를 찾을 수 있을 것이다. 이 책에서 소개되는 13편의 글은 처음부터 책을 내기 위해 기획된 글들이 아니다. 기존에 각 분야에서 활동하고 있는 연구자와 실천 전문가들의 글을 모은 것이다. 따라서 개인 연구자와 실무자들의 견해가 일관되거나 논리적으로 연결되어 있지는 않다. 그럼에도 오늘날 우리 사회의 자활지원사업을 전체적으로 이해하는 데 적지 않은 도움이 되리라고 생각한다.

『자활정책론』은 '비판과 대안을 위한 사회복지학회'의 '한국 사회복지학 쟁점 총서' 4호로 기획되었다. 먼저 이 책에 원고를 보내 주신 필자 여러분들에게 감사드린다. 그리고 이 책이 출판될 수 있도록 지원해 주신 감정기 회장님 이하 비판복지학회 회원 여러분과 출판을 맡아 주신 나눔의집 출판사 직원 여러분 그리고 편집을 도와 준 이성수 선생에게 감사드린다. 마지막으로 이 책이 자활현장에서 사업 참여자들과 함께 자립의 희망을 찾아가는 자활현장의 활동가들에게 도움이 될 수 있기를 기대한다.

2006년 11월
공동 저자 이인재

목 차

제1장
한국 자활정책의 현황과 개선과제

이 인 재

I. 자활정책의 도입과 사회적 일자리 사업의 전개

정보화 사회는 산업사회와는 다른 새로운 지식과 기술을 필요로 한다. 정보화 사회에서 적절한 일자리를 찾기 위해서는 새로운 지식과 기술을 계속해서 배워야 한다. 한편, 저출산·고령화 사회를 맞이하여 우리 사회의 지속가능한 발전을 위한 인적 자원 개발이 중요한 과제로 대두되고 있다. 인적 자원 개발의 핵심 과제 중 하나가 지속적인 일자리 유지의 근거가 되는 평생학습체제의 구축이다. 그런 의미에서 학습과 일자리를 연계하여 취약계층인 노인, 장애인, 여성들의 인적 자원을 개발하며 동시에 일자리를 제공하는 '사회적 일자리' 정책이 주목받고 있다.

실업이 주요 사회문제로 등장한 유럽의 경우 '사회적 일자리' 창출을 통해 실업문제 해결을 시도하고 있다. 사회적 일자리는 '사회적 유용성을 가진 일자리'를 말하며, 사회적 기업이란 사회적 일자리가 하나의 기업 형태로 자리 잡은 경우를 말한다. 사회적 일자리는 세 가지 특성을 지닌다고 볼 수 있다. 첫째, 일자리 창출의 목적은 실업자 및 사회적 배제집단의 취업촉진이라 할 수 있으며 둘째, 일자리 창출의 방식은 국가와 시장(민간기업)이 주가 되기보다는 비영리민간단체의 주도적 참여를 중시하며 셋째, 창출된 일자리는 대다수의 경우 지역주민의 삶의 질을 향상시키거나 소외계층의 사회통합을 위한 각종 서비스를 제공하는 성격을 가진다. 사회적 일자리의 예를 들면, 복지간병사업이나 자원재활용사업 등이 있다. 복지간병사업은 저소득 실업자를 모집하여 국가가 인건비를 지원하고, 비영리민간단체들이 교육과 지원을 담당하여, 독거 노인이나 장애인 등을 대상으로 간병서비스를 제공하는 것이다. 자원재활용사업은 저소득 실업자가 참여하고 비영리민간단체가 지원하여 생활폐기물의 수집·분류·자원재활용을 통해 환경보호에 기여하는 사업이다.

유럽의 경우에는 이미 오래 전부터 국가와 시장경제로부터 배제된 소외계층이 대안적 경제에 대한 모색을 통해 자본주의 사회의 구조화된 빈곤에서 벗어나려는 부단한 노력을 하였다. 그리고 이 과정을 통해 사회적 유용성을 갖는 일자리 창출과 관련한 사회적 합의를 도출할 수 있었으며, 1990년대 중반에 이르러서는 유럽연합(EU) 차원에서 사회적 일자리 창출과 관련된 실험을 전면적으로 확대하기에 이르렀다. 서구 각국이 사회적 일자리에 관심을 갖게 된 배경은 장기실업자가 증가하는 상황에서 노동시장 진입을 전제로 하는 취업촉진전략이 한계를 드러냄에 따라, 공공부문을 확대하지 않고 일자리를 창출하는 방안의 하나로 제3섹터(third sector)에 주목하면서 시작되었다. 그리고 그 과정에서 사회적 기업(social enterprise)에 대한 관심 또한 활성화되기 시작한 것이다.

국내에서 진행되는 사회적 일자리에 대한 논의는 다음 세 단계로 구분할 수 있다(노대명 외, 2004). 첫 번째 단계는 서구의 사회적 일자리 개념을 한국 사회에 소개하며 접합을 시도하는 시기로 1998년~2000년까지 약 3년간의 기간에 해당한다. 당시 많은 연구자들은 사회적 일자리 개념의 뿌리를 서구의 제3섹터 이론이나 유럽의 사회경제(social economy) 이론에서 찾는 노력을 해왔고, 그러한 연구결과는 일련의 연구모임과 사회적 일자리 국제심포지엄(2000. 12.)을 통해 공론화되었다. 그리고 이러한 연구결과는 주로 당시 실업극복국민운동본부에서 추진하는 '공공근로 민간위탁사업'을 활용한 실험적 사회적 일자리 창출사업에 반영되었다. 두 번째 단계는 2000년 10월 기초생활보장제도 내 자활사업과 맥을 같이 하는 시기로 2000년 10월부터 2003년까지에 해당한다. 이는 당시까지 개념화되었던 사회적 일자리 창출사업을 제도영역으로 도입하는 시점이었다. 따라서 이 기간에는 사회적 일자리 개념을 자활사업과 연계시키는 방안에 대한 논의가 주를 이루었다. 특히 자활공동체를 사회적 기업으로 전환하는 방안에 대한 관심이 동시에 나타났다. 물론 사업의 흐름은 공공근로 민간위탁사업을 보다 안정적이고 장기적인 관점에서 추진할 수 있는 자활후견기관사업의 강화를 통해 나타나게 되었다. 자활사업과 더불어 청소년자활사업이 시범사업으로 동시에 진행되었다. 세 번째 단계는 사회적 일자리 창출사업이 다원화되는 시기로 2003년 하반기 사회적 일자리 창출사업 이 노동부와 실업극복국민재단을 통해 확산되는 시점에 해당한다. 이는 자활사업 내의 사회적 일자리 창출사업과 대상 집단을 달리하는 동일한 맥락의 사업이라고 말할 수 있 다. 즉 기초생활보장제도 수급자가 아닌 빈곤층에게 자활지원을 할 수 없는 제도적 한 계를 감안하여, 대상자 선정이 보다 자유로운 새로운 사업이 추진되기에 이르렀던 것이 다. 따라서 이 시점에서의 논의는 공공부조제도와 무관한 독립된 고용지원사업의 형태 로서 사회적 일자리 추진방안에 초점을 두게 되었다. 자활사업으로 제도화된 사회적 일 자리 논의는 2004년 노인 일자리 사업으로 확대되었다. 노인 일자리 사업은 노인의 노 동능력 제고와 동시에 노후소득보장의 한 방안으로 추진되고 있다.

위에서 살펴본 바대로 1999년 국민기초생활보장제도에 따른 자활사업의 출발은 우 리나라에서 사회적 일자리 제도의 본격적 도입을 의미한다. 본문에서는 자활사업의 전 개과정과 현황을 사회적 일자리 정책의 관점에서 살펴보았다.

II. 자활정책 현황 및 문제점

1. 자활사업과 사회적 일자리 사업

1990년대부터 탈빈곤운동의 중심은 저소득 주민들에게 일자리를 제공하는 것으로 관심이 전환되었으며, 서울을 중심으로 대도시 지역의 빈민생활공동체의 경제적 자립 을 위한 노동자협동조합의 건설 등이 다양한 지역에서 모색되었다. 1992년 서울 하월곡 동의 '건축일꾼 두레', 1993년 서울시 상계동의 '실과 바늘' 등은 소규모에도 불구하 고, 민주적 운영과 교육훈련을 중시하는 노동자협동조합의 선구자적 역할을 담당하였 다. 이러한 생산공동체적 실험은 현재 사회적 일자리 사업의 전형이 되었다(신명호 · 김 홍일, 2002). 그러나 몇 가지 사례를 통해 시장진입형 생산공동체가 보여준 업종선택의 실패, 기술력과 전문성의 부족, 허술한 생산관리시스템 등은 지속적인 생산공동체로서 의 발전에 근본적인 한계로 작용하였다. 생산공동체 실패로부터 배운 성공의 조건은 유

망한 사업 아이템, 지도자의 경영마인드, 생산성 고양을 위한 상호통제 시스템, 갈등해
소를 위한 기제 마련 등을 제시하고 있다(신명호, 2003).

　1997년 경제 위기 이후 정부 빈곤정책 변화의 핵심은 1999년 8월 국민기초생활보장
법의 제정이다. 기초법의 특성은 연령과 근로능력에 상관없이 해당 가구의 소득인정액
이 최저 생계비 이하인 경우 누구나 수급자가 될 수 있다는 점이다. 기초법의 여러 급여
중 자활급여는 근로능력이 있다고 판정이 되는 경우, 가구별 자활계획에 따라 다양한
관련 급여를 제공하는 것이다. 이러한 자활 프로그램들을 지원하기 위해 설립된 기관이
자활후견기관이다. 새롭게 제기된 대량실업과 빈곤은 지역복지서비스와 환경 분야에서
'사회적 일자리'를 창출하기 위한 다양한 시민사회단체들 간의 연대와 협력의 이슈를
제기하였다. 자활사업을 통해 간병 등의 무급봉사활동, 가난한 사람들의 집수리사업,
컴퓨터 등 폐자원재활용사업, 음식물재활용, 음식나누기, 소년소녀가장 돕기 등 실업빈
민들을 위한 다양한 서비스들이 제공되었다. 자활후견기관의 지원과 함께 자활수급자
들은 간병 등의 보호, 재활용, 환경보호 등 새로운 기술을 획득하였다. 그들은 사회적으
로 유용한 서비스(공익형 서비스)를 제공할 뿐만 아니라 지역사회 내 사회적 일자리를
창출하였다. 자활사업은 정부의 인건비 지원에 의존하면서 장차 경제적 자립을 도모하
는 자활근로와 곧바로 경제적 자립을 추구하는 자활공동체로 구분할 수 있다. 2004년
12월 현재 242개의 자활후견기관, 230개의 자활공동체와 1,245개의 자활근로사업단 그
리고 5만 3천여 명의 사업 참여자를 확보하고 있다.

　5년의 짧은 경험이지만 자활사업 시행 결과, 자활사업에서 추진해야 할 정책방향은
보호된 시장의 형성과 함께 새로운 일자리 창출과의 연계로 나타났다. 복지나 환경영역
등에서 사회적 요구가 매우 큼에도 기업이 활동하고 있지 못한 분야에서 사업을 개발하
고 안정적인 일자리로 발전될 수 있도록 제도화하는 노력이 필요하다. 사회적 일자리
창출 시 간병사업, 보육사업 등은 사회적 서비스 부문에서의 고용 창출 가능성이 대단
히 높다.

　자활사업은 근로유지형(취로형) 자활근로−시장진입형(업그레이드) 자활근로−자
활공동체(자활기업) 경로를 통해 사업 참여자의 자활자립을 도모하고 있으며, 이러한
경로의 핵심은 근로를 통한 학습효과의 극대화에 있다. 예를 들어 복지간병사업의 경우
초보자로 구성된 근로유지형 간병사업단은 기초생활대상자 무료간병을 담당하며, 어느
정도 경험을 쌓은 시장진입형의 경우는 실비간병이나 소규모 병원간병을 담당하며, 자
활근로사업단을 통해 경쟁력을 갖춘 간병인 주축의 간병공동체의 경우는 중·대형병원

에서 민간업체와 경쟁하는 간병사업단을 운영하게 되는 것이다.

1) 취로형 자활근로와 업그레이드 자활근로

자활근로는 취로형 자활근로와 업그레이드 자활근로로 나뉘는데 주로 지자체가 수행하는 취로형 자활근로는 과거 취로사업이나 단순노무형 공공근로에 준하는 정도의 사업내용으로 운영되고 있다. 업그레이드형 자활근로는 주로 자활후견기관 등 민간단체들에 위탁되어 수행되는데, 일자리 창출과 시장진입을 통한 경제적 자립을 목표로 운영된다(이인재 · 이성수, 2002; 이인재, 2003).

업그레이드형 자활근로는 한시적 일자리 제공을 목적으로 단순노무를 했던 공공근로사업 및 근로의욕 유지를 목표로 하는 취로형 자활근로와는 달리 사업 참여자들의 자활의욕 고취와 노동능력 제고에 필요한 제반 교육 · 훈련을 연계하여 자활공동체 설립을 준비하는 과정으로서 사업의 특성에 따라 '시장형'과 '공익형'으로 분류된다. 시장에서 일반적으로 거래되는 상품이나 서비스를 생산 · 판매하는 사업들이 있는가 하면 취약계층을 위한 무료간병 · 가사지원 · 집수리 서비스와 같이 수익이 발생하지 않는 공익적 사업영역도 있어 2002년부터는 업그레이드형 자활근로를 '시장형 사업'과 '공익형 사업'으로 구분하여 사업특성에 맞는 자활근로 지원체계를 마련하게 된 것이다. 자활후견기관 자활사업에 참여하는 대상자는 조건부수급자뿐만 아니라 일반 수급자와 소득이 최저생계비의 120% 미만인 차상위계층, 기타 저소득계층이며, 업그레이드형 자활근로의 경우 참여인원의 40% 이내에서 차상위계층이 참여할 수 있다.

2) 근로유지형 자활근로와 시장진입형 자활근로

2004년부터는 자활근로의 유형을 근로유지형, 사회적 일자리형, 인턴형, 시장진입형의 4가지로 확대하였다. 시장진입형은 투입예산의 20% 이상 수익금이 발생하고, 일정 기간 내에 자활공동체 창업을 통한 시장진입을 지향하는 사업을 의미한다. 사회적 일자리형은 수익성은 떨어지나 사회적으로 유용한 일자리를 제공하며 참여자의 자활능력 개발과 의지를 고취하여 향후 시장진입을 준비하는 사업으로, 무료간병 · 집수리사업단, 자활사업도우미, 복지도우미, 보육지원도우미 등이 해당한다. 인턴형은 일반기업체에서 자활사업 대상자가 자활인턴사원으로 근로를 하면서 기술 · 경력을 쌓은 후 취업을 통해 자활을 도모하는 사업이며, 근로유지형은 현재의 근로능력 및 자활의지를 유지하면서 향후 상위 자활사업 참여를 준비하는 형태의 사업을 의미한다.

근로유지형 자활근로사업은 2003년도 취로형 자활근로사업과 의미가 같으며, 현재의 근로능력 및 자활의지를 유지하면서 향후 상위 자활사업참여를 준비하는 형태로, 노동 강도가 낮은 사업에 참여가 가능한 자, 또는 간병·양육 등 가구여건상 관내 사업만이 가능한 자를 대상으로 추가소득 기회 제공 및 자활의욕 고취가 가능한 사업을 의미한다. 근로유지형은 한시적 일자리 제공이 목적인 공공근로사업과는 달리 근로의욕 고취 및 자활능력을 향상시킬 수 있는 사업으로 추진하고 있다. 즉 근로유지형 사업 참여를 통한 능력 향상을 통해 시장진입형 사업으로 전환할 것을 기대하고 있는 것이다.

시장진입형 자활근로는 2003년도 업그레이드 자활근로와 유사하다. 시장진입형은 투입예산의 20% 이상(2004년 10%, 2005년 20%로 상향) 수익금이 발생하고, 일정기간 내에 자활공동체 창업을 통한 시장진입을 지향하는 사업이다. '간병·집수리·청소·폐자원재활용·음식물재활용사업'의 5대 전국표준화사업을 중점사업으로 추진하되, 영농·도시락·세차·환경정비 등 지역실정에 맞는 특화된 사업을 적극 개발하여 추진하도록 하고 있다. 시장진입형 자활근로 참여의 경우는 근로유지형에 비해 자활공동체로의 발전에 대한 전망이 훨씬 밝다.

3) 자활공동체

자활공동체는 자활근로 참여에 대해 국가가 지급하는 '자활근로 임금'이 아니라 참여자들이 생산한 상품과 서비스를 판매하여 생기는 사업수익금으로 소득을 창출하는 방식으로 운영되는 사업단을 의미한다. 자활공동체는 2인 이상의 수급자 또는 저소득층이 상호 협력하여, 조합 또는 공동사업자의 형태로 탈빈곤을 위한 자활사업을 운영하는 업체를 말하며, 국민기초생활보장법에 의한 자활공동체 요건을 갖추고 보장기관으로부터 인정을 받은 인정 공동체를 의미한다. 자활공동체 성립요건(인정 요건)은 첫째 자활공동체 구성원 중 기초생활보장 수급자가 1/3 이상이어야 한다. 둘째, 조합 또는 부가가치세법상 2인 이상의 사업자로 설립해야 한다. 셋째, 모든 구성원에 대해 자활근로 임금(월 50만 원 기준) 이상의 수익금 배분이 가능하여야 한다. 넷째, 자활근로사업단의 공동체 전환 시 사업의 동일성을 유지해야 한다.

2004년 12월 말 현재 242개의 자활후견기관이 230개의 자활공동체를 운영하고 있으며, 여기에 참여하는 수급자 및 차상위층은 1,420여 명에 이르고 있다. 그리고 전체 자활공동체가 참여자에게 지급한 월평균급여는 1인당 71만 6천 원 수준이다.

자활공동체 사업을 통해 가구별 최저생계비를 넘는 소득을 얻게 되면 경제적 의미에서의 '자활' 상태에 이른 것으로 판정되어 수급권에서 벗어나 생계 · 의료 · 교육 · 주거급여 지급이 중지된다. 자활공동체에 대한 지원기간은 사업초기 지속적인 지원의 필요성 때문에 자활공동체 설립 이후 2년(최대 3년까지 가능)으로 하고 있다.

자활공동체의 문제는 자활공동체 전환 이후의 전망이 불투명하며, 이에 대한 지원책도 미비하다는 점이다. 국민기초생활보장법에는 자활공동체에 대한 지방자치단체의 국 · 공유지 우선 임대, 국가 또는 지자체가 실시하는 사업의 우선 위탁, 공동체 생산품의 우선 구매(법 제18조 3항)를 명문화하고 있으나, 이런 지원을 받는 자활공동체는 극소수에 불과하다. 그리고 자활공동체를 통하여 국민기초생활보장법 수급 대상자에서 탈피하는 순간 의료급여, 주거급여, 교육급여 등 다양한 급여를 모두 받지 못하게 됨에 따라 얻는 것에 비해 잃는 것이 너무 많게 되어 자활공동체로의 전환을 꺼리게 된다. 자활공동체의 상당수는 차상위계층 및 일반 저소득계층 중심으로 설립되면서 점차 조건부수급자들이 결합하는 방식으로 운영되어 왔으나 조건부수급자들 중심의 업그레이드형 자활근로를 거쳐 설립된 경우가 차츰 늘어나고 있다.

4) 자활기업

사회적 일자리는 '사회적 유용성을 가진 일자리'를 말하며, 사회적 기업이란 사회적 일자리가 하나의 기업의 형태로 발전된 것이다. 자활공동체가 지향하는 자활기업이란 사회적 기업을 의미한다. 자활사업이 배출한 대표적인 사회적 기업이 컴퓨터 재활용 전문기업인 컴윈이다(이인재, 2006).

사회적 기업으로서 컴윈의 비전은 세 가지로 정리할 수 있다. 첫째, 컴윈은 일자리 창출을 통한 탈빈곤을 지향한다. 자활사업에서 시작된 만큼 보다 많은 사람들에게 일자리를 제공하고 이를 통한 빈곤탈출이 일차적 비전이다. 둘째, 컴윈은 친환경산업으로 재활용사업체이다. 컴윈의 주요 사업 영역은 중고컴퓨터 재활용으로 환경친화적 사업이다. 우리나라의 경우 재활용율이 선진국에 비해 아주 낮은 수준이다. 친환경적 재활용사업의 활성화로 우리나라 재활용사업의 발전에 기여할 것으로 기대하고 있다. 셋째, 정부, 비정부기구, 전문가의 연대를 기반으로 사업을 진행하고 있다. 5대 표준화 자활사업의 하나인 재활용사업은 자활근로에서 출발하여 자활공동체를 거쳐 사회적 기업으로 발전하였다. 컴윈이 아직 실현하지 못하고 있는 비전은 기업의 민주적 운영과 이윤의 사회환원 부분이다. 사회적 기업의 특성은 기업의 민주적 운영과 이윤의 사회환원에 있다. 컴윈은 사회적 기업으로 아직 초창기이지만 이 부분에 대한 고려와 실천은 상대적으로 미약하다.

컴윈의 발전의 일차적 출발점은 정부의 지속적인 지원이다. 컴윈 본사의 경우 초반에는 안산과 시흥지역의 자활근로로 시작하였으며, 2005년 상반기까지도 중부지사와 영남지사는 자활근로를 기반으로 운영되고 있다. 다만 중부지사의 경우 2005년 7월부터 대전 중구 자활사업단과 서구 자활사업단이 통합하여 자활공동체로 전환하였다. 영남지사의 경우도 2005년 하반기에 자활공동체 전환을 모색하고 있다. 현재 사업 수입의 대부분을 차지하는 '학교 컴퓨터 재활용 프로그램' 역시 교육부의 지원 없이는 진행될 수 없는 사업이다. 이 분야에 대한 정부의 '보호 시장' 정책이 자활사업의 사회적 시장화의 기초가 되었다. 간병사업, 청소사업 등 여러 자활공동체들이 활발하게 활동하고 있으나, 이들에 비해 컴윈이 정부의 지원을 받게 된 요인으로는 첫째 자활사업이 배출한 최초의 '사회적 기업'으로 선점효과가 작용하였기 때문이다. 자활사업이 출범한 이래로 계속적으로 요구되어 온 자활공동체 내지 자활기업의 성공적인 발전 모델을 제시해야 할 자활업계와 정부의 기대에 일차적으로 부응한 컴윈의 경우 정부의 지원(민간의 지원과 함께)이 집중될 수 있었다.

둘째, 비정부기구의 도움이 있었다. 재활용사업단 초기의 (주)리컴, 그린비전 네트워크, 현재 컴앤워크 등 다양한 민간단체의 지원이 사회적 기업으로의 전환에 도움이 되었다. 특히 (재)실업극복국민재단의 초기 자원 지원(2억 1천만 원 대여)은 자활근로 사업단이 사회적 기업으로 전환되는 데 결정적인 계기를 제공하였다. 이 자금지원에 의해 컴윈 본사, 중부지부, 영남지부의 공간 확보가 가능해졌다.

사회적 기업으로 컴윈의 현재 상태는 아직 독자적인 '기업' 수준에는 아직 도달하지 못하고 있으며, 여러 외부자원의 도움에 의존하고 있다.

첫째, 사회적 기업의 발전에는 자활후견기관과 자활후견기관협회의 지원이 필수적 전제가 된다. 본사와 중부지사, 영남지사는 사회적 기업(동일 법인)이나 사업자등록은 별도로 내고 있다. 본사는 사회적 기업으로 독립하였으나, 중부지사와 영남지사는 2005년 상반기까지 자활근로사업단 위주의 사업을 진행하였다. 즉 자활후견기관의 자활근로 없이는 유지되기 어려운 구조였다. 그리고 현재 교육부 컴퓨터 재활용사업의 수거는 전국의 컴퓨터 재활용자활근로사업단이 담당하고 있다.

둘째, 교육부와의 사업 진행은 컴앤워크의 지원이 절대적으로 작용하고 있다. 컴앤워크는 (재)실업극복국민재단, 자활후견기관협회 등 전국 30여 개 비정부기구가 중심이 된 일자리 만들기 운영본부 산하의 조직으로 교육부와 협의하여 전국 초·중·고등학교의 폐컴퓨터 수거와 분류 그리고 재활용사업이 가능하게 하였다. 즉 컴윈 영업활동의 대부분을 현재 컴앤워크가 담당하고 있는 것이다.

2. 청소년자활과 사회적 일자리

보건복지부가 지역사회 차원에서 자활후견기관사업과 동시에 시범사업으로 진행 중인 사업이 청소년자활지원관으로, 2005년 12월 현재 전국에 28개 청소년자활지원관이 설치되어 있다. 청소년자활지원관 운영의 목적은 저소득층 청소년 등을 대상으로 취업 및 자활을 위한 지속적인 지원과 건전한 문화공간을 제공함으로써 빈곤문화의 세대전승을 차단하는 것이다. 이상의 운영 목적을 달성하기 위한 방안으로 제시한 사업내용은 다음과 같다.

① 저소득 청소년의 올바른 진로의식 및 직업관 확립을 위한 사업,
② 청소년의 창의적인 직업개발 및 창업을 위한 동아리 활동 지원,
③ 취업 전 단계에서의 직업능력 향상 지원,
④ 직장 및 사회적응력 배양을 위한 교육,
⑤ 실업청소년 모임을 통한 자생력 배양,
⑥ 자활공동체 사업장 취업 연결 등이다.

이러한 운영 목적과 사업내용으로만 본다면 저소득층 청소년을 위한 '자활지원센터'의 성격이 강하다고 볼 수 있다.

2003년 6월 자활정보센터가 실시한 전국 20개 청소년자활지원관 운영실태(실무자 대상)에 대한 조사결과에 의하면 기관의 가장 중요한 운영 목적은 청소년의 자활·자립(23명, 69.7%)으로 생각하고 있으며, 정부가 운영지침에서 정한 6가지 사업을 모두 수행하고 있는 기관은 1개소, ①~⑤번 사업을 수행하고 있는 기관은 4개소에 불과해 실제 사업 운영에 어려움을 겪고 있음을 알 수 있다. 특히, 자활공동체 사업장에의 취업 연결 사업 수행은 1개소, 실업청소년 모임을 통한 자생력 배양사업 수행은 4개소에 불과

해 이 두 가지 사업은 매우 수행하기 어려운 사업으로 나타났다(손치훈 외, 2003).

자활정보센터 조사 결과 청소년자활지원관의 사회적 역할에 대한 실무자들의 견해는 지역 거점 빈곤청소년문제 종합센터의 역할 15명(45.5%), 자활자립 지원·빈곤문화 방지의 역할 9명(27.3%), 저소득층 청소년을 위한 진로상담, 직업정보 전문기관의 역할 8명(24.2%), 기타 1명(3.0%)의 순서로 나타났다. 이러한 결과는 청소년자활지원관이 빈곤 청소년문제를 지원하는 종합 거점 센터의 역할을 수행하기를 기대하고 있으며, 그 중에서도 자활자립지원, 진로상담 등 현재 규정된 자활지원의 역할을 수행해야 하는 것에 대해 대체로 동의하고 있는 것으로 해석할 수 있다.

청소년자활지원관의 이러한 역할에 대해 이용 청소년들의 견해도 크게 다르지 않다. 앞서 소개한 실업계 고등학생 조사결과를 살펴보면 현재 청소년관련 기관이 청소년들의 진로문제와 취업을 위한 노력이 일정 정도 역할을 하고 있음을 보여주고 있다. 진로문제의 경우, 청소년관련 기관을 이용하는 학생들이 이용하지 않은 학생들에 비해 진로문제에 대해 생각하는 정도가 통계적으로 유의미한 차이가 나는 것으로 나타났다. 즉 청소년 기관을 이용하는 학생들(평균 3.35)이 그렇지 않은 학생들(평균 3.02)에 비해 진로문제를 생각하는 정도가 더 높은 것으로 나타났다(t 검증결과 유의미하게 검증되었다).

직업을 위한 노력에 대한 평균비교에서도 유사한 결과가 나왔다. 청소년관련 기관을 이용한 학생들의 노력의 정도(평균 2.80)는 이용하지 않는 학생들의 노력의 정도(평균 2.49)에 비해 통계적으로 유의미한 차이를 보이는 것으로 분석되었다(4점 척도로 1=전혀 노력하지 않음, 2=별로 노력하지 않음, 3=노력하는 편, 4=매우 노력하는 편). 즉 청소년관련 기관을 이용하는 청소년들의 노력정도가 더 높은 것으로 나타났다. 두 가지 분석 결과는 청소년관련 기관에서 제공하는 프로그램을 이용하는 학생들이 자신들의 진로와 직업과 관련해서 더 많이 생각하고 노력하고 있다는 것을 보여주고 있다(t검증결과 유의미하게 검증되었다).

현재 청소년자활지원관의 성격에 관한 함의를 도출할 수 있는 질문으로 청소년지활지원관을 통해 받고 있는 서비스에 관한 질문(140명 중 66명이 청소년자활지원관 이용)에 대해 진로지도 26.2%, 직업체험 19.0%, 여가시간 활용 19.0%, 학습지도 16.7%, 문화체험 16.7% 순으로 나타났다. 청소년자활지원관이 제공하는 서비스가 진로지도, 직업체험 등 자활지원 프로그램이 주를 이룬다는 것을 알 수 있다. 이상의 분석결과를 종합해 볼 때, 청소년자활지원관은 직업개발, 직업체험 등 자활지원센터로서의 일차적 역할과 더불어 저소득층 청소년들에 대한 방과후 학습지원 등 교육 지원의 역할을 보조적으로 담당할 수 있을 것이다. 이와 같은 사업을 진행하기 위한 파트너로는 학교, 사회복지관, 청소년상담소, 고용안정센터, 청소년수련관 등을 생각할 수 있다(이인재, 2005).

3. 외국 사례

일본에서 사회적 일자리 논의는 주로 노인 일자리 분야에서 찾을 수 있다. 일본에서 노인의 고용ㆍ취업문제는 고령화 사회로 접어든 1970년경부터 제기되기 시작하였다. 이에 정부는 노인의 경제적 자립을 정책목표로 안정적인 공적 연금제도를 유지하면서 고령자의 취업 촉진을 도모하고 있는데, 노인인력활용과 관련된 제도로는 고령자 고용 촉진을 위해 1986년 4월에 제정된 '고령자고용안정에관한법률'이 있다. 이것은 고령자의 정년을 연장하고 계속고용제도를 도입하여 고령자의 안정된 고용확보를 도모하고자 한 것이다. 이 외에도 정년퇴직자에게 다양한 취업기회를 주기 위한 제도를 마련하고 있는데 삶의 보람을 위한 취업이라는 새로운 개념하에 1975년에는 지역중심으로 고령자사업단이 만들어져 1980년부터는 국고보조를 실시하였으며, 1986년에는 수행기관인 실버인재센터를 법문화하였다(고령자고용안정법). 실버인재센터에서 제공하는 주요 일자리의 직종은 기능 분야, 전문기술 분야, 사무 분야, 절충ㆍ외교 분야, 서비스 분야, 관리 분야, 그리고 실외의 경작업 분야로 구분되어 있다. 이 중에서 공원청소원이나 개인가정의 정원미화 등 일반작업군이 전체의 49%를 차지하고 있고, 자전거보관소 관리 등 관리군이 26%, 기능군이 8.8%, 서비스군이 8.7%, 사무군이 3%, 기술군이 2.1%를 차지하여 주로 단순노동 위주로 사업이 진행되고 있다. 학습형 일자리 사업과 연관된 일자리는 전문기술 분야 중 학습교실강사, 가정교사 등 아직은 소수에 불과하다(노인인력운영센터, 2004).

서구의 경우 사회적 일자리 논의는 상대적으로 활발하게 이루어졌다(노대명 외, 2004). 대부분의 국가에서 사회적 일자리 사업은 원칙적으로 모든 프로그램이 단기 혹은 장기간에 걸쳐 임금이 보조되지 않는 일자리로 전환하도록 지원하는 경향이 있다. 즉 실직상태에서 취업으로, 부분취업에서 완전취업으로, 보조금 지원 일자리에서 완전히 독립된 일자리로의 전환을 지향하는 것이다. 프로그램은 취업중심 프로그램과 교육중심 프로그램으로 구분할 수 있다. 전자는 참여자의 취업을 촉진하기 위한 단기간의 훈련 및 서비스 연계 프로그램으로, 참여자는 비교적 취업잠재력이 높은 집단을 중심으로 구성되게 된다. 후자는 장기간에 걸쳐 임금보조를 전제로 하는 취업 및 직업훈련 프로그램으로, 취업잠재력이 낮은 집단을 중심으로 구성된다.

프랑스의 경우 전통적으로 자활사업 영역은 자활지원단체 활동 내용에 따라 가정과 주거, 정보와 커뮤니케이션, 지역생활 여건과 이동수단의 향상, 관광과 문화유산, 환경과 에너지 등 5개 분야로 나눌 수 있다. 그러나 자활지원사업의 경험이 축적되고 사회여건이 변함에 따라 교육·관광 분야의 사업이 확대되고 있다. 자활사업 영역 중 학습형 일자리와 연관되는 활동 분야는 보육와 교육, 문화유산, 지역문화 개발, 자연환경 보호와 관리 영역 등이 해당한다. 보육와 교육 영역에서는 지역 공동탁아, 학습지도, 과외활동 지원 등을, 문화유산 영역에서는 유적지 재발견을 위한 직업훈련 제공 등을, 지역문화개발 영역에서는 소외계층과 지역주민을 위한 교육기회 제공 등을, 자연환경 보호영역에서는 자연환경 안내원 및 관리인 제공 등의 활동이 이루어지고 있다(김신양, 2001).

III. 자활지원제도 개선 과제[1]

1. 자활지원제도 대상의 확대와 초기상담과정 강화

1) 자활지원 대상의 범위 확대

빈곤층이 자신의 노력으로 소득을 얻고, 나아가 빈곤에서 탈출하려는 것은 어떤 경우든 권장해야 하고, 또 사회적으로 바람직한 일이다. 따라서 사회가 그러한 노력을 북돋고, 지원하는 것은 당연한 책무이기도 하다. 그러나 가 개인별로 자활의 의미와 욕구가 다르기 때문에 어디까지를 자활의 목표로 할지는 일률적으로 말할 수 없다. 그럼에도 현실적으로 자활지원과 관련해서 정부나 사회가 제시하는 목표는 공공부조 대상에서의 탈피이다. 즉 "일을 함으로써 빈곤선 이상의 소득을 지속적으로 얻어, 궁극적으로는 공공부조 대상에서 탈출하도록 지원하는 것"이 자활지원사업의 주된 목표라는 것이다.

---

1) 자활지원제도의 보다 구체적인 개선 과제는 노대명 외(2004), "자활정책·지원제도 개선방안 연구", 보건복지부·노동부 참조.

자활후견기관 사업에서 (시장진입형) 자활공동체 활성화가 지향해야 될 가장 중요한 사업목표로 제시된 것이 대표적인 사례이다.

그러나 자활지원사업의 목표로 '자립'만을 상정하는 것은 적절하지 않다. 일반적으로 우리나라의 자활지원사업과 같은 정책은 여러 빈곤정책의 유형 중에서 일자리를 제공하여 빈곤으로부터 탈출하게 하는 고용전략(employment strategy)으로 분류된다. 하지만 근로능력이 있는 빈곤계층에 대한 고용전략은 정책의 목표와 이념적 배경이 상이한 두 가지의 방향으로 추진되어 왔다.

우선 '자립'을 강조하는 소득중점 목표(income goal)의 추진은 소득 이전보다 더 많은 소득을 보장할 수 있는 고용전략을 중시한다. 즉 공공부조의 생계급여액보다 많은 소득을 보장할 수 있는 고용 및 생업환경을 조성하는 데 초점을 둔다는 것이다. 하지만 그를 위해서는 빈곤선 이상의 소득을 보장할 수 있는 다양한 일자리의 창출·유지·개발이 필요하며, 상당한 규모의 정부예산이 투입되어야 한다. 물론 여기에 참여하는 사람들이 가진 근로능력의 질과 교육, 연령, 건강상태, 근로의지 등의 인적 특성 또한 그러한 일자리에 적합하거나 근접할 수 있어야 한다.

한편, '재활'이나 '(협의의) 자활'을 강조하는 근로중점 목표의 추진은 빈곤계층에게 근로의 기회를 제공하는 것 그 자체에 초점을 두며, 적은 보수라 할지라도 소득이전 프로그램에서 제공하는 생계급여액보다는 근로를 통해 획득한 소득이 빈곤계층의 복지를 위해 중요하다고 판단한다. 근로는 빈곤계층의 자활의지 진작, 복지의존성의 감소, 사회와의 연계 및 통합을 통해 정상적인 사회성원으로 복귀하는 핵심적인 수단으로 간주되는 것이다. 따라서 양질의 일자리보다는 근로의 경험을 제공할 수 있는 다수의 일자리를 창출하는 것에 강조점을 두며, 여기에 참여하는 사람들이 가진 근로능력의 질이나 인적 특성의 편차는 부차적인 관심사항이 된다.

따라서 자활지원사업의 대상자 특성에 따라 목표가 달라져야 한다. 현행 조건부수급자의 경우, 상당수는 위의 설명에서 근로중점 목표의 대상이다. 즉 근로참여 자체가 자활지원 과정이 되어야 하는 것이다. 반면 노동시장 진입과 빈곤탈출을 목표로 하는 사람들은 대다수가 조건부과 대상에서 제외되어 있다. '현재 취업자'이기 때문이다. 그러나 이들의 경우는 현행 제도에서 근로인센티브의 설계가 곤란하고, 기초생활보장제도 이외의 보완적 지원수단이 사실상 전무하기 때문에 역으로 공공부조의 틀을 벗어날 수 없다. 따라서 이들 소득중점 목표의 대상자들을 위한 별도의 지원체계가 필요하다.

또한 공공부조제도의 적용을 받지 못하는 많은 장기실직자, 공공근로사업 장기종사자 등은 자활지원을 가장 필요로 하는 집단이지만, 사실상 방치되어 있다. 극히 일부만이 자활후견기관 사업 등에 참여하고 있을 뿐이다. 따라서 이들을 자활지원 대상자로 포함함으로써 빈곤심화를 방지하고 안정적 소득기회를 확충해야 할 필요성이 높아지고 있다. 결국 자활사업이 근로빈곤층의 탈빈곤정책으로 자리매김하기 위해서는 우선 비수급빈곤층을 자활사업의 대상으로 확대해야 하며, 그럴 경우 자활대상자들의 근로능력을 고려한 자활의 다양한 경로와 목표를 설정해야 할 것이다.

첫째, 근로능력이 있는 수급자 모두를 자활지원 대상자로 관리해야 한다. 현재의 자활지원제도가 실직수급자만을 대상으로 하는 것과 달리, 비경제활동인구나 불완전 취업상태에 있는 수급자 등을 지원 대상에 포함시킨다는 것을 의미한다.

둘째, 자활지원 대상의 범위는 단계적으로 확대한다. 이는 제도개선 초기에는 실직수급자와 기존 차상위층 참여자를 중심으로 지원 대상을 소폭 확대하고, 비경제활동인구 및 불완전취업 수급자, 비수급 빈곤층 실직자, 차상위층 실직자 순으로 지원 대상을 단계적으로 확대한다.

2) 초기상담 및 관리

자활사업이 성공하기 위한 요인 중 하나는 초기상담 및 관리과정을 체계화하는 것이다. 이를 위해 자활전담공무원의 배치를 통해 사례관리를 강화하고, 취업과 비취업 대상자 구분을 폐지하며, 단계적인 지원절차를 확립해야 한다.

첫째, 자활지원 대상자에 대한 초기상담 및 사례관리기능을 강화하기 위해 자활전담공무원을 배치하며, 그를 중심으로 자활지원 대상자에 대한 초기상담, 대상자 선정, 욕구 판정, 가구별 자활지원계획 수립, 서비스 연계, 관리와 제재의 업무를 수행하는 데 필요한 권한을 부여한다. 이는 자활지원 대상자에 대한 사례관리의 일관성과 안정성을 보장하는 데 목적이 있다.

둘째, 자활지원 대상자 분류와 관련해서 해결 과제로 간주되고 있는 '취업·비취업 대상자'의 구분을 폐지하고, 자활전담공무원의 전문적 판단에 따라 자활지원계획을 수립하고 필요한 서비스를 다양하게 연계하는 방식을 취한다. 이를 위해 자활전담공무원의 대상자 분류를 위한 직업능력 판정 매뉴얼을 개발하고 전문교육을 실시한다.

셋째, 자활지원 대상자에 대한 지원은 다음과 같은 절차로 구성한다.

① 욕구 판정: 자활전담공무원은 자활대상자의 근로능력, 서비스 욕구, 가구 여건 등을

종합적으로 판단하여 자활사업 참여여부를 결정하고, 자활사업에 참여하지 않는 취업자에 대해서는 별도의 관리체계를 구축한다.

② 직업능력 판정: 고용안정센터는 자활사업 참여자의 직업능력을 판정하기 위한 기초교육 프로그램을 실시하고, 자활전담공무원에게 직업능력 판정결과를 보고함으로써 가구별 자활지원계획 수립 및 서비스 연계의 기초자료로 활용한다.

③ 자활지원계획 수립: 욕구 판정 및 직업능력 판정 결과를 토대로 자활사업 참여자와의 합의에 기초한 가구별 자활지원계획을 수립한다.

④ 서비스 연계: 자활지원계획에 따라 자활사업 참여자가 필요로 하는 서비스를 제공하며, 급여, 고용, 복지서비스를 통합적으로 지원한다.

⑤ 관리 및 제재: 자활사업 프로그램 종료에 따른 신규 프로그램 연계, 소득변화에 따른 급여의 조정, 사례관리의 종결, 지원의 중단, 조건불이행에 따른 제재 등의 업무를 담당한다.

초기상담 운영체계는 기존의 이원직 체계에서 일원직 체계로의 개편을 추구한다. 즉 초기상담(자활전담공무원)－직업능력 판정(직업상담원)－서비스 지원결정(자활전담공무원) 체계로 구축하는 것이다.

자활전담공무원은 초기상담을 통해 자활지원이 필요한 집단을 판별하고, 해당자를 고용안정센터의 직업상담인력에게 의뢰하여 직업능력을 판정받도록 한다. 그리고 고용안정센터의 담당자는 직업능력 판정결과를 자활전담공무원에게 통보한다. 자활전담공무원은 이를 근거로 해당자와 함께 지원할 프로그램의 유형과 참여기간을 결정한다. 초기상담 이후 자활사업에 참여하는 과정에도 지속적인 사례관리를 통해 참여자를 지원한다. 초기상담 이후 정기적으로 2주 1회 전화·면접 상담으로 자활의지를 지지 및 격려한다. 1개 프로그램 종료 시 면접상담을 의무화하여, 프로그램 모니터링을 하며, 프로그램의 문제점이 발견될 경우 그 내용을 통보하여 수정·보완되도록 조치한다. 조건불이행자에 대해서는 일정한 유예기간을 두고 급여제한 등의 불이익을 충분히 설명한 뒤 조치한다.

2. 급여방식과 근로인센티브

자활지원제도는 급여방식, 근로소득공제, 소득초과에 대한 조치, 제재와 관련하여 현재의 통합급여체계를 단계적으로 개별급여체계로 전환한다는 전제하에 여러 가지 방안을 모색한다. 통합급여체계의 변화는 현재 현금급여와 연동되어 지급되는 현물급여를 개별급여로 분리하는 것이다. 의료급여 등의 현물급여 수급자격을 현금급여 수급자격과 분리하여 자격기준을 완화하는 방안은 수급자의 근로를 증대하고 탈수급을 촉진하는 데 긍정적 영향을 가져올 것으로 판단된다. 특히 의료급여 확대는 비수급 저소득층의 경제적 안정에도 중요한 기여를 할 것으로 보인다.

첫째, 급여방식은 보충급여방식을 보완 또는 제한하는 것을 골자로 한다.

① 취업수급자에 대해서는 자활기준소득을 적용하여 성실한 소득신고를 유도하고, 최저생계비에 미달하는 소득에 대해 보충급여를 실시한다.

② 자활사업 참여자에 대해서는 사업참여소득을 임금의 형태로 상향 조정하고, 자활사업에 성실한 참여를 유인할 수 있도록 '제한적 보충급여방식' 과 근로장려금제도를 적용한다. 즉 생계급여는 보충급여방식을 적용하되, 자활급여에는 보충급여방식을 적용하지 않는 것이다. 현재 기초수급자의 일부(학생, 장애인직업재활, 자활사업 참여자 등 1만 5천 명)를 대상으로 '근로소득공제' 를 실시 중이나, 생계급여 이상의 소득자에게는 실제 근로소득공제액(근로장려금)이 축소되어 불리하게 작용되고 있다. 현행 근로소득공제를 수당 형태의 소득구간별 '근로장려금' 으로 전환하고, 소득파악이 가능한 근로능력자 전체로 확대할 예정이다. 또한 빈곤탈출 장려를 위해 소득이 높을수록 인센티브도 많도록 소득구간별 근로장려금 및 지급기간을 차등화한다.

③ 국민기초생활보장 수급자가 아닌 자활사업 참여자에 대해서는 자활사업 참여소득이나 지원서비스만을 제공한다. 개별 급여는 해당 급여 미 서비스 지원기준을 충족하는 경우에 제공한다.

둘째, 근로인센티브제도와 관련해서는 수급자를 대상으로 근로장려금제도를 적용한다. 단, 비수급 참여자에 대해서는 근로장려금제도를 적용하지 않으며, 근로소득세액공제제도(EITC) 적용을 고려한다. 근로장려금은 실직자의 취업을 촉진하고 불완전취업자의 전일제 취업을 촉진하며, 완전취업자의 고용유지를 지원하고, 저소득 취업자의 역유입을 억제할 수 있는 체계로 구축한다. 단 근로장려금제도는 취업상태에 따른 소득파악 가능성을 토대로 단계적으로 확대한다. EITC와 같은 취업빈곤층 혹은 취업저소득층을 대상으로 하는 EITC의 도입을 고려하는 이유는 수급자의 근로활동 유인을 위한 근로장려금제도를 도입할 경우, 차상위층과의 소득역전현상이 발생하기 때문이다.

셋째, 조건불이행 및 불성실 참여자에 대한 제재는 다음과 같은 원칙에 따라 집행한다. 먼저 조건불이행자와 불성실 참여자에 대한 제재수위를 차등화하여, 조건불이행에 따른 제재를 상대적으로 강하게 설정한다. 제재를 조치하더라도 사전·사후의 상담과 관리를 강화함으로써 취업 또는 자활사업 참여를 촉진하는 방안을 병행한다. 제재가 취해진 이후, 조건을 이행하거나 성실참여가 확인된 경우에는 다음 달부터 즉시 제재를 중단한다. 제재로 인해 해당 가구 내 아동이나 노인 등 취약계층의 생계불안이 발생하는 것을 방지하는 구제방안을 마련한다.

넷째, 수급자와 비수급 저소득층의 근로활동을 촉진하기 위해서는 가구여건으로 인해 일하기 어려운 사람들을 위한 복지서비스를 확대해야 할 것이다. 우선 보육 및 간병 부담으로 인해 일하기 어려운 저소득층 여성들의 근로활동 촉진을 위해 보육·간병서비스를 확대할 필요가 있다. 이들이 안심하고 일할 수 있게 하기 위해서는 심야 및 주말 보육·간병서비스 등 서비스를 다양화하고 서비스 만족도와 이용률을 높이기 위해 보육·간병 서비스의 질을 개선해야 할 것이다.

그리고 취업상태에 있는 저소득층을 위해서는 취업 후 서비스 도입을 검토할 필요가 있다. 임시 또는 일용직 등 비정형 근로에 종사하는 취업자, 영세 자영업 종사자에 대한 상담 및 사례관리 서비스를 제공하고, 비정형 근로자와 영세 자영업 종사자의 취업 여건 개선을 위하여 취업알선, 자활직업훈련 등 취업지원 서비스를 제공하며 보육·간병 등의 사회복지서비스 제공을 지속하는 것 등이 요구된다.

3. 자활사업 프로그램 개선

자활사업 프로그램은 취업지원전략을 강화하고, 참여자 합의에 근거하여 프로그램을 제공하고, 대상자별, 업종별 성공모형을 개발한다. 구체적인 프로그램과 관련하여 다음과 같이 개선방안을 마련한다.

첫째, 자활지원제도는 참여자에게 일자리를 연계하는 취업알선 프로그램을 우선 제공한다. 이를 위해 기존 노동부 취업포털사이트(Work-Net)와 연계하여 상용직 일자리 외에도 불완전취업자의 접근성이 높은 시간제(part-time) 또는 임시직 일자리 알선체계를 강화한다. 지방자치단체는 지역차원의 민·관협의기구를 구성하여 '자활대상자 취업지원협약'을 마련하고 참여기업에 대해 인건비 지원 또는 세제상의 혜택을 제공한다.

둘째, 취업알선에도 불구하고 취업에 성공하지 못한 참여자에 대해서는 직업훈련과 같은 교육중심 프로그램을 제공한다. 취업대상자와 비취업대상자의 구분을 폐지하여 타 자활사업 프로그램 참여자의 직업훈련 참여를 촉진함으로써 다양한 프로그램을 운영할 수 있는 규모의 경제를 실현한다. 그리고 직업훈련을 통한 취업자에 대한 지속적인 사후관리를 통해 자활직업훈련의 효과를 파악한다.

셋째, 창업희망자를 위한 창업지원 프로그램을 강화한다. 자활대상자의 개인 창업 및 자활공동체 및 사회적 기업 창업 등에 대한 종합적인 창업자문을 할 수 있는 전문가를 갖춘 저소득층 창업지원센터를 설립하며, 보건복지부의 생업자금 및 국민기초생활보장기금, 근로복지공단 창업융자자금의 보증요건 및 운영체계를 개선하여 저소득층에 대한 창업자금융자를 확대한다. 그리고 민간창업지원기관(사회연대은행 등)에 대한 창업자금 신청자를 위탁하여 지원한다. 자활대상자들의 창업지원을 위해 대구, 인천, 경기 3곳에서 광역자활지원센터 시범사업이 진행 중에 있다.

넷째, 자활근로 프로그램을 개편하여, 현재의 취로형 사업은 점진적으로 축소하여 무급 근로형 사업으로 개편하며, 업그레이드형 사업은 인턴제 파견 및 자활공동체, 사회적 기업 인력지원 방식 등으로 다양화하고, 사업참여소득을 임금형태로 지급하는 유급 근로형 프로그램으로 발전시킨다. 즉 인건비 지원은 최저 임금을 고려하여 결정하고, 임금이나 수익금 분배를 통해 인센티브를 부여한다. 그리고 사업참여자의 사회보험 가입을 의무화한다. 자활후견기관에 대한 위탁은 운영의 자율성, 안정적인 인건비 지원, 사업초기의 사업비 지원확대를 보장하는 방향에서 개선한다.

다섯째, 자활공동체에 대한 지원을 강화한다. 자활공동체를 '자활지원기업'으로 법제화하여, 자치단체의 사업위탁 및 우선 구매 조항을 명문화하고 세제상의 혜택을 부여한다. 그리고 자활공동체의 창업과 관련해서 업종, 입지, 마케팅 등에 대한 창업자문을 강화하여 창업성공률(투자금 대비 3%의 수익을 2년간 유지)을 제고한다. 자활공동체에 참여하는 수급자는 1년간 인건비를 지원받는 인턴사원으로 간주되며, 생계급여와 현물급여 수급자격을 유지한다. 현재의 자활공동체는 기초수급자가 협력하여 만드는 공동체를 설정하고 있으나, 공동체에 대한 세제지원 등 실질적인 지원이 미흡하고, 1인

사업주 방식의 운영으로 공동체의 확대가 필요하다. 기초수급자 등의 자활지원을 위한 공동체 중심에서 1인 기업도 가능토록 사회적 기업의 하나로 '자활기업' 을 규정하는 것이다.

여섯째, 재활프로그램 및 지역 봉사 프로그램은 사업성과 평가 후 전면 개편한다. 먼저, 재활프로그램은 사업성과에 대한 평가를 통해 운영체계 개선방안을 마련하며, 지역 봉사 프로그램은 취로형 자활근로와 함께 무급근로형 프로그램으로 통합한다.

4. 자활지원 실무 인력의 역량강화와 사례관리 체계 구축

1) 자활지원 실무 인력의 역량강화

자활지원 대상자에 대한 지원과 관리체계를 내실화하기 위해 전담인력을 확충하고, 이들에 대한 교육훈련 프로그램을 강화한다.

먼저 자활지원제도 개선안의 효과적인 집행을 보장하기 위해 '자활전담공무원' 및 '직업상담인력' 을 확충한다. 기초자치단체는 수급자 중 근로능력자 규모를 고려하여 조속한 시일 내에 시·군·구에 전담공무원을 배치하며, 시행 초기에는 기존 사회복지전담공무원 중 자활업무 전담자, 신규 사회복지전담공무원 충원인력을 활용하여 우선 배치한다. 그리고 직업능력판정 업무의 증가를 고려하여 고용안정센터의 지원인력을 확대한다.

그리고 자활대상자 판정과 분류 그리고 적절한 프로그램 제공과 같은 전문화된 기능을 수행할 수 있도록 자활사업 지원인력에 대한 교육기능을 강화한다. 이를 위해 자활전담공무원, 직업상담원, 사회복지전담공무원 등 공공부문 지원인력에 대한 교육과정을 설치·운영한다. 그리고 민간부문 자활지원인력(자활후견기관 및 사회복지관 실무자)에 대한 교육을 강화한다.

2) 자활지원 사례관리 체계에서의 기관의 역할과 기능

자활후견기관은 기존 '경제적 자립 유인·매개자 역할' 중심에서 다원화된 역할로의 변화가 요청된다. 즉 자활공동체 창업지원을 통해 자립을 유도하는 단일 자활경로에서 다면적이고 다원화된 자활경로를 설정하고 이를 반영하는 기관 역할 정립이 필요하다. 다양화된 목표에 걸맞은 다양한 역할이 필요하다는 의미이다. 그렇다고 하더라도, 자활공동체 창업을 통한 자활 유인은 자활후견기관의 여전히 중요한 역할 중의 하나로 고려될 것이다. 이렇게 새로운 체계에서 기대되는 자활후견기관의 역할은 [그림 1-1]과 같이 사례관리자와 적절히 역할 분담될 것이다.

[그림 1-1]과 같이 자활후견기관의 역할이 설정된다면, 새로운 체계에서 부여하는 자활후견기관은 당연히 새로운 목표와 역할 부여에 따른 다원화된 기능을 수행해야 할 것이다. 이러한 기관 기능들로 ① 수급자 개개인의 삶에 대한 새로운 의미와 활력을 부여하는 기능, ② 인간개발을 도모하기 위해 집합적 단위체(집단, 조직체, 지역사회 등)를 활용한 개개인의 역량강화 기능, ③ 기관 자체를 활용한 사회적 지지망의 기능, ④ 다양한 유형의 취업 · 창업 유인 및 사후지원의 기능, ⑤ 지역사회 내 다양한 물적 · 인적 자원의 개발, 조직 및 연계의 기능을 들 수 있다.

[그림 1-2]에서 제시하고 있는 모형에 대한 총괄 흐름도의 가시적인 특징은 각 단계 절차가 일방적 흐름이 아닌, 각 단계마다 필요에 따라 어떤 형태의 역류도 가능한 것으로 구성되었다.

그림 1-1 사례관리자와 자활후견기관의 역할분담

자 활 사 업 참 여 자

△

자활계획수립(자활경로 개별화) 및 3자 협의 계약체결

▽　　　　　　　　　　　　　　　▽

사례관리자(자활전담공무원)	자활후견기관
· 개인 혹은 가구 단위 사례관리자의 역할 · 사회복지서비스 망 개발 및 연계자의 역할(사) · 사회적 지지망의 구축 및 연계자의 역할 등(사) · 공사 자활공급체계 개발 및 연계자의 역할	· 집단 및 조직체 단위 사례관리자의 역할 · 사회적 일자리의 개발을 통한 사회적 약자의 사회 참여 및 소득증대 기회 제공자의 역할 · 자활공동체 창업 매개자 및 경영컨설턴트의 역할 · 근로능력 및 의욕고취를 위한 교육훈련자 및 역량 강화자의 역할 · 개인 취업 및 창업의 지원 · 매개자의 역할 · 지역사회 자원개발 및 주민조직가 · 옹호자의 역할

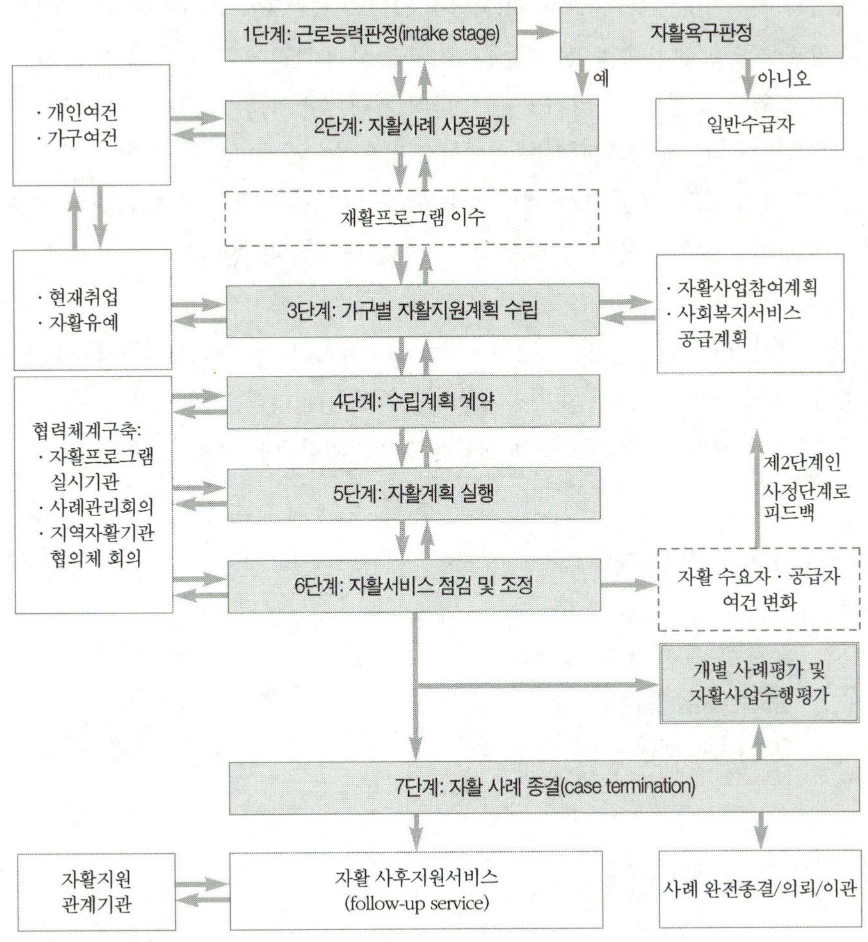

자료: 노대명 외(2004), "자활정책 · 지원제도 개선방안 연구".

5. '복지와 고용' 의 통합적 서비스 제공체계 구축

'복지+고용' 의 통합적 서비스 제공은 근로능력이 있는 빈곤계층들이 자활하는 데 매우 중요한 정책 방안으로, 국민기초생활보장제도를 기반으로 저소득층의 절대빈곤을 추방하기 위해서는 장 · 단기적인 종합대책을 체계적으로 수립, 시행해야 한다. 또한 국민기초생활보장제도와 빈곤퇴치대책의 실효성 확보를 위한 각종 복지정책은 노동부의 자활지원기능과 밀접한 연계 속에서 이루어져야 한다. 따라서 '복지+고용' 의 통합적 서비스 제공을 위한 전달체계를 구축하기 위해 보건복지부와 노동부의 통합의 필요성이 제기되는 것이다. '복지+고용'의 통합적 서비스 제공을 위해서는 통합적 서비스 제공의 필요성을 잘 인식하고 있는 정책적 지향과 사례 관리에 관한 더 많은 경험과 기술을 가지고 있는 보건복지부의 주도적 역할이 기대된다. 복지와 고용의 통합적 서비스 제공 체계는 광역, 기초자치단체 단위에서도 적용되어야 한다. 자활사업의 전달체계는 '통합·연계를 통한 공공전달체계의 효율화', '민간전달체계의 권리와 의무의 조화', '전달체계의 정보화 촉진'을 기본 원칙으로 개편해야 하며, 전달체계의 전체적인 흐름도는 [그림 1-3]과 같다.

첫째, 자활지원 대상자 선정·관리체계를 일원화하고, 서비스 연계체계를 다원화해야 한다. 먼저 취업대상자와 비취업대상자를 폐지함에 따라, 자활사업 참여자에 대한 '선정·지원·관리'에 대한 업무와 권한은 지방자치단체의 자활전담공무원을 중심으

그림 1-3 자활사업 전달체계의 흐름도

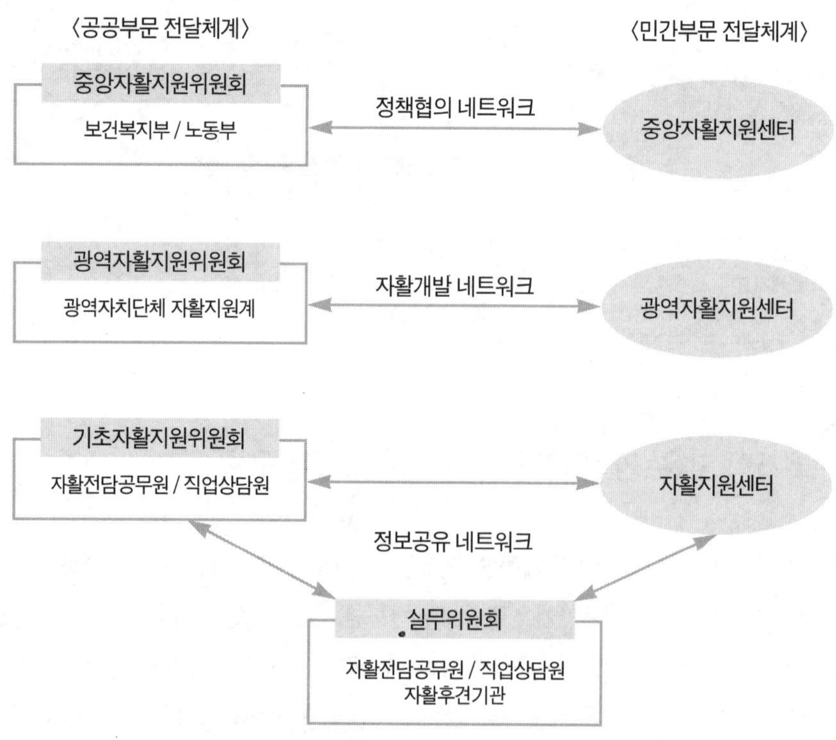

자료: 노대명 외(2004), "자활정책·지원제도 개선방안 연구".

로 일원화(통합)하여 원스톱서비스 체계를 구축한다. 자활전담공무원은 고용안정센터의 직업상담원과 협의하여 자활사업 참여자에 대한 근로능력 및 직업능력을 판정하며, 직업상담원은 단기(3~5일) 프로그램을 운영하여 참여자의 직업욕구와 능력을 판정하여 자활전담공무원에게 제출한다. 그리고 자활전담공무원과 직업상담원, 지역 자활프로그램 공급자를 중심으로 실무위원회(case conference)를 개최하여 가구별 자활지원계획을 수립하고 필요한 프로그램 지원 여부를 결정한다.

둘째, 중앙자활지원위원회 및 지방자활지원위원회를 설치한다. 중앙정부차원에서 중앙자활지원위원회를 설치하고, 보건복지부와 노동부 그리고 관련 부처가 참여하는 협의 및 의결기구를 구축한다. 중앙자활지원위원회는 매년 중앙자활지원계획의 검토와 승인, 자활지원 대상자 선정기준 및 급여에 관한 사항 검토, 자활프로그램 운영에 따른 부처 간 업무협의 기능 등을 수행한다. 광역자치단체는 지방자활지원위원회를 설치하여 지역자활지원계획을 검토한다.

셋째, 지역의 공공부문 자활사업 전달체계는 아래와 같이 구축한다. 광역자치단체는 '자활지원계'를 설치하여 급여ㆍ고용지원서비스ㆍ복지서비스와 관련된 공급자원을 조성하는 역할을 담당한다. 기초자치단체는 자활전담공무원 및 직업상담인력을 확충하여 조성된 자원을 효과적으로 지원하는 역할을 담당한다.

넷째, 자활지원제도 개선안의 효과적인 집행을 보장하기 위해 '자활전담공무원' 및 '직업상담인력'을 확충한다. 기초자치단체는 수급자 중 근로능력자 규모를 고려하여 빠른 시일 내에 시ㆍ군ㆍ구에 700명의 자활전담공무원을 배치하며, 시행초기에는 기존 사회복지전담공무원 중 자활업무전담자, 신규 사회복지전담공무원 충원인력을 활용하여 우선 배치한다. 그리고 직업능력판정 업무의 증가를 고려하여 고용안정센터의 지원인력을 확대한다. 따라서 노동부는 지원업무의 규모를 감안하여 인력확보계획을 수립해야 한다. 나아가 자활대상자 판정과 분류, 그리고 적절한 프로그램 제공과 같은 전문화된 기능을 수행할 수 있도록 자활전담공무원에 대한 교육과정을 설치ㆍ운영하며, 이를 위해 복지부와 노동부가 합동으로 교육 매뉴얼을 작성하여 보급한다.

다섯째, 중앙자활지원센터와 광역자활지원센터를 설치한다. 중앙자활지원센터를 설치하여, 자활사업 참여자에 대한 DB구축, 자활사업 프로그램 개발, 자활전담공무원 및 자활사업 참여자에 대한 교육프로그램 개발, 창업자금 관리 및 창업정보 제공 등의 기능을 강화한다. 광역자치단체에 광역자활지원센터를 설치하여 중앙자활지원센터와의 긴밀한 협조체계를 구축하고, 교육, 창업지원 등 자활지원센터에 대한 지원업무를 담당하게 한다.

여섯째, 자활사업 전달체계의 정보화를 촉진한다. 현재 국민기초생활보장제도 수급자를 중심으로 구축되어 있는 행정전산망을 개편하여, 자활사업 참여자에 대한 통합적인 정보망을 구축한다. 자활사업 참여자에 대한 초기상담기록 중 인권침해의 소지가 없는 기본 상담정보에 대한 자활지원인력 간의 공유체계를 구축함으로써 지원의 연속성을 보장한다. 그리고 이러한 정보망을 기반으로 지방자치단체 차원에서 자활지원 대상자에 대한 구직·구인체계로 활용한다.

일곱째, 자활후견기관을 자활지원센터로 개명하고, 지원체계와 평가체계를 개편한다. 자활지원센터에 대한 지원체계는 기관에 대한 지원을 일정 수준으로 고정하고, 사업 확대에 따라 실무인력을 확충할 수 있는 방식으로 전환한다. 자활지원센터 지원과 자활근로사업 위탁에 있어 예산운영의 자율성을 확대하고, 사업결과에 대한 평가를 통해 인센티브를 부여하는 방식으로 개편한다. 그리고 민간부문 자활지원인력(자활지원센터 및 사회복지관 실무자)에 대한 교육을 강화하고, 현재 민간차원에서 자체적으로 실시하고 있는 교육프로그램을 전문교육기관에 의뢰하여 보다 전문적인 지원역량을 개발하며, 자격인증을 검토한다. 아울러 자활지원 대상자에 대한 통합적 사례관리에 있어 공공부문 전달체계와의 유기적 연계망을 구축한다.

참고문헌

김신양(2001), "사회적 연대의 실현과 대안경제를 찾아서", 서울자활정보센터.

노대명 · 박찬임 · 강병구 · 구인회 · 이문국 · 이병희 · 이인재 · 이찬진 · 홍경준 · 황덕순 · 송민아 · 최승아(2004), "자활정책 · 지원제도 개선방안 연구", 보건복지부 · 노동부 · 한국보건사회연구원 · 한국노동연구원.

노대명 · 김홍일 · 김신양(1999), "도시영세민 자활지원방안", 한국협동조합연구소.

노인인력운영센터(2004), 『일본 노인 일자리 사업 자료집』.

신명호 · 김홍일(2002), "생산공동체 운동의 역사와 자활지원사업", 『동향과 전망』 53호, 한국사회과학연구소.

신명호(2003), "시장진입형 생산공동체의 경쟁력과 그 요인에 관한 분석", 한국도시연구소 편, 『도시공동체론』, 한울.

손치훈 · 박미란(2003), "청소년자활지원관 운영실태 조사연구보고서", 자활정보센터.

오승환 · 변귀연(2005), "청소년자활지원관 평가 및 운영모델 연구", 보건복지부 · 호남대학교.

이성수(2000), "사회적 협동조합", 한국협동조합연구소.

이인재(2006), "사회적 기업(컴윈) 성공요인과 발전과제", 『동향과 전망』 66호, 한국사회과학연구소.

이인재(2005), "저소득지역 청소년 탈빈곤정책에 관한 연구", 『사회복지연구』 28호, 한국사회복지연구회.

이인재(2003), "한국 자활사업의 동향과 과제", 『동향과 전망』 58호, 한국사회과학연구소.

이인재 · 이성수(2002), "자활사업의 현황과 쟁점", 『동향과 전망』 53호, 한국사회과학연구소.

한국노동연구원(2003), "사회적 일자리 창출방안 연구".

황덕순(2001), "경제위기 이후 빈곤에 대한 동태분석", 『노동정책연구』 2001년 가을호, 한국노동연구원.

황덕순(2000), "빈곤 및 실업 극복의 대안으로서 사회적 일자리 창출의 의미와 전망", 자활정책연구회 발표자료.

제2장
생산공동체운동의 역사와 자활지원사업

신 명 호

I. 빈민지역운동과 생산공동체운동의 관계

자활지원사업이 제도화되기 이전인 7~8년 전의 기억을 더듬어 보자. 정부 측 관계자든 시민단체 종사자든, 자활지원제도의 설계에 직·간접적으로 관여한 사람들 사이에는 저소득 실업자에 대한 정책적 목표와, 불완전하지만 그 전까지 축적된 민간의 경험이 잘 조응할 수 있을 것이라는 기대가 있었다. 자활지원제도가 처음 구상될 때부터 연구자들이 염두에 두고 있었던 것은 그동안 제도권 밖에서 전개됐던 민간운동, 특히 빈민지역운동 진영의 실험이었다. 제도화 가능성을 탐색하는 단계에서 서구의 비슷한 경험이 논거로 등장하기는 했지만, 외국의 앞선 시도가 우리나라에서도 유효할 것으로 낙관할 수 있었던 데는 생산공동체를 위해 뛰어다녔던 국내 활동가들의 의지와 경험이 긍정적으로 작용한 게 사실이다.

빈민지역운동은 통상 '저소득 주민들이 밀집해 사는 생활근거지에서 그들이 공통으로 겪고 있는 삶의 문제들—주거, 교육, 실업, 복지 등—을 주민이 주체가 되어 해결해 나가고자 벌이는 사회운동'이라고 풀이된다. '주민이 주체가 된다'는 원칙은 일찍이 1970년대 빈민운동의 태동 단계부터 강조되어온 철칙으로 빈민지역운동의 성격을 규정하는 매우 중요한 잣대였다. 초기의 빈민운동가들[1]은 일방적이고 시혜적인 구호 프로그램이나 자선사업이 주민의 의존성만을 키울 뿐이라고 비판하면서, 주민들 스스로의 자각과 단결이 빈곤 문제 해결의 가장 중요한 요건이라고 믿었다. 그리하여 자신들의 활동 초점을 '① 현실분석과 철저한 시민의식의 훈련을 통해서 주민의 통찰력을 개발하고 그들이 자신의 문제와 이익에 민감하게 만들며, ② 주민들로 하여금 권력과 금력에 대항할 수 있는 힘은 오직 조직을 통해서만 나온다는 확신을 갖게 만드는'[2] 데 맞추었다. 이는 '오직 주민 스스로만이 그들 자신을 도울 수 있다'[3]는 철학에 바탕을 두고 있었다. 이 같은 '주민 주체'의 원칙은 빈민운동의 중요한 전통으로 이어져 왔고, 오늘날에도 변함없이 강조되고 있는 운동의 기본 입장이자 관점이다.

이러한 전통은 당연히, 기존 체제나 제도와의 '원만한 관계' 보다는 대립과 긴장을 가져왔다. 사회보장제도라는 것이 아예 존재하지 않았던 1970년대에는 민간(조직)이 정부와 공동으로 모색하고 협력할 수 있는 활동의 접점이 전혀 없었다. 게다가 경제개발을 지상과제로 한 독재정권에게 있어 서민들의 복지에 대한 무관심은 당연한 일이기도 했다. 따라서 1980년대에 이르기까지 강제철거와 단속으로 점철돼온 정부 방침에 대해서 빈민운동은 주민조직을 만들어 저항하는 도리밖에 없었다.

제도가 해결해주지 못하는 빈민들의 모든 문제에 대해서 빈민지역운동은 스스로 해결책을 찾으려 노력했다. 삶의 터전을 해체하려는 재개발 움직임에 대해서는 대책위원회를 구성해서 싸움과 협상을 벌이는가 하면 대안으로서 새 정착지를 찾기도 했다. 의료문제를 해결하기 위해서 지역 안에 의료협동조합을 결성하기도 하고, 외부의 진료팀을 초빙해 무료진료소를 운영했다. 또, 활동가들은 자원봉사자들과 함께 방치된 아이들을 모아 탁아방과 공부방을 운영하면서 그들에게 건강한 신체와 정신을 심어주려 노력했다. 이처럼 아이들을 대상으로 하는 프로그램이라 하더라도 그것에만 머무는 것이 아

---

1) 주로 종교인들로 구성됐던 이들 초기 조직가들은 1960년대 말부터 활동을 개시하면서 자신들의 활동을 '운동'이란 용어 대신 '도시선교'라고 표현했고 스스로를 '선교자'로 규정했다. 그러나 이들의 관심은 단순히 전교(傳敎)에 있지 않았고 주민들을 철저히 의식화하고 조직화하는 데 있었다. 이는 그들이 실천했던 조직방법론에도 잘 나타나는데, 조직론의 핵심 내용은 미국의 진보적 조직운동가인 솔 알린스키(Saul Alinsky)의 이론을 그대로 따온 것이었다. 이들이 '선교'라는 용어를 쓴 것은 당시 반공을 국시로 내건 군부독재 정권의 탄압을 피하기 위한 것이었다.
2) 한국기독교사회문제연구원(1987), 『민중의 힘, 민중의 교회』, p.47, 민중사.
3) 1970년대 초 '수도권특수선교위원회'와 함께 빈민문제에 관여하고 있었던 '한국기독학생총연맹'(KSCF)의 '학생개발단'의 조직방법론 교본에는 이 명제 외에도, "지도력은 주민 자신으로부터 나와야 한다.", "조직은 힘의 전제조건이다.", "조직의 기초는 주민 자신들의 이해관계이다." 등의 기본원칙이 명시돼 있다. 한국기독교사회문제연구원(1987), 『민중의 힘, 민중의 교회』, 민중사.

나라, 항상 학부모 모임을 만들어 성인들에 대한 교육도 병행했다. 그것은 이 모든 활동들의 목표가 단순히 그들에게 필요한 서비스를 제공하는 것에만 있지 않았기 때문이다. 즉 일체의 활동은 궁극적으로 주민들의 의식과 태도 변화를 지향하고 있었다. 어떤 경우에는 공부방 자모모임이 점차 발전해서 '주부학교'의 형태로 독립해 나간 예도 있었다. 문맹자를 위한 한글교육 프로그램을 통해서도 일부 참여자들은 새로운 세계관을 터득해 나갔다. 청소년들은 풍물과 마당극을 배우면서 청년회를 만들고 동네 일에 관심을 가지기 시작했다. 늘 계절적 실업에 시달리는 건축노동자들이 지역 안에 일감 네트워크를 구성하여 불규칙한 수입의 고통을 벗어나 보려는 시도를 하기도 했다. 또, 부녀자들은 낮은 품삯의 단순한 일거리지만 공동부업의 형태로 함께 작업을 하면서 생활비를 벌었고, 그러면서 좀 더 발전된 형태의 '모듬살이' 방식이 없을까 궁리했다. '빈민지역운동'이라는 이름 아래 진행된 모든 프로그램과 활동은 궁극적으로 그 지역 주민들의 공동체적 삶의 형성을 지향하고 있었다. 그들의 문제는 혼자 해결할 수 없는 것이었고 정부를 비롯해서 외부의 어느 누구도 관심을 갖지 않았으므로, 주민들은 그들 가까이에 있는 빈민운동가들과 함께 다양한 해결책을 시도해 나갔다.

그런 다양한 프로그램 중의 하나가 생산공동체이다. 보통 빈민지역의 주민들은 고정적인 수입을 보장해 주는 안정적인 직장을 갖지 못했다. 또한 특별한 기술이나 변변한 학력도 없었기 때문에 단순한 육체노동으로 생계를 유지할 수밖에 없었고, 그러다 보니 일터도 이 곳 저 곳으로 옮겨 다니기 일쑤였다. 그래서 노동시장에서 밀려난 이들 사이에서, 혹은 보다 안정된 일터를 찾고 싶어하는 이들 사이에서 생산을 공동으로 하는 자생적인 조직이 실험되기 시작했다. 새롭게 시도되는 조직들은 '협동조합' 방식의 운영원리를 채택했기 때문에 '생산협동조합'으로 불리기는 했으나, 그 목적이 공동체를 지향했기 때문에 넓은 의미에서는 모두가 '생산공동체'로 분류될 수 있다.

이러한 생산공동체는 도시빈민이 안고 있는 다양한 문제들 가운데 생산영역의 문제, 즉 직업과 소득의 불안정이라는 문제를 해결하기 위해 생겨난 극히 '자구적(自救的)'인 시도였다. 그들은 정부의 어떠한 정책이나 제도도 해결하지 못하고 있는 노동시장의 문제에 직접 부딪치면서 안정적인 삶을 위한 돌파구를 만들어내려고 했다. 따라서 여기에는 굳이 '자활'이니 뭐니 하는 개념이 따로 필요 없었다. 생산공동체를 시도하는 빈민들의 상태는 어떤 정부의 지원이나 도움 없이 이미 '자활'하고 있는 처지였으므로, 자활 이전의 비자활 상태를 상정할 필요가 없었고, 따라서 '자활'이라는 용어도 사용되지 않았다.

빈민지역운동에서 시도한 생산공동체 프로그램들은 한결같이 시장에서의 성공을 목표로 하고 있었고, 어느 정도는 그럴 가능성도 갖고 있었다. 그 후 국민기초생활보장법의 자활지원제도를 설계했던 이들은, 만약 이러한 생산공동체 프로그램이 정부의 제도적 지원을 받아 시장에서 성공을 거둘 수 있다면 정부가 보조금 지원을 중단하더라도 참여자들이 경제적으로 자립할 수 있을 것이라고 생각했다. 즉 빈민지역운동에서 나났던 생산공동체 운동의 경험을 활용해서, 정부의 정책 목표인 '자활'을 달성할 근로연계복지 프로그램의 틀을 짜려했던 것이다. 이 글에서의 관심은 생산공동체운동이 제도권으로 들어오기까지의 과정이므로, 각각 '자활지원센터'와 '자활후견기관'이 생긴 시기를 기점으로 해서 그 전후의 사정을 살펴보기로 한다.

1. '자활지원센터' 시대 이전(1970년대~1995년)

1) 생산공동체의 탄생 배경

도시빈민지역에서의 생산공동체운동의 뿌리는 1970년대 초반 '수도권특수선교위원회'가 진행한 빈민선교와 1970년대 중반부터 시작된 산업선교 활동에서 찾을 수 있다. 당시 운동 주체들은 민주화 운동의 일환으로 신용협동조합과 노동자협동조합의 설립을 몇 차례 시도했던 것으로 전해진다. 그러나 이러한 시도는 이후에 신협운동이 일정하게 자기 기반을 닦는 데 성공한 반면, 노동자협동조합의 설립 시도는 이렇다 할 성과없이 막을 내리고 만다.

그러다 생산공동체의 불씨가 다시 살아난 것은 1990년대에 들어서이다. 1990년 인천 사랑방교회가 중심이 되어 만들어진 '두레협업사'를 시작으로, 1992년 서울 하월곡동의 '건축일꾼 두레', 1993년 상계동의 봉제협동조합 '실과 바늘', 인천 송림동의 전자제품조립 공동체 '협성', 1994년 봉천동의 '나섬건설', 인천의 봉제협동조합 '옷누리', 1995년 구로의 봉제협동조합 '한백', 마포의 '마포건설', 행당동의 '논골의류협동조합' 등이 만들어졌다. 한편, '협동조합연구소'가 중심이 되어 전개했던 노동자협동조합(예: 1994년의 인텔리서치)에 대한 창업 지원과 연구 및 이론 전파도 생산공동체에 대한 관심을 확산시키는 데 기여했다. 여기서 시장진입형 생산공동체의 전개 과정을 구체적으로 이해하기 위해, 서울 하월곡동 지역에서 시도되었던 두 개의 사례를 소개하기로 한다.

(1) 건축일꾼 두레[4]

'두레' 의 결성은 1976년부터 서울의 하월곡동 산동네에서 활동해온 허병섭목사(이하, 허목사)의 주도로 이루어졌다. '두레' 가 시도되기 훨씬 이전부터 이 지역에서는 그를 중심으로 한 활동가 그룹이 탁아소 '똘배의 집', 공부방 '산돌공부방', 공부방 자모 모임 '산돌어머니학교', '우리마을발전추진위원회' 등의 프로그램을 꾸준히 진행하면서 지역운동의 토대를 마련해놓고 있었다. 허목사는 1988년 여름, 목사직을 반납하고 건축노동을 시작했다. 주민들과 똑같은 모습으로 살겠다는 생각에서였다. 처음에는 자신이 직접 노동을 한다는 데 즐거움을 느꼈으나 시간이 지나면서 건축현장의 모순과 착취구조, 부당한 임금과 인간적 모멸감에 분노를 느꼈다. 건축일용노동조합에 찾아가 알아보고 다른 지역의 일용노동자들과 이야기도 해보았지만 기존의 일용노조 방식으로는 조직화가 어렵다는 판단을 내렸다. 왜냐하면 일용노동조합들은 운동의 기치를 높이 내걸고는 있었지만 밑으로부터의 든든한 지지기반 없이 외롭게 나아가고 있는 것처럼 보였기 때문이다. 그는 건축일용노동자의 문제를 노동과 자본의 모순으로 접근하기보다는 시장을 매개로 한 생산자와 소비자의 문제로 풀고자 했다.

마침내 1990년 2월, 하월곡동 일용노동조합을 결성했다. 창립대회 이후 몇 차례의 회의를 가졌지만 참여율은 저조했다. 주민들은 취지의 유익함에 대해서는 공감을 하면서도 적극적인 참여의 동기를 찾지 못하고 있었다. 결국 하월곡동 일용노동조합은 친목회의 성격에 더 비중을 두기로 하고 그 해 5월 '건축일꾼 두레' 로 명칭을 바꾸었다. '두레' 모임은 허목사의 의견을 듣고 참여자들이 서로 의견을 나누는 방식으로 진행되었다. 처음에는 앞으로의 전망에 대해 확신을 못 가지고 있던 참여자들이 '업자, 오야지, 하급 오야지들이 가져가는 중간 이익을 모두 챙겨서 노동자들이 나누어 가진다' 는 설명에 조금씩 수긍하기 시작했다.

'두레' 가 구상했던 사업 방식은 건축주와 건축노동자가 직거래하는 것이었다. 건축주의 입장에서 보면, 건축비용 빼먹기가 관행화되어 있는 믿지 못할 공사판에서 '정직과 성실' 을 모토로 하는 시공업체의 등장은 반가운 일이었다. 불량 자재의 사용이나 날

---

4) 윤진원(1991), "도시 주민운동조직에 대한 비교사례 연구", 서강대학교 석사학위 논문에서 '건축일꾼 두레' 에 관한 부분을 재인용.

림공사의 염려가 없고 다단계 도급 공사로 인한 공사비의 손실을 줄일 수 있기 때문이었다. 물론 참여노동자 입장에서도 상대적으로 짧은 시간을 일하면서 더 많은 임금을 받을 수 있어 좋았다. 허목사의 홍보 전략이 주효해서 '두레'의 존재가 세상에 알려지자 공사 주문이 쇄도했고, 참여자들은 하루 8시간 노동제와 공휴일 휴무제를 실시하면서도 상대적으로 높은 임금을 가져갈 수 있었다. 그러나 무엇보다 허목사가 목표했던 것은, '오야지'의 감독과 지시 속에 이루어지는 타율적 노동이 아니라, 노동에 대한 가치와 보람을 공유하고 타인에 대한 양보와 배려의 기쁨을 나누는 진정한 의미의 '공동체'였다. 그는 공동체라는 새로운 체험을 통해서 참여자들이 이기주의적인 습성을 버리고 확고한 사명감과 직업의식을 갖게 되기를 기대했다. 그리하여 때때로 노동자의 품성과 공동체의 가치를 불어넣는 교육 프로그램을 실시하기도 하였다. 그러나 늘 바쁜 공사 일정 속에서 이러한 기회가 충분하지도 않았거니와, 6~7개월간의 짧은 경험을 통해서 참여자들의 성품이 괄목할 만큼 변화되기도 어려웠다. 더군다나 '두레'가 현실적인 문제들을 해결하지 못하면서 더는 '공동체적 관계'를 발전시키기 어려운 상황에 빠져들었다. '두레'는 2년째 되는 해(1992년)에 6억 원의 공사를 수주해서 2천만 원의 손실을 입었고, 3년째에는 12억 원을 수주해서 8천만 원의 적자를 기록했다. 이렇게 된 데는 다음과 같은 문제가 있었다.

① 기술력과 전문성의 부족

초기의 '두레' 회원들은 일급 기술자가 아닌 막일꾼(잡부)들이 주축을 이루었다. 참여자들의 기술 분야가 목수, 철근, 미장, 전기 등 건축에 필요한 대부분의 분야를 망라하고는 있었지만, 그들의 기술 수준은 저급했다. 이는 '두레'만의 특징이 아니라 건축노동에 종사하는 빈민지역 주민들의 일반적 특성이기도 하다. 그러다 보니 허목사가 기대했던 자기 '작품'에 자긍심을 갖고 완벽성을 기하는 장인정신 같은 것도 계발되지 않았다.

공사는 심심찮게 하자가 발생하였고 이를 보완하는 데 예상치 못한 돈과 시간이 들었다. 그러나 무엇보다 시공과정 전체를 파악하고 관리할 수 있는 능력의 소유자가 없었다는 것이 가장 큰 실패 요인이었다. 건축주와 계약을 체결하는 단계에서는 도면과 시방서를 놓고 거기에 사용되는 자재의 등급과 공정에 따라 소요예산과 기간을 정확히 산출해야 하는데 그런 능력을 가진 사람이 없었다. 실행 예산과 공정표를 짜지 못하니 인력 투입과 공기(工期) 조절이 효율적으로 이루어질 수 없었다. 허목사 자신도 나중에 이렇게 술회한 바 있다.

"우리의 견적은 과학적이지 못했다. 더구나 공사 중에는 생각하지 못했던 추가 비용이 많아졌다. '일꾼 두레'는 건축주의 구조 변경이나 자재 변경의 요구를 냉정히 거절하지 못하는 경우가 많았으며, 이에 따른 실질적인 공사비 상승에 대해서 건축주가 부정하지 않을 것이라는 믿음을 가지고 일을 진행시켰다."[5]

② 품성의 문제와 생산관리 시스템

민주적 조직의 잠재력을 믿는 사람으로서 허목사 역시, 처음에는 공동체성에서 우러나오는 자발적 의지와 단결력이 시장에서의 성공으로 이어질 것이라고 확신했다. 그러나 '두레'를 실험하는 과정에서 드러난 참여자들의 부정적인 모습—무임승차 의식, 이기주의 등—은 일반적으로 지적되는 생산협동조합 조직의 약점과 똑같은 것이었다. 그래서 허목사는, 우애 있고 협력 어린 인간관계, 자긍심을 가지고 장인 정신을 발휘하는 노동자로의 품성 변화를 달성하지 못한 것이 '두레'의 실패의 원인이라고 스스로 지적하고 있다.[6]

그러나 이는 달리 말하면, 어떤 협동체에나 나타나기 마련인 참여자들의 기회주의적인 요소가, 적어도 생산과 노동의 과정에서 최대한 억제될 수 있도록 하는 자율적인 생산관리 체계를 마련하지 못한 문제라고 할 수 있다. 즉 심성이나 태도의 변화는 교육을 통해서 완성되는 것이라기보다, 경제적 이익의 창출과 분배 과정을 참여자들이 상호 감시하고 견제함으로써, 이기주의를 버리고 타인을 배려하는 것이 결과적으로 자신에게도 유익한 것임을 체험하게 될 때, 품성의 변화도 유도되고 더불어 발전한다고 할 수 있다.

(2) 월곡여성생산공동체

'월곡여성생산공동체'(이하, 월곡공동체)는 위에서 소개한 '건축일꾼 두레'와 같은 지역적 배경을 가지고 태어났다. 월곡공동체를 주도해온 유미옥, 미란 자매는 허목사가 이끄는 활동가 그룹의 일원이었다. 그러나 이들은 '두레'를 포함한 선발 생산공동체의 실패 경험으로부터 철저히 배우고자 했다. 그들에게 다른 생산공동체들의 실패 사례는 자신들의 성공 비결을 찾아내는 텍스트였다.

1989년 무렵 4~5명이 모여 생산공동체를 준비하는 모임을 시작했다. 처음에는 협동

---

5) 허병섭(1996), "'일꾼 두레'와 '나래 건설'", 한국도시연구소 편, 『도시서민의 삶과 주민운동』, p.257.
6) 허병섭, 상계서, pp.254-255.

조합의 원리와 이념, 공동생산의 좋은 점과 외국의 성공사례(몬드라곤) 등을 가지고 공부를 했는데 참여자들의 반응은 별로 신통치 않았다. '협동조합이 되기 위해서는 우리 자신이 이런 식으로 변해야 한다'고 원론적인 얘기를 아무리 해도 아줌마들의 반응은 시큰둥했고 한편으로는 부담스러워하는 낌새마저 있었다.

처음에는 사무실 밀집지역에 도시락을 배달하는 사업이나 반찬공장 같은 것을 생각했다. 그러나 음식을 다루는 사업은 우선 식품위생법상의 요건을 맞추기가 어려웠다. 일단 공부방 공간을 활용해서 뭔가를 할 요량이었는데 법을 지키자면 그 공간을 쓸 수 없었다.

그 전에 공동부업으로 미숫가루 만드는 일과 스카프의 마무리 작업을 하청 받아서 한 적이 있었는데, 유미옥씨는 이런 경험들을 통해서 일당을 받고 하는 하청 일에는 전망이 없다고 생각했다. 생산공동체란 단순히 일당제 일용노동자들이 함께 모여서 작업하는 것을 뜻하는 것은 아니라고 생각했다. 말하자면, '일당 따먹기' 이상의 부가가치를 만들어낼 수 있어야 한다고 믿었다. 그런데 참여하는 아줌마들은 자신들이 처녀 시절에 해본 봉제계통의 일을 하고 싶어했다. 아무래도 '미싱'을 밟아본 경험이 있어 그 일이 친숙하게 느껴졌기 때문이었다. 그러나 봉제와 피혁 계통 일을 면밀히 조사해본 유씨는 가능성이 없다고 결론지었다. 봉제업이 사양산업이어서 문을 닫는 경우를 너무 많이 본 데다, '엄마들의 기술이 A급도 아니고 체력이 받쳐줄 것 같지도 않았기' 때문이다.

여기서 유씨는 끝까지 고집을 부렸고 준비모임의 분위기는 일순 썰렁해졌다. 자신들의 뜻대로 안 되는 것에 대해 불만들이 있었지만, 아무도 대들지는 못했다. 그동안 쌓여온 신뢰와 권위를 부정할 수 없었기 때문이다. 그러던 중 한 동네 아줌마가 '레몬화장수'라는 걸 들고 유씨를 찾아 와서 제조방법을 알아봐 달라고 했다. 여기저기 수소문 끝에 방법을 알아냈고 5병쯤 만들어서 몇 사람이 나누어 써봤다. 모두들 좋다고 했다. 이번에는 오이며 한약재 같은 것을 재미삼아 섞어봤는데, 사용해 본 사람들이, 많이 만들어서 팔아보라고 권할 정도로 호평을 받았다. 동네 아줌마들은 일반 화장품보다 품질도 좋고 값도 싸다며 빈 화장수 병을 들고 와서 따라 갔다.

이때부터 유씨 자매는 자연화장품에 대한 공부를 시작했다. 이들은 시중에 자연화장품이 거의 없다는 사실을 알았고, 기존의 화학제품보다 좋은 품질의 화장품을 개발할 수 있겠다는 자신감을 얻었다. 그리하여 보존 기간이 짧은 레몬화장수 대신 알로에를 원료로 한 제품을 구상하게 되었고, 알로에의 찬 성질을 중화하기 위해 한약재를 섞자는 아이디어를 떠올렸다. 알로에 화장수는 대히트를 쳤다. 처음에는 교회를 통해서 알

음알음으로 판매되다가 품질의 우수성이 알려지면서 '한살림공동체' 와 '생활협동조합
중앙회' 에서 납품 요청이 들어왔다. 50병으로 시작한 생산은 1년에 750병, 1,500병, 마
침내 3,000병 수준으로 늘어났다. 화장수로 확보한 고객의 수요를 계속 이어나가야겠다
는 생각에서, 곡식, 한약재, 해조류를 원료로 한 세안제와 자연팩을 추가로 개발했다.

일단 이들의 시장 진입은 성공적이었다. 연간 매출액은 IMF 경제 위기의 여파가 채
가시지 않은 2000년 하반기부터 오히려 큰 폭으로 성장하더니 2002년에 약 2억 원,
2003년에는 2억 5천만 원을 기록했다. 경쟁시장에서 살아남기를 시도했던 공동체들 가
운데 경제적으로 성공한 경우였다. 월곡공동체는 처음부터 참여자들 간에 수익의 재분
배를 목표로 하지 않았기 때문에 소정의 인건비를 제외한 영업이익의 상당 부분을 외부
지원금으로 사용했다. 1990년대 초부터 월곡동 '주민단체협의회' [7]의 활동비를 지원했
고, 중반에 들어서는 '산돌공부방' 과 '어머니학교' 의 실무자 활동비, 운영비 등을 정기
적으로 후원했다. 월곡동 산동네에 재개발 바람이 일면서 이들 단체가 문을 닫을 때까
지 공동체가 지원한 액수는 월 250만~300만 원 수준을 유지했고, 여기에 외부 종교사
회단체에 대한 부정기적인 기부금까지를 합치면, 이들이 종교사회단체를 위해 사용한
후원금은 괄목할 만한 규모였다.

그러나 시장의 상황은 조석으로 변하기 마련이어서 자연화장품이 소비자의 관심을
끌게 되니까, 중국산 재료를 사용한 값싼 유사제품들이 나오기 시작했다. 그동안 이 공
동체는 좋은 국산 곡물만을 엄선해서 제품을 생산해 왔는데, 저렴한 중국산 원료를 쓰
는 후발경쟁업체들의 도전에 직면하게 된 것이다. 그러나 이들은 품질의 차별화 전략을
고수하면서 여전히 유기농 알로에로 만든 화장수와 우리 밀을 원료로 하는 세안제를 생
산하고 있다. 그러다 보니 과거에 비해 생산에 투자되는 비용이 늘어났고, 우리나라 경
제의 불황이 장기화되어 소비가 위축된 데다 유사업체들과의 경쟁이 심해져서 매출과
수익률은 예전보다 떨어진 편이다. 현재의 매출액은 전성기의 60% 수준인 1억 5천만 원
정도이지만 사업의 존폐를 걱정해야 할 상황은 아니다. 다만, 지금까지 확보해온 시장
을 지키기 위해서는 사업의 내용을 한 단계 끌어올리고 마케팅과 홍보에 힘을 쏟아야
하는 전환기임에 틀림없다. 그래서 유대표의 현재 고민은 이러한 눈앞의 과제에 함께
전력투구할 수 있는 일꾼을 발견할 수 없다는 데 있다.

---

7) 월곡동의 지역주민운동이 차츰 성장하면서, '어머니학교' 출신의 주부, 공부방 자모회, 청년, 활동가들
　이 모여 주민들의 삶의 질 개선과 지역 민주화를 목표로 주민단체협의회라는 연대조직을 1988년에 구성
　했다. 여기서는 지방자치제도에 대한 주민교육과 공정선거감시운동, 단오잔치, 노인정 후원사업 등 다
　양한 프로그램을 실시했다.

우리가 월곡공동체의 사례에서 주목하고 배워야 할 점은 조직의 공동체성이라기보다, 시장의 험난한 파고를 헤치고 하나의 기업으로서 경쟁력을 갖추어 살아남기까지의 남다른 노력과 전략이다. 사실상 공동체의 핵심멤버들은 2002년 당시의 5명에서 현재는 2명으로 줄어들었다. 건강이 나빠졌거나 나이가 들어 체력이 많이 소모되는 작업공정을 감당할 수 없게 된 까닭이다. 공정의 성격에 따라서 필요한 인원은 그때 그때 일용직 형태로 10여 명 정도를 채용한다. 따라서 월곡공동체는 협동조합방식의 민주적인 생산공동체라기보다, 이익의 사회 환원을 목적으로 하는 비(非)개인기업이라는 편이 옳다.

2) 생산공동체의 목표

1990년대 당시 빈민지역운동 종사자들이 보기에, 생산공동체는 저소득 주민들의 취약한 경제적 지위를 높이고 힘을 강화할 수 있는 이상적인 틀이었다. 노동시장에서 자기 자리를 확보하지 못한 이들은 항상 실업과 취업 사이를 오갔고 불안정한 수입과 부채의 누적이라는 굴레에서 벗어나지 못했다. 불합리한 하청구조 속에서 자기 몫을 지킬 수 있는 장치를 가진 것도 아니었다. 노동조합을 가진 정규직 노동자들과는 달리 이들은 항상 고립 · 분산적이었다.

요컨대 빈민지역운동의 궁극적 관심은 소위 '의식화'와 '조직화'를 통한 '임파워먼트' (empowerment)였다. 이러한 목표의 의미가 주민들의 '정치적' 변화를 배제하는 것은 아니지만, 그렇다고 주민들의 정치의식의 변화가 목표의 전부는 아니었다. 오히려 진정한 의미의 정치력은, 주민들 개개인의 생각과 그들의 관계가 보다 민주적이고 공동체적일 때 커나갈 수 있다고 믿는 쪽이었다. 그리하여 저소득지역에 살고 있던 활동가들은 열악한 노동조건과 불합리한 하청구조에서 오는 경제적 불이익을 극복하는 동시에, 민주적인 의식과 공동체적인 품성을 발전시켜나갈 수 있는 대안적 틀로서 생산공동체에 주목하고 이를 만들어나가는 데 힘을 쏟기 시작했다.

사회적 서비스를 사업 아이템으로 삼을 수 있다는 생각을 하지 못했던—그런 상상력을 허용할 만큼 가난한 사람의 일자리 문제에 사회적 관심이 높지 않았던—당시로서는 모든 생산공동체가 성공적인 시장 진입을 목표로 하고 있었다. 대개 산동네 주민들이 쉽게 도전해볼 수 있는 업종을 찾다보니 봉제, 건축일, 단순조립작업 등이 주를 이루었다. 그러나 이런 업종들은 녹록지 않은 자유경쟁의 파고를 넘기에는 여러 제약 조건을 안고 있었다. 가장 많은 지역에서 손을 댔던 봉제업의 경우, 사양산업으로서의 한계, 부가가치가 낮은 임가공 중심의 사업운영으로 일감의 공급이 불안정하고 따라서 최소한의 이익을 내는 데도 고충을 겪었다. 하나의 돌파구로 몇 개의 업체가 공동의 독자브랜드와 유통체계를 만드는 시도도 해보았지만, 역시 운영자금의 부족과 경영의 미숙함이라는 종래의 벽을 넘지는 못했다. 건설업의 경우도 자본 조달의 한계, 전문기술 인력의 부족, 그로 인한 하자의 발생과 공기의 지연 등은 고질적인 문제였다.

당시 생산공동체운동에 매달렸던 사람들의 고민은 크게 두 가지였다. 첫째는 참여자의 노동 능력에 부합하면서도 시장에서 경쟁력을 갖는 업종을 찾아내는 일이었고, 둘째는 어떻게 하면 한국 사회로부터 이러한 실험을 후원하고 독려하는 지원체계를 이끌어낼 것인가 하는 것이었다. 사실상 이런 사회적 약자들의 공동체가 이들에게 우호적인 정당의 지원이나 제도에 힘입어 자기 기반을 갖게 된 서구와 비교해 볼 때, 한국 사회의 토양은 참으로 척박하기 이를 데 없었다.

이 같은 고민과 노력이 진행되던 1994년에, '한국개발연구원' (KDI)은 그동안 간간이 언론을 통해 소개됐던 생산공동체의 사례들을, 빈곤계층의 자구적인 탈빈곤운동 모델이라는 관점에서 연구하기 시작했다. 그리고 이 연구의 연장선에서 이 운동의 관련자들이 당시의 복지부장관을 면담하고 지원 프로젝트에 대한 약속까지 받았지만, 그 후 실무선의 반대로 뜻을 이루지는 못했다.

2. '자활지원센터' 시대(1996년~1999년)

생산공동체에 대한 정부 차원의 지원이 다시 검토되기 시작한 계기는, 1995년 '한국보건사회연구원' 이 '삼성복지재단' 의 용역을 받아 진행한 "저소득층 실태변화와 정책과제: 자활지원을 중심으로"라는 연구였다. 초기부터 현장의 운동관계자들이 참여했던이 연구는 결론적 방안으로, '시범자활창업 인큐베이터센터' 설립에 대한 지원을 삼성재단 측에 제안했는데, 지원 규모에 삼성 측이 난색을 표명하면서 결실을 맺지 못했다. 그러나 이 같은 노력은 다시 복지부와 당시 김영삼 정부가 설치한 '국민복지기획단' 에서 검토되었고, 마침내 1996년 전국에 5개의 '자활지원센터' 를 설치·운영하는 것으로 매듭지어졌다. 최초로 생산공동체가 제도권 안으로 한 발을 내딛는 순간이었다. 이 때부터 자활지원센터는 매년 5개소 내외가 추가 지정되어 1999년에 20개소로 늘어났다. 복지부는 '저소득층의 자영창업 지원, 취업 알선, 생업자금 융자, 직업 훈련교육, 기업체와의 물품 공동판매 등을 통해서 저소득 취약계층에게 취업과 자활의 기회를 제공한다' 는 취지에서 각 센터에 대해 연간 1억 원의 운영비와 자활프로그램을 지원하였다. 이로써 자활지원센터의 운영 주체들은 약간의 상근활동가 인건비와 사업비를 확보하고, 초기 창업 자금의 확보 방안으로 생업자금융자제도를 활용할 수 있게 되면서 새로운 활기를 띠게 되었다.

여기서 자활지원센터를 모태로 탄생한 한 생산공동체의 사례를 보기로 한다. 이 공동체는 1996년에 처음 창업을 해서 생산협동조합의 면모를 갖추고 일정 기간 발전하다가 해외 노동시장의 저렴한 임금 공세에 밀려 2003년 마침내 문을 닫게 된 경우이다. 따라서 아래에서 서술되는 내용은 폐업하기 이전인 2001년 11월을 기준으로 하고 있다.

1) 봉제협동조합 '나눔물산'

'나눔물산' 의 근거지인 서울의 신림동, 봉천동 등 관악구 산동네는 빈민지역으로서의 역사나 규모 면에서 대표적인 곳으로 꼽히는 만큼, 일찍이 가난한 주민을 도우려는 많은 활동가와 지역센터가 뿌리를 내려온 지역이다. 그 중에 성공회에서 운영하는 한 센터가 '관악자활지원센터' 로 지정되면서, 공동으로 소파 제작 하청업을 했던 이전의 경험을 살려 봉제업으로 업종을 전환하고 협동조합이 되었다. 따라서 자활지원센터의 실무자들은 정부의 지원이 있기 훨씬 전부터 빈민운동에 투신해온 활동가들이었다. 그러나 '나눔물산' 의 경우는 처음부터 협동조합으로 출발한 다른 생산공동체들과는 달리, 일반사업체로 영업을 하다가 차츰 준비 과정을 거쳐 협동조합의 성격을 띠는 특이한 과정을 밟았다.

1996년 창립 초기에는 자활지원센터 실무자 1명이 '나눔물산' 에 파견되어 사업장 관리, 영업, 교육 등을 지원했다. 또 초기 자본금 3천만 원도 자활지원센터에서 차입했다. 창립 멤버인 총무는 봉천동 재개발사업 당시, '봉천6동 세입자주거대책위원회' 의 총무를 맡아 주거권운동에 앞장섰던 남성 주민이었다. 창업 당시 자활지원센터는 주로 세입자대책 활동 과정에서 알게 된 주민들에게 참여를 권유했는데, 봉제업에 경험이 풍부한 유능한 리더가 필요하다는 판단에서, 당시 구로공단 노조위원장 출신의 문양임씨(당시 40대 중반의 여성)를 대표로 영입했다. 문대표는 봉제계통에서 잔뼈가 굵은 풍부한 경험과 탁월한 리더십으로 '나눔물산' 을 키우는 데 중추적인 역할을 했다. 기술자인 재단

사는 창립 당시 광고를 내서 공개모집한 남성이었는데 애초에는 '협동조합' 이니 '공동체' 니 하는 용어조차 들어본 적이 없는 사람이었으나 생활을 통해서 다른 사람들과 직접 몸으로 부대끼면서 차츰 그 의미를 깨우친 경우이다. 그 밖에 신림동 난곡지역의 야학 출신 여성들도 여럿 참여했다. 참여자들은 주로 30~40대의 여성이었는데 이 가운데 조합원은 5명이고, 비조합원은 한 때 17명까지 늘었다가 불경기를 맞은 2001년 가을 현재, 8명으로 줄어 총 13명이 일하고 있다. 초기 조합원 5명 가운데 2명은 결혼해서 지방으로 이사 가는 등, 문대표를 포함해 2명을 제외하고는 구성원이 바뀌었고, 한 사람이 그만 두면 다른 사람으로 충원되면서 항상 5~6명 수준을 유지했다.

그동안 자금 부족으로 많은 고생을 했지만, 그런 중에도 월 60만 원씩 꾸준히 갚아나가 초기 차입금 3천만 원은 모두 상환한 상태이다. 여전히 일시적으로 긴급 운영자금이 필요할 때 자활지원센터로부터 단기차입을 해오지만, '나눔물산' 은 특정 개인들의 소유가 아니라 공공의 복리를 추구하는 조직[8]이라는 생각에서 센터에 대한 후원금 명목으로 원금 외에 약간의 돈을 덧붙여서 정확히 상환하고 있다.

봉세 임가공업이 많은 한세를 안고 있음에도 불구하고 '나눔물산' 은 나름대로 철저한 기술관리를 통해서 경쟁의 파고를 헤쳐왔다. 끊임없는 시장조사를 통해서 새로운 바느질 기법을 발견하면 그 제품을 사다가 일일이 뜯어 분해를 해서 신기술을 익혔으며, '나눔물산' 에서 만든 제품이 스스로 보기에 완벽하지 못하면 어떤 손해를 무릅쓰고라도 모두 폐기 처분해 버렸다. 자신들의 기술력에 오점을 남기지 않기 위해서였다. 입고(入庫) 날짜가 정해지면 밤을 꼬박 새서라도 납기일을 맞추었다. 기술과 신용에 있어 인정을 받기 때문에 소량의 제품은 원청업체가 샘플에 대한 검품을 하지 않고 그냥 믿고 맡길 정도가 되었고, 한 때는 본 공장 외에 외주공장을 2개 운영하면서 70~80명의 사람을 먹여 살릴 정도로 일감이 많았던 적도 있다.

조합원들은 그동안 봉제협동조합치고는 건실한 운영을 해왔다고 자부하는데, 6여 년 동안 비조합원의 월급 날짜를 어긴 적이 한 번도 없었고, 조합원의 경우도 2달 정도 밀린 적은 있지만 지금까지 급여를 못 받은 적은 없었다. 조합원의 배당금도 2000년을 제외하고는 매달 10~20만 원, 많을 때는 월 100여만 원(조합원 1명당 연 1천 2백~1천 3백만 원)꼴로 지급되었다. 시간 외 근무수당과 배당금 제도는 되도록 참여자 간의 격차

---

8) '나눔물산' 정관 제2조(목적과 사업)에는 다음과 같이 명시되어 있다. "본 조합은 노동과 경영을 일치시킴으로써 노동자들의 삶의 질의 향상을 꾀하고 자본주의 사회 속에서 점점 사라져가는 공동체성을 회복해가는 것을 목적으로 한다. …(중략)… 아울러 지역 내 연대활동을 통하여 지역사회 복지 증진에 힘쓰고 지역사회와 지속적인 연계성을 가진다."

가 덜 생기는 방식으로 조금씩 개선해 왔다. 수입의 차이로 인한 갈등의 소지를 없애기 위해서였다. 얼마 전 조합원 회의에서 지난 6년간을 평가해 보았는데, '초기에는 힘들었지만, 다른 조합에 비해 심정적으로는 편안하게 일하고 갈등을 덜 겪으면서 먹고 살아왔다'는 데 의견이 일치했다. 또한 '우리 5명(조합원)이라면 뭘 해도 잘 할 수 있을 것 같은' 확신이 들었다고 한다.

참여자에 대한 교육은 초창기에 했던 강의식 교육보다 조합 사정과 경영상의 문제를 놓고 토론을 벌이는 '회의'가 오히려 교육적 효과가 높다는 사실을 깨달았다. 또 '어떤 공동체에 이런 문제가 발생했는데 만약 우리라면 어떻게 해결하는 것이 좋을까' 하는 주제를 놓고 토론을 벌이기도 한다. 처음에는 '예', '아니오'의 의사표현조차 안 하던 사람들이 차츰 토론에 익숙해졌다. 또, 원청업체가 부도가 나거나, 작업물량이 줄어 경영상의 위기가 찾아올 때, 이 위기를 참여자들과 함께 의논하고 극복하는 과정 자체가 교육이자 의식 변화의 장이라고 할 수 있다. 이럴 때 참여자들이 단결해서 스스로 연장근로도 하고 임금의 일부를 반납하기도 하면서 위기를 극복해간다. 비조합원의 대표들과 조합원이 함께 회의하는 합병운영위원회를 월 2회씩 갖는다.

비조합원 자격의 사람을 채용할 때 가장 중요하게 보는 것은 얼마나 다른 사람과 잘 융화할 수 있는가 하는 것이다. 대표가 면접을 볼 때 항상 하는 말은, '기술이 부족한 것은 우리가 채워주겠다. 그러나 사람들과 융화를 못하면 곤란하다'는 것과, '당신보다 기술이 못한 사람이라도 집안 여건이 힘들면 그가 당신보다 월급을 더 받아갈 수 있다'는 것이다. 그런 경우가 자주 있지는 않지만, 가정형편이 특히 어려운 사람에게 얼마간의 보조금을 더 배려해준 경우가 있었다. 그러나 그것이 문제가 된 적은 한 번도 없었다. 그런 과정을 통해서 사람들의 관계가 발전하고 공동체에 대한 애정이 깊어진다.

공정이나 역할상 구분이 있지만, 어떤 작업 단계에 결원이 생기거나 일손이 딸리면 누구든 그 일을 대신하는 분위기가 잡혀있다. 대표든, 총무든, 시다가 빠지면 시다 역할을 하고 미싱사가 빠지면 미싱사 노릇을 하면서, 네 일과 내 일을 구분하지 않는다. 저녁에 일감이 남으면 조합원들끼리 나누어 집에 가지고 가서 해온다. 처음 들어온 사람도 시간이 지나면서 공동체 분위기에 젖어 시시콜콜한 집안 이야기까지 서로 주고받는 사이가 된다.

이처럼 노동력에 대한 철저한 품질 관리로 건실하게 유지되어온 '나눔물산'이었지만, 대규모 납품 물량들이 인건비가 싼 중국으로 점차 건너가고 문을 닫는 우리나라 원청업체들이 늘어나면서 부채를 감당하기가 어려워졌다. 한때 어렵게 자본을 투자해서

독자 브랜드를 만들어 활로를 모색해 보았지만, 사양산업의 하강세를 반전시키지는 못했다.

2) '자활지원센터'의 자율성

1996년 5개 자활지원센터 실무자들과 복지부 관계자가 일본의 노동자협동조합연합회를 방문하게 되는데, 중고령 실업자들이 청소 용역, 빌딩 관리를 전문으로 하는 공동체 운영에 성공한 사례들을 보고 나서, 자활지원센터의 신규 사업으로 청소용역업이 추가되었다. 또한 도시락, 출장 뷔페, 세탁업 등도 새롭게 시도되었다.

그러나 체계적인 사업 개발 노력이 이루어지지 않아서 사업 아이템은 일정 수준 이상으로 다양화되지는 못했다. 이후에 생겨난 20여 개의 자활지원센터들의 업종도 선발 주자들이 벌이고 있던 사업의 범주에서 크게 벗어나지 못했다. 그리고 창업 자금이나 실무자의 안정적인 확보라는 면에서는 1996년 이전에 비해 사업환경이 개선되었지만, 그밖의 더 큰 문제들—기술의 전문성, 경영 능력, 판로, 자본 등—에 있어서는 여전히 많은 한계를 안고 있었다. 이 같은 상황에서 운동 주체들은 시장경쟁력이 취약한 빈곤계층에게 알맞은 생산공동체운동의 방향을 고민하게 된다.

한편, 사업의 자율성이라는 면에서 보면, 현행 자활후견기관 제도와 비교해서 이 당시에는 운영 당사자들에게 많은 재량권이 주어지고 선택의 폭도 열려 있었다. 따라서 참여자의 범위도 자활지원센터들이 자율적으로 결정할 수 있어서 지금과 같은 '부적격자'의 문제는 발생하지 않았다. 이후에 국민기초생활보장법에 따라 자활후견기관 지정을 신청할 때, 많은 민간단체들이 '자활지원센터' 사례를 염두에 두고 그와 같은 자유로운 조건과 환경에서 사업을 할 수 있을 것으로 기대했지만, 이는 결과적으로 오판이었다.

3. '자활후견기관' 시대(2000년~현재)

빈곤층의 생산공동체운동이 또 다른 전기를 맞은 것은, 1997년 외환위기로 인해 대량실업이 발생하고 공공근로 민간위탁사업이 시행되면서부터였다. 1998년에 들어, 사회안전망이 부실한 탓에 많은 실업자들이 노숙자로 전락하거나 생계가 막연해지는 위기 상황이 도래했고, 이에 정부는 저소득 실업자를 위한 생계보조와 한시적 일자리 제공을 위해서 공공근로사업을 실시했다. 공공근로사업이 시작되던 초기에 빈민운동 진영 일각에서는 일본노동자협동조합 연합회(중고령복지사업단)처럼 민간위탁을 통해서 일자리 창출과 연계할 것을 요구했지만 받아들여지지 않다가, 정부가 직영하는 공공근로에 대한 여론이 악화되면서 부분적으로 민간위탁이 이루어지기 시작했다.

그동안 생산공동체운동을 해오던 주체들과 전국의 여러 실업단체들은, 경기가 회복되어도 노동시장 복귀가 어려운 40~50대 공공근로 참여자와 장기실업자들에게는 경쟁으로부터 보호받는 '사회적 일자리'[9]가 필요하다는 데 인식을 같이 하고, 이 같은 성격의 실업극복사업을 시도하게 된다.

이들은 공공근로 민간위탁사업, 특별취로사업, 실업극복국민운동본부 제안사업 등의 형식을 빌려, 무료간병인 파견, 숲 가꾸기, 남은 음식물재활용, 폐자원 재활용 등 공익성을 띤 사업을 공동체 방식으로 하는 것에 대해 본격적인 실험을 했다. '사회적 일자리' 만들기를 주창했던 이들은, '경기가 회복되더라도 저소득 장기실업자들의 문제는 구조화되고 고착화될 것이기 때문에, 사회안전망 확충과 함께 사회적 일자리 마련이 실업복지정책의 골간이 되어야 한다' 고 주장했다.

이 같은 상황에서 정부는 2000년 국민기초생활보장법을 제정하면서, 중장년 실업자의 생계보호 필요성을 인정하지 않던 종전의 입장에서 선회하여, 노동 능력이 있는 취약계층에게도 자활지원사업 참여를 전제로 생계비를 지급하는 자활지원정책을 제도화하였다. 그리고 '사회적 일자리' 의 효용에 공감하는 연구자들이 이 제도의 설계에 참여하면서, 애초에는 장기실업자들의 자활이라는 데 집중돼 있었던 문제의식이 국민기초생활보장법의 틀에 맞춰지면서 생계보호를 필요로 하는 조건부수급권자의 자활 문제로 고민의 대상과 방향이 달라지게 된다.

그러나 국민기초생활보장법이라는 새로운 틀 안에서, 과거 생활보호법 시절 대상자의 자활을 도모하는 내용으로 제도의 꼴이 갖추어지면서, 예상되는 문제에 대한 지적과 우려가 없지 않았다. 가령 노동시장 통합의 비전과 방법에 대한 고민이 결여되어 있다는 점, 자활지원 효과가 높은 차상위계층의 참여가 제한적이라는 점, 동일한 제도 안에서 겪게 될 최저 생계 보호와 자활 지원의 상충 문제, 생계형 수급권자로 고착화되는 것

---

9) 여기서 '사회적 일자리' 란 환경, 복지, 교육 분야와 같이 사회적 목적을 띤 공공의 서비스나 재화를, 근로능력이 있는 실직 빈곤계층으로 하여금 공급케 함으로써, 사회보장 체계의 사각지대에 있는 빈곤층에게 제공하는 취업의 기회를 말한다. 이때 서비스나 재화는 아직까지 일반 시장에서 공급되지 않고 있는 새로 개발된 아이템이다.

을 방지하고 이들을 밀어내는 데 제도의 관심이 집중돼 있다는 점, '일거리' 에서 '일자리' 로 이행되는 과정에 대한 공급 측면에서의 고민이 부족하다는 점 등, 적극적 의미의 자활 지원이 최저생계보호제도의 틀 안에 놓이게 될 때 생길 수 있는 한계들이 지적되었다. 그리고 이 같은 우려는 구체적인 제도화 과정에서 다소 보완되기는 했지만, 큰 기조의 변화가 없는 가운데 오늘날 현실로 나타나고 있다[10].

II. 생산공동체운동과 자활지원사업의 차이점

앞에서 보았듯이, 오늘날 자활후견기관 제도의 역사를 거슬러 올라가면 생산공동체운동을 만나게 된다. 현행 자활지원제도의 내용을 채우는 데 가장 큰 영향을 미친 것이 1990년대부터 이어져온 생산공동체들이었으므로, 이들 자활지원사업의 '원형(原型)' 이라 불러도 크게 틀린 말은 아닐 것이다. 그러나 생산공동체를 '모형(模型)' 이라 부르기 어려운 이유 중 하나는, 이제까지 생산공동체가 경제적 측면에서 성공을 거둔 예가 많지 않았다는 것이다. 경제적 이익의 실현이라는 면에서만 보면, 생산공동체는 여전히 실패의 가능성과 위험을 지닌 '벤처' 산업이다. 그럼에도 불구하고 빈민지역운동 종사자들이 새로운 실험을 거듭했던 것은, 경제적 실패의 위험성을 기꺼이 감수할 만큼 거기에는 매력적으로 삶의 질을 바꿀 가능성이 깃들어 있고, 그러한 변화가 실현될 때 경제적 성공의 가능성도 높아진다고 믿었기 때문이다. '벤처' 기업을 하는 사람들은 자신들의 노력이 결실을 맺을 수 있을 것이라는 가능성을 믿고 모험을 한다. 그리고 그로 인해 발생하는 모든 성공과 실패의 결과 및 책임은 거기에 참여한 사람들의 몫으로 돌아온다. 생산공동체에도 그런 요소가 내포되어 있다.

빈민지역 주민들이 생산공동체에 대해 느꼈던 가장 큰 매력은 그 사업체가 자신의 소유일 수 있다는 사실이었다. 자신들이 흘리는 피와 땀이 정확히 자기의 이익으로 환원되어 돌아올 수 있다는 것, 그리고 실패와 성공을 좌우할 일체의 결정을 자신이 내릴 수 있다는 사실이 그들의 적극적인 참여를 자극했다고 할 수 있다. 소위 소유권과 경영권

---

10) 김홍일(2000), "자활사업과 관련한 기초법 개정 및 활용 방향에 대한 운동적 과제".

이 그들의 자발성을 이끌어내는 원천이고, 자발적 의지는 경쟁력을 높이는 요소가 될 수 있다. 둘째로, 참여자들은 공동체를 운영하면서 협동과 양보의 긍정적 효과를 몸소 체험한다. 말로서가 아니라, 같은 주주이자 경영자의 신분으로 조석으로 부대끼고 상호 작용하면서 그들의 관계는 '공동체적'으로 발전한다. 공동체로부터 자기의 개인 사정을 배려 받으면서, 또한 남을 배려하는 것이 결국 자신에게 유익하다는 것을 터득한다. 그리하여 참여자들의 유대감은 발전하고 공동체에 대한 애착이 깊어진다. 구성원들 간의 튼튼한 정서적 유대와 협동심 역시 경쟁력을 강화시키는 요소이다.

1. 자발성과 책임의식

생산공동체는 참여자들이 불확실한 미래에 대한 가능성을 믿고 만들어나가는 것이다. 정확하게 계획된 설계도대로 부품을 조립해서 설계도와 똑같은 완성품을 만드는 작업과는 일의 과정과 성격이 다르다. 그렇다고 열 명의 주민에게 미래의 가능성을 설명했을 때 열 명이 모두 참여를 결심하는 것은 아니다. 각자의 조건과 처지에 비추어, 그리고 자신의 성향과 판단을 근거로 스스로 선택하게 되어 있다. '자발적 선택'이라는 요건은 생산공동체를 성립시키는 첫 번째 원칙이다. 자발적 선택을 통해서 공동운명체가 되기로 결정했을 때 조직의 이익과 개인의 이익을 일치시킬 수 있고, 그에 따라 책임의식도 발전한다.

현재 자활지원사업에서 문제시되고 있는 조건부수급자의 소극적 태도와 저조한 의욕은 교육 프로그램만으로 해결될 수 있는 차원의 문제가 아니다. 경제적 이해(利害)관계의 문제를 건드리지 않고 이념과 가치관만을 주입하려는 강의식 교육이 40~50대의 태도를 바꾸기란 쉽지 않다. 현행 제도의 실행 과정에는 자활지원사업의 참여자를 결정함에 있어서 자발적 선택의 과정이 생략되어 있다.

2. 보상과 평가의 주체

생산공동체에 참여할 때 얻는 물질적 보상은 참여자들 각자의 (노동자로서의) 노력과 (경영자로서의) 판단에서 비롯된다. 결국 노동에 대한 보상을 제공하는 이는 참여자 자신이다. 또한 공동체의 사업이 성공적이었는지 여부를 판단하고 평가하는 주체 역시 공동체의 구성원들이다. 설사 어느 시기에 경제적으로 실현된 이익이 미미하더라도 비물질적인 효용, 정신적 만족감이 컸다면 아마 공동체의 성원들은 자신들의 사업성과를 긍정적으로 평가할 것이다.

그러나 현재 자활지원사업의 경우는 다르다. 우선 자활사업의 참여가 의무사항으로 강제된다는 점에서 엄밀한 의미의 '보상'이란 개념은 존재하지 않는다. 그러나 '조건부'로 제공되는 생계비를 어쨌거나 보상이라 본다면 그것을 제공하는 주체는 정부이다. 정부로부터 받는 '보상'의 크기가 자신의 노력 여하에 따라 달라지지 않는, 즉 인센티브가 없는 한에서 그들의 의욕이 높지 않은 것은 어찌 보면 당연하다. 참여자의 입장에서 보면, 생산공동체의 경우 아직 실현되지 않은 미래의 이익에 대한 기대가 의욕을 불러일으키는 요소라면, 현행 자활제도에서는 '받을 것은 이미 다 받은 상태'이고 오로지 조건으로서 이행해야 할 의무만이 부가적으로 주어지는 셈이다.

또한 사업의 결과를 평가하는 주체도 정부이다. 그런데 참여자 당사자들은 평가의 결과에 무감하다. 자기가 참여한 사업에 대한 복지부의 평가는 후견기관 관계자에게나 중요할 뿐, 자신의 이익에는 별반 영향을 미치지 않기 때문이다.

복지부의 자활지원사업에 대한 평가기준은 생산공동체의 목표와 내용을 충분히 반영한 입체적인 기준이 아니다. 따라서 자활후견기관 종사자들은 어떻게든 자신들의 사업을 '성과 있게' 보이도록 해야 하는 부담을 안고 있다. 그런 부담이 반드시 나쁜 것만은 아니겠지만, 2~3년간 가시적인 성과가 없더라도 중장기적으로 준비하고 진득하게 노력하는 호흡이 긴 사업은 하기 어려울 것이라는 뜻이다. 그래서 때로는 후견기관장으로부터 실무자들에게 "올해는 무슨 일이 있어도 '공동체'를 세 개는 건설하자"는 웃지 못할 지침이 내려지는 것이다.

3. 이념적 지향

앞에서 말했듯이, 빈민지역의 생산공동체운동은 끊임없는 경쟁 속에서 개별화되는 시장의 메커니즘에서 벗어나 대안적인 사회경제적 조직으로서의 협동체를 지향해 왔다. 그러나 이러한 목표는 하루아침에 달성될 수 있는 것이 아니다. 주민, 활동가(실무자) 할 것 없이 모든 참여자들이 자기 삶의 많은 부분을 다른 이와 공유하고 서로 개입함으로써 태도와 관계가 변화·발전하는 과정이 있어야 한다. 이를 위해 빈민운동 종사자들은 대개 주민들과 같은 생활공간에서 그들과 비슷한 형태의 삶을 살면서 주민의 일원이 되는 방식을 택해왔다.

또한 활동가와 주민의 관계에서는 항상 수평적이고 호혜적인 관계가 강조되어 왔다. 이것은 워커(worker)−클라이언트(client)의 관계와는 다른 것이다. 공동체운동에서는 삶의 교류를 통해서 자기 자신과 다른 사람에 대한 애정과 관심을 키워나가도록 돕고, 그런 과정에서 참여자들이 스스로 조직하고 자신들의 문제를 해결하도록 하는 것을 목표로 삼아왔다.

이런 점에서도 현재의 자활지원사업은 그 조건과 환경이 과거와는 사뭇 다르다. 전국의 후견기관 종사자들이 참여자와의 수평적이고 전면적인 상호작용을 할 수 있는 조건에 있지 않으며, 주민의 의식화와 조직화라는 목표를 공유하기도 어렵기 때문이다. 조건부수급자들은 과거의 생산공동체 참여자들처럼 공동체 논의에만 집중할 수 있을 정도로 신체가 건강하고 의욕적이지 않으며, 다양한 복지서비스와 보살핌이 필요한, 노동 영역 이외의 문제를 안고 있다. 따라서 자활지원사업 종사자들은 자활을 지원하는 역할뿐 아니라, 때로는 종합적인 상담과 서비스의 제공도 고민해야 하는 복지사로서의 역할까지 요구받고 있다.

Ⅲ. 맺으면서

이상과 같이, 자활지원제도 도입 이전에 있었던 민간운동의 경험과 당시의 환경적 조건이 현재와 다른 점을 살펴보았다. 과거 노동운동 및 빈민지역운동 진영에서 생산공동체를 만들고자 했던 시도들은 이념적 지향을 분명히 하고 시행착오의 과정을 통해서나마 경험과 능력을 축적한 반면, 시장 진입이라는 주된 목표에 있어서는 적지 않은 실패를 겪었다. 그러나 과거의 실패 속에서 새로운 가능성을 읽으려는 진취적인 문제의식이 현실화된 결과로 자활지원제도가 탄생했다. 설사 오늘날 자활지원사업의 진행이 순탄치 않고 여러 가지 고민과 해결해야 할 과제가 눈앞에 있다 하더라도, 자활후견기관의 탄생은 저소득 실업자의 대안적 일자리를 모색하는 일이 더 이상 당사자 개인이나 자원활동 조직만의 몫이 아니라, 국가와 사회가 함께 떠맡아야 할 과제임을 인정한 진일보한 사건이었다. 그리고 일단 모든 자활공동체의 경제적 성공과 자립이라는 무리한 목표를 접고 생각해 보면, 현행 제도는 시장 적응이 어려운 근로취약계층에게 일자리와 생계를 제공하는 나름의 효과를 거두고 있다.

문제는 제도화 이전의 민간운동이 지녔던 대안 경제에 대한 전망이 제도가 부여하는 조건과 획일적 장치 속에서 실종되었다는 것이다. 또한 단기간에 가시적 성과만을 요구하는 평가방식은 보다 탄력적이고 창의적인 시도를 가로막기에 충분하다.

사업의 안정화를 위해 흔히 제시되는 표준화가 곧 조건과 목표의 획일화를 의미하지는 않는다. 모든 자활사업단이 한결같이 틈새시장 공략에 성공할 수 없고, 경제적 자립에 성공한 자활공동체의 발전 경로가 하나일 수 없다. 성공적인 자활공동체, 더 나아가 제대로 된 사회적 기업이 많이 등장하려면, 그것을 키워낼 수 있는 합당한 조건과 요인이 무엇인가를 살펴보고, 그러한 조건과 요인을 활성화할 수 있는 제도적 환경을, 정부와 민간이 함께 만들어야 할 것이다.

참고문헌

김홍일(2001), "한국 사회 자활운동의 역사와 과제," 자활정책연구회 발표원고 모음집.

노대명(2001), "서구 사회적 일자리 창출 정책의 검토와 전망", 『보건사회연구』 제21권 1호.

신명호(2003), "시장진입형 생산공동체의 경쟁력과 그 요인에 관한 분석", 한국도시연구소 편, 『도시공동체론』, 한울.

여성자활연구모임(2001), "저소득층 빈곤여성을 위한 자활후견기관 활성화 방안 모색", 자활후견기관협회 자료실.

윤진원(1991), "도시 주민운동조직에 대한 비교사례 연구", 서강대학교 석사학위 논문.

윤진호(1998), "노동자생산협동조합에 관한 일고찰", 『노동자협동조합 연구』, 한국노동조합연구소.

이성수(2001), "자활사업체계의 재구성과 제도 개선 방향". 『도시와 빈곤』 52호, 한국도시연구소.

이승현(1995), "생산자협동조합의 생존력과 퇴행에 관한 연구", 서강대학교 석사학위 논문.

장원봉(2005), "사회적 경제의 대안적 개념구성에 관한 연구", 한국학중앙연구원 박사학위 논문.

지규옥(2001), "생산자협동조합의 생존과 퇴행에 관한 사례 연구; 옷누리 생산자협동조합을 중심으로", 가톨릭대학교 석사학위 논문.

허병섭(1996), "『일꾼 두레』와 『나레 건설』", 한국도시연구소 편, 『도시 서민의 삶과 주민운동』.

한국도시연구소(1999), 『지역주민운동 리포트』.

한국도시연구소(2000), 『자활 생산공동체운동의 길잡이』.

한상진(2001), "자활공동체의 조직 특성과 발전 과제", 『자활정책연구회 발표원고 모음집』,

한국협동조합연구소 · 노동자기업인수연구팀, 『노동자협동조합 연구』.

Borzaga, Carlo & Santuari, Alceste (eds.)(1998), *Social Enterprises & New Employment in Europe*.

Borzaga, Carlo & Defourny, Jacque (eds.)(2001), *The Emergence of Social Enterprise*.

Bowles, S. & Gintis, H.(1996), Efficient Redistribution: New Rules for Markets, States and Communities, *Politics and Society*, Vol.24, No.4.

Conforth, C., A. Thomas, J. Lewis & R. Spear(1988), *Developing Successful Worker Cooperatives*, Sage.

Hausman, Daniel M.(1996), Problems with Supply-Side Egalitarianism, *Politics and Society*, Vol.24, No.4.

Hovart, Branko(1983), The Organizational Theory of Worker's Management, Colin Crouch & Frank A.

Heller (eds.), *International Yearbook of Organizational Democracy*, Vol.1.

Meade, J. E.(1972), The Theory of Labor-Managed Firms and Profit Sharing, Royal Economic Society, *Economic Journal*, Vol.82, March 72 special issue 325.

Moene, K. & Wallerstein, M.(1996), Redistribution of Assets vs. Redistribution of Income: Comments on "Efficient Redistribution" by Bowles & Gintis, *Politics and Society*, Vol.24, No.4.

Prychitko, David L. & Vanek, Jaroslav (eds.)(1996), *Producer Cooperatives and Labor-Managed System*, *Vol. I (Theory)&II(Case Studies)*, Cheltenham, UK.

Vanek, Jaroslav(1970), *The General Theory of Labor-Managed Market Economies*, Ithaca, N.Y.: Cornell University Press.

Ward, Benjamin(1958), The Firm in Illyria: Market Syndicalism, American Economic Association, *Amercian Economic Review*, Vol.48.

Wright, Eric O.(1996), Equality, Community and Efficient Redistribution, *Politics and Society*, Vol.24, No.4.

제3장
사회적 일자리의 의미와 전개과정

한 상 진

I. 시장경제를 넘어 사회적 경제로?

IMF 사태의 해결사라는 사명을 띠고 출범한 '국민의 정부'와 그 뒤를 이은 '참여정부'는 정경 유착과 재벌 폐해를 완화시키기 위해 투명성, 공정성이라는 시장 경제의 논리에 의거한 일련의 개혁들을 추진해 왔다. 그러한 개혁들은 중앙은행 독립, 공정거래 질서 확립, 기업 지배구조 투명화 따위의 '진보'를 표방하였음에도 불구하고, 비정규직, 장기실직자, 노동빈곤층 등을 양산시키는 삶의 질의 '퇴보'로 귀결되고 있다. 장하준(2005)은 시장 논리에 따른 개혁이 어떻게 양극화를 가져오는지 다음과 같이 설명한다.

아무리 '투명하고 공정'하더라도 시장질서는 자산을 많이 가진 사람들, 특히 유동성이 높은 금융자산을 많이 가진 사람들에게 유리한 체제이다. 따라서 시장경제에서 불평등을 줄이려면 자본시장이나 노동시장 자체를 규제하여 불평등의 원인을 줄이든지, 아니면 복지제도를 통해 소득을 재분배하고 기회 균등을 확대함으로써 결과의 불평등을 완화하는 수밖에 없다. 과거 우리나라는 정부가 시장을 규제하여 불평등을 줄이는 체제였는데, 외환위기 이후 과거 체제를 청산한다고 시장규제는 철폐하면서 그에 상응하는 만큼 복지제도를 확대하지 않았으니 사회가 양극화되는 것은 당연한 일이다.

진보와 개혁의 포장을 걷어낸 시장주의의 내용물이 양극화이므로 그 대안을 국가의 복지개입 확대에서 찾아야 한다는 해답은 논리적으로 명쾌한 것이다. 하지만 복지국가를 추구했던 서구 나라들이 시장경제의 지구화 속에 '복지개혁'과 '제3의 길' 담론을 내세우는 요즘 추세는 양극화의 해결책을 국가개입주의에서 찾는 것을 멈칫하게 한다. 마치 1980년대 후반에 한국의 사회운동권이 맑스주의에 경도되었을 때 현실 사회주의 진영이 몰락한 상황과 비슷한 난처함에 마주치고 있는 셈이다.

그럼에도 불구하고 어떠한 담론에 비해서도 현실의 무게가 더 크기 때문에, '노동'으로 개혁해야 할 '복지'가 실질적으로 존재하지 않은 우리나라에서는 앞으로도 양극화를 해결할 국가의 복지기능이 끊임없이 확충되어야 할 것이다. 다만 그러한 복지개입의 확대가 과거의 서구처럼 복지의존층을 양산하는 현금급여 방식이 아니라, '괜찮은 일자리'를 창출하여 스스로의 복지를 책임지게 만들고 더 나아가 그 일자리를 통해 지역사회의 삶의 질도 제고시키는 방향으로 이루어지는 것이 중요하다. 이렇게 볼 때, 오늘날 양극화를 극복할 화두로 다루게 될 '사회적 일자리'는 그 발상 면에서 시장경제 논리를 추종하는 미국의 보수적 복지개혁 논리[1]보다는 비정부조직에 의한 협동과 연대에 초점을 두는 유럽의 사회적 경제 모델에 가깝다고 할 수 있다.

유럽에서도 '일이 최선의 복지'라는 명제에 근거해 노동통합과 복지혼합을 꾀하는 노동연계복지전략이 분명한 대세이지만, 미국의 경우 '노동 우선'(work first)의 구호 아래 장기적인 고용가능성보다는 즉각적인 일자리 배치를, 체계적 교육보다는 임시방편적 훈련을 좀 더 앞세우는 편이다.[2] 유럽의 사회적 경제 모델 또한 과거의 유토피아 사회주의 이상에 견줄 때는 시장, 국가가 벌여놓은 현실 제도에 적응하는 보완적 역할로 축소된 면이 없지 않으나, 사회적 경제모델이 미국에 가장 가까운 영국에서도 아래로부터의 능동적인 공동체 형성과 병행하는 자원조직에 의한 고용창출과 경제활동이

---

1) 미국에서 빈곤문제에 대한 정책적 대응은 역사적으로 시장경제 지향과 개인주의적인 초점을 동시에 드러냈다(Iceland, 2003: 118-141). 특히 1996년에 제정된 '개인책임및노동기회조정법'(personal responsibility and work opportunity act)은 노동능력이 있는 빈곤층의 복지에서 노동으로의 이동, 연방정부에서 지방정부로의 책임분산, 국가로부터 시장으로의 권력이행, 시민사회에 대한 재강조 등을 특징으로 하고 있다(Clark et al. 2000: 15-20). 이러한 흐름 아래 미국의 대표적인 노동연계복지 프로그램으로 요구호아동가족부조(AFDC)를 대체한 빈곤가정일시부조(TANF) 프로그램은 고용을 촉진하기 위해 교육 및 직업훈련보다는 일자리의 질과 상관없는 즉각적인 일자리 배치를 강조해 왔다(Strawn et al., 2002: 223).
2) 미국에서 한부모 여성 가구주였다가 '밀워키 복지전사들'(Milwaukee's Welfare Warriors)을 창립한 팻 가운스(Pat Gowens)는 '우리는 개가 아니기 때문에 훈련이 아닌 교육을 원한다'고 말한다(Reese, 2005: 8) 참조.

강조되고 있다. 한편, 시장의 힘에 맞서는 국가의 복지역할이 취약했던 한국의 경우에는 양극화를 극복하려는 비정부조직들의 사회적 경제활동을 위로부터 지원하는 제도의 정비가 시급하다고 볼 수 있다.

그런데 짚고 넘어가야 할 것은 '제3의 길' 담론의 한 부분으로, 특히 참여정부에서 중시되고 있는 파트너십, 거버넌스의 틀 짜기 자체가 양극화에 대응할 수 있는 더 나은 복지를 보장하는 것은 아니라는 점이다. 즉 단순히 참여와 분권의 푯말 아래 형식적인 거버넌스의 구색을 맞춘다고 양극화가 해소될 수는 없으며, 국가, 지방자치단체, 비정부조직 등 실업·빈곤문제 해결과 풀뿌리 민주주의의 비전을 공유하는 이해당사자 간 실행 파트너십과 실질적인 작동구조가 우선적으로 갖추어져야 한다는 것이다. 다시 말해 참여와 협치는 방법론일 뿐, 복지에 대한 국가책임의 사회적 합의와 사회적 경제를 사업화하기 위한 적절한 전달체계의 확립이 더 중요하다고 할 수 있다.

이와 함께 유념해야 할 점은 양극화의 해결 방향을 제3부문에 의한 사회적 경제에서 찾는다고 하여, 시장경제의 힘이 무시되거나 국가의 복지개입 책임이 경감되어서는 안 된다는 것이다. 국가가 공공근로 방식으로 사회적 일자리의 직접 고용주체가 되는 방식을 비판하는 것은 일회성 고용창출의 한계와 사회적 일자리 수요 창출을 위한 국가 역할이 더 우선되기 때문이지, 국가가 사회적 일자리의 수요도 개발하면서 안정적이고 장기적인 일자리 공급을 주도하는 것을 원천적으로 문제 삼는 것은 아니다. 물론 중앙정부 자체가 골치 아픈 고용주가 되는 것을 더는 원하지 않을 개연성이 크므로, 이 글에서는 양극화를 극복하기 위한 국가 역할에 대해 사회적 일자리의 공급보다는 노인 간병, 영유아 보육, 장애아 통합교육 등 앞으로 창출 가능한 사회적 일자리의 수요 확보 차원에 좀 더 비중을 두고자 한다.

요컨대 사회적 일자리에 접근할 때, 사회적 웰빙에 대한 국가 책임을 증대시키는 방향에서 정부재정으로 새롭게 창출되는 복지 및 환경서비스 시장을 제3부문 비정부조직의 사회적 경제활동에 의해 실직빈곤층의 지속가능한 괜찮은 일자리로 연결시키는 전략이 무엇보다 중요하다고 말할 수 있다.

Ⅱ. 사회적 일자리 – 공공근로의 재판인가, 사회적 기업의 원형인가

한국에서 사회적 경제는 1980년대 후반 사회주의권의 붕괴 이후 사회운동의 대안 모색 과정에서 담론 형태로 소개되었고, 비슷한 시기에 일회성 철거반대투쟁의 한계를 극복하기 위한 도시빈민운동의 '생산자 협동조합' 실험으로 본격 도입되었다. 그러한 전통 속에 1997년 말 외환위기에 따른 실업대란에 직면하여 정부와 비정부조직은 공공근로 민간위탁 방식을 통해 '사회적 일자리' 라는 독특한 용어를 만들어 냈으며, 2003년에 정책 프로그램의 이름으로 공식 등장한 이래 지속적인 관심의 대상이 되고 있다. 그렇다면 양극화의 효과적인 대안으로서 사회적 일자리를 규정하고자 하는 문제의식 아래 그 의미와 전개과정을 살펴보기에 앞서, 우리나라의 사회복지 지출과 실직 빈곤층의 특성을 비교사회정책적으로 검토해 보자.

표 3-1 유럽과 한국의 사회정책 지표

		OECD 평균	스웨덴	독일	영국	이탈리아	한국
1인당 GDP($)	2003	25,587	28,200	26,400	29,100	26,200	19,600
사회정책의 공공지출 /GDP(%)	2001	20.9	28.9	27.4	21.8	24.4	6.1
취업률(%)	2003	65.0	74.3	64.6	72.9	56.2	63.0
실업률(%)	1990	6.0	1.8	4.9	6.8	11.5	2.5
	1999	6.7	7.1	8.5	6.1	11.5	6.6
	2001	6.3	5.1	7.9	4.8	9.6	3.9
	2003	6.9	5.8	9.4	4.9	8.7	3.5
장기실업률(%)	1990 6개월 이상	46.3	22.2	64.7	50.3	85.2	13.9
	1990 12개월 이상	31.3	12.1	46.8	34.4	69.8	2.6
	2003 6개월 이상	45.2	35.4	68.5	37.3	74.1	10.1
	2003 12개월 이상	30.1	17.8	50.5	23.0	58.2	0.6
청년실업률(%)	1990	11.7	4.5	4.5	10.1	31.5	7.0
	2000	11.8	8.4	8.4	11.8	29.7	10.2
	2003	13.3	10.6	10.6	11.5	26.3	9.6
노동시장정책의 공공지출 /GDP(%)	2002	-	2.45	3.31	0.75	1.20	0.41

자료: 장원봉(2005), "사회적 경제의 대안적 개념구성에 관한 연구", 한국학중앙연구원 박사학위 논문.

서구의 다른 나라들과 대비시킨 한국 사회정책의 특징은 취약한 사회복지서비스 재정과 큰 규모의 노동빈곤층이라는 두 가지로 요약된다. 먼저 [표 3-1]을 보면, 우리나라의 GDP 대비 사회정책 공공지출액은 2001년 현재 OECD 평균의 1/3에도 못 미치는 6.1% 수준임을 알 수 있다. 이는 기초생활보장, 실업보험 등의 기본 예산은 물론, 노인, 아동, 장애인, 약물중독자, 출소자 등 다양한 복지대상층의 인간다운 삶의 욕구를 충족시킬 재정능력이 제대로 갖춰지지 않았음을 가리킨다. 요람에서 무덤까지 시장의 팍팍한 경쟁력 논리에 일생이 내던져지는 '비복지국가'에 살면서, 자산이 충분치 않은 대다수의 한국 사람들은 이제 출산마저 기피하는 막다른 상황에까지 치닫고 있다. 하지만 달리 보면 낮은 복지지출 때문에 불비되었던 간병, 보육 등의 사회적 보호 서비스 요구가 커짐으로써, 실직빈곤층을 대상으로 한 새로운 일자리의 창출이 서구 복지국가들보다 용이한 측면도 지적할 수 있다.

한편, 1999년 이후 실업률은 낮아졌는데도([표 3-1] 참조) 빈곤율이 최근 들어 높아지고 있어,[3] 일자리 양극화와 고용 불안 속에서 일하면서도 가난에서 벗어나지 못하는 노동빈곤층이 확대되는 현상이 눈길을 끈다. 전통적으로 한국의 빈곤층은 서구의 복지의존층과는 달리 노동의지가 높은 불완전취업 계층으로 규정되었으며, IMF 사태 이후에는 청년실직자, 중고령 퇴직자의 증가와 더불어 실업과 취업을 반복하는 유동층도 늘었다. 이 같은 상황은 우리나라의 경우 개별 실직빈곤층에게 직업상담을 제공하고 노동의욕을 고취시켜 기존 시장의 일자리로 복귀시키는 통상적인 노동연계복지 프로그램만으로는 본질적인 문제해결에 한계가 있음을 암시한다. 그 대신 한국 사회의 탈빈곤과 양극화 대응전략은 괜찮은 일자리가 될 만한 새로운 틈새시장을 발굴하여, 노동빈곤층과 장기실직자의 현장 직업능력을 함양시킴으로써 적정임금을 보장하는 방향으로 모색되는 것이 타당하다.

현재 사회적 일자리는 사회복지서비스 수요의 발굴이라는 설득력을 확보하면서 많은 중앙부처가 개입하는 외형상의 성장을 나타내나([표 3-2] 참조), 노동빈곤층의 현실에 바탕을 둔 빈곤 탈출의 조직 전략이 부재한 탓에 단기적 인건비 지원을 통한 임시적 일거리 만들기에 그치는 실정이다. 노동부(2004)에 의하면, 사회적 일자리는 "사회적으로 유용하지만 수익성 때문에 시장에서 충분히 공급되지 못하는 사회적 서비스 부문 일

---

3) 도시근로자 가구 가운데 최저생계비 기준 이하 가구의 비율로 계산되는 절대빈곤율은 1999년의 9.35%를 정점으로 하여 2002년까지 5.21%로 계속 낮아지다가 2003년에는 6.13%로 다시 증가했다. 중위소득 40%, 또는 50% 이하 가구의 비율인 상대빈곤율 또한 2000년 이후 외환위기 이전 수준으로 회복추세를 보이다가 2003년에 다시 외환위기 수준으로 회귀하고 있다. 빈부격차·차별시정위원회 외(2004: 1) 참조.

(단위: 억 원, 명)

	2004년 예산(합계)			2005년 요구		
	국비	지방비등	인원	국비	지방비등	인원
장애아 교육보조원	39	91	2,000	64	114	1,675
장애아 순회교육지원	-	-	-	9	0	18
대학 장애학생 도우미 지원	-	-	-	3	3	320
방과후 교실보조 인력	8	-	32	0	149	392
국·공립유치원 종일반 강사	-	-	-	52	120	500
지역아동센터 공부방	12	18	500	10	14	244
보육시설 사회적 일자리	125	-	1,849	529	0	9,320
방문도우미사업	176	-	4,500	359	0	7,000
대도시방문보건사업	10	10	75	20	20	140
숲 가꾸기 사업	-	-	-	186	110	2,000
생태우수지역 일자리 창출	29	-	398	50	0	380
노동부 사회적 일자리 제공	187	-	3,000	258	-	4,000
노인 일자리 지원	139	-	25,000	271	0	21,848
연극·국악·영화 시간제 일자리	65	29	1,304	81	25	1,604
아동복지시설 문화예술교육지원	50	-	550	50	15	550
생활체육지도자	86	70	1,263	82	74	1,144
경로당 체육활동 서비스	-	-	-	5	5	64
여성의 사회적 일자리 창출지원	20	-	4,000	27	0	0
합　계	946	217	44,471	2055	649	51,199

자료: 빈부격차·차별시정위원회(2004).

자리나 취업취약계층을 주로 고용하여 창출되는 일자리"로 정의된다. 하지만 정부 스스로도 실제의 사회적 일자리 창출사업은 실업률이 높을 때 정부가 저소득층을 대상으로 시행하는 공공근로와 큰 차이가 없다고 자인하는 형편이다(빈부격차·차별시정위원회 외, 2004: 11).

사회적 일자리가 공공근로의 재판에 그치지 않고 지속가능한 괜찮은 일자리로 자리잡기 위해서는, 사회적 기업으로의 발전 전망 아래 사업을 재구조화하고 체계화시키는 것이 요청된다. 이와 관련하여 황덕순(2004: 34)은 사회적 일자리가 사회적 기업과 분리되는 개념이 아니며 '조직주체'와 '활동 성격'이라는 동일 현상의 상이한 측면을 가리키는 것으로 파악한다. 이렇게 본다면 현재의 사회적 일자리는 사회적 기업의 다양한 일자리 형태들 가운데 정부의 직접 고용이나 비정부조직 위탁에 의해 창출되는 보호된 시장의 일자리를 주로 가리킨다고 할 수 있다. 다음 절에서는 사회적 일자리의 전개과 정에 대해 사회적 일자리 창출사업에 비해 연륜이 긴 자활사업까지 포함하여 다루고자 한다.

Ⅲ. 자활사업과 사회적 일자리 창출사업 - 무리한 두 마리 토끼 쫓기와 엇나간 과녁

황덕순(2004)의 규정에 의거하여 사회적 일자리를 사회적 기업의 일자리 형태로 이해 한다면, 사회적 일자리는 사회적 기업의 범주에 따라 다양하게 획정될 수 있다. 그에 따르면 사회적 경제는 사회적 기업뿐만 아니라 비영리조직까지 포괄하는 좀 더 넓은 개념 이고, 사회적 기업 내부에 노동시장 통합활동을 주로 하는 '노동통합형 사회적 기업' 이 따로 분류된다([그림 3-1] 참조). 이렇게 볼 때 사회적 일자리는 자활사업과 같은 취약계 층의 노동통합을 위한 보호된 시장에서의 활동일 수도 있고, 차상위의 노동빈곤층이나

그림 3-1 사회적 경제와 사회적 기업

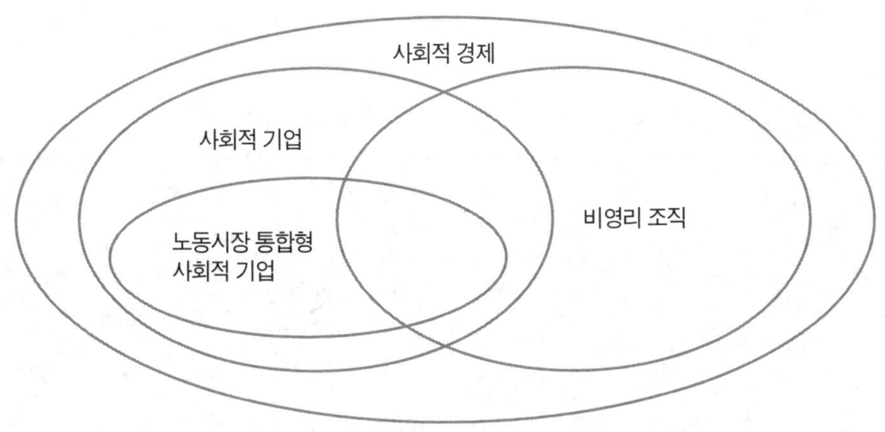

자료: 황덕순(2004), "외국의 사회적 기업 지원제도와 우리나라의 제도 마련을 위한 준비와 역할", 실업극복국민재단 사회적 경제 강화 자료집.

청년, 중고령자 등 일반 실직자가 제공하는 환경 및 사회복지서비스 활동일 수도 있다.

그러면 사회적 일자리 창출사업과 그것의 전사(前史)를 이루는 자활사업에 대해 살펴봄으로써 사회적 일자리의 전개과정을 정리해 보자. 2000년의 기초생활보장제도 도입 이후 자활사업은 보건복지부의 자활근로 및 자활공동체 프로그램과 노동부의 취업알선 및 자활직업훈련 프로그램으로 이원화되어 시행되어 왔다. 2004년 현재 자활사업 참여자는 대다수가 보건복지부 프로그램에 참여하고 있으며, 노동부 프로그램 참여자는 전체의 4%에도 못 미치는 것으로 나타난다([표 3-3] 참조). 이러한 노동부 자활사업의 부진은 별도의 사회적 일자리 창출 프로그램을 2003년부터 시범 추진하게 된 현실적 배경이 되었다고 짐작된다. 그렇다면 조건부수급권자 위주의 취약계층은 어떠한 이유에서 취업알선이나 직업훈련을 외면하는 것일까?

우선 취약계층의 개별적인 노동시장 복귀 경로가 미진한 까닭으로는 전국 242곳의 자활후견기관이라는 전달체계를 확보한 보건복지부에 비해 노동부의 지방 하부구조가 이들의 개인 취업을 담당하기에 상대적으로 부실하다는 측면을 지적할 수 있다. 이와 아울러 노동능력이 있더라도 저학력, 저기술 상황인 수급권자에게는 전통적인 업종의 직업훈련을 받은 후 괜찮은 일자리를 구할 가능성이 극히 적기 때문이라고도 풀이된다. 특히 두 번째 진단에 주목해 볼 때, 유명무실해진 자체 자활사업을 개선하기 위한 노동부의 대응방식은 대상을 조건부수급권자에서 노동빈곤층, 장기실직자로 바꾸든지, 사업내용을 별도의 취업 프로그램이 아닌 보건복지부 자활 참여자의 직업훈련으로 변용하는 방안이 상식적으로 예상될 만한 것들이었다.

그런데 실제로 2003년에 선보인 노동부 개선방안은 엉뚱하게도 사업 대상과 내용 모두 변경시킨 것이었다. 즉 노동부는 기초생활보장제도와 연계된 조건부수급권자와 거

표 3-3 자활사업의 참여자 구성(2004)

(단위: 명)

| | 총 계 | 보건복지부 | | | | | | | 노동부 |
| | | 소 계 | 자활공동체/개인창업 | 자활근로 | | | 지역봉사사회적응 | 공동작업장, 기타 | 취업알선직업훈련 |
				시장진입형	사회적일자리형	근로유지형(지자체형)			
총 계	52,619	50,642	1,926	5,001	12,506	26,345	3,017	1,847	1,977
누 계 (1~9월)	85,726	81,176	2,662	8,921	19,528	41,604	5,067	3,394	4,550

자료: 장원봉(2005), "사회적 경제의 대안적 개념구성에 관한 연구", 한국학중앙연구원 박사학위 논문.

리를 두는 대신에, 고유의 정책대상이라 할 수 있는 일반실직자를 사회적 일자리 창출사업의 고객으로 새로이 확보했다. 다른 한편 사회적 일자리를 위한 사업내용은 노동부의 특장 업무인 개별취업 증진을 지향하는 것이 아니라, 보건복지부가 조건부수급권자에게 실시하는 자활근로사업을 일반실직자에게 비슷하게 적용하는 방식을 채택한 것으로 해석될 수 있다.[4] 이후 사회적 일자리 창출사업은 노동부 주도의 범위를 벗어나, [표 3-2]에서 보듯이 교육 인적 자원부, 여성가족부, 문화관광부 등 숱한 부처들의 공동 사업으로 확대되어 왔다.

여기서는 자활사업과 사회적 일자리 창출사업의 전개과정에서 모을 수 있는 논점들을 '무리한 두 마리 토끼 쫓기'와 '엇나간 과녁'이라는 두 가지 비유를 통해 다루기로 한다. 먼저 불충분한 사회복지 예산과 중산층에 대한 설득 필요성 등의 탓일 터이나, 자활이나 사회적 일자리 할 것 없이 취약계층의 노동시장 통합과 환경 및 복지 서비스의 제공이라는 별개의 사회적 목적을 한꺼번에 추구하는 과도한 목표 설정이 발견된다. [표 3-3]을 볼 때, 자활사업의 경우 근로유지형이 가장 많기는 하지만 프로그램의 최종 목표는 시장진입형을 통한 자활공동체 창업으로 집중되어 있다. 이들 시장진입형 자활공동체는 대부분 조건부수급권자의 노동통합을 기본으로 하는 사회적 일자리이면서, 동시에 간병, 재활용 등의 사회적 서비스를 제공하는 또 다른 의미의 사회적 일자리이기도 하다. 그러나 대다수의 조건부수급권자는 최저생계비 이하 계층 가운데서도 취업여건을 갖추지 못한 가장 열악한 노동빈곤층이라는 점에서, 사회적 서비스의 시장 진입보다는 노동의욕 유지를 위한 보호된 시장에서의 노동이 바람직하다고 본다.[5]

더욱이 [표 3-4]를 보면, 노동부의 사회적 일자리 창출사업에서도 마찬가지로 두 가지 사회적 일자리의 의미가 중첩됨을 알 수 있다. 물론 노동시장통합의 주요 대상이 아닌 일반구직자가 전체의 절반 정도이기는 하나, 기타 취약계층도 많이 참가하고 있기 때문이다. 조건부수급권자나 차상위계층과 같은 노동빈곤층이 자활사업과 사회적 일자리 창출사업에 이중으로 참여하는 것은 이들의 선택 폭을 넓힌다는 면에서 오히려 바람직한 일이다. 여기서 문제로 지적하는 것은 이러한 대상의 중복성보다는, 사회적으로 유

---

4) 흥미롭게도 2003년에 사회적 일자리 창출 시범사업이 시작되자, 보건복지부는 2004년 들어 보호된 시장에서의 자활근로사업의 이름을 '사회적 일자리형'이라 붙였다. [표 3-3] 참조.
5) 한국자활후견기관협회(2005: 5-6)의 제도개선 요구에 따르면, 자활사업을 통한 조건부수급권자의 자활공동체 창업 및 탈수급 가능성이 매우 낮다는 전제 아래 자활사업의 위상과 대상자층의 변화와 함께 정책목표 또한 기초생활보장수급자의 탈수급보다는 '근로빈곤층의 탈빈곤 및 저소득층 빈곤예방'으로 현실화할 필요가 제기되고 있다.

표 3-4 노동부 사회적 일자리 창출사업의 참여자 구성(2005, 2/4분기)

(단위: 명)

참여자수	취약계층					일반 구직자
	소 계	장기실업자	장애인	기초생활 보장수급자	기타 취약계층	
4,161	2,048	317	288	67	1,376	2,113

자료: 노동부(2005), "2005년도 사회적 일자리 창출사업 추진실적(2/4분기)", 내부자료.

용한 서비스 일자리라는 영역에 걸맞은 노동빈곤층의 탈빈곤전략을 체계화시키지 못하는 실용주의적 정책의 한계라 할 것이다. 그리하여 현재의 사회적 일자리 창출사업은 보건복지부 자활사업과 별다른 차이가 없는 노동통합과 사회적 서비스 제공이라는 두 가지 사회적 일자리의 의미를 어설프게 뒤섞은 전시용 프로그램 수준을 탈피하지 못하고 있다.

다음으로 '엇나간 과녁'이라는 표현은 아래의 불일치에 대한 것이다. 우선 환경 및 복지 서비스의 일자리 창출을 통한 빈곤 탈출은 현행 사회적 일자리 창출사업과 같은 인건비 위주의 일회성 지원으로는 불가능하고, 적어도 자활공동체 창업의 지원구조를 요구한다고 볼 수 있다. 한편, 자활사업의 대상인 조건부수급권자에게 공동체 창업이라는 비현실적인 목표를 강제하는 것보다, 현행 사회적 일자리 창출사업의 인건비 지급 방식을 생계급여의 수급 외 보호된 시장의 노동 참여에 대한 인센티브로 적용하는 것을 고려해볼 수 있다.

다시 말해 사회적 일자리 창출사업의 주요 대상인 청년, 중고령의 일반구직자나 차상위 노동빈곤층은 초기 단계에서 정부가 수요의 일정 부분을 창출시키되 장기적으로는 시장진입을 꾀하는 '괜찮은 일자리'의 공동체, 또는 사회적 기업을 창업하도록 지원해야 할 것이다. 또 노동의욕을 유지하고 노동시장에 통합시키기 위해 생계급여에 덧붙여 인건비를 제공하는 대상은 현행 기초생활보장제도상 조건부수급권자에 한정시킬 필요는 없다. 예산의 추가 지원 부담이 발생되기는 하겠지만, 수급권자 중 취업자와 최저생계비 이하 계층이면서 비수급 노동빈곤층, 더 나아가 장애인, 출소자, 노숙자 등을 모두 포괄하여 이들이 보호된 시장에서 노동을 할 때 추가적 수당을 제공하는 것은 도덕적으로 문제가 크지 않을 것이기 때문이다.

이렇게 본다면 현재 자활사업의 제도개선 차원에서 추진 중인 '자활지원법'이나, 사회적으로 유용하면서도 괜찮은 일자리의 지속가능한 창출을 목표로 하는 '사회적 기업 지원법'은 별개의 내용이 아니라고 할 수 있다. 이제 더 이상 무리한 두 마리 토끼 쫓기와 엇나간 과녁의 오류를 되풀이하지 않으려면, 자활과 사회적 일자리, 또는 사회적 기업을 포괄하는 좀 더 큰 틀에서 대상자별 탈빈곤전략을 정교하게 배치하여 노동부, 보건복지부의 협력적 분업구도를 다시 짜야 할 것이다.

Ⅳ. 지속가능한 사회적 일자리를 위하여

지금까지 자활사업을 포함하여 사회적 일자리의 사회적 맥락과 그 의미, 그리고 전개과정상의 문제점들을 살펴보았다. 마지막으로 사회적 기업으로의 발전전망 아래 지속가능한 사회적 일자리의 형태를 대별해 보고, 비정부조직, 정부, 기업 등 프로그램 이해당사자의 과제들을 간단히 제시해 보겠다.

먼저 사회적 일자리를 사회적 기업의 일자리 형태로 이해할 때, 사회석 일자리는 '보호된 시장형' 과 '시장진입형' 으로 구분해 볼 수 있다. 이 가운데 보호된 시장형 사회적 일자리는 수급권자 및 장애인, 노숙자, 출소자 등의 노동통합을 목적으로 정부와 기업에 의해 보호된 시장에서 운영되는 것으로서, 기존의 근로유지형, 사회적 일자리형 자활근로와 비슷한 형태를 가리킨다. 이 때 미국의 사회적 기업에서 흔히 발견되는 기업에 의한 보호된 시장도 대기업의 사회공헌 활성화 차원에서 적극적으로 발굴될 필요가 있다.

이와 함께 시장진입형 사회적 일자리는 아래와 같은 세 가지 하위 형태로 구별될 수 있다. 첫째, 직업훈련형 사회적 일자리로서, 일정기간 환경 및 복지관련 사회적 서비스에 대해 정부나 기업이 수요를 보장하여 창업보육기능을 수행하지만 이후에는 공동체 창업, 개인 창업, 개인 취업 등을 자유롭게 선택하게끔 설계되는 것이다. 이 형태를 담보하는 직업훈련형 사회적 기업은 새로운 사회적 일자리를 발굴하면서 실제적 비즈니스를 통해 노동빈곤층이 현장 직업훈련을 체화시키는 역할을 수행한다. 둘째, 환경친화형 사회적 일자리로서, 청년 및 중고령 실직자, 차상위계층 등의 노동빈곤층을 주체로 하여 시장진입형 재활용, 숲 가꾸기, 생태도시 서비스 등을 제공하는 것이다. 셋째, 지역복지형 사회적 일자리로서, 두 번째 형태와 같은 대상을 주체로 하여 노인 간병, 장애아 통합교육, 영유아 보육 등 지역사회 복지 및 가족기능 강화 서비스를 제공하는 형태이다.

끝으로 사회적 일자리가 한국형 노동연계복지의 성공 사례가 되기 위한 비정부조직, 정부, 기업 등의 파트너십 과제를 지적하고자 한다(한상진, 2004). 첫째, 현재와 같은 노동부, 보건복지부의 이원화된 사업 체계는 수탁 주체인 비정부조직에 혼선을 가중시키므로, 사회적 일자리 지원을 위한 중앙정부 수준에서의 통합적 정책 단위가 요구된다. 또 그 이전이라도 사업의 실행 현장인 지방에서부터 사회적 일자리 창출을 위한 전달체계 통일이 시급히 이루어져야 할 것이다. 둘째, 비정부조직의 정부에 대한 종속을 완화시키기 위해서도 사회적 일자리 파트너로서의 기업의 역할이 증대되어야 할 것이다. 기업은 사회공헌 활동을 이윤창출의 도구라는 좁은 시야로 국한하지 말고, 비정부조직과의 파트너십을 통한 사회적 목적 달성이라는 대국적 자세를 견지해야 할 것이다. 셋째, 사회적 일자리 파트너십에서 실업극복국민재단과 한국자활후견기관협회 등 비정부조직의 역할과 위상을 정립함으로써, 비정부조직이 기업, 정부와의 역동적인 파트너십 구축을 주도하는 것이 요청된다. 그러기 위해서는 시민사회 영역의 비정부조직들이 정부와 기업에 대한 비판 활동에서 더 나아가, 양극화의 유력한 해결 대안인 사회적 경제에 대한 신념과 사회적 기업가로서의 마인드를 조속히 구비해야 할 것이다.

참고문헌

노동부(2004), "사회적 일자리 사업의 향후 추진방향", 내부자료.

노동부(2005), "2005년도 사회적 일자리 창출사업 추진실적(2/4분기)", 내부자료.

빈부격차·차별시정위원회(2004), "사회적 일자리 부문 검토과제", 회의자료.

빈부격차·차별시정위원회 외(2004), "일을 통한 빈곤탈출 지원 정책", 제56회 국정과제회의 자료.

장원봉(2005), "사회적 경제의 대안적 개념구성에 관한 연구", 한국학중앙연구원 박사학위 논문.

장하준(2005), "진보와 시장주의", 한겨레신문, 2005. 7. 1.

한국자활후견기관협회(2005), "자활사업 제도개선안", 자활지원제도 개선을 위한 공청회 자료집.

한상진(2004), "한국에서의 사회적 기업- 비정부조직, 정부, 기업 간 파트너십을 통한 발전방향", 울산대학
    교 사회과학연구소, 『사회과학논집』 제15권.

황덕순(2004), "외국의 사회적 기업 지원제도와 우리나라의 제도마련을 위한 준비와 역할", 실업극복국민
    재단 사회적 경제 강화 자료집.

Clark, J. et al.(2000), The Political Economy of Welfare Reform in the United States, Clark, J. et al. (eds.)
    Welfare, Work and Poverty, Institute for the Study of Civil Society.

Iceland, J.(2003), *Poverty in America*, University of California Press.

Reese, E.(2005), *Backlash against Welfare Mothers: Past+Present*, University of California Press.

Strawn, J. et al.(2002), Improving Employment Outcomes under TANF, Blank, R. et al. (eds.) *The New
    World of Welfare*, Brookings.

제4장

한국 사회적 일자리 사업에 대한 검토와 전망[1]
—사회서비스부문과의 연계를 중심으로

노 대 명

Ⅰ. 문제 제기

현재 우리 사회는 '사회적 일자리 창출사업'을 매개로 '사회서비스부문의 고용창출'을 확대하는 문제에 주목하고 있다. 이는 현재 공공부문에 대한 의존성이 높고, 성장 전망이 불투명한 사회적 일자리를 개편·강화하여 고용창출과 사회서비스 강화라는 보다 거시적인 목표를 달성하는 데 관심을 갖는 것이다. 물론 사회적 일자리 대부분이 사회서비스부문에서 창출된다는 점에서 둘 사이에는 많은 공통점이 존재한다. 하지만 사회서비스부문 일자리는 참여대상이나 창출주체 그리고 이념적 가치와 무관하게 사회서비스부문에서 창출되는 모든 일자리를 지칭한다. 이와 비교할 때, 사회적 일자리는 사회서비스부문 일자리 창출방식의 한 형태라 할 수 있다. 즉 참여대상을 실직빈곤층이나 장기실업자로 제한하고, 비영리민간단체와의 협력을 토대로 진행되며, 사회경제영역의 구축·강화 등을 전제하는 특수한 형태의 일자리인 것이다.

---

1) 이 글은 필자가 2005년 『보건사회연구』에 기고했던 "사회서비스부문 고용창출 방안에 대한 연구"를 부분적으로 수정한 것임.

현재 우리 정부는 사회적 일자리 창출을 국정과제로 선정하여 지원책을 마련하고 있으며, 이는 사회적 일자리의 양적 팽창에 결정적인 기여를 하고 있다. 그 저변에는 이를 통해 다양한 성과를 거두려는 기대가 전제되어 있는 것처럼 보인다. 즉 사회적 일자리를 통해 실직빈곤층을 위한 일자리 창출과 사회서비스 공급확대라는 두 마리 토끼를 모두 잡으려는 기대가 존재하는 것이다. 물론 최근 들어 관심의 영역이 사회적 일자리를 넘어 고용창출 잠재력을 가진 산업을 개발하고, 저숙련·비숙련 노동인구를 반(半)숙련 노동인구로 육성하며, 전 국민을 대상으로 사회서비스 공급을 확대하는 보다 근본적인 문제에 맞추는 경향을 확인할 수 있다. 하지만 이 두 정책을 유기적으로 연계함으로써 사회양극화 과정에서 나타나고 있는 산업·노동·복지의 문제를 어떻게 해결할 것인가 하는 점에 대해서는 구체적인 관심이 부족한 것처럼 보인다.

실제 현재 사회서비스부문의 고용창출정책이나 사회적 일자리 창출정책은 그 결과를 예단하기 힘든 상황, 즉 최선의 시나리오와 최악의 시나리오가 모두 가능한 그런 상황에 처해 있는 것처럼 보인다.

먼저 최선의 시나리오는 다음과 같다. 정부는 경제양극화 국면에서 일자리를 창출하여 저소득층·빈곤층 실직자에게 생계수단을 제공하고 복지서비스에 대한 수요를 충족시키며, 사회서비스부문의 시장을 형성하는 복합적 성과를 거두는 것이다. 그리고 민간은 사회적 일자리를 통해 지역의 사회서비스 인프라를 구축하고, 비영리민간단체의 지역사회 개입영역을 확대하며, 중장기적으로 취약한 사회경제영역을 강화하는 성과를 얻는 것이다. 더불어 기업 등 영리민간부문은 사회적 일자리 사업에 대한 참여를 통해 외환위기 이후 기업의 사회적 책임에 대한 논란을 불식 또는 완화시키는 효과를 얻는 것이다.

하지만 최악의 시나리오가 전개될 개연성 또한 배제할 수 없다. 최악의 시나리오란 위에서 언급했던 각종 기대효과가 나타나지 않고 머피의 법칙이 작용하는 경우를 의미한다. 구체적으로 설명하면, 사회적 일자리가 실직빈곤층의 빈곤탈출에 별다른 성과를 거두지 못하고, 사회서비스 또한 품질이 낮아 수요자가 이용을 기피하는 현상이 심화되며, 사회서비스부문 시장이 소득계층별로 양극화되는 양상이 나타나는 것이다. 그리고 비영리민간부문에서도 지역사회 개입영역이 확대되지 않고 민간보조금에 의존하는 종속적 관계가 심화되는 양상이 나타나는 것이다. 끝으로 일반기업 또한 사업영역을 적극적인 투자에서 소극적인 기부로 축소하는 현상이 나타나는 것이다.

이처럼 상반된 시나리오를 가정하는 이유는 '사회적 일자리가 매개가 되어 사회서비스부문 일자리 창출을 추동할 수 있는 추진전략의 부재', '이해관계 당사자 간의 합의를 도출할 수 있는 협력체계의 취약' 등에서 찾을 수 있다.

먼저 사회적 일자리는 그 자체로 사회서비스부문의 고용창출을 통해 노동배제계층, 즉 실직빈곤층에게 취업기회 제공을 목표로 하는 독특한 정책이다. 그것은 실직빈곤층을 위한 일자리 창출정책인 자활정책과 사회서비스 공급확대에 관련된 복지 · 노동 · 산업 정책의 접점에 위치하고 있으며, 사회서비스부문 고용창출을 선도 · 개척하는 역할을 부여하고 있다. 하지만 그것은 사회서비스부문 고용창출을 위한 기본전략을 명확히 자리매김하지 못하고 있는 것 같다. 이 점에서 사회적 일자리는 발전전망을 잃고 취약계층에 의한, 취약계층을 위한 사업으로 정체될 위험성이 있다고 말할 수 있다.

이어 이해관계 당사자 간의 충돌 또한 최악의 시나리오를 연출할 개연성이 매우 높은 문제라고 말할 수 있다. 현재 사회서비스부문 일자리 창출을 선도하고 있는 사회적 일자리는 민 · 관 협력과 관련해서 비영리민간부문 및 영리민간부문과의 협력방식에 대한 명확한 입장정리를 전제하고 있지 않다. 따라서 사업이 본격화됨에 따라 각 이해당사자 간의 이해관계가 상충될 경우, 이를 해결하지 못하고 사업 전체가 마비될 위험성 또한 존재하고 있다. 실제로 비영리민간부문이 원하는 자율성과 공공부문이 강조하는 통제체계 간의 갈등이나, 공공부문이 강조하는 공익성과 영리민간부문이 주목하는 수익성 간의 갈등이 발생할 수 있는 것이다.

따라서 이 글에서는 현재 정부가 추진하고 있는 사회적 일자리 창출사업에 대한 분석을 통해 사회서비스부문 고용창출을 위한 정책방향과 추진전략에 대해 살펴보고자 한다. 이 글에서 다루고 있는 주요 내용은 사회서비스부문 고용창출의 필요성, 사회적 일자리 창출전략의 함의, 사회적 일자리 창출사업의 실태와 문제점, 그리고 사회적 기업 제도화를 중심으로 하는 사회서비스부문 시장형성의 전략 등이다.

II. 개념정의와 선행연구 검토

1. 개념정의의 문제

이 글에서 사용하는 개념은 독자들에게 혼란을 가져다 줄 개연성이 높다. 따라서 본론에 들어가기에 앞서, 이 글에서 사용하는 몇 개의 개념을 간략하게 정리하고자 한다.

먼저 사회경제(social eoconomy)란 수익 또는 형평성을 목적으로 하는 시장경제나 공공경제와 달리, 사회연대성의 강화를 목적으로 하는 또 하나의 경제영역을 지칭한다(Jean-Louis Laville, 1998). 하지만 사회경제란 비영리민간단체의 영역을 지칭하는 비영리부문(non-profit sector)과는 다른 의미를 갖는다. 즉 사회경제는 비영리성을 띠는 경우도 있지만 수익성 또한 배제하지 않기 때문이다.[2]

둘째, 사회적 일자리(social employment)는 '비영리민간단체가 고용의 주체가 되어 사회적 유용성을 갖는 서비스를 공급하며, 수익의 공평배분 원칙을 고수하는' 일자리를 총칭한다고 말할 수 있다(Carlo Borzaga et al., 2001). 이는 사회적 기업이나 사회적 일자리 사업단을 통해 창출되는 일자리를 포괄하는 것이다. 그리고 이를 판단하는 기준은 다음 세 가지로 정리할 수 있다. 먼저 사회적 일자리는 사업목적에 있어서 '사회적 유용성' 또는 '공익성'을 가진 일자리를 지칭한다. 즉 수요가 있으나 시장과 국가가 제공하지 못하는 공익적 사회서비스의 제공을 목적으로 하는 일자리를 의미하는 것이다. 이어 사회적 일자리의 추진주체는 공공기관이나 영리기업이 아닌 비영리민간단체이다. 물론 현실에서 사회적 일자리는 정부나 기업의 지원을 받아 운영되기도 한다. 하지만 추진주체의 독립성 또는 자율성이 매우 중요한 판단기준이 된다. 따라서 사회적 일자리의 추진주체는 '인건비의 출처와 관계없이' 실질적인 고용주가 비영리민간단체가 된다. 끝으로 사회적 일자리는 수익창출을 배제하지 않지만, 수익의 승자독식이 아닌 수익의 공평배분을 실천하는 일자리이다. 물론 이것이 수익의 균등배분을 원칙으로 한다는 것을 의미하지는 않는다. 이는 사회적 기업 내에서도 성과에 따른 배분을 인정하는 경우가 존재하기 때문이다.

셋째, 사회적 기업(social enterprise)이란 '합법적인 기업형태와 경영모델을 갖추고

---

2) Lester M. Salamon & Wojciech Sokolowski(2001)의 저작은 비영리민간부문에 초점을 맞추고 있다는 점에서 사회경제 또는 제3섹터와 구분되어야 할 것이다.

사회적 유용성을 가진 서비스를 제공하며 수익배분의 공평성을 유지하는 조직'이라고 정의할 수 있다(SEL, 2000; Carl Borzaga, 1998; Thierry Jeantet, 1999). 여기서 사회적 기업은 사회적 일자리와 달리 합법적인 기업형태를 갖춘 조직을 지칭한다는 것에 강조점이 있다. 물론 현실에서 사회적 기업의 형태는 매우 다양하게 나타나고 있다. 한편으로는 노동자협동조합의 형태를 띠기도 하며, 다른 한편으로는 영리기업과 마찬가지로 일반 영리법인의 형태를 띠기도 한다. 이는 주로 각국의 관련 법제에 따라 다른 것이다.

넷째, 사회적 일자리 사업단(social employment program)은 기업형태를 갖추지 못한 사회적 일자리를 총칭하는 표현으로 이해할 수 있다. 즉 노동부의 사회적 일자리 사업단이나 복지부의 자활근로사업단 등이 이 범주에 해당되는 것이다. 마찬가지로 민간에서 인건비를 보조하는 사회적 일자리 사업단 또한 이 범주에 해당된다고 말할 수 있다. 굳이 지원주체에 따라 사회적 일자리 사업단을 구분해야 한다면, '민·관 협력형 사회적 일자리 사업단'과 '민·민 협력형 사회적 일자리 사업단' 등으로 구분할 수 있을 것이다. 전자는 정부가 사업비와 인건비의 대부분을 보조하는 경우이며, 후자는 비영리민간단체와 영리민간기업 간의 협력을 통한 사업을 지칭한다.

끝으로 최근 언급되고 있는 사회서비스부문 일자리(jobs in social services sector)란 산업분류에서 사회서비스 산업으로 분류되는 업종의 일자리를 총칭하는 것이다. 이는 국제산업분류에서 '공공행정, 국방, 사회보장', '교육', '보건과 복지' 부문의 일자리를 총칭하는 것이다. 주목해야 할 것은 앞의 '공공행정, 국방, 사회보장'은 중앙정부 및 지방정부에 의한 직접고용을 통해 창출되는 일자리를 지칭하는 것이며, 뒤의 두 산업부문에는 국가에 의한 직접고용과 시장을 통한 고용 그리고 제3섹터를 통한 고용이 모두 포함되어 있다는 점이다. 이 점에서 사회서비스부문 일자리 중에는 사회적 일자리 또한 포함될 수 있는 것이다. 하지만 여기서 주목해야 할 점은 사회적 일자리는 사회서비스부문에 국한된 일자리가 아니라는 점에서 그 하위범주로 분류되지 않는다. 이것이 최근 개념적 혼란을 야기하는 부분이기도 하다.[3]

---

3) 사회적 일자리와 사회서비스 일자리는 서로 층위(dimension)가 다른 개념이다. 전자는 일자리의 목적과 창출주체의 관점에서 정의되고, 후자는 순수하게 산업부문의 모든 일자리를 총칭하기 때문이다.

2. 선행연구에 대한 검토

우리 사회에서 사회서비스부문 일자리나 사회적 일자리에 대한 연구문건은 몇 편에 불과한 상황이다. 이 점에서 다양한 주제에 대한 충분한 연구가 이루어졌다고 말하기 힘들 것이다. 이러한 한계를 감안하여 국내의 선행연구결과를 검토하면 아래와 같다.

자활지원제도의 도입단계에서 자활사업과 사회적 일자리 사업의 연계가능성을 '부분적으로' 검토하고 있는 연구결과로는 노대명 외(2000) "도시영세민 자활지원방안 연구"를 들 수 있다. 하지만 이 문건은 사회경제 및 사회적 기업에 대한 구체적인 전망을 제시하기보다 외국의 사회적 기업과 사회연대은행을 소개하는 단계에 머물러 있었다. 이는 사회적 일자리 사업이 시행되기 이전 단계에 발표된 연구결과이다.

이어 한국 사회에서 사회적 일자리에 대한 담론을 확산시키는 데 가장 큰 기여를 한 문건으로 2000년 12월 성공회대에서 개최된 사회적 일자리 국제심포지엄 자료집을 들 수 있다. 이 문건은 사회적 일자리에 대한 연구와 관련해서 매우 다양한 연구가 시작되는 전환기를 장식하는 흥미로운 문건이다. 당시 발표된 논문은 한국 사회적 일자리의 발전방안, 재정과 민·관 협력체계 등 다양한 분야에 대한 전망을 제시하고 있다.

그리고 전병유(2004) 등이 발간한 『사회적 일자리 창출방안 연구』를 들 수 있다. 이 연구는 노동부의 사회적 일자리 시범사업이 시작되면서, 향후 정책의 기본 방향을 수립하기 위한 기초연구로 활용되었다. 이 연구는 사회적 일자리 창출을 둘러싼 각국의 경제·산업·노동환경에 대한 전반적인 검토와 비영리부문의 구성에 대한 비교분석을 하고, 한국의 사회적 일자리 창출정책의 발전방향과 관련해서 간단하게 정리하고 있다.

그 밖에 2005년 출간된 세 개의 연구결과를 언급할 수 있다. 먼저 김신양 편역(2005) 『다른 경제』는 사회경제를 둘러싼 서구의 다양한 이론적 논쟁을 소개하는 문건으로 기존 사회경제에 대한 제한된 문건을 넘어 인식의 지평을 넓힌다는 점에서 주목할 수 있다. 또한 한상진(2005)은 『시장과 국가를 넘어서: 사회적 기업을 통한 자활의 전망』에서 자활사업, 특히 자활공동체에 대한 필자의 관심에서 출발하여 사회적 기업을 통한 활성화방안을 제안하고 있다. 끝으로 장원봉(2005)의 "사회적 경제의 대안적 개념구성에 관한 연구"는 저자의 박사학위 논문으로 유럽 사회경제부문에 대한 이론적 검토를 토대로 한국 사회경제부문 활성화를 위한 전략을 제시하는데 초점을 두고 있다.

그렇다면 본 연구는 이들 선행연구와 어떠한 차별성을 갖는가. 이 글은 먼저 사회서비스부문의 고용창출과 사회적 일자리 창출사업의 유기적 연계에 초점을 두고 있다는 점에서 선행연구가 거의 다루지 않은 주제에 초점을 맞추고 있다. 이어 사회서비스부문 고용창출의 핵심기관으로 사회적 기업의 제도화 문제를 다루고 있다는 점에서 또 다른 차별성을 이야기 할 수 있을 것이다.

3. 외국의 경험과 시사점

21세기 각국이 경험하고 있는 중요한 문제 중 하나는 '사회영역의 위기'(crisis of the social)라고 말할 수 있다. 여기서 사회영역의 위기란 복지국가의 위기와 밀접한 관련이 있다. 지난 수십 년간 시장의 실패를 보완해 왔던 서구 복지국가에서는 경제영역의 세계화가 진행되는 과정에서 소득재분배와 고용창출 등 전통적인 사회보장체계의 기능이 약화되고, 사회영역 전반에 걸쳐 상품화 및 재상품화의 경향이 심화되고 있는 것이다.

이처럼 사회영역의 위기가 발생하는 이유는 크게 시장에서의 불평등 심화와 국가의 조질능력 약화, 시민사회 내부의 균열에서 찾을 수 있다. 먼저 시상부문에서 노농배제와 소비문화를 통해 잉여가 확대·재생산되고, 부의 집중과 불평등이 심화되며, 그 내부에서 고립된 개인 또는 집단 간의 대립이 심화되는 양상을 지적할 수 있다. 이어 이러한 상황에서 국가는 특정 계급이나 계층에 귀속되지 않는 형평성의 원칙을 고수하는 데 어려움을 겪고 있다는 점을 지적해야 할 것이다. 이는 경제에 대한 개별 국가의 조절기능이 취약한 상황에서 분배와 관련된 역할 중 상당 부분이 국가의 책임으로 맡겨져 있다는 점에서 비롯된 것이다. 그리고 이를 매개하는 시민사회는 인구·가족구조의 변화, 노동의 이원화, 빈부격차의 심화, 문화적 차이 등 환경변화 속에서 새로운 합의구조를 창출하는 데 한계를 나타내고 있다(A. Lipietz, 2001).

이 과정에서 사회영역에 가장 직접적으로 영향을 미치는 것은 고용과 복지의 문제라고 할 수 있다. 20세기 후반 전 세계적으로 불어 닥친 노동유연화는 다기능 노동자를 육성한다는 목표와 달리 수많은 노동배제계층을 양산하는 결과를 초래하고 있다. 이들이 바로 저임금·고용불안의 근로빈곤층인 것이다. 그리고 장기실업자와 근로빈곤층의 증가는 재정적으로 복지부문에 많은 부담을 안겨주고 있다. 아울러 저출산·고령화의 진행은 복지지출 증가와 가구당 조세부담의 증가라는 문제를 야기하고 있다. 이러한 변화는 서구 각국으로 하여금 어떠한 방식으로라도 복지지출 증가에 대처하지 않을 수 없도록 만들었다. 그것은 넓은 의미에서 근로빈곤층에 대한 공세와 복지서비스의 후퇴라는 경향을 동반하였던 것처럼 보인다. 물론 그 경향성은 국가에 따라 다소 상이하게 나타났다고 말할 수 있다. 한편으로는 보수주의적 경향성을 띤 근로연계복지로 구체화되기도 하였으며, 다른 한편으로는 공공부문의 기능을 부분적으로 민영화하는 방식의 혼합복지(welfare mix)로 표출되기도 하였다.

그러나 분명한 것은 실직자 또는 저임금근로자가 증가하는 데 따른 재정적 압박, 그리고 소득분배구조의 악화와 인구·가족구조의 변화에 따른 사회복지수요의 증가 문제를 해결할 수 있는 효과적인 해결방안이 필요하다는 것이었다. 그리고 이러한 방안의 하나로 사회적 기업 또는 사회적 일자리를 통한 사회서비스 공급방안이 강구되기에 이르렀다. 이는 1990년대 중반 유럽연합차원에서 제3섹터 개발을 통한 고용창출정책과 맥을 같이 하는 것이며, 1990년대 후반에 이르러 대부분의 국가에서 구체적인 정책으로 나타나게 되었다.

실제로 영국은 신노동당의 뉴딜(New Deal)정책이 근로연계복지정책을 강화하는 단계에서 한 걸음 더 나아가 사회적 기업의 설립을 촉진하는 다양한 정책을 추진하고 있다. 특히 영국은 2005년 노동복지부 외에도 산업자원부 등이 함께 참여하여 사회서비스부문의 시장을 형성하고 사회적 기업 설립을 촉진하는 공동체기업(comunity interest companies)에 관한 법률시행을 준비하고 있다. 그 밖에도 프랑스와 벨기에, 이탈리아 등 많은 국가가 비영리민간단체와 힘을 합쳐 사회서비스 공급확대와 실직빈곤층을 위한 고용창출을 위해 협력하는 정책을 실시하고 있음을 알 수 있다.[4]

그렇다면 외국 사회서비스부문 고용창출정책과 관련해서 얻을 수 있는 시사점은 무엇인가. 그것은 다음과 같이 정리할 수 있다. 첫째, 공공부문이 주도하여 공급해왔던 사회서비스의 품질과 비용대비 효과·효율성에 대한 의문이 확산되면서 대안적 서비스 공급방식으로 민·관 협력을 통한 일자리 창출방안이 구체화되었다는 점이다. 이는 우리 사회에서 사회서비스 공급의 발전전략과 관련해서 다양한 함의를 던져주는 것이라 판단된다. 둘째, 하지만 서구는 기존의 사회경제부문을 토대로 민·관 협력사업이 진행될 수 있었다는 점이다. 이는 한국 사회경제부문의 취약성과 크게 대비되는 중요한 요소이다. 이 점에서 우리 사회는 전적으로 사회경제부문에 의존하여 서비스 공급을 확대하는 데 한계가 있을 것이다. 셋째, 대부분의 국가가 사회적 기업을 육성하기 위한 제도를 도입하고 있다는 점이다. 그것은 국가가 처한 상황에 따라 다양한 형태로 나타나고

---

4) 외국의 사회적 일자리 창출사업과 사회적 기업 제도화 문제에 대해서는 한국보건사회연구원(2005), "사회적 일자리 활성화 및 사회적 기업 발전방안 연구" 참조.

있는데, 가장 대표적인 예가 프랑스의 사회적 기업에 관한 법률이나, 이탈리아의 사회적 협동조합에 관한 법률, 그리고 영국의 지역공동체기업에 관한 법률 등이다. 이러한 제도는 취약계층이 참여하여 사회서비스를 공급한 기업에 대해 사회보장세와 조세 등에 있어 우호적인 지원을 하는 내용을 골자로 하고 있다. 하지만 우리는 사회경제부문이나 사회적 기업에 대한 제도적 경험이 거의 전무하다는 점에서 우리 실정에 맞는 제도 구축방안을 마련하는데 주력해야 할 것이다.

Ⅲ. 사회서비스부문 고용창출의 필요성

앞서 사회서비스부문의 고용창출이 우리 사회가 직면하고 있는 많은 문제를 해결 또는 완화시킬 수 있는 중요한 대안으로 인식되고 있다는 점을 언급하였다. 그렇다면 사회서비스부문 고용창출은 어떠한 이유에서 그 필요성이 제기되고 있는가. 그것은 고용창출 없는 성장, 노동배제계층의 증가, 빈부격차의 심화, 인구·가족구조의 변화, 사회서비스에 대한 수요증가, 취약한 사회보장체계, 사회복지지출 확대에 대한 재정적 부담 등의 환경변화와 밀접한 관련이 있다. 그리고 이를 종합하면, 다음과 같이 정리할 수 있다. 우리 사회는 복지수요의 급격한 증가로 인해 사회보장체계를 강화해야 하나 사각지대를 해소하기 위해 매우 큰 수준의 지출 확대가 필요하다. 사회복지지출을 확대하더라도 다양한 시너지 효과를 거둘 수 있는 정책에 대한 수요가 크기 때문이다. 그렇다면 이제 이러한 사회·경제적 환경변화에 대해 간략하게 살펴볼 필요가 있다.

1. 고용창출 없는 성장

최근 우리 사회의 화두 중 하나는 '고용창출 없는 성장'이라고 말할 수 있다. 경제영역의 세계화가 빠르게 진행됨에 따라 산업부문 전반에 걸쳐 산업연관관계가 교란되고 노동집약적 산업을 중심으로 고용이 빠르게 감소하는 현상이 나타나고 있는 것이다. 더불어 이러한 고용감소를 대체할 수 있는 새로운 고용창출산업의 성장은 매우 더디게 이루어지고 있다.

[표 4-1]에 따르면, 제조업의 산출액 감소 폭에 비해 취업계수가 더 큰 폭으로 감소하고 있어 그것이 전체 산업에서 차지하는 비중에 비해 취업자 규모가 감소하는 것으로 해석할 수 있다. 그리고 이러한 추세에 비추어 볼 때, 향후 제조업부문에서의 취업자 수 증가를 기대하기 힘들다는 것을 의미하는 것으로 해석할 수 있을 것이다. 이에 비해 서비스업부문에서의 취업계수는 1990년 32.7명에서 1995년 25.7명, 2000년 18.2명으로 지속적으로 감소하는 것으로 나타나고 있다. 이는 서비스업의 생산성은 상대적으로 빠르게 증가하고 있다는 점을 시사한다. 하지만 서비스업 부문의 취업계수는 기타 산업에 비해 여전히 높다는 점에서 양질의 일자리가 창출되고 있는 것으로 해석하는 데 어려움이 있다.

앞서 언급했던 고용창출 잠재력이 있는 업종의 하나로 사회서비스업에 주목할 필요가 있다. 전체 취업자에서 사회서비스업종 취업자가 차지하는 비중과 그 증가속도를 살펴보면, 1998~1999년 주요 서구 국가의 사회서비스업종 취업자 수의 비중은 평균 20.89%로 나타나고 있다. 이에 비해 같은 기간 한국의 사회서비스업종 취업자 수의 비중은 11.52%로 그 절반 수준에 불과한 것으로 나타나고 있다. 물론 1989~1999년까지 사회서비스업종 취업자 수 비중의 증가폭을 보면, 비교대상 국가들의 평균 증가폭을 유지하고 있다. 이는 사회서비스부문에서 고용창출 잠재력은 매우 높으나 비교대상 국가의 평균 수준에 도달하려면, 증가속도가 상대적으로 더딘 것으로 해석할 수 있다.

표 4-1 산업별 취업자, 산출액, 취업계수의 추이

	1990			1995			2000		
	취업자	산출액	취업계수	취업자	산출액	취업계수	취업자	산출액	취업계수
농림어업	18.2	5.2	81.9	14.4	3.9	61.3	13.4	2.8	58.2
광 업	0.5	0.5	22.5	0.3	0.4	12.1	0.1	0.2	7.2
제 조 업	27.5	50.7	15.2	23.7	48.9	8.6	19.2	47.5	4.9
전력/가스/수도	0.4	1.8	5.4	0.4	1.8	3.4	0.4	2.3	2.3
건 설	7.5	10.7	13.3	8.0	10.1	11.5	7.5	7.3	12.6
서비스업	46.0	31.0	32.7	53.3	35.0	25.7	59.4	39.9	18.2
합 계	100.0	100.0	24.4	100.0	100.0	16.9	100.0	100.0	12.2

주: 1) 취업계수는 〈명/10억 원〉으로 해당산업의 노동집약정도 등을 파악하는 계수임.
　　2) 서비스업은 음식숙박, 도소매, 개인서비스, 보건복지서비스 등을 포괄함.
자료: 한국은행(2004), 『산업연관분석 해설』을 재구성함.

표 4-2 각국 사회서비스부문의 고용비중 변화

	1989/1990				1998/1999			
	전 체 (A)	서비스 (B)	사회 서비스 (C)	비중 (%) (C/A)	전 체 (A)	서비스 (B)	사회 서비스 (C)	비중 (%) (C/A)
호 주	7889.3	5445.6	1493.8	18.93	8699.3	6425.5	1855.3	21.33
오스트리아	3635.3	1917.1	535.7	14.74	3619.1	2141.4	581.6	16.07
덴마크	2626.1	1817.6	671.3	25.56	2665.2	1946.4	748.8	28.1
핀란드	2489.9	1506.0	533.7	21.43	2229.3	1462.2	550.9	24.71
프랑스	21973.5	14231.9	4081.4	18.57	21927.0*	15472.4*	4307.3*	19.64
독 일	38454.0	22782.0	6228.0	16.2	37942.0	25599.0	7507.0	19.79
이탈리아	23201.7	13940.3	3547.5	15.29	23135.1	15004.3	3837.4	16.59
일 본	63216.0	35686.0	12979.0	20.53	67255.0	40714.0	16714.0	24.85
한 국	17931.0**	9068.0**	1796.0**	10.02	19259.0	11813.0	2218.0	11.52
네델란드	5203.0	3543.0	896.0	17.22	6351.9	4632.5	1242.0	19.55
노르웨이*	1797.2	1216.5	413.1	22.99	1898.5**	1352.5**	509.1**	26.82
미 국	113907.0	83294.0	21860.0	19.19	132689.0	101218.0	28789.0	21.7
평 균				18.39				20.89

주: 1) 사회서비스업은 교육, 보건복지, 지역공동체 서비스업(중분류에서 M~O)에서 국가별 사회서비스업 종사자 규모를 추출.
 2) 연도는 시작년도(1989/1990)의 경우 *은 1990년, **는 1992년, 마지막 년도(1998/1999)의 경우 *은 1998년, **는 1997년 자료임.
자료: OECD(2001), *Services Statistics on Value Added and Employment*.

2. 노동의 위기

앞서 노동집약적인 특정산업을 중심으로 고용감소가 나타나고 있으며, 이를 보충할 수 있는 새로운 고용창출이 매우 더디게 이루어지고 있음을 강조하였다. 그렇다면 이러한 전반적인 고용감소가 어떻게 노동의 위기로 이어지고 있는지 살펴볼 필요가 있다. 그것은 노동수요의 감소에 따른 비숙련 노동인구의 부적응이나 노동유연화의 확산과 밀접한 관련이 있다.

먼저 노동집약적 산업에서 배제된 노동인구의 부적응은 다양한 사회문제를 야기하며, 궁극적으로는 근로빈곤층의 증가로 귀결된다. 예를 들면, 중고령층 비숙련 또는 저숙련 노동인구는 노동시장에서 배제되는 경우, 비정규직노동자나 영세자영업자, 그리고 실업자나 비경제활동인구로 전락하게 된다. 이 과정에서 자영업뿐 아니라 비정규직 일자리 또한 지속적인 일자리가 아니라 비경활인구로 진입하는 가교적 일자리 이상의 의미를 갖기 힘들 것이다. 이어 노동시장 전반에 걸쳐 노동유연화가 큰 영향을 미치고 있다는 점을 지적할 수 있다. 비록 최근의 노동시장이 정규직과 비정규직으로 이원화되는 경향을 나타내고 있지만, 신규고용의 증가에서 비정규직이 차지하는 비율이 높다는 것은 전반적으로 유연화의 흐름이 지배적이라는 것을 의미하는 것으로 해석할 수 있다.

결국 비정규직노동자나 영세자영업자의 증가는 노동의 양극화를 상징하며, 이들은 저임금노동자 또는 저소득노동자라는 공통점을 갖는다. [그림 4-1]은 1992년부터 2003년까지 임금근로자를 대상으로 소득계층별 실직임금의 변화를 살펴본 것이다. 이 그림에 따르면, 빈곤가구 가구주의 실질임금이 외환위기와 2003년에 급격하게 감소하는 경향을 나타내고 있다. 여기서 주목해야 할 점은 전체 임금근로가구의 실직임금이 2003년 소폭 상승하고 있다는 점이다. 이는 외환위기 직후의 전반적인 감소세와는 상이한 현상으로 저임금근로자의 빈곤화 또는 빈곤가구주의 저임금근로자화를 시사하는 것으로 해석할 수 있다. 바로 이들이 최근 중요한 정책현안이 되고 있는 근로빈곤층인 것이다.

아울러 노동의 위기는 저임금근로자의 증가의 관점 뿐 아니라 노동배제계층의 증가라는 관점에서 접근할 필요가 있다. 물론 비정규직의 취업 역동성을 고려할 때, 임금 · 비임금 간 이동, 종사상지위 간 이동, 취업 · 미취업 간 이동이 연중 수차례에 걸쳐 발생할 수 있다. 이 점에서 연중 12개월간 일자리에서 배제된 집단의 규모를 추정하기에는 어려움이 있다. 하지만 우리 사회의 여성, 고령자, 장애인 등 많은 집단이 실직상태에 있

그림 4-1 전체 및 빈곤층 임금근로가구 가구주의 실질임금 상승률 추이

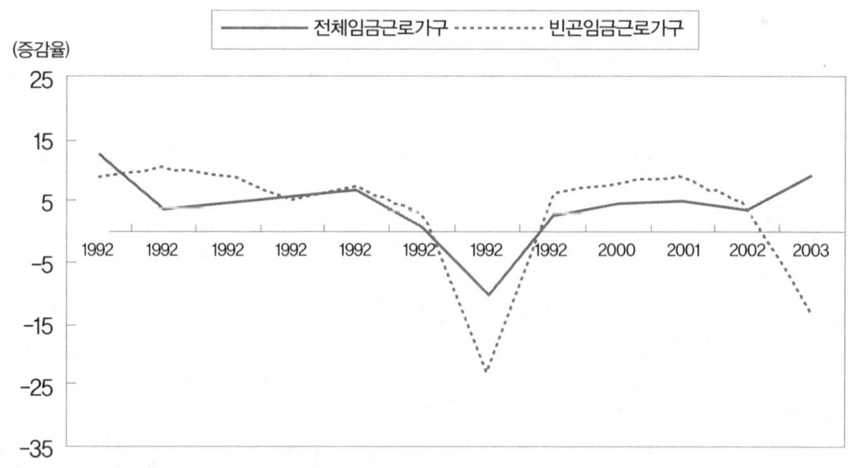

주: 경상소득에 중위소득의 50%를 빈곤선으로 적용.
자료: 통계청(각 연도), 『도시가계조사』.

으며, 감춰진 노동인구(hidden labour force)라 불리는 여성 비경제활동인구의 규모가 크다는 점을 감안할 때, 노동배제의 문제는 우리 사회가 여전히 주목해야 하는 중요한 정책현안인 것이다. 특히 근로빈곤층의 노동배제는 탈빈곤정책이 해결해야 할 중요한 정책과제이기도 하다.

3. 소득의 양극화

앞서 언급한 고용창출 없는 성장과 노동의 위기는 지난 수십 년간 우리 사회를 지배해 왔던 성장패러다임과 성장을 통한 낙수효과(trickle down effect)가 제대로 작동하지 않고 있음을 의미한다. 그리고 이는 우리 사회의 소득분배구조 전반에 매우 큰 영향을 미치고 있다. 이는 성장의 결실이 노동소득을 통해 또는 조세나 공적 이전소득 등을 통해 전체 가구에 고르게 배분되지 않고 있음을 의미하는 것이다.

이러한 변화는 지니계수의 변화를 통해 확인할 수 있다. 시장소득과 가처분소득을 기준으로 지니계수를 추정하는 경우, 조세제도나 복지제도를 통한 지니계수 감소효과는 극히 미미한 것으로 나타나고 있다. 1980년대 중반 OECD국가들의 지니계수의 감소효과는 평균 41.6%에 달하는 것으로 나타나고 있으며, 1990년대 후반 OECD 10개국의 평균 감소효과는 37.9%에 달하는 것으로 나타나고 있다. 이에 비해 한국의 지니계수 감소효과는 1996년 1.3%, 2000년 4.5%로 매우 낮은 수준임을 알 수 있다.

그리고 지니계수의 변화와 함께 빈부격차의 심화문제 또한 지적할 수 있다. 도시가계조사자료 중 소득자료가 있는 임금근로가구만을 대상으로 한 것이라는 점에서 한계는 있지만, 상·하위 10분위 소득계층 간 소득배율을 살펴보면 1991년 7.43 → 1996년

표 4-3 각국의 조세 및 사회보장제도의 지니계수 개선효과 비교

국 가	스웨덴 (1987)	영국 (1986)	미국 (1986)	독일 (1984)	OECD 평균	한국 (1996)	한국 (2000)
시장소득기준(A)	0.439	0.428	0.411	0.395	0.380	0.302	0.374
가처분소득기준(B)	0.218	0.303	0.335	0.249	0.272	0.298	0.358
개선율(%)	101.4	41.3	22.7	58.6	41.6	1.3	4.5

자료: 박찬용 외(2002).
주: 1) OECD 평균은 주요 15개국 평균, 지니계수가 작을수록 소득분배 평등.
　　2) 개선율은 {(A-B)/B}×100으로 조세·사회보장의 소득분배 개선효과 의미.

표 4-4 상하위 소득계층 간 소득배율의 추이

	'91	'92	'93	'94	'95	'96	'97	'98	'99	'00	'01	'02	'03	'04
10분위	7.43	7.33	7.13	7.19	7.21	7.46	7.26	8.85	9.01	8.19	8.27	8.02	9.42	9.74
20분위	12.03	12.03	11.39	11.36	11.36	11.46	11.52	15.54	15.66	13.41	13.32	12.54	17.03	25.63

주: 경상소득 기준; 도시가계만을 대상으로.
자료: 통계청(각 연도), 『도시가계조사자료』.

7.46 → 1998년 8.85 → 2000년 8.19 → 2002년 8.02 → 2003년 9.42 → 2004년 9.74로 지속적으로 증가하고 있음을 알 수 있다. 이는 우리 사회의 소득분배구조가 전반적으로 악화되고 있으며, 구체적으로는 상·하위 소득계층 간 소득격차가 확대되는 양상이 심화되고 있음을 의미한다. 그리고 주목해야 할 점은 이러한 추세가 2004년에도 지속되고 있는 것이다.

그 밖에 빈곤율과 빈곤차 등을 살펴보면, 2003년을 기점으로 빈곤율이 증가하며, 빈곤차 또한 확대되는 것을 알 수 있다(노대명, 2004). 결국 최근의 경제양극화는 소득분배구조를 악화시키며, 상하위 소득계층 간 소득격차를 심화시키고, 빈곤층의 규모와 평균소득을 감소시키는 방향으로 작용하고 있는 것으로 판단할 수 있다. 이와 같은 결과는 현재 빈곤층에 대한 소득보장 및 사회서비스 공급정책의 강화가 절실하다는 것을 의미한다.

4. 복지수요의 급격한 증가

앞서 노동의 위기와 소득의 양극화는 사회보장체계를 강화해야 할 필요성을 말해준다. 하지만 사회보장체계의 강화는 현금급여의 확대만을 의미하지는 않는다. 더욱이 빈곤층 및 취약계층의 복지욕구가 현금급여를 통해 모두 해결될 수 있다고 말하기도 힘들다. 실제로 기회비용의 측면에서 현금급여가 많은 장점을 갖는다면, 대상가구에 대한 표적화된 지원이라는 측면에서는 현물급여나 서비스의 제공이 보다 효과적일 수 있다. 이 점에서 빈곤층의 다양한 복지욕구 충족이라는 관점에서 사회서비스의 확충은 시급한 것이다.

물론 사회서비스에 대한 수요는 빈곤층에서만 존재하는 것이 아니다. 저소득층과 중산층에서도 사회서비스에 대한 수요는 존재하고 있다. 가까운 예로 치매노인에 대한 수

(단위: 가구의 %, 천 명)

	전체	빈곤가구		차상위층		비빈곤층	
		비율	추정기구	비율	추정기구	비율	추정기구
영아(1세 미만)	3.3	2.0	34	4.4	25	3.7	491
유아(만2~5세)	13.0	8.5	145	14.0	78	14.9	1,979
장애아동	0.7	0.5	9	0.0	-	1.0	133
질환노인	1.5	4.0	68	0.7	4	1.0	133
장애인	6.2	9.5	163	15.4	86	3.4	452
와상환자	0.8	2.0	34	0.0	-	0.6	80
요보호 가구원	1.8	3.5	59	2.9	16	1.1	146

주: 1) 사례 수: 970가구.
　　2) 빈곤층은 최저생계비 이하, 차상위층은 최저생계비의 100~120%, 비빈곤층은 최저생계비의 120% 이상임.
자료: 한국보건사회연구원(2005), 『사회적 일자리 전화조사』.

발을 위해 간병인을 고용하는 문제는 중산층 가구에도 매우 큰 경제적 부담을 안겨준다. 그리고 비용을 감당하지 못해 경제활동에 차질을 빚는 경우, 가구뿐 아니라 국민경제 진반에도 매우 큰 손실을 안겨주게 된다. 이 점에서 사회서비스에 대한 수요는 특정 소득계층에 국한된 것이 아니다([표 4-5] 참조).

　　그리고 사회서비스는 현재의 수요 외에 미래의 수요라는 측면에서 살펴볼 필요가 있다. 최근 인구·가족구조의 변화에 따라 전통적으로 가족이 담당해 왔던 많은 기능을 사회가 담당해야 하는 변화가 발생하고 있다. 즉 1인 가구의 증가, 저출산·고령화 등은 사회서비스에 대한 수요를 증가시키는 요인으로 작용하고 있는 것이다. 우리 사회는 2019년 고령사회(노인인구 14% 이상), 2026년 초고령사회(20% 이상)로 진입할 것으로 추정되며, 이에 따라 노인인구에 대한 소득보장, 주거지원, 보건서비스 지원 등 사회서비스 수요 또한 급속하게 증가할 것으로 예상된다.

5. 복지지출의 연관효과에 대한 요구

　　현재 증가하는 복지수요를 충족시키기 위해서는 사회복지지출의 확대가 불가피하다. 2001년 현재 한국의 사회복지지출(social expenditure)이 GDP 대비 8.70%로 서구 국가들의 1인당 GDP가 1만 달러에 도달했던 시점의 지출수준(약 20%)과 비교해도 크게 부족한 수준이다.[5] 이는 세수증가율을 소폭 상회하는 지출확대를 통해서는 빠르게 증가하는 복지수요를 충족시키기 힘들다는 것을 의미한다. 하지만 그 이상의 복지지출 확대를 위해서는 사회적 합의도출이 매우 중요하다. 즉 지출에 따른 효과성과 효율성을 강화함으로써 국민적 지지기반을 조성해야 하는 것이다.

이 점에서 우리 사회는 사회보장체계를 강화해야 하지만, 그에 따른 지출을 효과적으로 활용하는 방안에 대한 검토가 필요하다. 달리 표현하면, 지출확대에 따른 연관효과가 큰 사업을 중심으로 예산을 투입해야 할 필요성이 있음을 의미한다. 그것은 하나의 사업으로, 한편으로는 일자리를 필요로 하는 빈곤층에게 일자리를 제공하며, 다른 한편으로는 서비스 구매에 따른 지출부담이 큰 가구에게 서비스를 제공하는 정책에 대한 수요가 높다는 것을 의미한다. 이것이 바로 사회서비스부문의 고용창출이 자활사업이나 사회적 일자리 사업을 매개로 시작된 이유인 것이다. 그리고 보다 거시적으로 사회서비스부문의 고용창출 잠재력이 매우 높다는 점 또한 중요한 고려사항이라고 말할 수 있다.

참고로 사회서비스부문의 일자리를 필요로 하는 실직빈곤층의 규모를 간략하게 살펴볼 필요가 있다. 2002년 현재 근로연령대의 빈곤계층은 66만 명으로 추정되며, 이들의 인적 자본을 학력을 중심으로 살펴보면, 중졸 이하가 18만 명, 고졸이 37만 명, 전문대학졸업 이상이 11만 명으로 추정된다. 여기서 중졸 이하 집단은 저숙련 및 반(半)숙련의 기술을 필요로 하는 일자리를, 고졸 이상은 인적 자본 개발을 동반한 일자리를 제공해야 할 것이다. 그리고 사회적 일자리 사업 핵심참여계층은 고졸이상의 학력을 가진 건강한 실직빈곤층 및 비경활빈곤층으로 약 47만 5천 명으로 추정된다.[6]

Ⅳ. 사회서비스부문 고용창출정책의 현황과 문제점

1. 정책의 기본구조

2005년 현재 우리 사회에서 사회서비스부문의 고용창출정책은 민·관 협력방식을

---

5) OECD(2004), *Social Expenditure Database*.
6) 한국보건사회연구원(2005), "사회적 일자리 활성화 및 사회적 기업 발전방안 연구" 참조. 이 자료에는 근로빈곤층을 'working and workable poor'로 규정함으로써 비경제활동인구로 분류된 여성빈곤층을 포함하여 추정하였다.

통해 추진되고 있다. 구체적으로 말하면, 사회적 일자리 사업이 선도적인 역할을 하고 있는 것이다. 그리고 사회적 일자리 사업은 크게 노동부에서 실시하는 사업과 보건복지부 자활사업으로 구분할 수 있다. 여기서 노동부가 추진하는 사회적 일자리 사업은 대부분이 사회서비스 분야에서 실시되고 있다는 점에서 보다 전문화된 사업이라고 말할 수 있다. 이에 비해, 자활사업에서의 사회적 일자리 창출사업은 다양한 프로그램 중 하나의 프로그램이라고 말할 수 있다. 자활사업에서 사회적 일자리 사업은 사회적 일자리형 자활근로사업과 일부 자활공동체사업을 통해 추진되고 있는 것이다. 그럼에도 자활사업을 포함시킨 이유는 그것이 지속적으로 사회적 일자리를 표방하여 왔으며, 자활근로사업과 자활공동체사업 중 상당수가 사회서비스부문에서 안정적인 일자리를 창출하는 선도적인 역할을 수행하고 있기 때문이다.

실제 사회적 일자리 사업과 사회적 일자리형 자활근로사업은 사업내용이나 추진방식에 있어 큰 차이를 갖는다고 보기 힘들다. 사업의 지향점이나 운영주체 등이 동일한 경우가 많기 때문이다. 예를 들면, 지역의 자활후견기관이나 사회복지관이 두 사업 모두를 위탁받아 수행하는 경우가 상당부분을 차지하고 있다. 그리고 이들 사업은 모두 보건, 복지, 문화, 교육 등 주요한 사회서비스를 비영리민간단체를 매개로 제공한다는 공통점을 갖는다. 그리고 많은 사업이 수익성을 강조하고 있지만, 제공하는 서비스의 수혜자 대부분이 사회취약계층이나 빈곤층이라는 점에서 수익창출을 기대하기 힘든 상황에 처해 있다.

또한, 서비스 공급을 위한 재원은 거의 전적으로 공공부문에 의존하고 있는데, 이는 본질적으로 국가가 서비스를 보장해야 하는 취약계층을 대상으로 서비스가 제공되고, 서비스를 공급하는 인력 또한 소득보장을 해야 하는 빈곤층을 중심으로 이루어져 있기 때문이다. 즉 국가의 사회서비스 공급기능을 비영리민간부문에 위탁·운영하는 방식을

표 4-6 사회적 일자리에 대한 정부의 보조금(2004년 기준)

(단위: 원)

구 분	사회적 일자리	자활근로		공공근로 (부대경비포함)
		사회적 일자리형	시장형	
실내사무보조 등	월 600,000	23,000	27,000	22,000
옥외근로	월 600,000	23,000	27,000	22,000
자격보유/높은 노동강도	월 600,000	25,000	30,000	24,000
전문기술직	월 680,000	25,000	30,000	29,000
월 급여수준	600,000~680,000	600,000~680,000	700,000~810,000	570,000~780,000

취하고 있는 것이다. 그리고 서비스공급이 실직빈곤층 및 저소득층 실업자를 중심으로 이루어지는 과정에서 과거 공공근로방식이 그대로 적용되고 있다. 최저임금으로 서비스 공급인력의 노동력을 일괄 구매하는 방식을 취하는 것이다. [표 4-6]에 나타나 있는 바와 같이, 거의 모든 사업이 서비스의 품질이나 공급량과 관계없이 참여일 수에 따라 일괄적으로 임금을 지급하고 있는 것이다.

물론 이 두 사업 간에는 두 가지 중요한 차이가 존재한다. 노동부 사회적 일자리 사업은 적극적 노동시장정책의 일환으로 저소득층 실직자 모두에게 지원되지만, 사회적 일자리형 자활근로사업은 기초생활보장제도 수급자를 대상으로 지원되고 있다. 이는 두 사업의 참여대상이 빈곤층과 저소득층이라는 소득계층으로 차별화되어 있음을 의미하는 것이다. 참여대상의 차별화는 임금지급의 메커니즘에서 차이를 나타내게 된다. 노동부 사회적 일자리 사업 참여자는 순수하게 임금의 형태로 지원을 받게 된다. 반면 자활근로사업 참여자는 생계급여에 갈음하는 형태로 임금을 지원받게 된다. 그리고 후자의 경우는 근로소득에 대해 일정 비율로 근로장려금을 추가 지급하는 방식을 취하고 있다.

2. 사회적 일자리 창출사업의 현황

사회적 일자리 창출사업의 현황을 노동부의 사회적 일자리 사업과 복지부의 자활사업을 중심으로 살펴보면 아래와 같다.

먼저 노동부의 사회적 일자리 사업은 지원 대상에 있어 여성·중장년층 장기실업자를 중심으로 지원되고 있다. 2004년 현재 전체 참여자 2,369명 중 여성이 1,929명으로 절대 다수를 차지하고, 장기실업자가 1,407명에 이르고 있다. 더불어 기초생활보장제도 수급자는 49명에 불과하여 사회취약계층과 일반 구직자를 대상으로 하고 있음을 알 수 있다. 이는 현재 공공부조제도의 일환으로 실시되는 자활사업의 사각지대를 해소하는

표 4-7 노동부 사회적 일자리 사업의 유형별 참여실적 (단위: 명)

참여자수	성 별		장기실업자		장애인	
	남	여	장기실업자	비장기실업자	장애인	비장애인
2,369	440	1,929	1,407	962	139	2,230

자료: 노동부(2004), "사회적 일자리 창출방안", 국무회의 보고자료.

구분	배정 인원	계 (집행률,%)	노동	안전	사회 복지	보건	문화/관광/교육	환경	기타
계	2,000	2,369 (118)	355	16	1,300	121	296	236	45

자료: 노동부(2004), "사회적 일자리 창출방안", 국무회의 보고자료.

효과가 있는 것으로 판단할 수 있다. 그리고 사업영역과 관련해서는 사회서비스 공급과 이익대변 등 시민단체 활동지원의 다양한 분야에서 사업이 추진되는 것으로 나타나고 있다. 그 중에서도 사회복지와 보건 분야에서 사회서비스를 공급하는 사업에 1,421명이 참여하고 있어 대다수를 차지하고 있음을 알 수 있다.

이어 보건복지부 자활사업에서 사회서비스 공급과 관련이 있는 사업은 사회적 일자리형 자활근로사업과 자활공동체 중 일부라고 말할 수 있다. 전자는 노동부 사회적 일자리 사업과 유사한 형태로 국가가 사업비와 인건비 전액을 보조하는 방식으로 운영되고 있으며, 후자는 부분적인 보조를 받지만 자체적인 수익창출구조를 갖춘 사업체 형식을 취하고 있다. 여기서 주목해야 할 부분은 자활공동체 중 일부는 사회적 기업을 표방하며, 의지적으로 사회서비스부문에서 양질의 일자리를 창출하려는 실험적인 노력을 하고 있으며, 이것이 사회서비스부문 고용창출의 미래와 밀접한 관련이 있다는 점이다.[7]

구체적인 사업현황을 살펴보면, 사회적 일자리형 자활근로사업은 2004년 12월 현재 약 1만 4천 명이 참여하고 있으며, 사업 분야는 간병, 청소, 집수리, 재활용사업을 중심으로 구성되어 있다. 자활공동체는 242개 후견기관을 중심으로 323개가 설립되어 있으며, 그 중에서 지자체 인정 공동체는 273개로 대부분을 차지하고 있다. 그리고 1인당 평균 수익금 지급액은 178만 2천 원(분기별) 수준이다. 자활공동체는 대부분 별도의 정관에 따라 협동조합방식으로 운영되고 있으며, 약 2천 명이 사업에 참여하고 있다. 물론 이들 공동체 모두가 사회적 기업을 지향하는 것은 아니다.

---

7) 자활공동체 중 재활용사업과 청소사업 분야에서 사회적 기업을 표방하며 성장하고 있는 몇몇 사업체는 향후 사회적 일자리 창출정책이 주목해야 할 부분이라고 말할 수 있다. 즉 사회적 기업으로의 성장을 결정짓는 요인이 무엇인가를 말해주는 중요한 지표인 것이다.

표 4-9 복지부 자활사업의 추진현황

(단위: 명)

구 분	정부 자활사업									노동부 (b)
	계 (a+b)	복지부								
		소계 (a)	자활근로					창업 지원 등	지역봉사 사회적응	
			시장 진입형	사회적 일자리	인턴형	근로 유지형	지자 체형			
분기 실적	57,990	54,895	5,480	13,854	287	23,277	5,334	3,433	3,230	3,095
연간 실적	112,769	107,391	11,714	25,403	521	47,824	8,405	6,846	6,678	5,378

자료: 보건복지부(2005), "자활사업 추진현황", 2004년 12월 현재.

표 4-10 5대 표준화사업 추진현황

구 분	계	집수리	간병	청소	폐자원 재활용	음식물 재활용
사업단수(개)	845	219	299	169	139	19
참여자(명)	11,728	2,649	5,269	1,999	1,608	203

자료: 보건복지부(2005), "자활사업 추진현황", 2004년 12월 현재.

3. 사회적 일자리 창출사업 실태분석 결과

사회적 일자리 창출사업의 실태를 파악하기 위해서 2005년 4월 18일부터 4월 29일까지 12일간 19개 사업단 및 공동체에 참여하는 193명을 대상으로 조사를 실시하였다. 표본은 재활용사업단, 급식사업단, 학교청소사업단, 간병사업단, 복권기금 간병사업단, 노동부 사회적 일자리에 대해 지역별로 전문가들의 추천을 받아 추출하였다.

분석결과에 띠르면, 성별은 남성이 31명(16.1%), 여성이 162명(83.9%)으로 여성이 대부분을 차지하고, 연령은 40대가 35.4%로 가장 많았으며, 30대(28.1%), 50대(19.8%) 순으로 분포하고 있으며, 학력은 절반에 가까운 42.5%가 고졸이었고, 초졸(19.7%), 중졸(17.1%), 대졸(13.5%) 순으로 나타났다. 하지만 이러한 특성은 사업유형에 따라 큰 편차를 보이는 것으로 확인되었다. 즉 간병사업 등은 여성이 절대 다수를 점하고 있으며, 연령별로는 노동부 사회적 일자리 사업이 32.4세로 자활사업의 평균연령 45~48세보다 크게 낮은 것으로 나타나고 있다. 그리고 학력에 있어서도 노동부 사회적 일자리 사업

구 분		자활근로	자활공동체	복권기금	노동부 사회적 일자리
성별	남 성	19.4	21.9	0.0	17.2
	여 성	80.6	78.1	100.0	82.8
	합 계	100.0(98)	100.0(32)	100.0(34)	100.0(29)
연령	21~30세 이하	4.1	3.1	2.9	44.8
	31~40세 이하	24.5	34.4	23.5	41.4
	41~50세 이하	41.8	40.6	29.5	13.8
	51~60세 이하	24.5	15.6	26.5	0.0
	61세 이상	5.1	6.3	17.6	0.0
	합 계	100.0(98)	100.0(32)	100.0(32)	100.0(29)
	평 균	45.8	45.4	48.4	32.4
학력	무 학	8.2	9.4	8.8	0.0
	초등학교 졸업	25.5	18.8	20.6	0.0
	중학교 졸업	19.4	18.8	23.5	0.0
	고등학교 졸업	43.8	46.8	41.2	34.5
	대학교 졸업	3.1	6.2	5.9	65.5
	합 계	100.0(98)	100.0(32)	100.0(32)	100.0(29)

자료: 한국보건사회연구원(2004), "사회적 일자리 사업 참여자 실태조사".

의 경우 대졸자가 65.5%를 차지하여 자활사업의 3.1~6.2%와 큰 차이를 보이는 것으로 나타났다.

사회적 일자리 사업 참여자의 참여 전 취업실태를 살펴보면, 취업경험이 있는 경우가 자활공동체(65.5%)에서 가장 높은 비율을 보였으며, 자활근로(57.2%), 복권기금(55.9%), 노동부 사회적 일자리(44.9%) 순으로 나타나고 있다. 그리고 종사상 지위는 노동부 사업 참여자에서만 상용직의 비율이 높게 나타나고, 전반적으로 일용직(50.4%), 임시직(23.9%), 상용직(15.6%) 순으로 나타나고 있다. 하지만 전체적으로 구직활동 없이 쉬고 있었다고 응답한 집단의 규모 또한 매우 크다는 점에 주목해야 한다. 복권기금 사업 참여자의 26.5%와 노동부 사회적 일자리 사업 참여자의 37.9%는 실망실업자나 비경제활동인구로 나타나고 있는 것이다. 이는 현재 사회적 일자리 사업이 노동시장에서 배제된 계층에게 취업기회를 제공하는 역할을 담당하고 있으며, 특히 감춰진 노동인구(hidden labour forces)를 발굴하는 기능을 하고 있음을 의미한다.

사업참여 전 참여자 가구의 월평균소득을 살펴보면, 전체 참여자 가구의 평균소득은 100만 5천 원으로 나타나고, 노동부 사회적 일자리가 가장 높은 199만 3천 원, 자활공동체 153만 5천 원, 자활근로 73만 7천 원, 복권기금 48만 2천원 순으로 나타나고 있다. 그

표 4-12 사업형태별 사회적 일자리 참여 전 취업 실태

(단위: %, 명)

구 분		자활 근로	자활 공동체	복권 기금	노동부 사회적 일자리	합 계
참여전 취업 활동상태	취업하고 있었음	57.2	65.6	55.9	44.9	56.5
	구직활동을 하고 있었음	7.1	3.1	17.6	17.2	9.8
	구직활동 없이 쉬고 있었음	35.7	31.3	26.5	37.9	33.7
	합 계	100.0(98)	100.0(32)	100.0(34)	100.0(29)	100.0(193)
참여전 종사상 지위	상용직	3.6	38.1	10.5	38.5	15.6
	임시직	23.2	14.3	26.3	38.5	23.9
	일용직	57.1	47.6	57.9	15.4	50.4
	고용주	1.8	0.0	0.0	7.6	1.8
	자영업자	14.3	0.0	5.3	0.0	8.3
	합 계	100.0(56)	100.0(21)	100.0(19)	100.0(13)	100.0(109)

자료: 한국보건사회연구원(2004), "사회적 일자리 사업 참여자 실태조사".

리고 사업참여 후의 가구소득을 살펴보면, 노동부 사회적 일자리에서 275만 6천 원으로 가장 높았으며, 자활공동체 162만 1천 원, 복권기금 90만 2천 원, 자활근로 83만 3천원 순으로 나타나고 있다. 전반적으로 사업참여에 따른 가구소득증가가 있었음을 알 수 있는데, 특히 노동부 사업 참여자 가구의 소득증가가 두드러지게 나타나고 있다. 이는 노동부 사업 참여자의 경우, 가구소득이 급격히 감소함에 따라 사업에 참여하였다기보다, 추가적인 수입을 위해 사업에 참여하고 있음을 시사한다. 이는 거의 모든 사업의 월평균 임금소득이 64만 6천원~88만 8천 원의 분포를 보이고 있다는 점을 감안할 때, 자활 사업 참여자는 대부분 가구의 주 소득원이며, 노동부 사회적 일자리 사업 참여자는 대

표 4-13 사업형태별 소득 비교

(단위: 만 원)

구 분	자활 근로	자활 공동체	복권 기금	노동부 사회적 일자리	F
참여자 본인 임금소득	66.1	88.8	64.6	73.7	57.226**
기타 가구원 임금소득	17.0	63.7	20.6	173.6	31.680**
가구 내 임금소득 및 사업소득	83.3	162.1	87.8	275.6	43.321**
월평균 가구 총소득	87.8	162.7	90.2	276.9	40.789**
사업 참여 전 월평균 가구소득	73.7	153.5	48.2	199.3	26.088**

주: * p<0.05, ** p<0.01.
자료: 한국보건사회연구원(2004), "사회적 일자리 사업 참여자 실태조사".

표 4-14 참여사업에 대한 만족도, 도움 정도 및 필요한 점

구 분		평균	표준편차
만족도	소득만족도	2.53	0.95
	고용안정성 만족도	3.06	1.02
	역할만족도	3.50	0.76
	근로환경 만족도	3.17	0.89
	근로시간 만족도	3.23	0.95
	개인발전 가능성 만족도	3.22	1.00
	의사소통과 인간관계 만족도	3.58	0.91
	복리후생 만족도	2.87	0.92
도움정도	직업개발에 도움	3.52	0.97
	심리적안정에 도움	3.85	0.85
	자존감에 도움	3.82	0.86
	가족관계안정에 도움	3.69	0.94
	지역사회기여에 도움	3.97	0.82
	소외계층에 도움	4.12	0.93
	일을 하고픈 욕구에 도움	4.03	0.97
필요한 점	일감확보를 위한 정부지원 필요	4.50	0.63
	일감확보를 위한 기업지원 필요	4.45	0.69
	참여자 기술교육 필요	4.03	0.88
	참여자 타취업기회제공 필요	3.91	0.89
	정부인건보조 필요	4.52	0.72
	세제보험료 감면 필요	4.49	0.78

자료: 한국보건사회연구원(2004), "사회적 일자리 사업 참여자 실태조사".

부분이 가구의 부차적 소득원임을 알 수 있다.

그리고 사업참여에 대한 만족도를 5점 척도(1: 매우 불만족~5: 매우 만족)로 살펴본 결과, 의사소통과 인간관계에 있어서 평균 3.58로 비교적 높은 점수를 보였고, 맡은 역할에서 3.50, 근로시간에서 3.23 순으로 나타났다.

반면 소득(2.53), 복리후생(2.87)에 있어서는 다소 낮은 점수를 보이는 것으로 나타났다. 또한 도움 정도를 묻는 질문에 대해서는 소외계층지원(4.12), 일을 하고픈 욕구(4.03)에 많은 도움이 된 것으로 나타나고, 지역사회(3.97)나, 심리적 안정(3.85) 및 자존감(3.82) 향상도 도움이 된 것으로 나타나고 있다. 그러나 사업의 실질적 목표인 직업개발(3.52)에 대해서는 상대적으로 낮은 점수를 보여 인적 자본 개발을 위한 투자가 절실한 것으로 나타났다. 끝으로 사회적 일자리 사업과 관련해서 향후 개선사항을 묻는 질문에 대해서는, 일감확보를 위한 정부지원(4.50)과 세제보험료 감면(4.49)이 가장 높은 점수를 보였으며, 일감확보를 위한 기업지원(4.45), 정부인건비보조(4.52), 참여자 기술

교육(4.03) 순으로 점수분포를 보였다. 이는 주관적 응답이라는 점을 감안해도, 사업지
원의 강화가 필요하다는 점을 시사하는 것으로 해석할 수 있다.

4. 사회적 일자리 창출사업의 성과

이제 지난 수년간의 사회적 일자리 창출사업이 거둔 성과에 대해 간략하게 살펴보기
로 하자. 물론 자활사업 시행 5년과 사회적 일자리 창출사업 시행 2년에 대한 성과평가
는 다소 이른 감이 있다. 그럼에도 불구하고 사업이 가진 잠재력을 확인한다는 점에서
몇 가지 중요한 성과에 대해 언급하고자 한다.

일차적으로는 사회적 일자리 창출사업을 통해 참여 전 빈곤가구 중 상당수가 비빈곤
가구로 이동하는 탈빈곤현상을 확인할 수 있었다. 가장 큰 빈곤탈출율을 보인 사업은
급식사업단으로 사업 참여 전 빈곤가구 비율 69.2%가 참여 후에는 30.8%로 약 38%의
감소한 것으로 나타나고 있다. 그리고 복권기금사업단, 간병사업단, 청소사업단 참여자
의 빈곤율 또한 참여 전 각각 88.4%, 73.1%, 67.5%에서 참여 후에는 65.1%, 61.5%,

표 4-15 사업단별 소득계층 분포

(단위: %, 명)

	참여 전					
	재활용 사업단	급식 사업단	학교청소 사업단	간병 사업단	간병사업단 (복권기금)	노동부 사회적 일자리
빈곤층[1]	34.5	69.2	67.5	73.1	88.4	10.3
차상위층[2]	10.3	7.7	5.0	7.7	0.0	20.7
일반층[3]	55.2	23.1	27.5	19.2	11.6	69.0
합 계	100.0(29)	100.0(26)	100.0(40)	100.0(26)	100.0(43)	100.0(29)
	참여 후					
	재활용 사업단	급식 사업단	학교청소 사업단	간병 사업단	간병사업단 (복권기금)	노동부 사회적 일자리
빈곤층[1]	17.2	30.8	40.0	61.5	65.1	3.4
차상위층[2]	3.4	19.2	7.5	7.0	7.0	6.9
일반층[3]	79.3	50.0	52.5	27.9	27.9	89.7
합 계	100.0(29)	100.0(26)	100.0(40)	100.0(26)	100.0(43)	100.0(29)

주: 1) 빈곤층: 월평균 가구소득이 2005년도 최저생계비 미만인 경우.
  2) 차상위층: 월평균 가구소득이 2005년도 최저생계비 이상 2005년도 최저생계비의 120% 미만인 경우.
  3) 일반층: 월평균 가구소득이 2005년도 최저생계비의 120% 이상인 경우.
자료: 한국보건사회연구원(2004), "사회적 일자리 사업 참여자 실태조사".

40.0%로 큰 폭의 감소세를 보였다. 이에 비해 재활용 사업단 참여자는 참여 전 34.5%에서 참여 후 17.2%로 감소(-17.3%)하였다. 이들 자활사업 참여자에 비해 노동부 사회적 일자리 사업 참여자의 빈곤율은 참여 전 10.3%에서 참여 후에는 3.4%로 크게 감소한 것으로 나타나고 있다. 이는 사회적 일자리 창출사업이 우리 사회의 빈곤층 취약계층에 대한 강력한 소득보장효과를 갖는다는 점을 말해준다.

이어 사회적 일자리 사업이 단순히 참여자에 대한 소득보장의 기능만을 수행하는 것은 아니다. 그것은 서비스 수요 가구의 지출절감, 즉 소득보조의 기능을 수행하기도 한다. 물론 사회서비스 공급에 따른 기대효과가 취약계층의 가계지출 절감에 국한된 것만은 아니다. 그것은 취약계층으로 하여금 가구차원에서는 노동을 통한 사회통합, 자존감 향상, 가족해체의 예방, 빈곤탈출의 잠재력 강화 등의 효과를 거두고 있으며, 지역사회 차원에서는 지역사회개발 및 연대성 강화 등의 효과를 거두고 있는 것으로 평가할 수 있다. 아울러 사회적 일자리 사업은 복지지출이 급격하게 증가하는 상황에서 취업을 통한 빈곤탈출을 촉진함으로써 복지제도 전반의 건강성을 강화하는 데 중요한 기여를 하고 있다고 밀할 수 있다.

끝으로 사회적 일자리 사업은 장기실직자 및 실직빈곤층의 취업잠재력(employability)을 향상시켜 빈곤에서 탈출할 수 있는 가능성을 높여준다는 중요한 성과를 나타내고 있다. 이와 관련해서는 "2004년 저소득층 자활사업 실태조사 결과"에서 단서를 발견할 수 있다. 2004년 자활후견기관사업 참여자의 직업기술 보유율을 같은 시기 근로빈곤층 일반의 직업기술 보유율과 비교한 결과에 따르면, 자활사업 참여자의 직업기술 보유율이 상대적으로 높게 나타나는 것을 알 수 있다. 이는 자활사업에 참여하는 과정에서 업무수행에 필요한 직업기술을 터득하고 이것이 자격취득으로 이어지고 있음을 말해준다. 이러한 성과는 사회적 일자리 사업에도 동일하게 적용할 수 있을 것으로 판단된다. 즉 비숙련 또는 저숙련의 노동인력에게 취업과 교육훈련의 기회를 함께 제공함으로써 취업잠재력을 높이는 성과를 거두는 것이다. 이를 위해서는 앞서 참여자들의 만족도 조사를 통해 확인했던 것처럼 교육훈련체계의 강화가 필요하다고 말할 수 있다.

5. 사회적 일자리 창출사업의 문제점

물론 사회적 일자리 사업은 몇 가지 문제에 직면하고 있다. 이를 간략하게 정리하면 아래와 같다.

첫째, 향후 공공부문이 사업비와 인건비의 전부를 보조하는 일자리에서 자체적인 수익창출구조를 갖춘 일자리로 전환할 수 있는 전망이 부재하다는 점이다. 물론 현 단계에서는 국가가 보장해야 하는 사회보장 기능을 민간이 위탁운영하고 있다는 점에서 수익성이 큰 문제가 되지 않을 수 있다. 하지만 사회서비스부문 시장형성을 통한 고용창출이라는 중장기 관점에서 보면, 단기 일자리가 양질의 일자리로의 발전전망을 갖지 못하는 것은 매우 심각한 문제라고 말할 수 있다.

둘째, 사회적 일자리가 사업추진과정에서 기존의 시장과 충돌하는 문제에 대한 대책이 전무하다는 점이다. 현재 시장에서 일하고 있는 저임금근로자나 영세자영업자와의 경쟁이 발생하는 경우, 사회적 일자리 사업이 보다 우세한 지위를 점유하게 될 개연성이 있다. 그리고 이는 시장교란이라는 비판에 직면할 수 있다. 실제로 이러한 문제는 현재 일부사업을 중심으로 발생하고 있는 것으로 판단된다. 따라서 사회서비스부문의 전략 업종 선택이나 시장과의 충돌 시 대처방안 등이 시급히 마련될 필요가 있다.

셋째, 사회적 일자리 사업 대부분이 공익성을 담보하고 있음에도 불구하고 일반 사업자나 영리법인으로 등록하여 운영함에 따라 다양한 문제가 발생하고 있다는 점을 지적할 수 있다. 그것은 사회적 기업에 관한 별도의 법률이 없는 상황에서 사회서비스부문의 일자리가 극단적인 형태로 양분화될 수밖에 없다는 점을 시사한다. 즉 한편으로는 공공부문의 지원금에 안주하게 되는 경향이 나타나거나, 다른 한편으로는 생존을 위해 공익성보다 수익성에 치중하게 되는 경향이 나타나는 것이다.

넷째, 현재 사회적 일자리 사업단이 사회적 기업으로 창업하는 과정에서 나타나고 있는 문제점 또한 지적할 수 있다. 그것은 초기 사업자금의 부족과 창업에 필요한 전문적인 지식과 정보의 부족이다. 비영리민간단체가 주축이 되어 사업을 추진하는 과정에서 많은 경험이 축적되고 있지만, 이 자금과 전문성이라는 두 가지 문제는 쉽게 해결하지 못하고 있는 실정이다. 그리고 이는 사회적 일자리 창출사업을 담당하는 비영리민간단체 외에 별도의 지원기관이 설치되어 있지 않은 현실을 그대로 반영하는 것이다.

다섯째, 사회적 일자리 사업의 임금체계 문제이다. 이는 획일적으로 정해진 임금체계가 참여자의 자기개발 노력의 장애물로 작용하고 있기 때문이다. 현재 사회적 일자리는 비숙련 또는 저숙련 실직자를 대상으로 현장 직업훈련을 실시하고 있다는 점에서 저임금의 문제가 심각하다. 하지만 사회적 일자리 사업 참여자가 인적 자본을 개발하고 양질의 서비스를 제공하기 위해서는 능력과 성과에 따른 임금체계를 도입할 필요가 있다.

V. 사회서비스부문 고용창출을 위한 추진전략

1. 정책의 기본방향

사회서비스부문 고용창출정책의 궁극적인 목표는 1990년대 이후 심화되고 있는 '사회양극화를 해소' 하는 데 기여하는 것이다. 그리고 하위목표는 현 사회적 일자리 창출사업을 효율화함으로써 사회서비스부문 시장형성과 사회양극화 해소의 토대를 마련하는 것이다. 즉 하위목표는 다음 세 가지로 정리할 수 있다. 노동양극화 과정에서 노동시장에서 배제된 실업자 및 실직빈곤층에게 양질의 일자리를 제공함으로써 노동통합을 실현하고, 소득양극화로 빈곤에 시달리는 계층에게 사회적 일자리 참여를 통해 부족한 소득을 보충하고 사회서비스 공급을 통해 지출을 절감하게 하며, 시장을 통해 구입하기 힘들고, 국가도 제공하지 못하는 다양한 사회서비스를 공급할 수 있는 지역차원의 사회(연대)경제영역을 구축하는 것이다([그림 4-2] 참조).

하지만 사회서비스부문 고용창출정책은 공급주체 또는 이해관계 당사자의 협력이 관건이라는 점을 감안할 때, 민·관 협력의 원칙과 목표를 명확하게 할 필요가 있다. 이는 일방적인 지원과 수혜의 문제가 아니라, 서로 합의할 수 있는 목표와 전략을 명확히 설정해야 한다는 것을 의미한다. 이러한 의미에서 사회서비스부문 고용창출을 위해 위에 언급한 공통의 정책목표와 개별적 정책목표를 명확하게 구분할 필요가 있다.

먼저 공동의 목표는 사회서비스부문의 고용창출을 통해 실직빈곤층에게 소득을 얻을 수 있는 일자리를 제공하고, 취약계층에 사회서비스를 공급하는 것이다. 이는 현재 공공과 민간부문이 합의하는 공통의 목표라고 말할 수 있을 것이다.

이어 개별적인 목표는 아래와 같이 설명할 수 있다. 정부차원에서는 사회적 일자리 창출을 양질의 일자리 창출을 촉진하는 정책수단으로 이해할 수 있다. 사회적 일자리 창출정책의 또 다른 목표가 사회서비스부문의 시장형성을 촉진하는 것임을 시사하는 것이다. 더불어 사회적 일자리 창출을 통해 취약한 사회보장체계를 보강하려는 목표가 존재할 수 있다. 이는 현금급여 외에도 사회서비스를 확대함으로써 사회보장체계의 건강성을 강화하는 것이다. 반면에 비영리민간차원에서는 사회적 일자리 창출을 통해 '탈상품화된 일자리 창출방식과 서비스 공급방식' 을 강화함으로써 사회경제부문을 육성하려는 목표가 존재할 수 있다. 이는 사회서비스부문의 시장이 형성되더라도 사회서

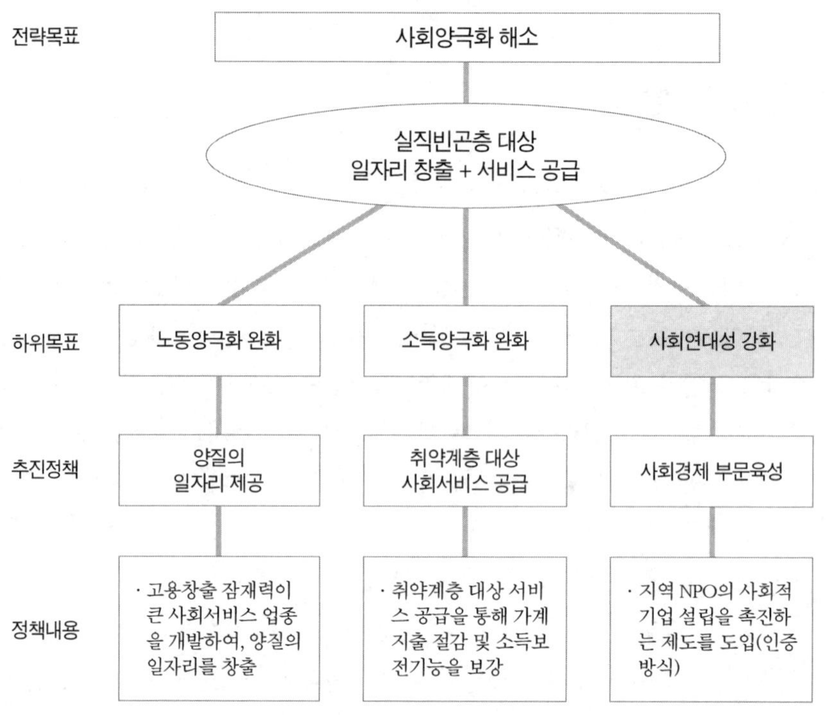

비스 공급에 있어 연대적 방식을 고수하려는 의지를 나타내는 것으로 이해할 수 있다.

2. 정책과제와 추진전략

그렇다면 앞서 언급했던 정책목표를 달성하기 위해서는 어떠한 정책과제를 설정하고, 그 추진전략은 어떠한 방향으로 설계할 것인가. 이는 다음 세 가지 질문에 대한 답변 형식으로 설명할 수 있을 것이다.

첫째, 어떻게 사회적 일자리를 매개로 자체적인 수익창출구조를 갖춘 양질의 일자리를 창출할 것인가: 이를 위해서는 사회서비스에 대한 욕구를 구매행위로 연결시키고, 이를 토대로 양질의 일자리를 창출할 수 있는 토대를 마련해야 한다. 국가가 인건비를 보조하는 사업을 통해 대규모의 일자리를 창출하기란 용이하지 않으며, 이를 위해서는 중산층 이상 가구의 서비스 구매에 기초를 둔 시장형성이 필요하다.

둘째, 어떻게 사회서비스부문 일자리로 실직빈곤층을 빈곤에서 벗어나도록 지원할 것인가: 이 질문에 대한 답변은 인적 자본의 개발, 고용(일감)의 지속성과 임금의 적정성에서 찾을 수 있다. 즉 저숙련 노동인력을 반(牛)숙련 노동인력으로 육성하는 교육훈련체계 및 서비스품질관리체계를 마련하고, 지역사회에 기반을 둔 취업연계체계를 강화하며, 개인의 능력과 성과에 따른 급여체계를 도입해야 할 것이다. 아울러 이 과정에서 발생하는 근로빈곤의 문제를 해결하기 위한 소득보장제도의 개편 또한 필요할 것이다.[8]

셋째, 어떻게 사회서비스부문 고용창출에 따른 시너지 효과를 극대화할 것인가: 경제 양극화 문제를 해결하기 위해 보다 많은 자원을 투입해야 한다는 점에 큰 이견이 없을 것이다. 하지만 문제는 어떠한 사업을 통해 최소한의 비용으로 최대한의 효과를 거둘 수 있는가 하는 점이다. 이 점에서 사회서비스부문 고용창출정책은 사회안전망 강화와 탈빈곤정책에 긍정적인 영향을 미칠 수 있도록 일자리 참여 대상과 서비스 수혜 대상의 범주를 명확하게 설정해야 할 것이다.

그리고 사회적 일자리를 토대로 사회서비스부문의 고용창출을 활성화하기 위해서는 어떠한 구체적인 전략이 필요한가. 이는 다음 여섯 가지로 정리할 수 있다.

첫째, 사회적 일자리와 사회서비스부문의 일반적인 일자리의 성격을 명확하게 구분함으로써 모든 일자리가 사회적 일자리로 간주될 개연성을 최소화해야 한다. 이는 정부가 사회적 일자리를 지원해야 하는 근거를 확보한다는 점에서 매우 중요한 의미를 갖는다. 좀 더 구체적으로 언급하면, 사회적 일자리 또는 사회적 기업의 목적과 구성요건 그리고 사업추진방식 등에 대한 규정을 담은 인증제도를 마련해야 할 것이다. 이와 관련해서는 서구 각국의 사회적 기업 관련 제도를 참고할 수 있다.

둘째, 사회서비스의 수요를 보다 정치하게 추정해야 한다. 사회적 일자리 창출사업은 잠재적인 서비스 수요를 파악함으로써 공급을 위한 대비책을 마련할 수 있다. 이는 외국 산업구조에서 사회서비스부문이 차지하는 비중에 대한 단순 추론이 아니라, 산업구조와 노동인구 이동 등에 대한 종합적인 실태분석을 토대로 이루어져야 할 것이다. 물론 사회서비스에 대한 수요는 정부의 각종 지원정책을 통해 진작되기도 한다는 점을 지적해야 할 것이다.

---

8) 현실적으로 가구원 중 한 사람이 사회적 일자리 사업에 참여하더라도 낮은 임금과 가구지출요인 등에 의해 빈곤상태에 빠지는 가구가 존재할 수 있다. 이 문제에 대해서는 공공부조제도 등을 활용한 소득보장 대책이 마련되어야 할 것이다.

셋째, 사회서비스 공급확대에 따른 인력개발대책을 마련해야 한다. 사회서비스 공급을 확대하기 위해서는 장기실업자 및 실직빈곤층의 취약한 인적 자본을 개발하는 훈련체계가 마련되어야 한다. 이는 노동공급 측면에서 참여자의 취업을 촉진하는 기능을 수행할 뿐 아니라, 기술수준에 다른 임금차별화를 위한 기준으로 활용될 수 있을 것이다. 특히 공식직업훈련프로그램이 설치되지 않은 사업에 대해서는 교육과 평가프로그램을 개발하여 기술자격을 부여하는 방안을 적극적으로 검토해야 할 것이다.

넷째, 사회서비스부문의 시장형성을 통한 추가적인 고용창출을 위해서는 가구단위의 서비스 구매가 매우 중요한 기능을 수행한다. 하지만 현실적으로 개별 가구가 사회서비스를 구입하기에는 재정적 부담이 큰 걸림돌로 작용하게 될 것이다. 이 점에서 사회서비스에 대한 구매를 촉진할 수 있는 각종 제도의 도입이 필요하다. 예를 들면, 노인수발보장제도나 급식관련제도 등을 개편함으로써 보험방식 또는 공공기관이 서비스를 구매하는 방식으로 구매를 촉진해야 할 것이다.

다섯째, 업종별 사회적 기업 설립·운영모형의 구축이 필요하다. 향후 사회서비스부문의 전략업종을 설정할 경우, 업종에 따라 상이한 방식으로 성장하게 될 개연성이 높다. 가까운 예로 인력파견업과 유사한 간병사업이나 가사도우미사업이 재활용사업과 동일한 방식으로 시장을 개척하고, 수익을 창출하지 않을 것이다. 이 점에서 시장의 특성과 공급자의 역량 등을 종합적으로 고려한 업종별 모형개발이 필요한 것이다.

여섯째, 사회적 일자리를 매개로 사회서비스부문의 고용창출을 촉진하기 위해서는 현재 사업에 참여하는 민간단체와의 협력·지원체계를 개편할 필요가 있다. 그것은 크게 두 가지 방향에서 검토가 필요하다고 판단된다. 먼저 적절한 지원이 필요하다는 점이다. 현재의 지원체계로 사회적 일자리가 사회적 기업으로 발전하게 될 개연성은 매우 낮다. 이 점에서 사업운영기관 및 지원기관에 대한 적절한 지원이 선행되어야 한다. 이어 권한과 책임의 영역을 명확하게 설정해야 한다. 이는 불필요한 간섭을 최소화함으로써 비영리민간단체들이 자율적으로 사업성과를 동원할 수 있는 역동성을 강화해야 한다는 것을 의미한다.

3. 정부의 재원투입전략

사회서비스부문의 고용창출은 국가가 모든 재원을 감당해야 하는 것은 아니다. 외국의 경우에도 가장 주된 재원은 역시 중앙정부와 자치단체를 통해 확보하고 있지만, 국가 외에도 공공기관, 민간비영리재단, 영리기업 등 다양한 경로를 통해 재원을 조달하고 있다. 물론 우리 사회는 사회경제부문이 저발전상태에 있어 국가가 재원의 대부분을 감당하는 것이 불가피하다고 판단된다. 하지만 사회적 일자리 사업단을 대상으로 무한정 예산을 확대하기는 곤란하다고 판단된다.

따라서 향후 정책은 단계적으로 양질의 일자리를 창출하는 데 초점을 두고 지원해야 할 것이다. 그리고 그것은 크게 시장형성을 통한 고용창출, 공공부문을 통한 고용창출, 사회경제부문을 통한 고용창출로 분화 발전되어야 할 것이다. 이러한 관점에서 사회서비스부문 고용창출을 위한 재원투입 전략은 [그림 4-3]과 같이 시장부문에서 일자리 창출이 이루어지는 시점(P4~P5)을 고려해서 결정되어야 할 것으로 판단된다. 이를 사업 추진단계별로 언급하면 다음과 같다. 먼저 국가로부터 전액을 지원받는 일자리, 즉 현재의 사회적 일자리 사업단, 자활근로사업단, 공공근로 등에 대한 지원은 사업초기단계에는 지속적으로 확대할 필요가 있다. 단, 교육훈련체계의 강화를 통해 인적 자본을 개발하고 서비스의 품실을 개선하는 데 수력해야 할 것이다. 이어 시장부문을 통해 대규모의 일자리를 창출하는 정책을 추진해야 할 것이다. 이는 사회적 기업의 설립을 촉진하고, 민간영리기업의 진입을 허용하는 방향에서 제도가 보완되어야 한다는 것을 의미한다. 그리고 시장부문의 일자리가 창출되는 시점부터 국가가 모든 비용을 부담하는 일

그림 4-3 사회서비스 부문 일자리 창출의 기대효과

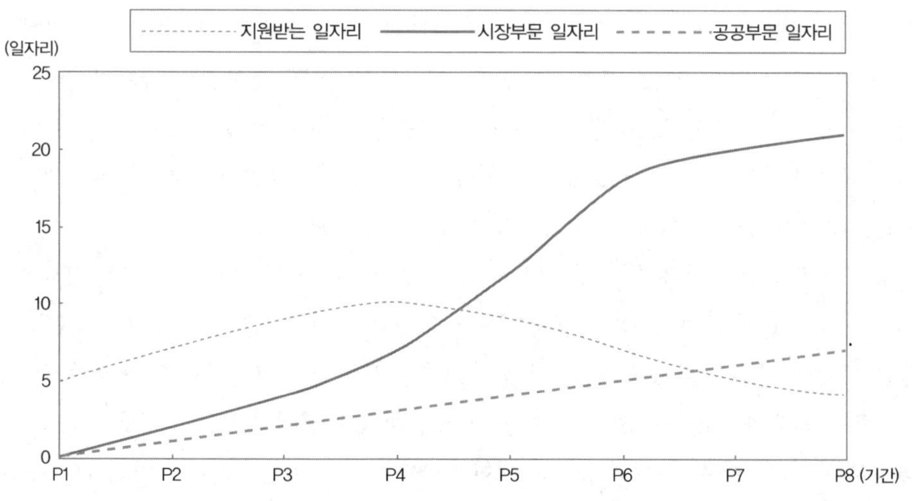

자리에 대한 지출을 단계적으로 감축해야 할 것이다. 끝으로 이러한 흐름과 병행하여 사회서비스 중 국가가 직접 공급해야 할 부분에 대해서는 직접 인력을 채용해야 할 것이다.

4. 사회적 기업의 제도화

1) 사회적 기업의 필요성

사회적 일자리 사업단을 사회적 기업으로 발전시키는 것은 '양질의 일자리 창출'과 '양질의 서비스 제공'이라는 목표를 달성하기 위한 대안 중 하나이며, 다음과 같은 점에서 그 필요성이 제기되고 있다.

먼저 사회적 기업은 '합법적인 기업의 형태'를 갖춘 조직으로, 경영과 고용에 대한 책임성이 명확한 조직인데 반해, 사업단은 경험과 고용에 대한 책임성이 명확하지 않은 불안정한 조직이라고 말할 수 있다. 실제 사업단 방식의 사회적 일자리는 이를 지원하는 비영리민간단체가 실질적인 고용주나 경영조직으로 기능하고 있으나, 엄밀한 의미에서 이들을 고용주로 간주하기에는 많은 문제가 발생하고 있다. 이 점에서 사회서비스 시장에서 양질의 일자리를 창출하기 위해서는 합법적 기업형태를 갖춘 사회적 기업의 설립이 필요한 것이다.

이어 사회적 기업은 종사자에 대한 사회보험 가입을 통해 소득과 고용의 안정성을 강화하는 조직인 데 반해, 사업단은 사회보험 가입을 강제하기도, 제외하기도 곤란한 특성을 갖고 있는 조직이라고 말할 수 있다. 이는 특히 공공부조제도 수급자가 참여하는 사회적 일자리형 자활근로사업이 경험하고 있는 문제이다. 이 점에서 사회적 기업은 4대 사회보험 가입을 의무화함으로써 장기실직자 및 실직빈곤층을 사회보장체계의 사각지대로부터 벗어날 수 있게 하는 효과적인 지원체계가 될 것이다.

끝으로 사회적 기업은 수익배분과 관련된 제한규정을 두고 있지만, 적정한 임금을 보전하는 것을 전제로 하고 있다. 이에 비해 사업단은 수익의 적정한 배분을 실현하는 데 많은 제약이 있는 상황이다. 이는 사업 참여자로 하여금 수익발생을 위한 추가적인 근로노력을 억제하는 결과를 초래하고 있다. 이 문제와 관련해서 사회적 기업은 수익금의 일정부분을 배분할 수 있도록 규정을 정함으로써 참여자의 근로의욕과 자기개발노력을 고취시키는 결과를 초래할 수 있을 것이다.

2) 사회적 기업의 제도와 방향

그렇다면 한국 사회는 어떠한 형태로 사회적 기업을 제도화할 수 있는가. 이와 관련해서는 크게 협동조합법을 제정하자는 주장과 사회적 기업법을 제정하자는 주장으로 구분할 수 있다. 하지만 이는 사회적 일자리 창출 및 사회적 기업 육성법을 제정하는 경우, 사회적 기업법으로 규정할 수밖에 없다는 점에서 후자의 주장이 보다 현실적이라고 판단된다. 그 이유는 협동조합법을 제정할지라도 사회적 기업법을 별도로 제정해야 하는 추가작업이 필요하기 때문이다. 좀 더 구체적으로 설명하면, 사회적 기업은 협동조합이 전환하거나 다양한 시민단체가 전환하는 경우도 있다는 점을 고려할 때, 협동조합법을 제정하더라도 시민단체의 참여를 촉진하기 위해서는 사회적 기업법을 별도로 제정해야 하기 때문이다. 더욱이 사회경제부문이 취약한 상황에서 시민단체의 참여가 중요히디는 점을 감인하면, 사회직 기입에 관한 법을 세정하는 것이 보다 합리적인 선택일 것이다.

이제 사회적 기업 설립을 촉진하기 위해 어떠한 제도를 설계해야 할 것인가 살펴볼 필요가 있다. 이 문제와 관련해서 일부 국가의 법제처럼, 사회적 기업에 상법상의 지위를 부여하는 것은 매우 바람직하지만 우리 사회 현실에 비추어 볼 때, 큰 실익이 없다고 판단된다. 즉 사회적 기업의 양적 · 질적인 성장 없이 상법상의 새로운 법인격으로 법제화하는 것은 실익이 없는 도약일 수 있다. 더욱이 사회적 기업으로 전환할 수 있는 조직의 규모가 미미하다는 점을 감안하면, 실효성도 없을 것으로 판단된다. 이 점에서 우리 사회는 사회적 기업에 대한 인증제도를 적용하는 것이 보다 효과적인 지원방식이 될 것으로 여겨진다.

사회적 기업 인증제도란 일정한 자격요건을 충족하는 시민단체나 협동조합 등을 사회적 기업으로 인증함으로써 그에 따른 지원을 받을 수 있게 하는 선별장치를 의미한다. 이러한 제도가 필요한 이유는 다음 두 가지로 정리할 수 있다. 먼저 다양한 시민단체의 사회적 기업 설립을 촉진하고, 다양한 형태의 사업을 육성하기 위해서는 인증방식을 취하는 것이 바람직하기 때문이다. 또한 우리 사회는 이미 자활공동체에 대한 인증제도를 운영한 경험이 있어 인증제도 도입의 실현가능성이 매우 높다고 말할 수 있다. 물론 사회적 기업 인증과 관련해서 보다 전문적인 인증기준과 그에 따른 지원제도를 구

비해야 할 것이다.

VI. 결론과 전망

우리 사회에서 사회적 일자리 창출정책은 사회경제환경의 제약 속에서 나타났다는 점을 언급하지 않을 수 없다. 그것은 성장과 분배의 선순환 담론 등을 통해 확산되고 있는 복지지출의 중층적 효과를 전제로 설계된 것이다. 그리고 일부에서는 사회적 일자리 창출사업을 저임금의 빈곤층을 양산하는 정책이라는 비판적인 입장을 견지하고 있다.

물론 그것은 틀린 주장이 아니다. 다만 한국 사회가 처한 독특한 지형에 대한 이해를 전제로 한다면, 현재 그것이 가진 잠재력을 개발하는 노력이 필요할 뿐이다. 서구 사회가 복지서비스의 민영화라는 정책 틀에서 사회적 일자리 창출정책을 추진했다면, 우리 사회는 미취업빈곤층이 증가하고 사회 전체적으로 양질의 일자리가 감소하는 상황에 처해 있다. 아울러 복지수요는 급격히 증가하나 사회서비스 공급은 미약한 상황이다. 그렇다면 사회서비스부문의 시장형성을 통해 양질의 일자리 창출 전략과 사회적 일자리 창출 전략을 적극적으로 매개하는 정책은 서둘러 비판해야 할 대상이 아닐 것이다. 오히려 우리 사회의 당면과제는 서구의 사회적 일자리 창출 정책과는 다른 고유한 모형을 개발하는 것이다.

이러한 맥락에서 보면, 현재 진지하게 검토해야 할 사항은 우리 사회가 사회적 일자리를 통해 복합적 효과를 추구하는 시너지 전략을 고수할 것인지, 사회적 일자리를 실직빈곤층을 위한 고용창출에 국한하는 최소주의 전략을 선택할 것인지 하는 것이다. 물론 이 문제는 기시경제적인 환경과 이에 따른 정책저 대응에 따라 다양한 경로로 나타날 수 있다. 경제영역의 세계화를 거스를 수 없는 흐름으로 인정하고 유연화된 노동시장에 (재)진입할 수 있도록 인적 자본에 대한 투자를 강화하거나, 공공부문에서 실직자를 흡수하고 사회보장체계를 강화하는 선택을 할 수도 있을 것이다. 하지만 외국의 정책적 선택을 모방하는 것은 전혀 바람직하지 않다. 국제적 분업구조상의 위치, 노동시장 유연화 정도, 사회보장체계의 발전 정도 등 몇 가지 여건을 감안하더라도, 우리 사회가 이들 국가와 매우 다른 환경에 처해 있기 때문이다. 그것은 현재 사회보장체계의 전반적인 개편방향이 일자리 창출로 경도되거나 소득보장에만 치우쳐서는 곤란하다는 것을 의미한다. 또한 보장과 취업 촉진의 균형을 유지해야 할 것이다.

아울러 사회적 일자리 사업이 취약계층을 대상으로 하는 일자리라는 특성을 갖는다는 점을 감안하면, 현 자활사업과의 관계를 재구성할 필요가 있다. 사회적 일자리가 사회적 기업에 중심을 두기보다 정부의 인건비와 사업비를 지원받는 준 공공의 일자리로 간주되는 상황에서 저소득층이 아닌 실직자에게 지원을 확대하는 것은 정당성을 확보하기 힘들다. 그리고 이는 자활사업이 그동안 취해왔던 정책과 차별화되기 힘들다는 것을 의미한다. 이 점을 감안할 때, 사회적 일자리 사업은 자활사업에 통합되어 운영될 필요가 있다. 물론 이 경우, 자활사업이 현재 국민기초생활보장제도에 얽매인 제도가 아니라, 보다 많은 빈곤층 및 저소득층 실직자를 위한 일자리 창출사업으로 개편되어야 한다. 이것이 전제되지 않는 한, 이 두 사업을 통합하는 것은 실질적인 변화를 가져오기 힘들기 때문이다.

끝으로 본문에서 언급하였던 것처럼, 사회서비스부문의 고용창출을 위해서는 정부가 재원투입의 중장기 전략을 명확하게 설정할 필요가 있다. 분명 현 시점에서 정부는 사회적 일자리 창출사업에 대한 재원투입을 확대해야 한다. 단, 재원투입에 앞서 이를 통해 거둘 수 있는 기대효과와 추진전략에 대한 충분한 검토가 이루어져야 할 것이다. 그리고 사회서비스부문의 시장형성을 촉진하기 위한 제도 도입과 사회적 기업 제도화가 추진전략의 핵심에 놓여야 할 것이다.

참고문헌

김신양(2005), 『다른 경제』, 실업극복국민재단.

노대명 외(2003), "2002년 저소득층 자활사업 실태조사", 한국보건사회연구원.

노대명 외(2004), "한국 근로빈곤층 소득 · 고용실태 연구", 한국보건사회연구원.

노동부(2004), "사회적 일자리 창출방안", 국무회의 보고자료.

박찬용 외(2002), "소득분배와 빈곤동향 및 변화요인 분석", 한국보건사회연구원.

성공회대학교 · 한국노동연구원 · 한국보건사회연구원, 『사회적 일자리 창출을 위한 국제심포지움 자료집』, 2000. 12.

장원봉(2005), "사회경제의 대안적 개념구성에 관한 연구", 박사학위논문, 한국학중앙연구원.

전병유 외(2003), "사회적 일자리 창출방안 연구", 한국노동연구원.

한국노동연구원(2003), "일자리 양극화 경향과 빈곤정책의 방향".

한국은행(2003), 산업연관표.

한상진(2005), 『시장과 국가를 넘어서: 사회적 기업을 통한 자활의 전망』, 울산대학교 출판부.

F. Aubry et J. Charest(1995), *Developper l'Economie Solidaire: Elements d'Orientation*, Confédération des Syndicats Nationaux.

Douglas Alexander(2002), *Social Enterprise magazine*, Vol. 2.

Carlos Borzaga et al.(1998), *Social Enterprise and New Employment in Europe*, Routhedge Kegan Paul

Carlos Borzaga et al.(2001), *The emergence of social enterprise*, Routhedge Kegan Paul

Department of Industry and Trade(2002), *Social Enterprise: a strategy for success*.

Thierry Jeantet(1999), *European Social Economy*, CIEM Edition

Jean-Louis Laville dir.(1998), *L'Insertion et Nouvelle Economie Sociale*, Desclée de Brouwer.

Alain Lipietz(2001), Pour le Tiers Sécteur: *L'economie sociale et solidaire*, La Découverte/La Documentation francaise.

Lester M. Salamon (ed.)(2002), *The State of Nonprofit America*, Brookings Institution Press.

제5장
자활사업과 사회연대은행

이 종 수

I. 한국의 빈곤금융소외계층과 창업

1. 빈곤금융소외의 실태

빈부격차로 인한 우리 사회의 양극화는 근로빈곤층의 가세로 더욱 심각해지고 있다. 한국보건사회연구원의 차상위계층 실태분석 및 정책제안(2005)에 따르면, 2003년 말 월평균소득이 최저생계비의 120%에 미치지 못하는 빈곤층이 716만 명에 달한다. 기초생활보호수급자가 138만 명, 최저생활비 이하 소득이면서도 복지혜택을 전혀 받지 못하는 비수급 빈곤층이 무려 372만 명, 그리고 잠재적 빈곤층인 차상위계층이 206만 명으로, 전체 인구의 14.6%가 빈곤선 이하의 생활을 영위하고 있다.

대개의 빈곤층은 금융채무불이행자(신용불량자)라는 이중적인 상황에 처해 있다. 전국은행연합회에 따르면, 2004년 6월 말 현재 금융채무불이행자의 숫자는 370만여 명으로 집계되고 있는데, 이중 생계형 금융채무불이행자의 규모가 95%에 이르고 있어(KDI, 2003) 신용불량문제와 빈곤문제는 복합적으로 유착되어 있음을 실증하고 있다.

2. 근로빈곤층의 자활

근로빈곤층들은 근로능력과 근로의욕을 지니고 있으면서도 고용능력수준이 떨어져 불안정한 고용과 소득을 면하기 어렵다. 또한 신용불량자들은 신용추락의 낙인으로 정상적인 고용진입이 여의치 않아 근로빈곤층의 상당부분을 점유하고 있다. 이들 근로빈곤층은 온전한 경제활동 주체로서 생산인력자원으로 활용이 가능함에도 불구하고 재정과 고용조건 측면에서 불리하기 때문에, 적극적인 일자리 창출지원대책과 고용지원대책이 보완되지 않는 한 자립주체로 홀로서기는 어려울 것이다. 자립대상과 복지대상의 경계선상에서 이들 근로빈곤층들을 차별화된 정책대상으로 바로 보아야 할 것이며, 이들을 위한 근로유인적인 서비스 제공은 근로연계복지를 추구하는 시대 상황에서 중요한 의제로 다루어져야 한다.

취업으로 해결책을 찾을 수 없는 근로빈곤층들은 자연적으로 창업을 통해 빈곤탈출을 위한 돌파구를 마련할 수밖에 없다. 이는 창업을 희망하는 근로빈곤층이 70만 명에 이른다는 보건사회연구원의 실태조사에서도 증명하고 있듯이 그 실제 수요 또한 상당수에 이른다. 그러나 근로빈곤층은 불충분한 자원 탓에 창업 시작 이후 사업을 유지해 나가기에 어려운 점이 많다. 특히 우리나라의 경제구조는 자영업 비중이 높아[1] 치열한 경쟁을 헤쳐가지 못하고 중도폐업하는 사례가 속출하는 것이 현실이다.

이러한 상황에서 근로빈곤층의 창업은 창업준비와 생계를 병행해야 하는 관계로 도외시되기 쉽고, 창업자본금은 금융기관으로부터 배제와 각종 창업자금지원제도의 부적격으로 확보하기가 어렵다. 또한 창업을 하였을지라도 경영능력의 부재, 규모의 영세성, 추가 투자분의 부족으로 성공조건과는 거리가 멀며, 특히 경기가 좋지 않은 현 상황에서는 더욱 힘든 일이다.

결국, 창업지원사업이 근로빈곤층의 자활지원방안이 되기 위해서는 빈곤층의 강점인 생존의지와 근로의욕을 바탕으로 창업 기회를 살리는 것이다. 창업이 되고나서도 개인의 결핍된 자원을 사회적 지지체계가 보완하여 시장경쟁력을 지닐 수 있도록 하는 사후관리체계가 확보되어야 한다. 그 일환으로 민간창업전문기관인 사회연대은행에서 창업 전후 창업자가 직면하게 되는 다양한 문제를 해결하도록 지원하여, 창업성공율을 높이는 것이 필요하다. 근로빈곤층에게 제공되는 특화된 창업지원서비스와 사회적 일자

---

1) 미국과 유럽의 자영업비율은 7%대인 반면, 우리나라의 자영업 비율은 상당히 높아 35%를 상회하고 있다.

리는 고용시장에서 마땅한 일자리를 넘볼 수 없는 이들에게 스스로 고용을 창출하여 소
득기반을 마련하는 것이야말로 가장 효율적인 묘안이며, 욕구를 충실히 수용하는 인간
복지의 실천방안이기 때문이다.

Ⅱ. 자활프로그램으로서의 복지금융[2]

1. 개념

복지금융(microcredit)의 개념은 이미 세계 여러 나라에서 저소득층의 창업을 통한
빈곤퇴치의 새로운 대안으로 떠오르고 있다. 기존 저소득층을 대상으로 하는 많은 정책
들이 빈곤층을 지원하는 데 있어서 재화나 서비스를 직접적으로 공여하는 반면, 복지금
융은 일정 계층, 특히 일할 능력이 있고 의지가 있는 근로빈곤층을 대상으로 자활할 수
있는 기회를 제공해 줌으로써 보다 장기적이고 근본적인 대책을 마련한다는 점에서 기
존의 제도들과 차별된다.

복지금융은 그 개념과 성격 그리고 활동범위가 다양하게 논의될 수 있지만, 그 핵심
은 바로 '빈곤'과 '소액대출'이다. 즉 빈곤층을 대상으로 소액의 대출과 부수적인 지원
을 제공하여 빈민들이 빈곤에서 벗어날 수 있도록 지원하는 일체의 활동을 말한다. 한
편, 마이크로파이낸스(Microfinance)는 보다 광의의 의미에서 소액대출을 포함하여 소
액의 예금, 보험, 송금, 여타의 금융서비스를 제공하는 것을 말한다. 복지금융과 마이크
로파이낸스는 빈곤층의 금융지원과 관련하여 혼용되어 사용되고 있는데 엄밀히 말하면
마이크로파이낸스가 복지금융을 포함하여 좀 더 넓은 의미의 금융서비스를 포괄하고
있다. 원래 대출을 위주로 하는 복지금융으로 시작한 개념이 금융소외계층인 대상자들
에게 보다 넓은 의미의 금융서비스를 제공해야 하는 필요성 때문에 확장된 것이라고 볼
수 있다. 이들은 단순히 '소액'이라는 특성 외에 특정한 목적을 가지고 운영되고 있기
때문에 일반의 대출 또는 금융과는 차별된다.

---

2) 노대명 외(2003), "저소득층 창업지원 모형에 관한 연구", 한국보건사회연구원 자료 참조.

복지금융의 개념은 단지 가난한 사람들에게 금융을 제공하는 것만을 의미하지는 않는다. 금융거래뿐만 아니라 거기서 서비스를 받는 사람들의 경제생활이 지속될 수 있도록 지원하는 체계를 가지고 있어야 진정한 복지금융이라고 볼 수 있다. 이 지원체계는 경제적인 관점뿐만 아니라 주거 및 의료서비스 등 부가서비스를 포함하기도 한다. 더 나아가서 심리적·정서적 지원체계까지 포함하기도 한다. 이는 '빈곤'을 단순한 경제적인 면에서 확장시켜 '총체적 빈곤'으로 보아야 하기 때문이다.

2. 성장과 규모

복지금융은 빈곤이 사회적인 중요한 이슈로 대두되면서 각국에서 각각 다른 사회적 환경과 배경을 가지고 탄생하게 되는데, 세계적으로 관심을 끌게 된 계기는 방글라데시의 그라민 은행의 성공에서 찾을 수 있다. 그리고 이 성공은 선진국에서 큰 반응을 일으켰다. 그라민 은행은 자체기금을 조성하여 그라민 모델을 다른 나라에 전파하고 있는데 현재까지 58개국에서 그 모델이 시행되고 있다.

1990년대 이후 전 세계적으로 급속히 성장하고 있는 복지금융은 저개발국뿐만 아니라 선진국에서도 빠른 속도로 증가하고 있으며 몇몇 국가에서는 은행법상 특수한 지위를 가진 금융기관으로 인정하기도 한다.

UN의 보고에 의하면 ① 복지금융이 빈곤층의 기본적인 욕구를 충족시키면서 더 이상의 위험한 상황에 처하지 않도록 예방하였고, ② 이 제도를 통하여 저소득 가구들이 자영업을 영위함으로써 가정경제를 향상시켰으며, ③ 특히 여성을 경제활동에 참여케 함

표 5-1 복지금융 관련 주요 지표

구 분	내 용
기관수	전 세계 1만여 개의 마이크로파이낸스 존재 (2001 World Bank)
수혜자	전 세계적 복지금융 수혜자는 1천 3백만 명
대출금잔액	70억 달러
상환율	97%
대출규모(년)	25억 달러
수혜비율	예상 대상인원 중 4% (2001 World Bank)
필요인구	약 2억 7천만 명 (Unitus)

자료: 수혜자, 대출잔금액, 상환율, 대출규모의 자료는 *Data Snapshots on Microfinance, The Virtual library on Microcredit*(2005).

으로써 일할 능력을 향상시키고 여성의 지위향상을 가져왔다고 말하고 있다. 전 세계적으로 복지금융의 수요는 4~5억 가구로 집계되고 있으나 현재 이 제도로 혜택을 받았던 가구 수는 2002년 현재 3천만 가구(누계기준) 정도로 나타나 있으며(Unitus Website), 최근 5년간 매년 25%~30%의 증가를 보여 주고 있다. 이외의 중요한 복지금융 관련 주요 지표들은 [표 5-1]과 같다.

3. 유엔이 정한 복지금융의 해: 2005

새천년을 맞이하여 2000년 9월 전 세계 정상이 UN에 모여서 2015년까지 수행할 8가지 목표인 새천년개발계획[3](MDGs; Millennium Development Goals)을 설정하였는데, 이 목표를 달성하기 위한 유용한 도구로서 복지금융을 선정하고 2005년을 '복지금융의 해'로 선포하면서 다음과 같은 5가지의 핵심 목표를 발표하였다.

① 새천년개발계획을 위한 마이크로파이낸스의 공헌도를 증진한다. 이를 위해서 다양한 집단 사람들의 금융상품 접근실태를 파악하고 체계적인 연구를 수행한다.
② 마이크로파이낸스가 빈곤퇴치와 개발균형에 불가피한 도구라는 인식을 대중에게 홍보한다. 전 세계적으로 100여 곳의 NGO를 선정하여 '복지금융의 해'와 관련하여 실행계획을 개발하게 하고 복지금융의 해에 개최되는 각종 활동에 참여하게 한다.
③ 전 소득계층을 포괄하는 금융시스템을 조성한다. 각국 정부로 하여금 각종 금융기관에 홍보하여 마이크로파이낸스가 국가의 중요 금융정책으로 자리매김하도록 한다. 60개국에 마이크로파이낸스에 관한 홍보 이벤트를 개최하도록 하여 그 중요성을 부각시킨다. 대규모의 지명도 높은 국제회의나 세미나를 개최하여 금융에서의 우선순위가 큰 장르로 발전시킨다.
④ 각국의 마이크로파이낸스가 지속될 수 있도록 지원한다. 마이크로파이낸스 서비스를 제공하는 기관의 역량을 증대시키고 빈곤층의 요구에 더 효과적으로 부응할

---

3) 8대 목표: 하루 1달러 미만으로 연명하는 극빈자 수를 반으로 축소, 모든 어린이에게 초등교육 실시, 양성평등 촉진, 영유아 사망률 감소, 모성건강 증진, AIDS · 말라리아 등의 질병 퇴치, 환경 보존, 개발을 위한 세계협력의 증진.

수 있도록 하고, 서비스를 제공하는 기관들을 잘 도울 수 있도록 정부나 기부자의
역량을 강화한다.
⑤ 마이크로파이낸스에 대한 세계적인 파트너십과 혁신을 다진다. 정부, 유엔관련기
관, 개인 혹은 공공 섹터, 시민단체, NGO 그리고 복지금융기관들 상호 간에 전략
적 제휴나 홍보 등을 통하여 새로운 혁신을 이루고, 100개의 정부로 하여금 국가
위원회(national committee)를 결성하도록 하여 마이크로파이낸스에 대하여 홍보
를 포함한 발전 계획 등을 입안하도록 한다.

4. 복지금융의 최근 동향

2000년 4월 영국은행가협회 회장 스위니(Tim Sweeney)는 유럽 각국의 사회은행
(Social Banking) 사례집을 발간하는 자리에서 은행업의 죽음을 선포하였다(INAISE,
2000). 이는 오늘날의 은행이 기존 서민층을 배제하고 수익사업에만 몰두하고 있다는
비판에서 비롯된 것이며, 새로운 형태의 금융업무를 담당하는 사회연대은행의 필요성
을 상징적으로 잘 말해주는 것이다.

이처럼 서로 다른 경제적 환경과 금융제도에도 불구하고 사회연대은행에 대한 이러
한 반향이 일어난 이유는 무엇일까. 그것은 바로 전 세계 빈곤층이 경험하고 있는 금융
소외 혹은 금융기관으로부터의 소외에서 찾을 수 있다. 가난한 나라의 빈곤층이 금융서
비스로부터 소외되어 있는 것과 마찬가지로, 부자나라의 빈곤층 또한 금융서비스에 접
근할 수 없었던 것이다. 이는 가난한 나라의 국민이건 부자나라의 국민이건, 담보나 보
증인을 세울 수 없다면 금융서비스로부터 소외되어 빈곤의 늪에 빠져들고 있음을 말해
주는 것이다.

복지금융의 최근 동향에서 눈에 띄는 것은 미국을 중심으로 한 신진 금융기관들이 복
지금융을 수익사업의 일환으로 검토하고 있다는 것이다. 방글라데시, 중남미 등 저개발
국에서 탄생한 복지금융이 비영리사업 영역을 넘어서 영리사업으로까지 성장하고 있는
것이다. 이 중에서 2005년 '복지금융의 해'의 공식 스폰서로 자임하고 나선 시티은행의
활동이 돋보인다. 시티은행은 이미 오래 전부터 기업의 사회적 책임의 일환으로 세계에
복지금융을 전파하는 데 적극적인 스폰서로서 활동하기로 하고 그라민, ACCION, 세계
여성금융 등 많은 복지금융기관들을 지원하고 있는데, 한 걸음 더 나아가서 차세대 시

장개발을 염두에 두고 2003년 6월 은행 내에 마이크로파이낸스 사업부를 창설하였다. 이와 같이 복지금융을 사회적 유용성을 갖고 사회공헌에 기여하면서 기업의 수익에 보탬이 되는 활동으로 보고 그 활동 영역을 검토하고 있거나 확장하고자 하는 노력이 미국의 다목적 금융기관을 중심으로 나타나고 있다. 미국에서는 마이크로파이낸스가 지역 및 계층 간 균형발전을 위한 수단으로 사용되고 있다.

1977년 제정된 지역재투자법(CRA; Community Reinvestment Act)을 통해 금융기관이 수익을 얻는 지역에서 일정 비율 이상을 여신, 투자나 기부 등 공헌활동을 하도록 정하였다. 금융기관은 자산규모에 따라 일정비율 이상을 중간 이하 소득자에 대한 모기지대출, 매출 100만 달러 이하의 소기업에 대한 기업대출, 지역개발을 위한 대출을 해야하며 저소득계층이 많은 지역에 지점을 내야하고 지역개발금융도 제공해야 한다. 이러한 지역개발투자는 은행에 좋은 기업이미지와 함께 투자수익을 가져다주기도 한다. 은행은 새로운 시장의 창출이라는 이익을, 저소득층에게는 경제적 자립과 부의 창출을 실현하도록 하는 윈윈(win-win) 공헌전략이라고 볼 수 있다.

Ⅲ. 한국의 복지금융 적용: 사회연대은행을 중심으로

한국의 IMF는 복지국가의 새로운 틀 형성을 요구하였고, 이를 계기로 국민기초생활보장제도라는 포괄적인 사회안전망이 구축되기에 이르렀다. 이전과 두드러진 방식은 국민기초생활보장 내 생산적 복지방식이 가미되어 새롭게 자활사업을 착수하였다는 점이다. 이 과정에서 자활후견기관을 비롯한 자활단체들은 경제적 욕구 실현이 자활 인큐베이팅에서 얼마나 필요한지를 절실하게 느끼게 되었다. 뿐만 아니라 자활의 한 축으로써 전문적인 창업지원의 욕구도 갈망하였다. 이렇게 국가차원의 자활사업을 배경으로 이를 업그레이드하려는 염원하에 사회연대은행은 창업을 희망하는 근로빈곤층에게 창업자금과 창업지원서비스를 제공하기 위해 2003년 2월에 태동했다. 한국에서 복지금융의 경험은 그리 오래되지 않았지만 경제위기와 그 이후 계속되고 있는 경제 불황 속에서 양산되고 있는 빈부격차의 악화, 일자리의 부족, 금융소외의 그늘을 타고 서서히 그 뿌리를 내리고 있다.

1. 사회연대은행의 역할과 기능

사회연대은행이 표방하는 기관의 미션은 자활하고자 하는 의지와 능력이 있는 빈곤층이 경제적·사회적·심리적 빈곤에서 벗어나 건강한 사회의 구성원으로서 자활할 수 있도록 창업에 필요한 자금, 경영 및 기술 지원, 사회적·심리적 자활을 위한 교육훈련 등을 통합적으로 제공하는 비영리기관이라는 것이다. 즉 빈곤에서 벗어날 때까지 빈곤층 창업희망자들에게 창업에 필요한 전면적 지원을 하겠다는 것이다.

1) 자활 촉진

사회연대은행의 사업 근간은 저소득 소외계층들의 창업을 통한 자활지원이다. 이는 자활후견기관을 위시한 복지관, 사회복지시설, 여성복지시설 등 여타의 자활지원기관과 역할·기능면에서 사회연대은행만의 차별성을 견지해야 하기도 하지만, 어느 부분에 있어서는 협력을 이뤄 공존공생해야 함을 의미한다. 여타의 자활지원기관들이 직업훈련지도와 창업동기부여 교육, 공동체 창업형성에 주력하기 때문에 초기단계의 서비스를 제공해야 한다면, 사회연대은행은 창업을 희망하고 기술면에서 준비된 자들의 사업계획 단계부터 개입하여 창업을 통해 성공할 때까지 함께 갈 필요가 있다. 그러나 개입지점을 서비스 공급자인 기관 관점에서 구별한다면 서비스의 중첩을 야기하거나 단절되는 사태를 초래할 것이다. 따라서 사회연대은행은 초기단계에서 자활지원기관들과 공동 협력하여 창업자들의 시장 적응기간을 최소화해야 하며, 원활한 인수인계 과정을 거쳐 상급 단계의 창업지원 서비스를 독자적으로 제공해야 한다.

2) 대안금융

제도권 금융기관은 고객들의 자산형성을 1차적 목적으로 삼고 있지만, 고객으로 대우받지 못하는 금융소외계층이 상당수 존재하는 현실을 감안하면 금융기관은 빈익빈 부익부의 양분화된 사회구조를 고착하는 역기능을 본의 아니게 수행하고 있다. 금융기관에 저축 계좌를 개설할 만큼 생활능력이 되지 못하는 사람들, 신용이나 부동산 대출을 받기 위한 담보요건을 충족시키지 못하는 사람들, 이런 금융소외계층일수록 금융에 대한 욕구는 더욱 강력하여 신용카드와 사채시장에 빠져들 수밖에 없는데, 이들은 곧

고금리 부담과 이어지는 빚더미로 전락하게 된다. 단순히 금융권리의 배제는 부채의 덫에 걸린 경제생활의 실패자를 양산시키는 것 이상으로 인간의 생존권을 위협하는 무서운 결과를 초래한다.

따라서 사회연대은행이라 함은 경제적으로 실패한 사람들을 재기하도록 보듬어야 하며, 장사 이외의 생계수단을 마련하기 힘든 사람들에게 기초자립자금을 빌려줄 수 있어야 한다. 그러나 진정한 자립지원금은 벌어서 갚아나가는 데 의미를 갖기 때문에 상환 조건을 띠어야 하며, 번 돈으로 대출금도 갚고 생활도 유지해 나가야 하기 때문에 소액이어야 한다. 사회연대은행을 대안금융이라 지칭하는 이유는 금융배제 대상들을 포괄하고 있다는 점과 수익 지향의 자금지원이 아니라 시장의 재분배 지향과 사회의 건전성 여부에 따라 자금지원을 결정하는 점에서 비롯된다고 볼 수 있다.

3) 기업가적 접근

사회연내은행의 창업지원자 중 일부는 자활지원기관들의 창업 인큐베이팅과정에서 받은 보호를 이어가며 지지를 받지만, 대부분은 독자적으로 자본주의 시장 경쟁체제에서 살아가야 한다. 더구나 한국의 포화된 자영업 시장환경 속에서 이들이 살아남기 위해서는 그 분야에 '전문화' 되지 않을 수 없다. 그러나 이들 영세업체들이 홀로 전문화된 영역을 구축하기는 어렵다. 지원업체들이 고객의 선택을 받고 신뢰를 쌓아가며 매출을 얻어내기까지는 사회연대은행이 컨설팅, 교육, 네트워크 연결 등을 동원하여 이들을 소기업가로 양성해야 한다. 사회연대은행은 이들에게 시장환경 읽는 법, 매출부진 시 대책마련, 상권분석, 원가관리, 식자재관리, 자금관리, 제조비법 등 사후지도를 통해 기업가로 거듭 태어나게 하는 산파 역할을 수행해야 할 것이다.

4) 지속가능한 발전

사회연대은행의 지원 서비스는 지속적이고 쌍방향이라는 특징으로 여타 사회복지서비스와 구별된다. 특히 대출의 원리를 적용한 금융서비스는 서비스 공급자와 수요자 간의 동등한 관계가 형성되어 지원 규모와 업체 규모를 스스로 확대·발전시킬 수 있도록 되어 있다. 그리고 상환된 기금은 한 지원 가구의 성공이 또 다른 가구의 자립기금으로 이어지는 그야말로 지속가능한 사회의 대들보인 것이다.

사회연대은행과 지원업체들은 경제생산주체로서의 이익과 환경보호를 동시에 추구하는 균형된 시각을 견지하고 아울러 지속가능한 발전을 위한 기본적 책무를 인식하고 실천을 주도해야 한다. 사회연대은행은 환경친화적인 사업아이템을 개발하며 재활용산업, 건강을 권장하는 업종에 적극 투자해야 한다. 또한 생산과정에서 에너지를 효율적으로 사용하며 오염물질의 배출을 근원적으로 저감하는 생태경제적 효율성을 제고하도록 지원업체 지도·감독을 소홀히 해서는 안 될 것이다. 보다 주도적으로 환경단체의 환경개발기금을 유치하여 환경산업으로 경제를 재편하는 시장 디자이너가 될 필요가 있다.

5) 공동체 회복

사회연대은행이 단순히 여신, 수신, 그리고 고객의 수익(지원업체의 자립)만을 지향하는 '은행'이 아니라 우리 모두가 함께 빈곤하고 소외된 자들에게 희망과 행복을 찾아주는 '사회연대' 은행이라는 점이 강조되어야 한다. 사회연대은행과 지원업체의 역량만으로는 빈곤소외계층이 어렵게 잡은 기회를 살리는 데 한계가 있다. 지원업체를 후견하는 멘토들이 생산과정에 참여하여 제품의 질을 높이고, 지역사회와 함께 구매를 돕는 보호된 시장이 되도록 사회연대은행에서 기초공사를 맡고 우리 사회가 함께 가꾸어 가야만 온전한 자립이 가능하다. 외부로 향하는 연대와 지원업체들 간의 동조모임은 우리 사회의 공동체 의식을 복원시키는 매개가 될 것이다.

2. 운영방법

창업지원제도의 가장 중요한 관건은 창업의 성공이며, 이는 저소득층인 지원 대상자의 입장에서 뿐만 아니라 지원기관의 자금 회수라는 관점에서도 매우 중요한 것이다. 자금의 회수는 창업성공을 전제로 하며, 회수된 자금은 다른 대상자를 위하여 사용될 수 있기 때문이다. 따라서 창업지원에 따르는 사업의 성공률을 높이기 위해서는 자금의 지원과 아울러 저소득층이 창업·운영하는 과정에서 필요로 하는 각종 장치와 지원이 복합적으로 이루어져야 할 것이다.

1) 사전관리– 정확한 대상과 사업 아이템의 선정

복지금융의 지원 대상은 '자활의지가 있고 사업 능력이 있는' 저소득 소외계층이다. 이들의 창업지원을 위해 제공되는 한정된 재원을 효율적으로 운영하기 위해서는 정확한 선정기준을 설정하고 시행하여야 할 것이다. 정확한 대상과 사업아이템의 선정은 창업지원사업의 첫 단추에 해당하는 것으로서, 창업의 성공여부에 중대한 영향을 미친다. 사업의 위험을 최소화하기 위해서 사업계획서와 사업경험을 바탕으로 한 성공가능성이 높은 대상과 사업들을 위주로 지원이 이루어져야 하며 지역사회기관의 추천과 실사과정을 통하여 대상자의 적합성을 정확하게 파악해야 한다.

2) 교육

빈곤은 경제적인 저소득 개념을 포함하여 정치·사회·문화·심리상태를 망라한 총제직 빈곤상태에 머무르기 때문에 빈곤층들은 의존적이며, 열등감, 인간관계, 사회성의 결여, 깊은 절망과 인간에 대한 불신 등의 의식구조를 가지고 있는 경우가 많다. 따라서 저소득 창업지원사업의 기본 초석은 자활의식을 재무장하는 것에서 시작되어야 한다. 오랜 복지수급에 머물러 있었던 수혜자들에게 생산적인 가치를 부여하고, 밀착지원을 통한 성공적인 사업체를 경험하게 함으로써 보다 근본적인 자립의 자신감을 느끼도록 한다. 저소득층이 창업에서 느끼는 경영·기술의 미숙을 수시로 진단하여 이로 인한 실패를 방지하기 위해 취약지점의 즉각 발견과 문제해결, 교육기회가 제공되어야 한다.

3) 철저한 사후관리를 통한 통합적인 서비스 제공

저소득층 창업의 상당수는 창업 이후 단기간 내에 실패하는 경우가 많다는 점에서 창업 초기에는 집중적인 사후관리를 실시할 필요가 있다. 사후관리 전문요원(relationship manager)을 선정하여 심리적 지지망을 강화하고 사업의 문제점을 조기에 발견, 이를 보완하는 차원에서 주기적인 사업진단을 실시하여야 한다. 저소득층 창업지원사업은 업종선택부터 마케팅에 이르기까지 체계적인 사후관리시스템을 구축해야 실효성이 높다. 그러므로 창업에서 운영에 이르기까지 다양한 정보와 지원을 제공하는 기능이 강화되어야할 것이다. 사회연대은행은 전문성을 지향해야 한다. 사회연대은행은 전문창업컨설팅 서비스를 제공함으로써 창업의 성공률을 높이는 전략을 취하고 있다. 자원봉사방식을 전문 지원네트워크로 구축하기 위해서는 사회연대은행을 범시민사회차원의 운동으로 발전시켜야 할 것이다.

4) 네트워크 구축

사업을 추진하는 과정에서 창업자를 지속적으로 관리하고 지원하기 위해서는 많은 자원이 소요되는데 이러한 자원을 한 기관이 모두 갖추고 있는 것은 불가능한 일이다. 사회연대은행은 이러한 자원을 수시로 조달할 수 있는 자원봉사 네트워크를 활용하게 되는데, 이와 같은 지원네트워크를 얼마나 많이 확보하고 효율적으로 운영하는가는 복지금융의 성패를 좌우한다고 볼 수 있다. 이는 창업재원의 발굴 이외에도 사전·사후관리 과정에서 필요로 하는 전문적 지식, 기술, 경험, 인력, 더 나아가서 판매망의 확보를 포괄하는 광범위한 네트워크를 포함한다. 이는 기관이나 창업자의 입장에서는 자원 동원이지만 사회적인 지원체계를 조성하여 지원 대상자를 지원한다는 의미에서 나눔운동의 확산이라고 볼 수 있을 것이다.

3. 사회연대은행의 사업내용

사회연대은행은 2003년 2월 발족 이후 금융소외계층을 대상으로 활발하게 복지금융사업을 전개하였다. 첫 번째 프로젝트로 시행한 여성가장 창업지원사업은 노동시장에서의 이중적 차별, 가정 책임의 이중고에 직면해 있는 여성가장들에게 생계자립은 물론 당당하게 자녀양육을 감당해 낼 수 있으리라는 희망의 의지를 다잡게 해주는 횃불을 올렸다고 볼 수 있다. 저기능, 저학력, 저자본의 수급권자와 기타 차상위계층 등 사회연대은행을 통한 자립 욕구를 지닌 지원 대상들은 경제위축으로 좁아진 취업시장을 선회하고 창업으로 계속해서 눈을 돌렸다. 장애인 창업지원사업, 탈북자 창업지원사업, 성매매피해자 창업지원사업 등 끝도 없이 방치되었던 사업들이 사회연대은행만을 기다리고 있었다. 사회연대은행을 한국 사회가 강력하게 요구하고 있는 건 무엇보다도 400만 신용불량자 양산이라는 전대미문의 경제부도를 해결해 줄 수 있으리라는 한가닥 실마리로서의 가능성이 엿보였기 때문이다.

신용불량자들을 위시한 금융소외계층은 금융기관의 경쟁심화에 따라 수익이 발생하지 않는 영역에서 배제된 채 갈수록 양산되고 있다. 그러나 금융기관들에 대한 사회적 책임이 촉구되는 상황에서 금융기관들의 복지금융 사업 참여는 부각되기 시작하였다. 금융감독원의 자매결연을 필두로 국민은행, 신한은행, 산업은행, 도이치뱅크, 주민 신협이 제도권 금융기관과 대안금융기관인 복지금융의 가교가 되었다.

이들 금융기관들의 기탁을 뒷받침으로 사회연대은행의 창업지원사업은 가속화되었고, 그 결과 현재 사회연대은행은 236개의 사업체를 탄생시켰으며, 창업지원사업체에 대해 지속적으로 사후관리를 제공한 결과 90%의 상환율을 기록하고 있다.

4. 사회연대은행의 쟁점과 과제

사회연대은행은 초기 도입기로 아직 사업의 성공을 논할 단계는 아니지만, 짧은 역사 속에서 빈곤금융소외계층을 대상으로 창업을 통한 탈빈곤의 가능성을 보여주었고, 바람직한 창업지원방식으로 인정받고 있다.

그러나 사회연대은행이 한국에 복지금융의 위상과 역할을 강화시키기 위해서는 다음 사항을 중점으로 개선이 이뤄져야 한다.

1) 사전관리 보강

복지금융은 근로빈곤층의 자립심을 고취할 목적으로 상환을 전제로 하고, 이들이 지속가능한 경영을 할 수 있도록 도와줌으로써 탈빈곤을 유도한다. 복지금융이 겨냥한 사업목표를 실현하기 위해서는 적격한 대상자에게 필요로 하는 서비스를 제공하는 것이다. 이러한 점에서 사회연대은행의 사전관리는 두 가지 기능을 수행하여야 한다. 하나는 창업의지와 철저한 창업준비를 갖춘, 지속적으로 경영이 가능한 지원 대상자를 정확히 선별해야 하는 것과, 다른 하나는 창업시장에 배출하기 어려운 비적격대상자를 대상으로 창업준비 교육과정을 통해 창업 인큐베이팅을 양성해야 하는 것이다. 이런 의미에서 사전 창업교육은 창업자로 하여금 실패요소를 점검할 수 있도록 하며, 스스로 창업시기를 계획해나갈 수 있는 리스크 예방의 필요한 덕목이다. 그 방법으로써 직접 창업준비 교육과정을 운영하거나, 다른 교육기관과 연계하여 운영할 수도 있을 것이다.

2) 기획창업 운영

창업자에게 있어 사업아이템 결정은 크나큰 숙제라 할 수 있다. 미약한 자본조건에 취약한 기술수준은 그들의 창업반경에 제한을 가한다. 창업아이템을 고민하는 지원 대상자를 위해 사회연대은행에서 창업아이템의 준비를 돕는 것은 마땅하고, 앞서 잘 계획된 창업플랜을 준비하여 이를 제공하는 기획창업의 운영도 필요하다. 기획창업은 취약계층을 대상으로 사회적 일자리 지원사업을 추진하고 있는 다양한 기관들과 연계하여 사회연대은행이 지닌 강점인 파이낸스와 경영지도를 결합하면 사회적 일자리가 더욱 활성화될 것으로 기대된다. 또한 사회연대은행의 지원업체 중 성공업체를 발굴하여 프랜차이즈 창업으로 엮어내는 것도 자원과 노하우를 공유하고 창업위험을 줄이는 효과를 가져다 줄 것이다.

3) 사회적 기업 지원

사회연대은행이 포화된 자영업 구조에서 끊임없이 창업희망자를 배출하기는 어려울 것이다. 이는 세계적으로 복지금융이 제한적 발전을 해야 하는 상황에서 마이크로파이낸스로 지향점을 모색해 가는 흐름을 통해서도 교훈을 얻는다. 이를 타개해가는 측면에서도 한국의 복지금융은 창업지원과 사회적 기업 지원이라는 양 수레바퀴를 장착해야 할 것이다. 현재 한국 사회에서 발아되고 있는 사회적 기업에 사회연대은행은 자양분을 제공하는 역할을 수행할 것이다. 공공성과 수익성을 확보한 사회적 기업의 배출을 도와 근로빈곤층의 일자리 지원사업이 탄력을 받을 수 있기를 기대한다.

4) 복지금융 저변 확대

세계 각국은 2005년 '복지금융의 해'를 기점으로 하여 복지금융을 보급시키고 정착시키기 위한 일환으로 국가위원회를 결성하고 있다. 아쉽게도 한국에서는 이를 결정하려는 민간단체들의 작은 울림들만 있을 뿐 정작 힘을 실어 주어야 할 정부 부처의 지원은 미온적이다. 범국가적 차원에서 정부 부처, 금융기관, 복지금융 수행기관, 시민단체들이 국가위원회를 결성하여 복지금융의 활성화를 보다 적극적으로 전개해야 할 것이다.

Ⅳ. 기존 제도들과의 연계성: 자활지원과 금융체계의 유기적인 결합

우리 사회는 그동안 빈곤층과 금융소외계층에 대해 별개의 문제로 생각하였기에 분절적인 서비스를 제공하면서 성과를 내고자 하였다. 복지금융이 이들의 자립과 신용회복의 목표를 실현해낼 만큼 충분한 시간이 주어지지는 않았지만, 무엇보다도 그동안의 경험을 통해 해결방법을 발견했다는 것이다.

일단 기존처럼 각각의 지원제도들이 좁은 울타리 안에서 펼친 단편적인 치유 태도를 과감히 버려야 한다는 것이다. 빈곤층들은 대개 금융소외문제를 갖고 있으면서 금융의 유혹을 받기 쉬우며, 경제활동의 제약이 있는 신용불량자들은 곧바로 빈곤으로 연결되므로, 이 문제는 복지제도와 금융지원제도가 결합할 때라야 성과를 발할 수가 있다.

따라서 이들이 복지에서 시장으로 단계적으로 이동할 수 있도록 전체적인 통합지원 프로그램이 짜여야 할 것이다. 수요자 관점에서 이들이 자활할 수 있도록 각종 임파워먼트를 통하여 지지기반을 마련해 주고 준비가 되었을 때 적정한 자활·금융지원 시스템으로 지원해 주는 것이 요구된다. 각 단계에서 사례관리를 통하여 얻어진 데이터베이스는 다음 단계에서 활용한다면 보다 효율적인 지원이 이루어질 수 있을 것이다.

전체를 구성하는 부분 제도들에 대한 점검과 아울러 기관의 특성에 맞는 기능을 부여하고 각 기관이 그 역할을 충실히 이행하도록 조정하여야 한다. 그리고 부분들 간의 유기적인 결합이 이뤄질 수 있도록 각종 제도들을 묶어 주는 노력이 이뤄질 때 시너지 효과를 발휘할 것이라 기대된다.

그림 5-1 포괄적인 금융서비스 체계

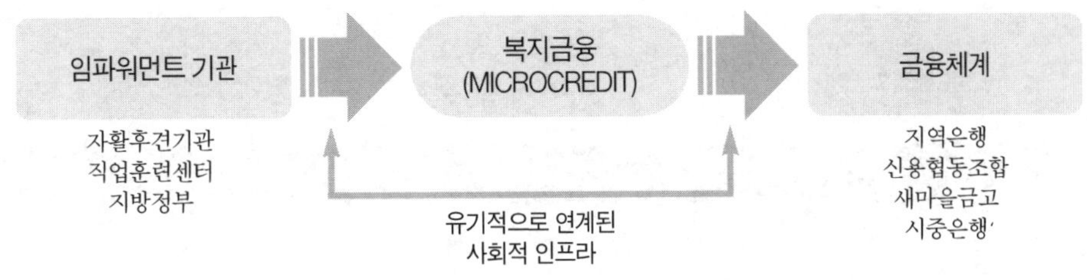

1. 지원체계별 역할

그림 5-2 전체지원 체계도

1단계
2단계
3단계
4단계
시중은행 등
제도권 금융기관
저축은행
새마을금고
신용협동조합
복지금융
자활후견기관
직업훈련센터
지자체 등
개인적 접근
일차적인
임파워먼트
교육훈련 / 발굴
기업적 접근방법
임파워먼트
일차적인 금융제공
서민대상
지역금융기관
지속적인 금융제공
지역기반 지원
제도권 금융기관
금융기회확대
사업의 확대

그림 5-3 지원체계별 역할

역량 지원 기관
복지금융 기관
서민금융기관
제도권 금융기관
· 자활후견기관(242개) 등
이 빈곤층의 자활 지지기
반 마련
· 기초적인 기술훈련 제공
· 심리적 지지관계형성
· 창업지원과 사회적 기업
육성을 통해 보다 전문
적인 자립서비스와 금융
제공
· IDA 위탁
· 신용협동조합, 새마을금
고에서 복지금융 기관에
서 성장시킨 수혜자를 자
체 금융고객화
· 지원의무 비율제
· 모니터링 시스템
· 사업확장시 지속적인
금융지원
+
실무인력의
전문화 필요
수혜층의
관리정보(DB)인계
신용우수자의
관리정보인계
제도적 보완 필요

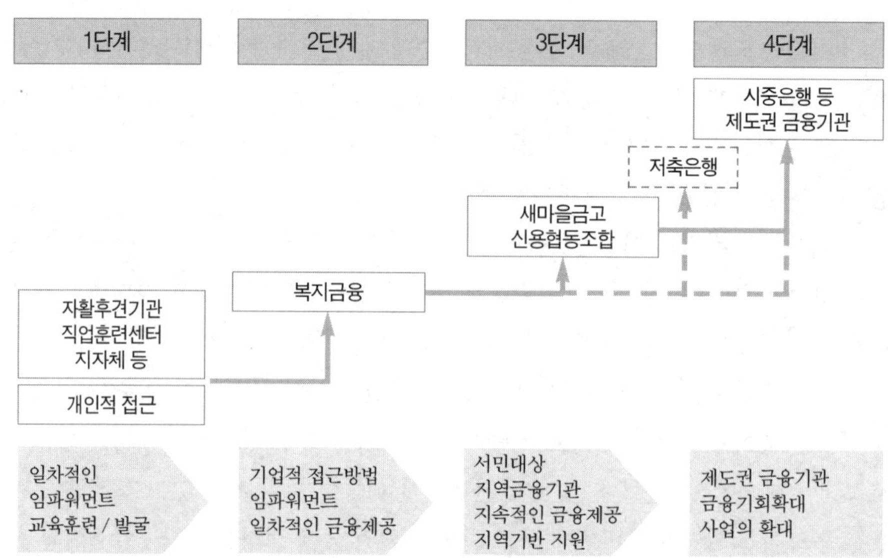

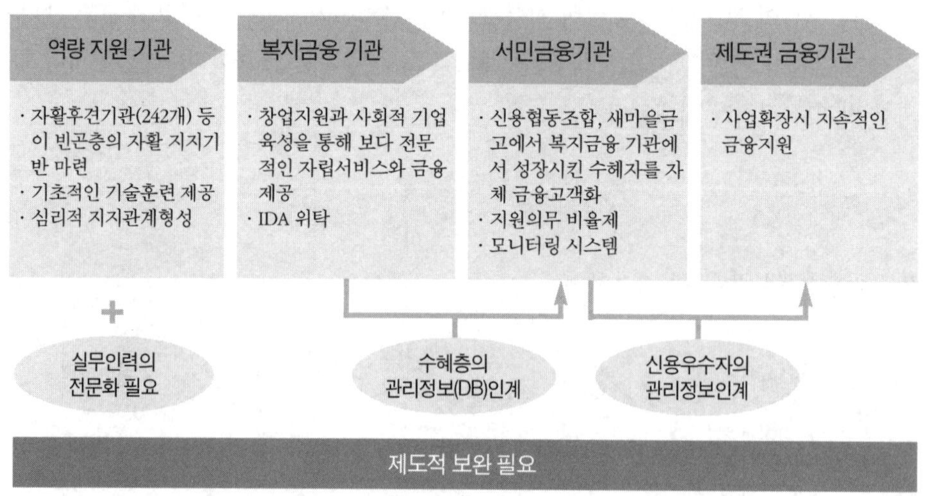

1) 자활지원제도

자활지원기관은 근로빈곤층의 자활지지 기반을 마련하고 있다. 근로빈곤층의 개별적인 성향이 다르므로 사례관리적 기법을 도입하여 자활을 성취시켜야 한다. 프로그램은 먼저 자활의지를 고취시키고 적성과 희망에 따른 각자의 맞춤 자활플랜이어야 하며, 직업훈련기관과 연계하여 직업능력을 고취시킬 수 있어야 한다. 직업훈련기금이 확보되어 교육수당도 지급되어야 할 것이다. 취업을 할 수 있도록 고용안정프로그램과 연계하여 인터뷰 프로그램이나 알선프로그램을 받도록 한다. 창업을 하려고 할 경우 창업점포 실습을 할 수 있도록 하고, 충분한 숙련이 끝나면 창업할 수 있도록 복지금융사업과 연계시켜야 한다. 이때 자활공동체는 창업실습 점포로서의 기능을 수행해야 한다. 복지금융은 자활공동체나 자활사업단에 자금 대출도 하고 참여자들이 개인 창업을 희망할 때 자금을 대출해 주어야 한다. 이렇듯 자활지원제도는 직업훈련기관과 고용안정프로그램과 복지금융 프로그램과의 연계개념을 소홀히 해서는 안 된다.

그리고 자활지원제도는 이용자들이 시장으로 경유하는 프로그램이다. 프로그램 특성에 부합하는 평가체계를 찾고 적용해야 한다. 평가체계는 기관의 기능을 규정하므로 독창적인 평가체계를 발굴해야 한다.

2) 복지금융

역량지원기관을 통해 1차적인 지지기반이 마련된 준비된 계층에 대하여 창업과 사회적 기업을 마련할 수 있도록 금융 및 기업가적인 서비스를 제공해야 한다.

복지금융기관은 이용자를 일정기간 보호하여 시장에서 자활할 수 있는 기반을 마련해야 한다. 이렇게 신용상의 체력을 강화시킨 대상들을 서민금융기관이나 여타의 제도권 금융기관에 연계한다. 신용과 관련된 데이터베이스도 동시에 인계되어야 한다.

또한 저소득층 자산형성 지원사업(IDA)을 위탁 운영할 수 있도록 하여 빈곤 및 금융 소외계층들의 자립 동기 유발을 촉발시킬 수 있도록 한다.

3) 서민금융기관

신용협동조합이나 새마을금고는 원래 지역에 기반을 두고 지역경제의 활성화를 목적으로 설립된 서민 금융기관들이나, 그 본래의 목적을 벗어나 영리목적으로 일관된 운영을 하고 있다. 그나마 계속적인 불경기와 영업 부진으로 상당한 부실 대출을 안고 있는 실정이다.

복지금융 프로그램을 성공리에 이수한 지원 대상자들에 대하여 지속적인 금융지원을 제공하고 지역기반을 활용할 수 있도록 하며, 서민금융기관들의 고객기반도 확보해 주어 견실한 운영이 이뤄질 수 있도록 한다.

서민금융기관들로 하여금 지원의무 비율을 적용하여 대출의 일정 부분을 소외계층에게 지원할 수 있도록 하고 이에 대한 모니터링시스템(Monitoring System)을 통해 지도·감독한다. 한편, 이들 금융기관의 활동에서 필요한 재원을 확보할 수 있도록 금융당국의 지원과 저소득 소외계층 지원 시에 인센티브를 줌으로써 사회적 책임에 대한 요구와 함께 영업에 대한 지원을 함께 병행하여야 할 것이다.

4) 기타 제도적 보완

각종 신용회복지원제도는 그 다음 단계의 지원 대책이 연결될 수 있도록 함으로써 지원 대상자들이 원활하게 경제활동을 영위할 수 있는 기반을 마련해 주어야 한다. 우리나라 신용회복지원제도의 문제점을 보완하기 위해 개인 파산 및 면책 제도를 활성화하고, 파산보호제도의 적극적 홍보를 전개해야 한다. 미국 뉴올리언즈에서 카트리나로 인해 주민들이 재산상의 손실을 입게 되자 미 의회에서 적극적으로 파산제도 적용을 검토하고 있다고 한다. 개인 파산 및 면책 제도는 과중채무로 고통을 당하고 있는 사람들에게 새 출발을 할 수 있는 통로를 제공해 줄 수 있는 제도로서 기존의 제도를 보완하여 보다 적극적으로 적용한다면 많은 신용불량자들이 근로의욕을 회복하게 하고 정상적인 경제활동을 재개할 수 있을 것이다.

V. 결론

우리 사회는 빈곤층의 증가와 대량의 신용불량사태라는 미증유의 문제에 직면하면서 값비싼 대가를 치르고 있다. 이를 그대로 방치하거나 현재와 같이 소극적인 방법만을 반복할 경우 인구의 많은 부분을 차지하는 빈곤·금융소외계층을 현재의 상태에서 끌어낼 수 없고, 이들이 빈곤층으로 전락하거나 빈곤의 상태에서 오랜 기간 머물 경우 사회가 부담해야 하는 비용은 상당 부분에 달할 것이며, 더 나아가서 소비를 통한 경제회복을 기대하기도 힘들 것이다.

그 해결적 방법을 위해서는 복지제도와 서민금융제도가 단계적으로 아우러지고 연계되는 체계 내에서 각종 지원제도가 담당하여야 할 역할을 재조명해야 한다.

복지제도 내의 자활지원사업을 적극적으로 활용해야 함과 동시에 제도적 보완을 선행해야 할 것이다. 또한 시장으로의 가교를 돕는 복지금융 사업이 활성화될 수 있도록 인프라 구축과 기금조성을 위한 본격적인 지원이 요구된다. 그리고 새마을금고, 신용협동조합, 저축은행 등 서민금융체계에 대하여 보다 심도 있는 연구가 수반되어야 할 것이다. 복지대상자들이 금융고객으로서 힘을 키우는 일은 전체적으로 금융의 지지기반을 넓히는 미래 사업이므로 금융기관의 적극적인 참여도 이뤄져야 할 것이다.

지원체계를 체계적으로 연계시키는 것은 자활하고자 하는 의지가 있는 저소득 금융소외계층에게 현재보다 나은 지원에 대한 희망을 제시함으로써 자활에 대한 동기유발의 효과를 거둘 수 있을 것이다.

참고문헌

김동춘 외(2000), 『IMF 이후 한국의 빈곤』, 나남출판.

김수현 외(1999), 『새천년을 향한 생산적 복지의 길―취약계층의 자활지원 대책』, 대통령비서실 삶의질 향상기획단.

금재호(2000), "자영업선택에 관한 이론 및 실증분석", 『노동경제논집』 제232권.

노대명(2000), "사회연대금고의 조성방안", 『도시와 빈곤』 39호.

노대명(2003), "사회연대은행 발전방안에 대한 고찰", 사회연대은행 출범식 및 토론회 자료.

노대명 외(2003), 『2002년 저소득층 자활사업 실태조사』, 한국보건사회연구원.

노대명 외(2003), 『저소득층 창업지원모형에 대한 연구』, 한국보건사회연구원.

노인철 외(1995), 『저소득층 실태변화와 정책과제: 자활지원을 중심으로』, 한국보건사회연구원.

삶의질 향상기획단(2000), 『공동체와 함께하는 자활지원』, 퇴설당.

류재우 · 최호영(1999), "우리나라 자영업부문에 관한 연구, 『노동경제논집』 제22권 1호.

무하마드 유누스(2002), 『가난한 사람들을 위한 은행가』, 세상사람들의책.

박동수(2002), "소기업 소상공인 지원, 어떻게 할 것인가", 한국소기업소상공인진흥협회, 소기업 소상공인의 발전방향 모색을 위한 포럼 주제발표.

박영미(2001), "한국의 생업자금 융자제도 개선방안 연구: ACCION, Grameen Bank와의 비교분석" 이화여자대학교 석사학위 논문.

박춘엽 외(2001a), "소상공인 지원자금 이용자의 만족도 연구", 『중소기업연구』 제23권 2호.

박춘엽 외(2001b), "소상공인 자금지원제도의 개선방안", 『중소기업연구』 제23권 3호.

서상목 외(1981), 『빈곤의 실태와 영세민 대책』, 한국개발연구원.

제6장
자활사업과 광역자활지원센터의 역할[1]

이 인 재

I. 광역자활지원센터 의의와 시범사업

1. 자활사업 전달체계 개편과 광역자활지원센터 의의

자활사업 전달체계 개편의 핵심 중 하나는 광역단위 자활지원체계를 구축하는 것이다. 자활사업 전달체계 개편은 우선 보건복지부와 노동부로 이원화되어 있는 공공부문 자활지원체계를 중앙차원에서 일원화하는 것과 동시에 자활사업 실시기관들이 전개하는 자활공동체, 자활근로, 취업알선, 직업훈련 등 다양한 자활사업들을 지원하는 중앙단위의 지원기관을 설치하는 것이다. 광역단위 자활지원체계의 구축은 현재 그 역할이 미미한 광역지방자치단체의 역할 강화는 물론이고 기초단위 자활후견기관의 사업지원, 무엇보다도 5대 표준화사업을 중심으로 자활사업의 광역화를 뒷받침할 수 있을 것이다. 자활사업에서 광역자활지원체계의 구축방안을 모색하기 위하여 현재 시범사업 중인 광역자활지원센터의 성과를 중심으로 그 가능성을 제시하였다.

---

1) 광역자활지원센터 시범사업의 구체적인 성과와 과제는 이인재 · 이문국 · 김환준 · 조성은 · 김경휘 (2005), "광역자활지원센터 평가 및 운영모형연구", 보건복지부 연구보고서를 참고하기 바란다.

광역자활지원센터 시범사업은 광역단위에서 실시할 경우 효과성이 큰 자활사업(예: 간병사업)에 대한 지원체계가 미흡하고, 저소득층의 창업지원을 위한 전문적이고 체계적인 지원체계가 부족한 현실을 극복하기 위해, 시·군·구 단위 자활후견기관의 사업을 연계·지원하고, 개별 단위 교육·훈련 등을 광역단위에서 통합 지원하는 등 종합적이고 효율적인 자활사업 추진을 위해 실시되었다. 광역자활지원센터 설치를 통해 다음과 같은 6가지 역할과 기능을 기대할 수 있다.

첫째, 자활후견기관 및 자활사업단 운영 지원체계 구축이다. 현재의 자활사업은 기초단위에서 자활후견기관과 자활사업단별로 독자적으로 추진되는 관계로 적정 규모 이하로 추진될 수밖에 없으며, 사업의 효과를 높일 수 있는 지원체계가 전무하다. 자활사업이 규모의 경제를 가질 수 있으며, 사업단의 경쟁력을 위해서는 자활후견기관과 자활사업단에 대한 광역단위 운영지원체계 구축이 요구된다. 광역단위 운영지원체계 구축을 통해 정보공유, 공동 마케팅체계 마련, 전문적 경영기술지원, 사업전략개발 등이 가능해질 것이다.

둘째, 광역단위 창업 및 취업지원체계 구축이다. 현재 대다수의 자활사업은 자활근로-자활공동체를 통한 자립의 단일 자활 경로를 설정하고 있을 뿐이다. 저소득층의 창업을 통한 자립지원과 취업지원체계가 아주 미흡한 실정이다. 다양한 자활 경로를 위한 광역단위 창업지원체계 구축과 취업지원체계 구축이 요구되고 있다.

셋째, 광역단위 직할 사업단 시범운영 및 체계 구축이다. 기초단위 자활후견기관이나 자활사업단을 통해서는 실행하기 어려운 자활사업 아이템을 개발하여 광역단위 직할 사업단을 통해 시범운영하며, 사업성과를 위한 체계를 마련해야 할 것이다.

넷째, 자활 성공사례 발굴 및 자활 아이템 연구개발이다. 성공적인 자활사업을 발굴하여 그 성공 요인을 평가하며, 지역특성에 맞는 자활아이템을 연구·개발할 필요가 있다. 자활 성공사례 발굴과 전파 그리고 자활아이템 개발은 자활사업 정착 및 확대에 필수적인 요인이다.

다섯째, 광역단위 자활지원위원회의 구축이다. 성공적인 자활사업 정착을 위해서는 광역단위 자활지원위원회의 구축이 필요하다. 지방자치단체를 필두로 지방의회, 사회복지공동모금회, 고용안정센터, 사회복지협의회, 지역 대학 등 연구단체, 지역 산업체, 노동단체 그리고 시민사회단체 등을 총 망라한 광역단위 자활지원위원회의 구축과 운영이 요구된다.

여섯째, 광역단위 교육훈련체계 구축이다. 현재의 기초단위 자활 실천체계로는 자활

실무자와 자활대상자들을 위한 효과적인 교육훈련시스템을 구축할 수 없다. 광역단위
에서 이들을 위한 교육훈련체계의 마련은 자활관련 인력에 대한 전문성 제고와 자활대
상자들의 성공적인 자립에 기여할 것이다.

2. 광역자활지원센터 시범사업

광역자활지원센터 시범사업 기간은 2004년 1월부터 2005년도 12월까지 2년이며, 대
구광역시, 인천광역시, 경기도 3개 광역자치단체 단위에서 실시되었다. 각 지역별 운영
주체를 살펴보면, 대구광역시는 대구 불교사회복지회, 인천광역시는 인천광역시 직영,
경기도는 한국자활후견기관협회 경기지부가 운영을 담당하여 시 직영, 자활사업 실시
기관 협회(지부), 개별 자활사업 실시기관 법인 등 3개 기관이 각기 다른 특성을 보이고
있다. 3개 지역의 광역자활지원센터 조직, 사업 현황 등 대략적인 개요는 다음과 같다.

1) 대구 광역자활지원센터

대구 광역자활지원센터는 2004년도 4월 1일에 광역자활지원센터 시범 사업기관으로
지정되었으며, 5월 28일 개소하였다. 대구지부 간병전문과정교육을 시작으로 보석공예
교육, 인터넷 쇼핑몰(알짜배기 닷컴) 개설, 광역단위 재활용사업, 간병사업, 장애통합교
육보조사업 등을 실시하였다.

대구광역자활지원센터는 대구와 경북지역 자활후견기관의 자활사업 수행 경험과 내
적 자활인프라를 기반으로 개별 자활후견기관의 자활사업단 및 공동체의 안정적인 시
장경제 진입을 위한 단계적·발전적 종합 지원체계의 필요에 따라 운영되고 있다. 대구
광역자활지원센터는 대안적 사업 모형의 발굴을 위해 광역 네트워크를 형성하고, 실무
자 및 참여자에 대한 다양한 분야의 교육지원, 광역단위의 지역 공동사업 추진 및 창
업·취업지원 보육체계 구축을 위한 종합적 전문지원센터로서의 역할을 수행하고자 하
였다. 이에 대구 광역자활지원센터는 광역자활교육센터 구축을 위하여 자활사업 특성
에 맞는 체계적이고 단계적인 교육을 구성·진행하고 있으며, 광역단위 안정적 자활을
위하여 지역 자활후견기관이 공동으로 간병 및 장애통합교육보조원 사업을 추진하고
있다.

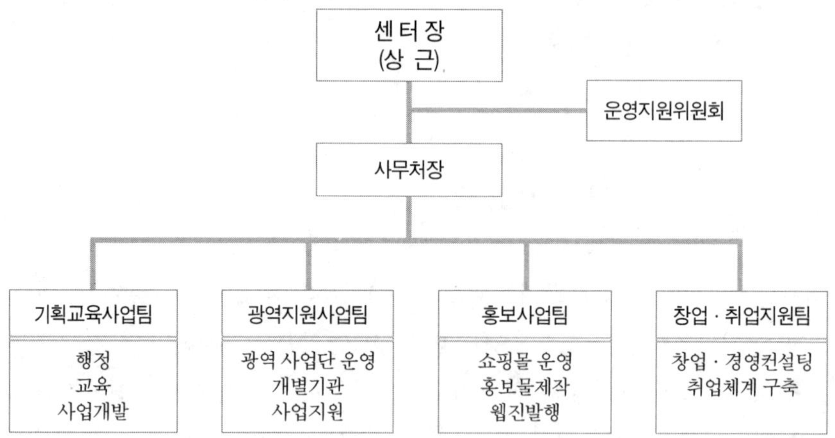

그리고 자활후견기관의 인식 제고를 위하여 온라인 쇼핑몰을 운영하여 지역에 자활후견기관 및 자활사업에 대한 홍보역할을 하고 있으며 대구 · 경북지역 자활사업의 안정적 시장진입을 위한 전문적 창업 · 경영진단 지원을 시작으로 사후관리의 2차적 지원까지 체계적인 창업보육센터로서의 기반을 다지고 있다. 위와 같이 지역 자활사업의 안정화와 체계적 구축을 위하여 지역 내 자활후견기관과의 원활한 관계형성 및 다양한 사업을 기획 · 지원할 계획이며, 지역적 한계를 극복하고 종합적 지원체계를 완성해 갈 수 있도록 사업을 추진할 것이다.

부서별 주요 사업 내용은 다음과 같다.

① 기획교육사업팀: 자활사업 조사 연구(노인요양보험 관련 간병조사, 실무자 욕구조사 등), 기존 자활후견기관 교육 지원사업, 자활강사뱅크 구성, 운영, 파견사업, 지역 자활정책 연구를 위한 자활포럼 개최, 지역 자원 동원 및 자원 조직화 사업, 외부 펀드 프로젝트 사업 등을 담당한다.

② 광역지원사업팀: 사업 네트워크 활성화를 위한 지부 사업 네트워크 지원사업으로 간병, 청소, 집수리, 재활용사업 네트워크 회의 지원을, 광역지원 조사사업으로 대구지역 생활폐기물 재활용 실태조사를, 지역 공동사업 운영 지원으로 공동간병사업(고운손 간병사업 사무국 운영)과 장애통합교육보조원사업 교육지원, 복권기금 가사 · 간병 방문도우미사업 추진 등을 담당한다.

③ 홍보사업팀: 자활후견기관 생산품 홍보, 유통, 판매를 위한 자활전문쇼핑몰 운영,

쇼핑몰 운영을 통한 전국단위 자활사업 홍보 및 자활상품 판매망 구축, 자활후견
기관 및 유관기관 홍보를 위한 설명 및 홍보자료 제작 등을 담당한다. 홍보와 관련
된 구체적인 작업으로는 폐자원 재활용 홍보 비디오 제작, 대구·경북 자활후견기
관 및 자활사업 홍보 비디오 제작, 홈페이지(www.openplace.or.kr) 운영을 통한
기관 홍보, 대구·경북지역 자활정보 제공 및 소통을 위한 자활웹진 발행 등을 구
상하고 있다.
④ 창업·취업지원사업팀: 사업으로는 자활사업단 및 공동체 창업교육—보석공예사
업, 창업지원 유관기관 연계를 통한 자활공동체 및 자활사업 경영진단 지원, 지역
창업지원 은행 구성 및 운영, 인턴형 자활근로사업 추진 등이 있다.

2) 인천 광역자활지원센터

인천 광역자활지원센터는 2004년도 4월 1일에 광역자활지원센터 시범사업기관으로
지정되었으며, 2004년 6월 10일 개소하였다. 인천 광역자활지원센터의 설립 배경을 살
펴보면, 인천시에서는 저소득층의 자활자립을 지원하는 광역단위 자활종합지원기구인
인천광역자활지원센터를 설치·운영하여 개별 자활후견기관의 자활사업을 지원하고,
광역단위 사업의 발굴 및 창업을 통한 다양한 자활경로를 모색하기 위해서 설립이 추진
되었다.

주요 사업은 3개 팀으로 운영되는데, 업무지원팀과 광역사업팀 그리고 창업·취업지
원팀의 세 가지 형태로 운영되고 있다. 첫째, 업무지원팀에서는 광역자활지원센터의 원
활한 업무 수행을 위해서 총무회계와 교육, 홍보 및 전산관련(홈페이지, 데이터베이스
등) 사업을 담당하고 있으며 둘째, 광역사업팀에서는 각 자활후견기관 사업단 지원과
광역단위 사업을 구상 및 운영하는 사업을 셋째, 창업·취업팀에서는 인턴형 자활근로
사업과 창업점포개설 및 취업에 관한 업무를 총괄 운영 및 지원하고 있다. 인천광역자
활지원센터에서는 인천광역시 내의 자활후견기관뿐만 아니라 저소득층(수급자, 차상
위, 차차상위)에 대한 종합적인 자활서비스를 제공하며 다양한 자활서비스를 지원하기
위해 노력하고 있다.

부서별 사업내용을 소개하면 다음과 같다.
① 업무지원팀: 업무전반의 예산 급여·관리 운영위원회 및 각종 유관기관을 연계한

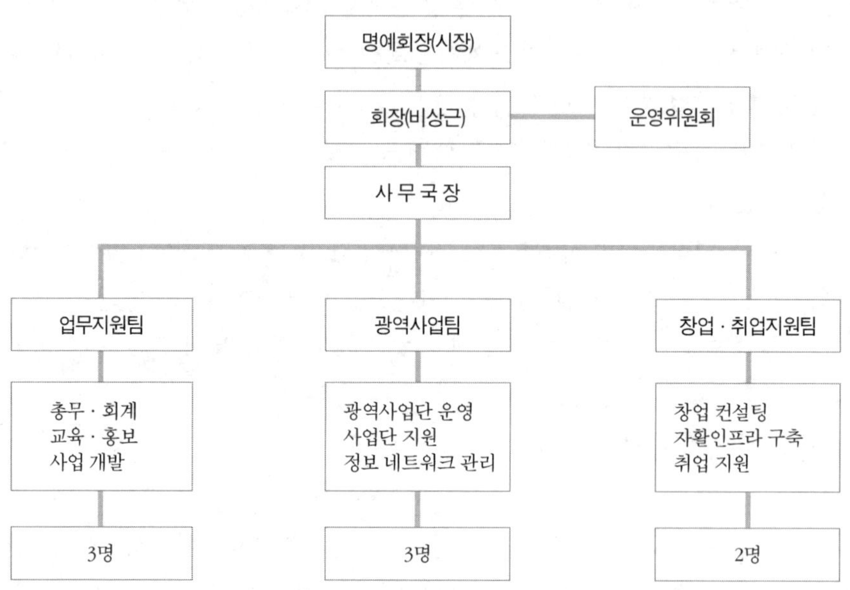

자활업무지원, 홈페이지 구축 및 인천지역 자활후견기관과의 네트워크 구축 운영, 인천지역 자활사업 종사자 교육훈련 기획 및 실시, 인천지역 자활사업 홍보 및 자활대회 등 자활관련 행사업무 지원으로 홍보유인물 제작, 자활사업 책자 발간, 대중매체 홍보 등, 인천지역 자활사업 현황에 대한 조사, 개발 및 아이템 발굴 등을 담당한다.

② 광역사업팀: 인천지역 공동사업단 운영에 대한 지원내용 개발 및 지원사업, 후견기관 사업단 지원(광역사업단 구성, 광역사업단 교육 및 홍보 등), 자활 정보 네트워크 관리, 공동마케팅 및 생산품 공동판매망 구축 등을 담당한다. 자활 공동 사업단 지원 업무는 공동 집수리사업 지원(사랑의 집 고치기, 기능교육 공간 확보), 공동간병사업(공청회 등), 공동재활용사업(공동 집하장 및 시설지원, 판매망 확대 등), 공동영농사업(판매망 확대 등), 공동청소사업(기능교육, 선진공동체 견학 등) 등을 포함한다.

③ 창업·취업지원팀: 창업지원(창업자금, 창업상담 및 경영진단, 창업교육, 사후관리 등), 창업컨설팅(창업상담, 교육, 자금지원, 사후관리 등), 취업지원(취업인력 D/B 관리, 취업상담 및 알선, 구인·구직 만남의 날 행사지원, 맞춤형 취업 등), 인턴형

자활근로(상담 및 알선, 교육 등), 사업단경영진단(자활공동체 경영진단, 시장형 자활근로 경영진단 등), 광역기업 육성(전문업종 창업 등) 등을 담당하고 있다.

3) 경기 광역자활지원센터

경기 광역자활지원센터는 한국자활후견기관협회 경기지부가 사업의 주체이며, 3개 시범지역 중 가장 마지막인 2004년 7월 28일에 개소하였다. 상근 센터장 외에 3개팀, 10명의 직원(복권기금사업 전담인력 3명 별도)으로 구성되어 있으며 총 11명의 운영위원으로 구성된 운영위원회가 이사회의 역할을 담당하고 있다. 타 지역과 달리 경기도 보건복지국장이 운용위원회 위원장을 맡아 시범사업에 대한 경기도의 적극적 지원의 의지를 잘 보여주고 있다.

부서별 사업내용을 소개하면 다음과 같다.

① 기획행정팀: 각종 위원회 개최 및 행정업무 지원, 자활정보 인프라 보강 및 사례관리 지원시스템 시범운영, 민간자원 개발 시 민·관 협력사업 추진, 자활관련 교육사업 운영 등을 담당하고 있다.

② 자활사업지원팀: 광역사업추진과 광역사업단 지원사업을 담당한다. 경기 광역사업추진으로는 경기광역청소법인, 플라스틱재활용사업광역화, 쾌적한 학교화장실 만들기 시범사업, 장애통합교육보조원사업 등이 진행될 예정이다. 광역사업단 지원

그림 6-3 경기 광역자활지원센터 조직구조

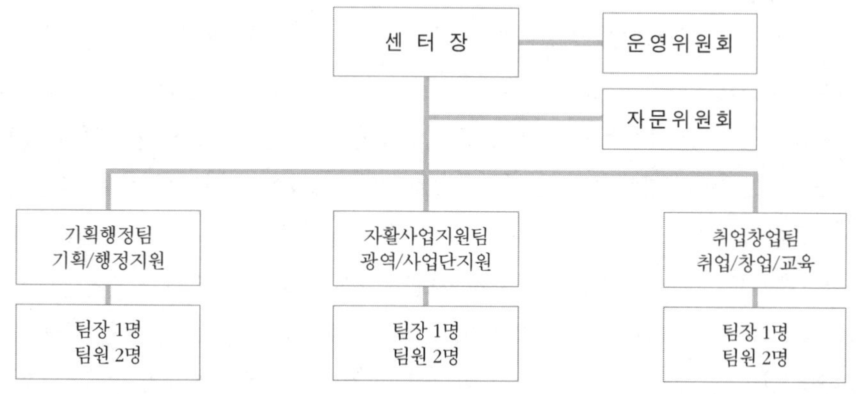

사업으로는 간병사업단, 집수리사업단, 영농사업단 지원 등을 담당하고 있다.

③ **취업창업팀**: 공동체/창업지원 및 사후관리 시스템 구축, 공동체/사업단 마케팅 및 컨설팅 지원, 취업창업지원센터 시범사업 확대, 수도권 자활공동체 네트워크 구축 및 지원 등을 담당하고 있다.

II. 광역자활지원센터 역할정립

2005년 5월까지의 성과를 중심으로 광역자활지원센터 사업 진행에 대한 모니터링 및 평가 작업은 시범사업 초기의 워크숍과 총 6회에 걸친 모니터링 회의 그리고 사업 결산을 위한 워크숍으로 진행되었다. 광역자활지원센터 시범사업 모니터링 성과를 반영하면서 향후 바람직한 모형 정립과 개선방안은 다음과 같이 정리해 보았다.

1. 창업·취업지원체계 구축

자활후견기관의 자활사업 수행 시 어려움을 겪는 일 중 하나가 창업·취업지원 역할 수행을 제대로 하지 못하는 것이다. 창업·취업지원을 하기 어려운 이유는 창업·취업 지원을 담당하는 인력의 부족과 창업·취업 자문역할을 할 전문인력의 부족 그리고 창업의 경우는 창업에 필요한 자금지원의 부족 등에 기인하고 있다.

광역자활지원센터 시범사업의 결과 창업·취업지원체계 구축에는 상당한 성과를 보였다. 특히 경기도의 경우 2004년 9월부터 2005년 3월까지 취입·창입지원센터 시범사업을 통해 수급자 및 차상위계층 86명 취업, 3명 창업의 실적을 보였다. 자활공동체 창업기금으로 2005년의 경우 경기도 기초생활보장기금 5억 원을 활용할 예정이다.

공동체 창업지원시스템과 관련해서 광역자활지원센터 설립 이전의 상황을 보면 자활후견기관에서 자활공동체를 만들어서 자립시켜야 하나 전문적인 지원을 받지 못해 사업 준비단계부터 한계를 안고 시작하였다. 공동체 출범을 위한 사업계획의 충분한 조사와 분석 미비, 참여자의 창업에 대한 이해 및 실전경험 부족으로 출범 이후 수많은 위험요소와 불안에 직면하는 사례가 발생하였다. 이에 따라 자활후견기관들은 자활공동체 준비단계부터 창업 이후까지 지속적으로 관리, 지원할 수 있는 기관에 대한 욕구가 매우 높았다. 광역센터의 설립 이후 자활공동체 및 창업에 대한 지원 시스템 구축과 전문인력 확보가 가능해졌다. 각 분야별 전문가들을 자문위원으로 확보하고 자활공동체 출범 이전 단계부터 공동체 운영 이후 사후관리까지 전문인력을 지원할 수 있도록 창업지원과정을 정립한 것이다.

창업지원 및 공동체 사후관리 역할과 관련해서 보면, 이전 상황은 자활근로사업단이 공동체로 전환한 후 전문적인 경영지원의 부재로 인해 담당실무자의 역량에 의존하거나, 안정적인 운영을 하지 못하고 실패하는 사례가 많았다. 경기광역 설립 이후에는 2004년 경영 및 사업운영의 어려움을 가지고 있는 공동체에 경영진단을 지원함으로써 사업운영에 있어서의 종합적 진단과 대안을 제시하며, 사업의 위험요소를 파악, 대응할 수 있도록 하고 있다. 또한 공동체에 대한 사후관리 프로그램을 도입하여 안정적 공동체로서 운영될 수 있도록 지속적 지원을 제공하고 있다. 창업지원 및 경영진단을 통해 부실공동체 폐업결정 및 참여사업의 변경 등 자활공동체 관리가 본격화되었다. 창업·취업 성공 이후에는 지속적인 사후관리를 제공하는데, 특히 정신보건센터, 여성가장희망센터 등 지역 유관기관과의 연계구축을 통해 대상자 발굴과 사후관리를 동시에 진행하고 있다.

대구광역시의 경우도 창업보육센터 설치 후 보석공예사업 등 새로운 창업아이템 개발과 경영진단 그리고 자활기업매니저 교육 등을 실시하였다. 창업보육센터 출범 이전에는 개별 자활후견기관의 단순 지원수준에 머물러 있었으나, 창업보육센터 설립 이후 전문 자문단을 구성하여 창업할 수 있도록 지원하고 있다. 사업단 및 공동체, 그리고 창업 준비 중인 사업에 대해 철저한 경영진단을 통한 사후관리를 함으로써 실질적인 창업을 지원하고 자활사업의 활성화를 지원하고 있는 것이다.

인천광역시 역시 사업단 경영진단과 영농사업단에 대한 창업자금 지원과 사후관리가 이루어졌다. 인천지역 역시 자활후견기관의 사업단과 공동체는 경영진단을 받지 못해 기존사업에 대한 평가와 발전방향을 제시받지 못하고 있는 실정이었다. 인천광역자활지원센터가 개소하고 인천소상공인지원센터와 업무협약을 통해서 창업자문단을 구성(11명)하고, 이에 전문가를 경영진단에 참여시킴으로써 사업단과 공동체의 발전방향과 문제점을 파악하고 심층적인 지원을 하였다. 기존 6개의 사업단과 공동체에 대해 2004년도에 경영진단을 하였으며, 2005년 이후에 컨설팅을 통하여 보다 나은 사업단,

공동체의 방향을 제시할 예정이다.

시범사업 성과에서 확인한 바와 같이 광역자활지원센터의 일차적 역할이 창업·취업지원체계의 확립에 있는 만큼, 자활지원체계의 정립과 적절한 공공과 민간의 창업자금 제공은 기본적으로 이루어져야 한다. 여기에 덧붙여 한 가지 제안하는 사업은 프랑스 자활기업 창업지원단체의 '창업연습과정' 프로그램의 도입이다. 자활대상자들의 창업성공 가능성은 일반인들에 비해 훨씬 힘들다. 그런 의미에서 자활대상자들의 창업지원정책으로 '시장에서 직접 창업과정을 연습'하는 창업연습과정을 도입한 프랑스의 사례를 우리나라에 적용할 필요가 있다. 창업과정에 대한 심도 있는 지원의 필요성은 대구 광역의 창업보육센터의 공동체 창업지원프로그램 제안에서도 확인할 수 있다. 자활대상자들의 창업과정을 전문적으로 지원할 단체가 별도로 존재하지 않는 현실에서 광역자활지원센터는 이러한 프로그램을 조속히 도입해야 할 것이다.

2. 자활사업 광역화 및 자활기업 지원

시범사업의 결과 자활사업 광역화 및 자활기업 지원 역할에서도 상당한 성과를 보였다. 경기도의 청소, 폐자원재활용사업, 인천광역시의 영농사업과 배송사업, 대구광역시의 간병사업 등을 주요한 성과로 제시할 수 있다.

경기광역의 대표적인 성과는 청소사업을 광역법인화를 통해 자활기업으로 발전시킨 것이다. 청소사업은 광역자활지원센터 시범사업 전에는 경기도 내 14개 자활후견기관에서 개별적인 영업활동을 통해 소규모 청소용역을 주로 수주하여 운영되고 있었다. 광역자활의 지원이 이루어진 후에는 광역자활 산하에 본점을 둔 광역법인을 설립·지원하였으며, 기존의 공동체는 지점형태로 지정하고 자활근로는 프랜차이즈 형식으로 결합시켜 중건 사회적 기업수준으로 운영화를 추진하였다. 이를 통해 12개 기관이 공동으로 참여하는 청소법인 "함께하는 세상"을 설립하고, 공동브랜드 "크린서비스 淸"으로 조직적이고 전문적인 영업활동을 진행하고 있다. 이미 본사중심으로 3개의 지점, 경기도 내 12개의 자활근로 가맹점과 서울지역 3개 가맹점을 설립하였다. 또한 현재 법인의 사업으로 브랜드 개발과 전문교육시스템 구축을 통해 작업을 통일화하고 기술을 향상시켜 대규모 입찰 및 광역영업활동을 진행, 법인운영의 안정을 꾀하고 있다. 향후 중·대형 청소업체들과의 시장경쟁력을 갖춘 광역자활사업으로 성장할 수 있도록 지원하며, 청소사업 전국 법인을 구성할 장기비전을 가지고 있다. 경기광역의 경우 청소사업 외에 집수리사업, 폐자원(플라스틱재활용)사업 그리고 간병사업을 자활기업으로 육성할 예정이다.

인천광역의 성과는 광역단위 사업단으로 영농공동체(한마음농장)를 발전시켰으며, 집수리사업, 간병사업, 배송사업, 재활용사업, 청소사업 그리고 외식사업 등의 광역화를 지원하고 있다. 영농공동체는 인천광역의 지원에 따라 시설규모의 확대, 공동브랜드 및 공동판로 개척 그리고 인천광역시의 판로지원 등에 힘입어 개별기관사업의 한계를 극복하여 광역단위공동체로 발전하게 되었다. 배송사업의 경우도 기존의 하청배송의 한계를 극복하고 광역단위 독자 배송역량 확보를 위한 영업지원 및 교육, 전산 업무 지원으로 상품의 표준화를 추진하였다. 인천광역시의 적극적인 지원에 의해 시정홍보물 "굿모닝 인천" 3만 부 배송을 담당하고 있다. 향후 전망은 공동작업장을 확보하여 광역 자활배송공동체 설립의 기초를 마련하며, 지자체 배송물량 영업지원으로 자립형 매출 구조를 구축하여 20명 규모의 사회적 기업 설립을 기대하고 있다.

대구광역은 간병사업(고운손 간병사업단), 재활용사업의 광역화를 추진하고 있다. 대구지역은 8개 자활후견기관에서 134명(전체 참여 인원의 약 20%)의 자활사업 참여자가 간병사업에 참여하고 있었다. 사업단은 각 기관별로 실시하는 소규모 사업으로 진행되고 있으며, 표준화된 간병교육과 전문적 참여자 관리 및 고객관리의 어려움에 직면해 있었다. 그리고 기관사업단 운영체계는 사업의 규모나 이를 수행하는 기관의 규모가 작아 사업의 신뢰를 떨어뜨리고, 참여자의 교육, 사업 인프라, 운영 관리자의 확보가 어렵고 지역에서의 표준화된 방식의 사업운영이 어려울 뿐 아니라 시장의 안정적인 확보가 어려워 사업 참여자에게 일자리에 대한 안정적인 전망을 확실하게 제시하지 못해 지속적이고 적극적인 사업 참여를 곤란하게 하고 있었다. 이러한 문제점을 해소하기 위하여 대구지역에서는 사업네트워크에서 지속적으로 공동사업추진 논의가 진행됨에도 불구하고 실제 사업을 추진하지는 못한 상태였으나, 광역자활지원센터의 사무국 운영 및 지원을 통해 공동사업을 실시하게 되었다. 또한 기존 다인 간병시스템에서 이루어지던 12시간, 24시간 교대시스템을 3교대 근무 형태로 개선하여 자활사업 참여자들의 기본적인 근로조건을 개선하였다. 향후, 고운손 간병사업단 참여자들의 중심이 되는 독립 운영이 가능한 사단법인화 작업을 추진하고 있다.

자활사업 광역화와 동시에 광역단위 사회적 일자리 사업 활성화도 이루어졌다. 경기도의 경우 광역단위 사회적 일자리로 학교화장실 청소, 장애통합교육 보조원, 복권가사

간병사업이 진행되고 있으며, 광역자활공동체 컴윈의 사회적 기업으로의 전환을 지원하고 있다. 대구에서는 광역단위 사회적 일자리로 장애통합교육보조원, 복권가사간병사업을 진행하고 있으며, 인터넷 쇼핑몰(알짜배기닷컴)을 운영하고 있다. 광역단위 자활지원체계의 필요성은 프랑스 사례에서도 확인 할 수 있다. 프랑스 광역자활지원조직인 C2RA는 광역지방단위의 지원, 네트워킹 프로그램으로 광역단위의 여러 지원 조직, 인적 자원을 조직하며, 기초 지역 차원에서 동원, 조직하기 어려운 부분들을 주로 담당하고 있다. 자활사업 광역화, 자활기업 지원에서 한 가지 강조되어야 할 업무는 사회적 기업가 지원 프로그램이며, 이 사업의 핵심은 전문인력의 활용이다. 사회적 기업가 지원프로그램이 원활하게 작동되기 위해서는 슈퍼비전과 컨설팅을 담당할 전문인력 확보가 우선적 과제가 된다.

3. 자활후견기관 지원

자활후견기관 지원의 가시적인 성과는 자활 현장에서 사례관리가 가능하도록 사례관리지원체계를 구축한 것과 자활사업 운영시스템 전산화를 시도한 것이다. 경기, 인천, 대구 모두 민간자원(공동모금회)을 동원하여 사례관리지원체계를 구축하였으며, 홈페이지 등 전산화 작업을 진행시켰다. 사례관리지원체계와 전산화 작업이 가장 모범적인 경기도 사례를 살펴본다.

경기광역 출범 이전 상황은 개별 기관에서 자활사업 참여자 및 지역 저소득층을 대상으로 전문적인 서비스 개발을 하고 싶어도 사업단, 공동체사업의 업무하중으로 인해 개별화·전문화된 서비스 제공에 어려움을 겪고 있었다. 특히 자활사업의 성과 평가 부분에서 참여자 변화에 대한 '사례관리'의 필요성이 대두되고 있으며, 지역자원네트워크 사업 등의 욕구가 매우 높게 나타나고 있음에도 불구하고 현실적으로 후견기관 내에는 이러한 자원을 가지고 있지 못한 실정이었다. 경기광역센터에서 시범사업을 통해 지역 개별기관의 전문적 서비스 욕구를 지원하는 대표적인 사업의 하나가 '사례관리지원센터' 사업이다. 사례관리지원센터는 자활사업 참여자들의 심리, 정서, 사회적 변화와 임파워먼트를 통한 '자활·자립' 유도를 위해 2005년도 신규사업으로 도입되었다. '사례관리지원센터'는 경기광역이 '중앙센터'의 기능을 하며 10개 시범기관에서 100명의 자활사업 참여자를 집중적으로 사례관리하게 된다. 2005년도에는 전담인력을 전문교육

과 모니터링을 통해 전문가로 양성하고 참여자 관리를 통한 '자활사례관리 모형' 개발
을 목표로 하고 있다. 이와 같은 사업은 전체 자활후견기관의 사례관리능력을 향상시킬
수 있는 매우 의미 있는 사업이라고 할 수 있다.

전산화와 관련해서 경기광역 출범 이전에는 지역사회복지관 및 기타 사회복지시설
에 비해 상대적으로 정보시스템이 취약한 자활후견기관들은 모든 업무를 수작업으로
추진하거나, 회계 및 자산관리의 경우 개별적으로 프로그램을 구입하여 운영하고 있었
다. 부천지역의 3개 기관만이 2년 전 부천시의 지원을 받아 '자활정보시스템'(참여자
관리 및 회계)을 구축하여 업무의 효율성을 높였으나, 기타 기관의 경우 대부분의 그렇
지 못한 실정이었다. 수작업 중심으로 진행되는 현재의 운영시스템은 통합된 자활정보
관리의 부재로 인해 업무효율성 저하 및 자활사업에 대한 과학적 분석에 어려움을 주는
근본적인 문제점을 지니고 있다. 경기광역에서는 경기도 내 32개 자활후견기관에 '자
활사업관리프로그램' 등 회계, 인사, 자산관리프로그램을 보급하여 '자활정보전산화'
의 기초를 마련하고 이를 활용할 수 있도록 지속적으로 교육을 실시하였다. 또한 각 기
관에서 한 달에 한 번씩 마감한 각종 정보를 통합솔루션에서 취합하여 이 자료를 기반
으로 '경기지역 자활사업의 평가와 사업실행의 기초자료'로 활용할 예정이다. 향후계
획으로는 자활정보통합솔루션의 기능이 정착화되면, 각종 업무보고 및 월 통계보고를
전산화하여 후견기관 업무의 효율성을 극대화시킴으로써 사업의 효과성은 물론 운영의
효율성도 확보될 수 있을 것이다. 또한 전산화를 통해 축적된 사업의 성과들은 자활사
업의 효과성을 검증해 낼 수 있는 내적 시스템을 개발하는 기초로 활용하여 자활사업
추진과 참여과정에 대한 흐름을 파악하여 특성화된 정책개발에 적용할 것이다.

경기광역에서 시범사업으로 진행하는 사례관리지원센터의 효과성이 입증된다면, 기
초단위 자활후견기관사업의 성과를 배가할 수 있을 것이다. 그리고 사례관리지원체계
의 전국적 확대를 추구할 수 있을 것이다.

4. 자활교육훈련과 홍보활동

시범사업 결과 자활교육훈련과 홍보활동은 전반적으로 실적이 높게 나타나지 않았
다. 특히 홍보활동의 경우 3개 시범사업센터 모두 성과가 미흡하였다. 홍보활동의 활성
화를 위해서는 홍보전문가의 영입이 절대적으로 요청된다. 자활교육훈련 분야의 성과

는 광역단위에서 자활전문교육장의 마련과 교육훈련의 체계화 구축에서 찾을 수 있다.

경기광역 출범 이전에는 전문적인 교육지원체계의 부재로 참여자 및 실무자에 대한 '재교육', '전문가' 양성의 공간과 기회가 전무하였으며, 후견기관별 교육의 편차가 매우 심한 상황이었다. 경기광역의 지원 이후에는 '실무자 자활학교' 교육과정을 통해 자활에 대한 자기 비전 수립과 사업추진을 위한 전문역량 강화의 계기가 되었으며, '참여자 자활학교' 교육과정을 통해 사업단 내 리더십 강화 및 자립을 위한 지식전달의 기회를 제공하였다. 경기지역 자활사업 참여자 조사연구 결과 교육의 참가와 자활의지, 자활사업 만족도가 상대적으로 높은 것으로 나타났다(2005년 경기지역자활사업 참여자 조사연구 결과). 또한 32개 자활후견기관의 교육담당자워크숍을 통해 정신적·물리적 안정성 확보를 위한 입체교육, 공동체·사업단의 세분화에 따른 전문교육, 개별 상담과 유형별 맞춤 통합교육, 비전창출과 소진방지를 위한 기능 교육의 체계와 계획을 수립하여 체계적인 교육시스템을 구축하였다. 교육장의 경우도 자활사업을 전문적으로 교육할 수 있는 대규모 교육장 시설이 부재하였다. 경기광역 출범 이후 광역자활지원센터 내 60명 수용규모의 전문교육장을 설치하였으며, 향후계획으로는 150명 이상 동시수용 규모의 교육장 마련을 경기도와 협의하여 추진할 계획이다.

인천의 경우 기존의 기초단위 자활후견기관에서 실시하는 교육으로는 자활실무자학교, 참여자 대상으로 실시하는 인성교육 혹은 참여자 자활학교 등이 있었으나, 전문적이고 체계적인 교육·훈련체계는 부족하였다. 인천광역자활지원센터 개소 후 우선 인천지역 각 기관에 교육 수요 전수조사를 통하여 자활후견기관 실무자, 자활사업단 참여자 등 교육대상자가 원하는 것이 무엇인지를 파악하였다. 더 나아가, 체계적 교육훈련을 위한 독자적인 교육장(120평)을 마련하였다. 위와 같이 교육에 대한 전수조사를 통하여 참여자들이 원하는 교육위주로, 즉 인성교육, 자기개발교육, 문화체험교육 등 개개인의 사기를 높이고 자아인식을 고양할 수 있는 교육을 위주로 교육훈련이 진행되고 있다.

대구 광역은 광역자활교육센터 설치를 목표로 그동안 단기적이고, 산발적으로 이루어지던 자활교육을 체계적이고 유형화된 교육사업으로 진행하기 위해 강사뱅크 운영 및 활동, 중·장기 교육커리큘럼을 통한 자활교육 영역체계를 구축하고자 시도하고 있다. 특히, 간병전문교육 실시 경험을 바탕으로 2004년 11월에 영남북부 가사·간병교육센터로 지정되어 지역 내 가사·간병전문기관을 설립하고, 또한 복권기금 가사·간병 방문도우미사업 직접 수행을 통해 200여 명의 가사·간병 전문 인력을 확보하였다. 교육 강사 인프라 구축을 통해, 개별자활후견기관의 교육진행을 위한 강사 발굴 및 섭외를 지원하였다. 또한 2004년과 2005년 복권기금 가사·간병방문도우미 사업의 직접 시행으로 교육과 파견의 원스톱 시스템을 구축하고 대구지역의 200여 명의 차상위층을 발굴하여 향후 간병전문인력으로 활용하기 위한 인력풀을 구성하였다. 자활후견기관 교육사업으로 실질적인 교육 프로그램 및 교육진행을 통해 자활사업 참여자 및 실무자를 대상으로 하는 교육사업을 시행하였다. 특히, 창업 및 경영 전문교육 강사 및 프로그램 개발을 통해 자활실무자와 참여자들의 전문경영기술 습득욕구를 충족시키고자 시도하였다. 2005년에는 대구와 경북지역 자활실무자들을 대상으로 교육사업 욕구조사를 통해 교육대상자의 욕구를 반영하고 수준에 맞는 교육커리큘럼을 작성하였다. 향후 자활전문교육센터의 역할을 수행하기 위해 자활교육센터의 중·장기 교육계획을 수립하고, 향후 노인요양보험제도의 인증기관 및 충분한 인적 자원 확대를 위한 지역 학교와 연계를 통해 자활교육의 전문영역을 확보하고자 시도하고 있다. 이를 위해 자활교육 관련기관과의 네트워킹을 통해 자활교육프로그램을 개발하고, 분야별 교육매뉴얼 작성을 계획하고 있다. 광역자활의 교육프로그램 진행에는 프랑스의 지역관리공사연합의 다양한 교육훈련프로그램을 활용할 필요가 있다.

　홍보활동의 경우 전체적으로 미흡하지만 대구광역의 성과가 상대적으로 두드러진다. 대구광역자활지원센터에서는 지역사회에서 자활사업의 이미지 제고를 위해 적극적이고 긍정적인 인식 강화와 사회적 효용성을 알리기 위해 홍보의 필요성을 인식, 다양한 매체를 이용하여 지역시민에게 자활사업에 대한 참여 및 정보 제공 활동을 진행하였다. 대구광역에서는 개별 자활후견기관의 리플릿 및 전단지 그리고 사건별 홍보를 통한 단편적이고 단순한 홍보를 극복하고 단계적이고 전략적이며, 체계적, 전문적인 홍보 방안을 마련하였다. 개별기관의 산발적 홍보를 조직적 홍보체계로 구축하여 광역단위에서 통합관리를 시도하였다. 주요 홍보활동으로 대구경북 자활홍보 영상물 제작, 광역 홈페이지, 웹-매거진 구상, 쇼핑몰 제작(알짜배기), 재활용 교육용 비디오 제작, 언론 홍보 등이 이루어졌다.

　가장 특징적인 것은 온라인 쇼핑몰의 제작과 운영이다. 전국의 180여 개의 사업단 및 공동체에서 생산되는 각종 생산물들은 자체적인 유통 경로를 통해 판매되고 있다. 이에 대구광역자활지원센터에서는 알짜배기 닷컴 인터넷 사업팀을 구성하여, 생산품의 판매 경로를 단일화하여 다양화된 구매자로 판매층을 변화시키기 위해 시간과 장소를 가리지 않는 판매 경로인 인터넷 쇼핑몰을 구성하였다. 일반시민을 대상으로 사업단 및 공동체의 생산품 판매가 이루어지면서 개별 자활후견기관의 사업단 및 공동체의 생산품 유통경로가 확장되어 사업의 활성화를 기대할 수 있을 것이다.

자활홍보 영상물은 자활후견기관의 업무 및 역할에 대한 인식이 부족한 일반인 및 대학생들을 대상으로 자활후견기관의 바른 홍보와 자활사업의 긍정적 인식 고취를 위해 제작되었다. 광역단위에서 진행되는 사업 또는 공동추진사업의 빠른 정보 제공과 진행내용을 알림과 더불어 다양한 정보제공, 정보공유의 장, 자활기관의 홍보, 원활한 커뮤니케이션을 위해 대구 광역자활지원센터에서 홈페이지를 제작하였다. 나아가 오프라인 신문의 역할을 온라인으로 옮겨 지역 자활후견기관의 사업내용 및 다양한 소식을 자활실무자 및 일반시민을 대상으로 하는 자활 웹-매거진을 만들 예정이다. 웹-매거진을 통해 개별 기관 간의 정보공유 및 일반시민 및 지역사회의 여러 기업 및 관련단체를 대상으로 자활기업의 새로운 이미지를 홍보한다. 또한 웹-매거진을 통해 개별 기관의 소식을 알리는 기능과 함께 자활사업의 성공사례 발굴을 통해 자활기업의 긍정적 이미지를 제고한다.

경기광역의 경우는 자활상품 및 공동체 마케팅에서 차별화를 시도하였다. 경기광역 출범 이전 상황은 개별 기관에서 자활상품에 대한 자체 홍보 및 마케팅 실시로 규모와 효율성에 있어 한계와 어려움을 나타내고 있으며, 자활상품의 질과 이미지 향상을 위한 대책이 시급하였다. 지원 이후에는 경기중소기업종합지원센터 상설전시장에 '제품전시 부스'를 확보하고 자활생산품의 판매·홍보를 촉진시키고 있으며 판매현황을 파악하여 장기적으로 부스를 확대·확보하여 각 기관에 배분할 계획이다. 2005년 4월 현재까지 경기 중소기업 종합지원센터 판매부스 전시에는 부천 소사, 의정부, 구리 자활 등의 수공예사업단 및 공동체들이 참가하고 있다. 또한 경기 중소기업디자인센터와 연계하여, 제품 및 자활공동체 홍보지원을 위한 CI, 브랜드, 디자인에 대한 지원을 무료로 실시하기로 확정됨에 따라 제품홍보용 디자인 개발을 희망하는 기관 및 공동체와 전문가를 연결하어 지원할 계획이다. 향후계획으로는 자활상품에 대한 전시, 홍보망(상설전시장, 공공기관)을 확보함으로 공동영업, 홍보가 추진될 수 있도록 지원할 계획이며, 이를 위해서는 자활상품컨설팅, 브랜드개발과 CI개발지원, 홍보활성화를 위한 홍보물품, 브로슈어 제작지원을 우선 지원하여 마케팅에 활용토록 할 계획이다.

인천광역의 경우도 인천광역시 홈페이지에 링크하여, 인천광역시 홈페이지 첫 화면에 인천광역자활지원센터 홈페이지를 링크시켜서 광역자활사업을 알리고 홍보하였다. 그 결과 기존에 자활사업을 모르던 시민들도 회원으로 가입하여 질의를 하는 등 많은 관심을 보였다. 이는 자활사업의 이해를 높이는 큰 역할을 할 것이며, 시청 홈페이지에 연계하여 인식을 제고하는 데 큰 의미를 둘 수 있다. 그리고 인천경영포럼 등 지역사회 유관기관과의 연계도 활발하게 진행하고 있다.

5. 지역사회 자원동원

광역자활지원센터 시범사업에서 기대한 것 중 하나는 광역단위에서 자활사업 활성화에 필요한 공공과 민간의 자원을 동원하는 것이었다. 그런 의미에서 경기도의 경우 물적 자원 동원이란 측면에서 상당한 성과를 보였다. 그러나 3개 기관 모두 인적 자원에 대해서는 대단히 미흡한 성과를 가져왔다. 자활사업의 자활공동체, 자활기업으로의 전환, 창업·취업지원 등의 과제를 위해서는 지역 내 전문인력의 적극적인 관심과 동참이 필수적임에도 불구하고 이 부분에 대한 성과는 미약했다. 향후 인적 자원의 발굴과 동참은 물론이고 인적 자원 육성과 교육에 더욱 관심을 보여야 한다. 그런 의미에서 네트워크 형성 및 인적 자원(전문가) 관리, 즉 사회적 경제활동과 관련된 전문가들의 관리와 네트워크 형성을 주요 업무로 설정한 프랑스 아비즈의 사례를 참고할 수 있다.

경기 광역 설립 이전에는 대부분의 후견기관은 사업의 성격과 규모면에서 외부 자원을 확보하는데 어려움이 많았으며, 자활근로 및 공동체에 충실한 사업을 진행하면서 외부의 자원확보에 소홀한 편이었다. 다만, 공동체 창업 시 기초생활기금 등을 통한 외적 자원 확보 및 노동부 사회적 일자리 신청 정도에 그치고 있었다. 경기광역출범 이후 사업의 규모와 전문성을 확보함으로서 중앙정부 및 지방정부의 공적 자원확보가 상대적으로 용이해 졌다. 또한 기관에 비해 대형 프로젝트 지원이 원활하며, 이를 통해 각 기관에 배분이 가능한 사업개발을 추진하고 있다.

우선 공공부문에서는 경기도, 노동부 등의 지원을 받았다. 경기광역 초기 수립부터 경기도는 매년마다 3억 원의 별도 예산을 지원하고 있다. 2006년의 경우 일반운영비 외에 '자활교육훈련센터', '취업창업지원센터', '자활광역법인화사업' 등을 추진하는 것으로 계획하고 있기 때문에 올해보다 더 많은 예산지원이 가능할 것으로 예상된다. 또한 노동부 사회적 일자리 사업을 지원받아 남양주를 비롯하여 구리, 안양 등 4개 기관에 10명이 학교청소사업에 투입되어 활동 중이다. 노동부 사회적 일자리는 수익형으로 신청하여 장기적으로 자활사업과 연계되어 기간이 종료되어도 신규 일자리로 배치될 수 있도록 추진할 계획이다. 경기지역 청년실직자들의 취업활성화를 위해 경기도가 의욕적으로 추진하는 '청년 뉴딜' 사업에 '취업창업지원센터 및 사례관리전담인력'을 신청하여 15명의 인력을 지원받기로 했다. 특히 사례관리 및 취업창업지원센터 시범사업을 추진하는 기관들의 업무부담을 줄이고 사회복지 청년구직자들의 자활사업에 대한 직장체험의 기회를 제공하여 자활사업에 대한 인식개선에 긍정적인 역할을 수행할 것으로 보인다. 그 외 경기도의 지원으로 집수리 공동교육장 및 재활용사업 집하장 부지 확보와 경기도 지원 1억 원 규모의 리모델링 공사 수주 등이 이루어졌다.

민간자원 지원의 예로는 사회복지공동모금회 제안 기획사업비 '자활사업 참여자 사례관리지원센터 시범사업' 확보(3,500만 원), LG화학—집수리 기자재 및 기술지원인력에 대한 지원, 한화그룹 사회공헌팀—주거환경개선사업으로 1,500~2,000만 원 규모의 예산지원, 유한 킴벌리—학교청소사업관련 지원 등이 성사되었다.

인천광역의 경우는 광역자활 지원 이후 각 사업단과 공동체에는 다양한 단체와 기관으로부터 지원을 받고 유지되는 성과를 얻었다. 특히 인천광역시의 운영자금 1억 5천만 원 지원과 인천사회복지공동모금회, 한국전력 인천본부 등으로부터 지원을 받았다.

대구광역의 경우는 대구사회복지 행정연구회와의 협조체계를 구축한 것이 독특한 성과이다. 자활사업의 운영 시 사회복지전담공무원들의 지원이 필수적이라는 점에서 모범사례라 할 수 있다. 대구지역 사회복지전담공무원 350여 명을 대상으로 2004년 자활연찬회를 개최하여 자활사업의 이해를 돕고, 원만한 업무협조를 위해 서로 친목을 도모하여 자활사업지원의 방향성의 틀을 잡는 계기를 마련하였다.

6. 지역특화, 신규 아이템 개발

3개 광역자활지원센터 시범사업 모니터링 결과 지역특화 및 신규사업 개발 결과는 다음과 같다.

경기광역의 성과는 크게 두 가지로 정리할 수 있다. 첫째, 5대 표준화사업의 규모화를 통한 사업성장모델을 제시할 수 있었다. 경기광역 출범 이전 상황은 간병, 집수리, 청소, 폐자원재활용사업 중에서 간병사업은 노인간병지원센터를 통해, 그리고 청소사업은 공동브랜드 "크린서비스 淸"을 통해 체계화된 사업추진체계를 구성하고자 하였으나, 광역자활지원센터와 같은 광역단위 사업지원체계가 부재하여 중앙집중적인 사업추진체 구성에 큰 어려움이 있었다. 지원 이후에는 광역자활지원센터에서 사업의 규모화를 추진 · 지원함으로써, 자활사업이 영세한 개별 자활공동체를 설립하는 것이 아니라 대량의 자원과 시장경쟁력을 갖춘 법인체계로 성장하고 있으며, 나아가 사회적 합의와 지지로 성장하고 운영되는 사회적 기업의 설립을 눈앞에 두고 있다.

둘째, 광역센터를 중심으로 한 개별 기관의 기능 강화가 이루어졌다. 이전 상황은 개별 기관에서 자활사업 참여자 및 지역 저소득층을 대상으로 전문적인 서비스 개발을 하고 싶어도 사업단, 공동체 사업의 업무하중으로 인해 개별화 · 전문화된 서비스 제공에 어려움을 겪고 있었다. 특히 최근 자활사업의 성과에 대한 평가에서 참여자 변화에 대한 '사례관리' 의 필요성이 대두되고 있으며, 지역자원네트워크사업 등의 욕구가 매우 높게 나타나는 반면 현실적으로 후견기관 내에는 이러한 자원을 가지고 있지 못한 실정이었다. 그러나 지원 이후에는 광역센터에서 시범사업을 통해 지역 개별기관의 전문적 서비스 지원욕구를 지원하는 대표적인 사업으로 지난해부터 추진 중인 '취업창업지원센터' 와 올해 신규사업을 시작하는 '사례관리지원센터' 를 설치하여 개별 기관의 기능을 강화하고 있다.

인천광역의 경우 첫째, 공통의 개별사업단을 공동사업단으로 묶어 광역화하는데 중점을 두고, 사업단의 규모와 매출 등을 확대하는 방향으로 사업을 진행하였다. 이러한 방향에 인천광역시 직영이라는 강점을 살려 지원체계를 구성하였던 것이 특징이라 볼 수 있다. 특히 사회적 일자리 형보다는 시장형 자활근로사업단과 공동체의 지원만이 자활 · 자립의 확고한 토대가 되리라는 신념으로 시장형 자활근로사업과 공동체의 지원에 중점을 두고 시범사업을 진행하였다. 이러한 사업방향의 결과로 광역 자활 영농공동체가 출범하였으며, 그 외 6개 사업단이 공동사업단으로 발전하였다. 공동사업단의 확대 및 강화는 광역공동체 설립의 기초가 되고 있으며, 기초단위 공동체의 한계를 넘어 광역단위의 공동체를 설립함으로써 명실상부한 사회적 기업의 토대를 만들어 가고 있다고 할 수 있다.

둘째, 인턴형 자활근로의 활용이 이루어졌다. 기존의 자활사업이 자활후견기관을 중심으로 동사무소를 통해 소개된 인력을 중심으로 진행되었다면, 광역자활지원센터의 취업사업은 후견기관의 틀을 넘어 기관의 사업단 외에 지역 내 일반 기업에 취업하는 기회를 제공함으로써 수급의 틀을 벗어나는 또 다른 영역의 자활경로라 할 수 있다. 인천광역자활지원센터 취업사업의 특성은 1차 상담기관인 동사무소와 광역자활지원센터 그리고 기업의 3자 유기적 관계를 갖고 진행되는 사업영역으로 자활사업의 새로운 영역을 확보했다고 할 수 있다. 특히나 인천광역시의 적극적 지원으로 구, 동의 자활담당 공무원의 적극적인 1차 상담에 의한 수요자의 요구 파악과 광역자활지원센터의 기업 수요파악과 이의 적절한 연계는 취업사업의 새로운 활로를 모색한 것이라 할 수 있다.

대구광역의 경우 첫째, 대구지역의 특성을 기반으로 하는 새로운 아이템 개발이 이루어졌다. 2005년 4월 기준 자활사업 참여자 성별을 살펴보면 전체 참여자 747명 중 여성 참여자들이 약 70%를 차지하고 있으며, 이는 여성의 특성을 살리는 전문적 기술, 여성의 섬세함, 소규모 창업이 가능한 사업 아이템이 절실히 필요하다는 점을 보여준다. 이러한 특성에 착안하여 여성 보석공예 창업을 시도하였다. 그리고 장애아동의 교육권 강화로 통합교육에 대한 인식이 고조되는 시점에서 사회적으로 유용성 있는 장애통합 교육보조원 사업 필요성이 부각되고 있으며, 이에 착안하여 사업 진행이 모색되었다.

둘째, 지역 내 사회복지전담공무원과 자활실무자 간의 논의의 장을 마련하였다. 지역에서 자활사업을 중추적으로 이끌어 가고 있는 두 주체인 사회복지전담공무원과 자활실무자들의 자활사업에 대한 활성화 방안 및 자활사업의 문제점, 향후 발전방향에 대한 민·관의 정기적인 논의의 장을 마련한 계기가 된다.

7. 광역자활지원센터의 비전

광역자활지원센터의 장기 비전은 종합 자활지원센터로서의 역할을 기대하는 것이다. 경기광역이 제안한 내용을 중심으로 광역자활지원센터의 장기 비전을 제시하면 다음과 같다. 여기서 제안하는 종합지원센터의 역할은 프랑스 아비즈의 사례에서도 찾을 수 있다.

광역자활지원센터의 장기 비전은 자활기업(사회적 기업)의 육성·지원과 자활사업 영역의 확내, 사활후건기관의 종합자활지원센터로의 기능상화 지원, 교육훈련체계 마련 및 홍보지원 강화, 전문성 확보를 통한 자활사업 대상자의 확대, 지역 내 특성화된 자활사업의 개발 및 연구의 기능, 광역자활의 법인화 및 조직의 제도적 정착 등 6가지로 정리할 수 있다.

첫째, 자활기업(사회적 기업)의 육성·지원과 자활사업 영역의 확대이다. 구체적으로 광역단위 법인화를 통한 자활기업(사회적 기업) 설립, 대규모 사회적 일자리 창출—보호된 시장 개척, 공공·민간 자원의 확보를 통한 사업의 확대 등이 포함된다. 시범사업의 성과인 '청소법인' 의 사례를 참고하여 집수리, 폐자원, 간병사업 등에서도 사업의 공동화와 광역화를 통해 시장성과 경쟁력을 확보할 수 있을 것이다. 장기적으로는 광역자활은 자활기업을 지속적으로 설립하고 각각의 자활기업에 대한 조정과 지원의 기능을 수행할 계획이다.

둘째, 자활후견기관의 종합자활지원센터로의 기능이 강화되도록 지원해야 한다. 기초단위 자활후견기관의 종합자활지원센터 모형개발과 신규사업 개발을 통한 지역 자활지원센터로의 발전 등이 주요 과제가 된다. '일을 통한 빈곤탈출' 이 이루어지기 위해서는 일자리 제공과 동시에 자활대상자들이 일을 할 수 있도록 여러 가지 복지서비스가 겸비되어야 한다. 영역별 자활사업의 과제를 수행하기 위해서는 자활후견기관의 종합적인 역할 수행이 필수적이며, 복지서비스 제공기관과의 서비스 연계도 강화되어야 한다.

셋째, 교육훈련체계 마련 및 홍보지원을 강화해야 한다. 자활사업이 갖는 목표인 참여자의 자활·자립을 위해서는 지속적인 교육과 훈련의 기능이 필수적인 항목이다. 광역자활지원센터는 2005년도에 교육훈련센터를 설치하여 자활에 적합한 교육프로그램을 개발하고, 자활관련 전문가를 확보하며, 다양한 프로그램을 통해 자활실무자들을 전문가로 양성하는 기능을 수행해야 할 것이다. 자활상품에 대한 전략적 홍보는 제품의 판매촉진뿐만 아니라 자활사업에 대한 사회의 인식을 높이는 기능을 할 것이다. 자활사업은 5년의 사업추진 기간 동안 눈에 보인 성과 이외에도 숨어있는 성과들에 대한 홍보와 적극적인 마케팅이 부족했던 것이 사실이다. 이에 따라 광역자활지원센터는 상품·제품·공동체에 대한 홍보·마케팅 지원은 물론 자활사업에 대한 전략적 홍보지원을 통해 '자활사업 홍보메신저' 역할을 수행해야 할 것이다.

넷째, 전문성 확보를 통한 자활사업 대상자의 확대이다. 현재 자활후견기관에서 주요 대상으로는 지자체로부터 의뢰받는 조건부수급자 이외에도 자활대상자는 폭이 매우 넓다. 장기적으로 광역자활지원센터의 사업대상을 노인, 여성, 청소년, 노숙인, 탈북자 등으로 확대해야 할 것이다. 특히 노인과 여성, 청소년 분야 등은 각각의 분야에서 전문적인 기능을 수행하고 있는 기초단위의 기관들과의 연대를 통해 광역단위에서 지원할 수 있는 사업과 정책 결합을 추진하고, 현재 자활의 영역에서 인프라가 개발되지 못한 노숙인, 탈북자 자활시스템의 경우 광역자활 차원에서 전문성을 확보하고 정책의 결합력을 높이며 점진적으로 사업적 영역으로 포함시켜야 할 것이다.

다섯째, 지역 내 특성화된 자활사업의 개발 및 연구의 기능이다. 광역자활지원센터는 지역적 특성에 적합한 프로그램과 제도를 개발하는 '자활사업의 메카' 가 되어야 할

것이다. 경기광역의 경우 올해 초 실시한 참여자 전수조사를 통해 자활사업참여자들의
사업에 대한 만족도와 변화가능성을 측정하며, 올해 하반기까지 구축될 참여자 자활사
업 DB를 근거로 향후 경기지역 자활사업에 대한 제도적 · 정책적 효과성 평가와 향후
개선되어야 할 제도 · 정책 개발을 시도할 계획이다. 특히 지방정부와 파트너십을 강화
하여 자활사업의 프로그램 개발과 제도, 정책개선에 적극적으로 개입하며 효과적이고
현실 가능한 예산집행이 되도록 전문성을 강화시켜야 한다.

　여섯째, 광역자활의 법인화 및 조직의 제도적 정착이다. 광역자활은 사회적 기업의
성격을 갖고 있는 법인의 생성과 성장, 그리고 견인의 기능을 수행하여야 하며, 민간기
업과의 동등한 자격으로 대형 프로젝트와 연대사업을 추진하기 위해서는 현재와 같은
불안정한 조직구조 속에서는 한계가 있을 것이다. 현재 경기광역의 경우 2005년도 말까
지 지난해 출범한 청소법인을 포함하여 2~3개 이상의 사회적 기업(법인)을 배출할 계
획이다. 따라서 광역자활지원센터가 사회적 기업의 모법인의 역할을 하며 관리 · 지원
하기 위해서는 동등한 법인 이상의 법적 지위를 보장받아야 한다.

8. 자활사업 참여자의 자활성과 제고

　광역자활지원센터 시범사업의 결과 자활사업에 대한 지원 확대는 궁극적으로 자활
사업 참여자의 자활성과 제고로 귀착된다.

　첫째, 다양한 자활경로를 제시한다. 광역자활지원센터의 다양한 사업 성과는 5대 표
준화사업을 중심으로 한 자활후견기관의 자활근로-자활공동체를 통한 단일한 자활경
로에서 벗어나 광역자활근로, 창업 및 취업지원, 광역자활공동체, 자활기업 그리고 새
로운 자활아이템 제시 등 다양한 자활경로를 통한 자립의 가능성을 제시해주고 있다.

　둘째, 실질적인 사활 참여를 확대한다. 경기광역이 실지한 창입취입지원센터의 결과
(86명 취업, 3명 창업) 등을 통한 자활사업의 실질적인 성과는 자활사업 참여자들의 확
대를 가져온다. 자활후견기관이 제공하는 자활사업에 더하여 광역자활지원센터가 제공
하는 다양한 자활의 기회는 자활사업 참여자들에게 더 많은 자활의 기회를 제공해 줄
것이다.

　셋째, 사례관리시스템 도입으로 자활성과를 제고한다. 사례관리란 자활사업 참여자
들을 초기상담부터 수급자 탈출까지 전 과정을 지속적으로 관리하는 것을 의미한다. 자

활사업 참여자들의 빈곤의 원인, 진행, 탈출, 복귀 등에 대해 종합적인 개입과 취업과 창업, 그리고 의료적 재활 등의 사후관리가 가능해지면 자활의 성과는 배가될 수 있다.

넷째, 경영진단 등을 통한 자활공동체 역량을 강화한다. 광역자활 출범 이전에는 자활근로사업단이 공동체로 전환한 후 전문적인 경영지원의 부재로 인해 담당실무자의 역량에 의존하거나, 안정적인 운영을 하지 못하고 실패하게 되는 사례가 많았다. 그러나 광역자활 출범 이후에는 경영 및 사업운영의 어려움을 가지고 있는 공동체에 경영진단을 지원함으로써 사업운영에 있어서의 종합적 진단과 대안을 제시하여 사업의 위험요소를 파악하고, 대응할 수 있도록 하고 있다. 또한 공동체에 대한 사후관리 프로그램을 도입하여 안정적인 공동체운영을 할 수 있도록 지속적으로 지원하고 있다. 그 결과 자활공동체의 역량을 강화하게 되고, 궁극적으로 자활공동체 구성원들의 자활자립에 기여하게 된다.

9. 광역자활지원센터 운영주체별 사업성과 비교

광역자활지원센터 시범사업의 운영주체는 대구광역은 개별 법인(불교사회복지회), 인천광역은 광역지방자치단체(인천광역시), 경기광역은 자활사업단광역지부(자활후견기관협회 경기지부)가 담당하여 사업주체별로 사업 진행에 차별성을 보였다. 위에서 살펴본 바대로 광역자활지원센터의 사업성과의 양대 핵심 변수는 광역지방자치단체의 지원 여부와 기초단위 자활후견기관과 자활사업단의 협조 여부라 할 수 있다.

1) 광역지방자지단체의 지원여부

광역자활지원센터의 사업은 상당부분 광역지자체의 직접지원 혹은 광역단위 지역사회의 자원동원에 달려 있다. 이러한 차원에서 판단하면 인천광역시가 직영하는 인천광역의 경우는 상당한 장점을 가지고 있다. 시범사업기간 중 사업 수행에 필요한 지역사회 자원동원에 일정한 성과(인천시의 1억 5천만 원 사업비 지원과 교육장 마련 등)를 보였다. 자활후견기관지부가 운영한 경기 광역도 인천시 직영만큼은 아니지만 광역지방자치단체의 지원에 어려움은 없었다. 그것은 경기 광역에의 지원이 경기도 내 전 자활후견기관에 균등하게 혜택이 갈 것으로 기대할 수 있기 때문이다. 실제 시범사업기간 중 광역지방자치단체를 비롯해 지역사회 자원동원을 가장 성공적으로 이루어낸 곳이 경기광역이다. 이 두 기관에 비해 개별 법인이 운영한 대구광역은 상대적으로 불리한 입장이다. 그것은 대구광역에의 지원이 궁극적으로 대구지역 자활사업에 도움을 준다 하더라도 1개 법인이 지원을 받는 형태가 되기 때문이다. 이러한 측면이 어느 정도 영향을 미쳤는가는 정확하게 판단하기 어렵지만, 시범사업기간 중 실제 지역사회지원 동원 성과가 가장 적은 지역은 대구였다.

2) 시·군·구 단위의 자활후견기관 혹은 자활사업단의 협조 여부

광역자활지원센터 시범사업에 대해 기초단위 자활후견기관은 기대 반, 우려 반의 심정이었다. 우려의 대부분은 광역자활지원센터가 기초단위 자활후견기관의 사업성과를 빼앗아갈지도 모른다는 것이었다. 따라서 기초단위 자활후견기관, 자활사업단의 협조 여부는 광역자활지원센터 사업성과의 중요한 변수가 된다. 이 기준에서 보면, 경기광역의 경우가 가장 장점이 있다. 자활후견기관 지부가 운영을 담당함으로써 자활후견기관과의 협조가 가장 원활하게 이루어졌다. 시범사업기간 중 5대 표준화사업을 중심으로 자활사업의 광역화, 사회적 기업으로의 전환 등에 상당한 성과를 보였다. 인천광역의 경우 시범사업 초기에는 자활후견기관과 협조에 일부 문제를 보였으나, 사업이 진행되는 과정에 인천시의 지원이 이루어지면서 협조관계를 잘 맺어, 자활사업의 광역화에 일정한 성과를 보였다. 대구광역의 경우 운영주체가 자활후견기관을 운영하고 있어 타 자활후견기관과의 관계에 큰 문제는 없었으나, 자활사업의 광역화에는 일부 어려움을 나타냈다.

두 가지 차원 외에 교육훈련과 홍보활동 그리고 지역특화 아이템 개발 등에서는 운영주체별로 별다른 차별성을 보이지 않았다. 결론적으로 사업주체별 사업성과를 종합적으로 판단해 보면, 광역지방자치단체 직영(인천광역)과 자활후견기관 지부(경기광역)가 운영을 담당한 경우는 광역지방자치단체의 지원 등 지역사회자원 동원과 기초단위 자활후견기관과 자활사업단의 협조에 장점을 보였다. 이에 비해 개별 법인(대구광역)이 운영을 담당한 경우에는 앞의 경우들에 비해 상대적으로 어려움을 보였다. 그럼에도 이러한 사업성과의 차이에 대한 해석은 반드시 운영주체별 차별성 때문이라고 볼 수는 없다. 해당 광역지방자치단체의 재정정도, 담당공무원의 지원의지, 해당 광역지방자치단체 내 기초 자활후견기관, 자활사업단의 사업 수행정도와 사업의 협조정도 등 다양한 변수들의 영향도 동시에 고려되어야 한다는 점을 밝혀 둔다.

김수현·노대명·홍경준(2002),『자활지원사업 체계 정립방안』, 서울시정개발연구원.

김신양(2001),『사회적 연대의 실현과 대안경제를 찾아서』, 서울자활정보센터.

김홍일(2001), "중장년 실업문제와 공공근로를 통한 사회적 일자리 창출",『공공근로를 통한 사회적 일자리 창출방안』, 전국실업극복단체연대회의.

노대명·김홍일·김신양(1999),『도시영세민 자활지원방안』, 한국협동조합연구소.

노대명(2002), "자활사업에 대한 평가와 전망",『동향과 전망』 53호, 한국사회과학연구소.

노인철 외(1995).『저소득층 실태 변화와 정책과제』, 한국보건사회연구원.

신명호·김홍일(2002), "생산공동체 운동의 역사와 자활지원사업",『동향과 전망』 53호, 한국사회과학연구소.

서울자활정보센터(2001),『사회연대금고 설립방안과 사례모음』.

서울자활정보센터(2002), "전국5대 표준화사업 연구보고서", 보건복지부.

이성수(2000),『사회적 협동조합』, 한국협동조합연구소.

이인재·이성수(2002), "자활사업의 현황과 쟁점",『동향과 전망』 53호, 한국사회과학연구소.

이인재(2003), "한국 자활사업의 동향과 과제",『동향과 전망』 58호, 한국사회과학연구소.

전병유 외(2003), "사회적 일자리 창출방안 연구", 한국노동연구원.

정영순·이은정(2002), "국민기초생활보장제도의 근로 유인 방안 연구: 영국이 주는 시사점",『사회보장연구』 제18권 2호, 한국사회보장학회.

홍경준(2002), "한국 빈곤정책의 변화와 향후과제-자활지원사업을 중심으로",『사회보장연구』 제18권 1호, 한국사회보장학회.

한국자활후견기관협회(2003), "광역공동사업단 및 광역사업지원센터 운영안", 미간행지료.

황덕순 외(2002), "근로연계 복지정책의 국제비교", 한국노동연구원.

황덕순(2003), "사회안전망체계의 국제비교연구(II): 미국". 한국노동연구원.

황덕순(2000), "빈곤 및 실업 극복의 대안으로서 사회적 일자리 창출의 의미와 전망", 자활정책연구회 발표자료.

황준욱(2003), "미국프랑스의 고용창출지원 프로그램 연구", 한국노동연구원.

Coulton, C. J. & Chow, J. (1995) Poerty, Encyclopedia of Social Work 19th, NASW Press,『사회복지대백과사전』, 나눔의집(1999).

제7장
자활사업과 지원 · 관리체계

노 대 명

I. 문제 제기

이 글은 최근 중요한 사회적 문제로 부각되고 있는 근로빈곤층을 대상으로 하는 고용창출 및 고용지원을 위한 정책개선방안을 다루고 있다. 그리고 이러한 연구를 하게 된 배경은 2000년 10월 1일 국민기초생활보장제도와 더불어 시작되었던 자활사업이 본래 의도했던 '취업이나 창업을 통한 실직빈곤계층의 경제적 자립'이라는 목표를 달성하는 데 심각한 어려움을 겪고 있어, 개선방안 마련이 절실하기 때문이다. 즉 자활사업은 근로능력이 미약하여 노동시장 진입이 힘든 집단이 자활사업에 집중되고, 급여체계 또한 근로유인효과가 미미하여, 완전한 의미의 경제적 자립보다는 정부의 보조금지원 일자리 창출정책을 통한 소득보전형 근로활동 촉진사업이 주를 이루게 되었던 것이다. 사업이 진행되는 과정에서는 시장과 시민사회의 다양한 자원을 활용한 빈곤탈출의 역동성보다는 자활근로 등에 의존한 소극적 소득보장의 성격이 강해지는 양상이 나타나게 되었다.

이처럼 한국 자활사업이 탈빈곤정책 고유의 역동성을 상실하게 된 원인은 크게 세 가지 관점에서 살펴볼 수 있다. 첫째, 외환 위기 이후 근로빈곤층을 양산하는 산업구조 및 노동시장구조를 지적할 수 있다. 우리 사회는 충분한 고용창출, 더 나아가 적절한 임금과 안정성을 보장하는 일자리 창출에 심각한 어려움을 겪고 있다. 이는 왜 자활사업이 근로빈곤층이 노동시장 내에서 안정적인 일자리를 확보할 수 있도록 지원하는 데 어려움을 겪는지 말해 주는 것이다. 둘째, 급격한 사회적 변화에 대처할 수 있는 사회보장체계의 미비를 지적할 수 있다. 1990년대 후반 한국 사회는 가족관계의 약화, 고령인구의 증가 등 다양한 변화를 체험하고 있다. 하지만 사회보험과 공공부조제도는 이러한 위험을 예방하거나, 급속한 빈곤화를 차단하기에는 여전히 많은 한계를 드러내고 있다. 이는 사회보장체계가 전체적으로 빈곤예방 기능을 다하지 못하는 상황에서, 이미 빈곤화된 실직수급자를 대상으로 하는 자활사업이 정책적 효과를 발휘하기에는 한계가 있음을 의미한다. 셋째, 실직수급자의 탈빈곤을 지원하는 자활사업의 운영체계 문제를 지적할 수 있다.

이를 좀 더 구체적으로 정리하면 다음과 같다. ① 제한된 자원으로 자활지원 대상자를 선정하는 과정에서 자활지원을 필요로 하는 다양한 집단이 소외되는 문제점이 발생한다는 것이다. 먼저 현재 취업상태에 있는 수급자는 비록 근로활동에 참여하고 있을지라도 취업과 실업을 반복하는 전형적인 근로빈곤계층이라고 말할 수 있으며, 이들 중 상당수는 자활사업 참여자와 별 차이가 없는 집단이다. 따라서 이들 또한 소득보장 외에도 직업능력개발을 통한 고용안정과 임금상승을 목표로 하는 자활지원이 필요한 집단이라고 말할 수 있다. 이어서 기초생활보장제도 수급자에서 탈락하였으나 자활지원을 필요로 하는 집단이 존재하고 있다. 이들은 소득이 최저생계비를 초과하는 차상위층뿐만 아니라, 소득이 최저생계비 이하이나 다른 수급기준을 충족시키지 못해 기초보장제도의 보호를 받지 못하는 비수급 빈곤층으로 구성되어 있다[1]. ② 기초생활보장제도가 전제하고 있는 보충급여방식과 통합급여체계, 그리고 근로소득 공제제도가 함께 적용되지 못하고 있기 때문이다. 달리 표현하면, 보충급여방식은 적용상의 어려움(특히, 저소득층 소득파악의 어려움)은 논외로 하더라도 근로소득 공제제도가 제대로 적용되지 않는 상황에서 근로유인효과보다는 근로기피 또는 근로소득은폐라는 현상을 유발하고 있으며, 마찬가지로 통합급여체계 또한 근로소득이 최저생계비를 넘어서 수급 혹은 빈

---

1) 실제로 현재 1만 명 가량의 차상위층(실제로는 비수급 빈곤층을 포함한 집단)이 자활사업에 참여하고 있는데, 그 이유는 이들이 현재의 공공부조제도하에서 소득보장을 받지 못하고 있기 때문이라고 할 수 있다. 그럼에도 이들에 대한 자활지원의 확대는 재정적인 측면에서나 제도적인 측면에서 많은 제약이 있는 실정이다.

곤에서 벗어나도록 유인하려는 정책목표와 달리 소득이 최저생계비를 초과하면 모든 급여를 박탈함으로써 자활지원을 무색하게 하고 있다. ③ 자활지원 프로그램이 체계화·내실화되어 있지 않다는 점이다. 이는 앞의 두 가지 이유와 밀접한 관련이 있다. 적절한 자활지원 대상자가 확보되지 않았고, 이들을 위한 탄력적인 제도가 갖추어져 있지 않다는 점에서 프로그램의 체계화와 내실화는 태생적으로 한계를 갖고 있는 것이다. 또한, 자활지원사업은 내적으로도 다음 두 가지 문제점을 안고 있는 것처럼 보인다. 먼저 대상자에 대한 심층상담을 거쳐 욕구와 능력을 파악하고 그것에 걸맞게 단계적으로 프로그램을 제공하는 대상자 관리 및 사업추진 체계를 구축하지 못했다는 점이다. 이어서 취업연계 프로그램, 소득보장형 일자리 창출 프로그램, 직업훈련 프로그램, 창업지원 프로그램 등도 대상자의 욕구에 맞게 효과적으로 편성·운영되지 못하였다는 점이다.

따라서 이 문제를 해결하기 위해서는 새로운 형태의 전문적인 분업이 필요하다고 말할 수 있다. 그것은 자활전담공무원과 직업상담원이 각각의 전문성을 토대로 근로능력과 직업능력에 대한 판정을 하는 것이 바람직하다. 그러나 구체적으로 프로그램과 연계를 하기 위해서는 기초자치단체 또는 광역자치단체 차원에서 공급자원의 규모와 여력에 대한 인식이 필요하다. 그리고 한 걸음 더 나아가 실제 프로그램을 공급하는 공급자들의 합의가 필요할 것이다.

따라서 이 글은 프로그램 연계의 핵심은 어떠한 특성을 가진 집단에게 어떠한 프로그램을 연계할 것인가를 논의할 수 있는 합의의 공간을 마련하고, 그 틀에서 공급과 수요를 고려한 연계가 이루어져야 한다는 점에 초점을 맞추고 있다. 좀 더 구체적으로 말하면, 향후 자활사업 참여자에 대한 프로그램 연계는 자활전담공무원과 직업상담원 그리고 지역의 자활프로그램 공급자(예를 들면 자활후견기관 대표)가 근로능력과 직업능력에 대한 판정결과를 토대로 프로그램 연계를 결정할 수 있는 실무협의회(cases conference)를 개최하는 것이다.

Ⅱ. 자활사업의 지원 · 관리체계

1. 자활사업의 운영체계

자활사업은 [그림 7-1]에 나타난 바와 같이, 기초생활보장제도 수급자를 대상으로 초기상담을 실시하고, 근로능력자를 대상으로 취업상태와 가구여건 등을 파악하여 조건부수급자를 선정하고, 가구별 자활지원계획을 수립한다. 또한 이들을 취업능력이 낮은 비취업대상자와 상대적으로 취업능력이 높은 취업대상자로 구분하여, 각각 보건복지부와 노동부의 자활사업 프로그램에 의뢰하는 방식으로 진행된다. 그리고 각 사업지원기

그림 7-1 자활사업의 운영체계

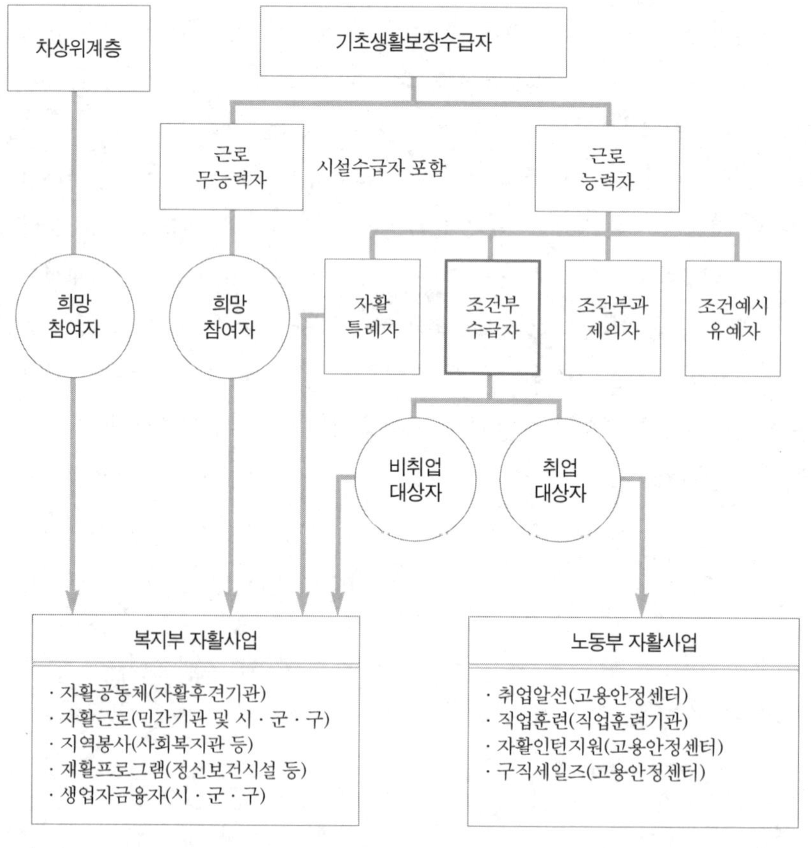

관 참여자의 소득과 참여실태를 읍·면·동 사무소에 보고하여 급여와 선정에 반영시키는 방식으로 진행된다.

자활대상자를 표현하는 용어는 생소할 뿐 아니라 다소 복잡하다. 따라서 본론에 들어가기에 앞서 이를 정의하면 다음과 같다. '수급자' 란 기초생활보장제도를 통해 각종 급여를 지급받는 사람을 지칭한다. 이 수급자 중 18세~60세 사이의 근로능력자를 '자활대상자' 로 정의한다. 이 자활대상자 중 현재 취업자나 가구여건으로 취업이 곤란한 사람은 '조건부과 제외자' 로 정의하고, 취업이 가능한 자활대상자를 '조건부수급자' 로 정의한다. 하지만 조건부수급자 중 해당 지역에 자활지원 인프라가 없어 조건부과가 어려운 사람은 '조건제시 유예자' 로 정의한다. 그리고 자활사업에 참여하고 있는 사람을 '자활사업 참여자' 로 정의한다. 참고로 조건부수급자와 자활사업 참여자가 동일하지 않은 이유는 전자 중 소득이 최저생계비를 초과하여 수급자격을 상실한 사람, 즉 '자활특례자' 나 근로능력이 없는 것으로 판정되었으나 사업참여를 희망하는 '일반수급자' 가 포함되어 있기 때문이다.

그리고 자활사업 참여자를 대상으로 프로그램을 기획하고, 매년도 중점추진계획을 자치단체의 사업실시기관에 전달하는 경로는 [그림 7-2]와 같다. 먼저 중앙부처는 종합자활지원계획을 수립하여 주어진 예산범위 내에서 다음 연도 자활사업의 추진방향과 주요 프로그램을 제시하고, 그에 따라 광역자치단체는 지역자활지원계획을 수립하게 된다. 그리고 이 계획은 가구별 자활지원계획을 통해 자활사업 참여자에게 전달된다.

그림 7-2 자활사업의 정책추진체계

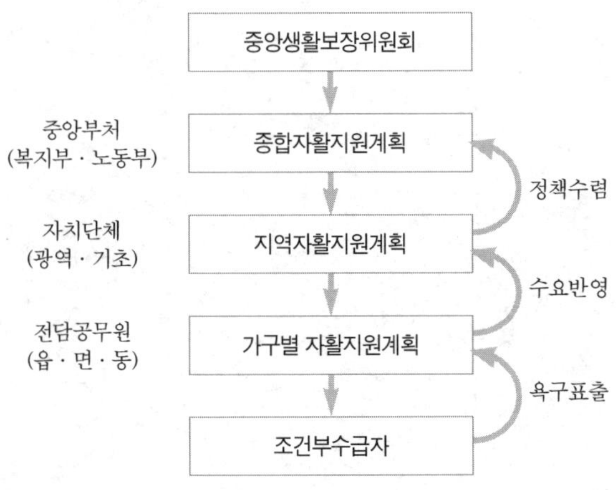

2. 자활사업의 급여체계

자활사업의 급여는 기초생활보장제도의 통합급여체계와 보충급여방식에 기초하고 있다. 먼저 통합급여체계란 자활사업 참여자 중 수급가구 구성원은 기초생활보장제도가 정한 모든 급여와 지원을 받게 된다는 것을 의미한다. 그것은 생계급여 외에도 주거급여, 의료급여, 교육급여 등의 현물급여와 기타 지원을 포함해 대략 26개로 구성되어 있다. 그리고 보충급여방식이란 수급가구의 소득이 최저생계비에 미달하는 경우, 그 만큼의 소득을 보충해주는 방식으로 운영된다는 것을 의미한다([그림 7-3] 참조).

기초생활보장제도 수급가구 중 4인 가구를 예로 들어 위의 그림을 설명하면 다음과 같다. 먼저 2001년 현재 4인 가구 최저생계비는 월 95만 6천 원이고, 현물급여 및 기타 지원액은 11만 원이며, 한 가구가 월 현금으로 받을 수 있는 최대금액은 84만 원이다. 여기서 현물급여와 기타지원액을 통합급여체계에 따라 모든 급여가 공통적으로 수급하게 됨으로, 보충급여방식이 적용되는 것은 현금급여액이다. 이때, 해당 가구의 소득(주로 근로소득)이 40만 원이라면, 보충급여방식에 따라 84만 원에서 40만 원을 제외한 44만 원을 생계급여로 받게 된다. 그리고 자활사업 참여소득 또한 동일한 원칙의 적용을 받게 된다. 만일 4인 가구 구성원 중 한 사람이 자활사업에 참여하여 50만 원의 소득을 벌었다면, 생계급여는 84만 원에서 50만 원을 제외한 34만 원만 지급되는 것이다.

하지만 자활사업은 수급자로 하여금 근로활동에 참여하도록 유인하기 위해 추가적인 인센티브를 제공하고 있다. 물론 외국의 경우는 근로소득공제 또는 근로장려금에 해당되는 추가소득을 지원함으로써 실직상태의 수급자가 부분근로라도 참여하도록 유인

그림 7-3 보충급여체계의 구성

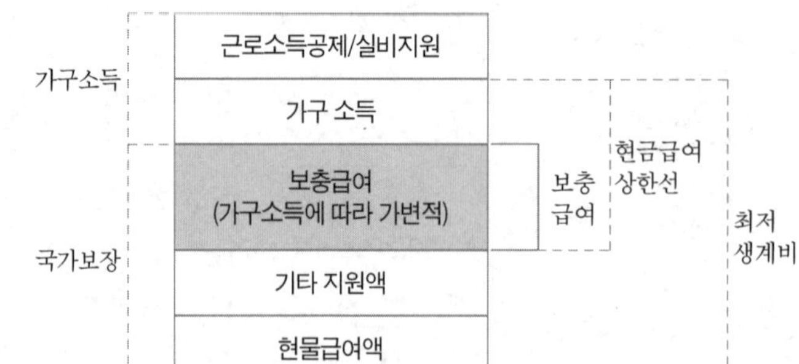

그림 7-4 자활사업 참여에 따른 가처분소득 변화

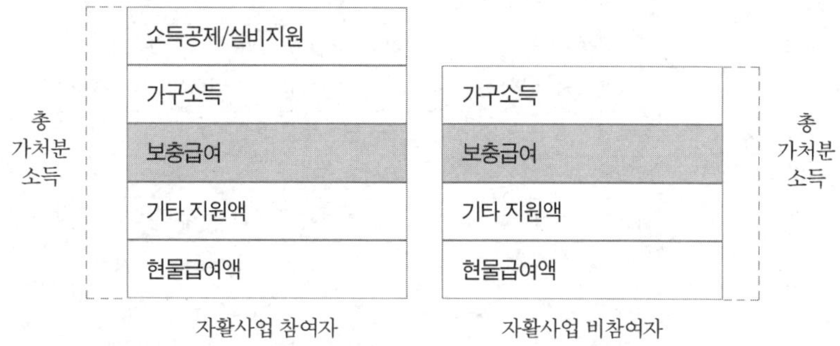

하고, 부분근로자는 전일제로 취업하도록 유인하는 방식을 취하고 있다. 하지만 기초생활보장제도가 근로소득공제와 관련된 시행방안을 마련하지 못하고 있는 관계로[2], 자활사업은 실비지원이라는 방식을 취하고 있다. 여기서 실비지원이란 자활사업 참여에 따른 소요경비를 지급하는 과정에서 다소의 추가소득을 지원함으로써 자활사업에 대한 참여율을 높이는 데 목적을 둔 것이다. 따라서 실비지원액은 급여산정을 위한 소득에 포함되지 않는다. 가령 자활근로사업 참여 수급자(4인 가구)가 임금으로 50만 원을 받고 실비형태로 15만 원을 받아 총 65만 원의 소득이 발생한 경우, 생계급여는 84만 원에서 50만 원만을 제외한 34만 원을 받게 된다. 이 때, 근로소득에 대한 공제율은 23%에 이르게 된다([그림 7-4] 참조).

3. 자활사업 프로그램과 전달체계

자활대상자가 선정되면, 그의 능력과 욕구에 맞는 프로그램이 제공되어야 하며, 그 프로그램은 다음과 같은 기관이 담당하게 된다. [표 7-1]에서 확인할 수 있듯이, 보건복지부의 자활사업은 읍·면·동사무소 및 자활후견기관과 밀접한 관련을 갖고 있으며, 노동부의 자활사업은 고용안정센터와 밀접한 관련을 갖고 추진되고 있음을 알 수 있다. 이는 자활프로그램 실시기관에게 수급자를 의뢰하는 기관이 노동부와 복지부(자치단체)로 이원화되어 있음을 말해주는 것이다.

---

2) 물론 자활사업은 학생, 장애인, 자활공동체 참여자에 대해 20~30%의 소득공제를 적용하고 있다. 하지만 그것이 자활사업 전체에 확대 적용되지는 않고 있다.

의뢰기관	프로그램	실시기관
읍·면·동사무소 (전담공무원)	자활공동체	자활후견기관
	업그레이드 자활근로	자활후견기관, 사회복지관, 시민단체 등
	취로형 자활근로	읍·면·동사무소 등
	지역봉사	자원봉사센터, 사회복지관, 시·군·구 등
	재활프로그램	자활후견기관, 사회복지관, 정신보건센터 등
	생업자금융자	읍·면·동사무소, 자활후견기관 등
고용안정센터 (직업상담원)	취업알선	Work-Net, 인력은행, 일일취업센터
	자활직업훈련	직업훈련기관, 고용촉진훈련기관
	자활인턴사업	일반기업(인턴채용기업)
	창업지원 등	근로복지공단

Ⅲ. 외국 자활사업의 지원·관리체계

1. 미국 TANF의 자활프로그램

미국의 자활사업은 TANF 수급자 외에도, 소득보조(income support) 및 식품권(food stamp) 수급자 중 근로능력자에게도 적용된다. 그리고 해당 근로능력자는 지역의 고용 센터(One-Stop Center)를 통해 개별상담을 받고, 상담과정에서 자신의 필요와 욕구에 따라 프로그램을 선택하게 된다. 그리고 이때 제공하는 프로그램은 [표 7-2]와 같다.

여기서 흥미로운 것은 미국의 자활사업이 취업알선−기초직업훈련−일반직업훈 련−전문기술교육−취업체험 등 노동시장진입 프로그램이 중심을 이루나, 부분적으로 나마 보조금지원 고용프로그램이나 지역봉사 프로그램과 같은 민·관 협력형 일자리 창출·제공사업 또한 존재하고 있다는 점이다. 그리고 취업곤란계층을 위한 프로그램 은 최근 들어 점차 주목을 받고 있는 것처럼 보인다.

[표 7-2]에서 알 수 있는 것은 구직등록을 통한 취업알선은 모든 수급자에게 공통적으 로 제공되는 서비스라는 점이다. 하지만 나머지 서비스들은 일정한 기준에 따라 제공된 다. 첫째, 보조금지원 취업알선은 고용주의 채용의사에 따라 고용되기 때문에 근로능력

프로그램 명칭	사 업 내 용
취업알선 (job search)	- 실시지역: 50개 주(그 중 27개 주는 의무규정) - 대상자 　· 모든 신청자 　· 고졸 이상, 전직 실업자 　· 직업상담원이 취업 가능하다고 판단한 사람 　· 복지급여 시효가 2개월 남은 부모(편부모) 　· 주당 30시간 이하 근로자
보조금지원 고용 (subsidized employment)	- 실시지역: 42개 주 - 대상자 　· TANF 수급자 및 일반 실업자 　· 비영리민간단체의 지원신청 가능
기초 직업훈련 (on the job training)	- 실시지역: 45개 주 - 대상자 　· 기술수준이 떨어지는 단순기능직 노동자 　· 저학력자
일반 직업훈련 (vacational educational training)	- 실시지역: 47개 주 - 대상자 　· 주당 10시간/20시간 이상 일하는 노동자 　· 파트타임으로 일하나 성취를 원하는 사람 　· 고용되기 위해 기술을 필요로 하는 사람
전문 기술교육 (job skills training)	- 실시지역: 42개 주 - 대상자 　· 주당 20시간 일하는 노동자가 대상 　· 시장에서 활용 가능한 기술이 필요한 사람
취업체험 (work experience)	- 실시지역: 44개 주 - 대상자 　· 구직활동을 마치고도 실직상태인 자 　· 13세 이상 아동보육자 중 12개월 이상 각종 취업교육을 받았지만 실직상태인 자 　· 기술습득을 위해 교육이 필요하다고 판단된 자
지역봉사 (community service)	- 실시지역: 34개 주 - 대상자 　· 2년간 TANF를 받고 근로하지 않은 사람 　· 구직활동 후에도 일자리를 찾지 못한 사람 　· 개인별로 최저고용시간이 부족한 사람

과 기술이 일정 수준 이상인 수급자와 실업자를 대상으로 하는 프로그램이다. 둘째, 직업훈련은 저학력·비숙련 수급자를 대상으로 하는 기초직업훈련과 현재 취업자 중 보다 나은 기술습득을 원하는 수급자 및 빈곤층을 대상으로 하는 일반 직업훈련, 그리고 부업 등을 위해 특정한 기술을 습득하는 것을 목적으로 하는 전문기술교육 등이 있다. 셋째, 구직활동에도 불구하고 취업에 성공하지 못한 수급자에게는 지역봉사 프로그램

을 제공한다.

2. 미국의 자활사업 관리체계

1) 자원동원을 위한 관리체계

미국 자활사업은 연방정부의 포괄보조금과 주정부의 자체예산을 중심으로 추진되며, 그 연방정부의 주무부서는 보건복지부(DHHS; Department of Health and Human Services)라고 말할 수 있다. 예산과 정책기획의 주도권을 가진 DHHS가 주정부의 복지부서(AFC; Administration of Family and Childeren)를 중심으로 사업을 추진하고, 근로의무가 부과된 수급자는 지역의 고용센터(One-Stop Center)에 의뢰되는 방식으로 운영되고 있는 것이다. 그리고 고용센터는 취업촉진을 기조로 수급자를 기업이나 비영리민간단체에 위탁하는 방식을 채택하고 있다. 하지만 최근 미국 자활사업에서 중요한 변화가 나타나고 있다. 그것은 노동부 자활사업(welfare to work program)에 별도의 예산을 배정함으로써, 동일한 TANF 수급자에 대해 독립된 두 개의 자활사업이 운영되는 양상이 나타나고 있다는 점이다. [그림 7-5]는 이러한 사업추진체계를 보여주고 있다.

그림 7-5 미국의 자활사업(TANF) 관리체계

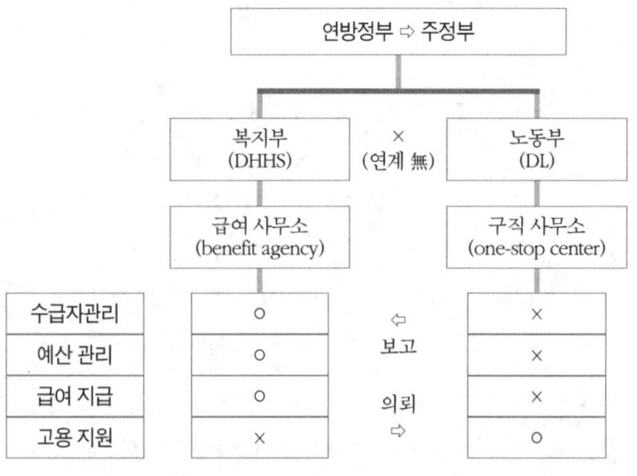

2) 제재조치를 위한 관리체계

미국의 사회부조제도는 자활사업을 시작하기 이전에도 부정수급(fraud)을 방지하기 위한 다양한 통제장치를 두고 있었다.[3] 그리고 동일한 맥락에서 미국의 자활사업은 TANF 등 사회부조 급여 수급자 중 근로능력자에게 평생 5년, 연속 2년으로 수급기간을 제한하고 있다. 물론 가정폭력 희생자나 가족의 간병이나 보육 등을 담당하는 사람에 대해서는 이러한 기간이 반영되지 않는다.

하지만 위에 언급한 조건부과 면제자를 제외하고, 근로활동이나 교육·훈련 등에 참여하지 않는 수급자, 즉 조건불이행자에 대해서는 연방법에 따라 즉시 급여를 삭감하는 제재를 취하고 있다. 하지만 제재가 아무런 절차나 단계 없이 내려지는 것은 아니다. 조건불이행에 따른 제재는 다음과 같은 절차에 따라 내려진다.

- 제1단계: 제재 대상 수급자가 발생하면, 사례관리(case management) 및 위기개입 팀(crisis intervention team)이 조건을 불이행하게 되는 원인을 해소하기 위해 개입한다.
- 제2단계: 제재를 가하기 전에 조건불이행을 하게 된 정당한 사유가 있는지 여부를 판단하는 절차를 두고 있다. 그리고 수급자는 제재조치 이유를 들을 권리를 가진다.
- 제3단계: 조건불이행이 확정된 수급자에 대해서는 연방법에 따라 급여의 일부가 일정기간 동안 삭감된다. 그리고 연방법에 따라 추가적인 조치가 없는 한, 식품권(food stamps)과 의료부조(medicaid)에 대해서는 삭감조치를 적용하지 않는다.
- 제4단계: 제재가 취해진 경우라도 조건을 이행하면, 즉각 제재를 멈춘다.

하지만 제재를 취하는 방식은 주(州)에 따라 다르다고 말할 수 있다. 최근 자료에 따르면, 조사대상 36개 주 가운데, 첫 번째 조건불이행 시 가족 전체의 급여에 제재를 가하는 주가 18개에 달하며, 나머지 18개는 일부 구성원의 급여에 제재를 가하는 것으로 나타나고 있다. 그리고 두 번째 조건불이행 시 가족 전체의 급여에 제재를 가하는 주가 22개, 나머지 주 14개는 여전히 일부 구성원의 급여에 제재를 가하는 것으로 나타난다. 또

---

3) 미국의 수급자의 조건불이행에 따른 제재를 담당하는 기구는 매우 다양하다. 먼저 부정수급방지 프로그램(FPI; Fraud Prevention Investigations)은 각 지역 감독국(OIG; Office of Inspector General)이 주도하며, 복지부의 부정수급조사 사무소(ORFI; Office of Recoveries and Fraud Investigations)가 지원하고, 지방 복지사무소(DHS local offices)와 개인계약자의 협력을 통해 이루어진다.

한 세 번째 조건불이행 시 가족 전체의 급여에 제재를 가하는 주가 31개로 나타나고 있다(SPDP, 2000).

3. 영국 뉴딜 자활프로그램

영국의 뉴딜(New Deal) 프로그램은 자활대상자에 대한 초기심사과정을 하나의 의무적 통과절차로 규정하고, 이를 통해 개인의 여건과 욕구를 종합적으로 파악한다. 상담은 주로 고용사무소의 개인상담자(PA; Personal Adviser)가 담당하며, 그는 취업상태에 대한 자가평가에 기초한 개인능력평가를 실시한다.

취업상태에 대한 자가평가는 평가 신청일을 기준으로 196일간 적용되며, 신청자가 현 직업에서 일할 수 없음을 입증하는 증거에 기초해야 하며, 여기서 말하는 직업이란 주당 16시간 이상이며, 무능력상태가 발생하기 전 21주 중 8주 이상을 일한 일자리에 적용한다. 그리고 이 자가평가 자료를 기준으로 다음과 같은 내용의 개인능력평가를 실시한다. 이 평가는 평가신청 후 197일째부터 적용되며, 설문지 응답에 근거한 몇 가지 기능수행 능력에 대한 평가에 근거한다. 물론 이것이 불성실하거나 모호한 경우, 의료적 진단도 이루어진다.

그리고 이러한 개인능력평가는 개인상담자(PA)가 자활대상자에게 어떠한 프로그램을 제공할 것인지를 결정하는 매우 유용한 자료로 활용된다. [그림 7-6]은 영국 자활사업에서 개인상담자가 수행하는 역할을 보여준다. 즉 그는 개인의 여건과 특성 그리고 욕

그림 7-6 영국 자활대상자 유형화 흐름도

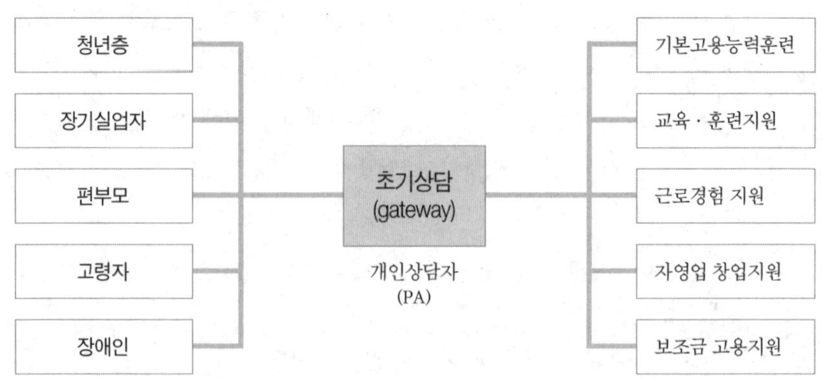

프로그램	사업내용
기본고용능력훈련 (basic employment training)	- 훈련기간은 26주이며, 구직에 장애가 있는 문제점을 해결하는 데 목적이 있으며, 특히 기초적인 기술능력을 개발
교육 및 훈련기회 (education/training opportunities)	- 기간은 52주이며, S/NVQs Level 3 이상의 자격증 획득 훈련
취업경험 (work experience)	- 민간 또는 공공부문 사업주가 제공하고, 정상적인 노동시간과 업무를 수행하는 것으로, 일주일에 5일 이상 30시간 이상의 노동기회를 제공
취업지원 보조금 (subsidised employment)	- 26주 동안 보조금을 지급하며, 전일제 고용은 주당 £75(14만 3천 원)을, 단시간 고용은 주당 £50(9만 5천 원)을 지원
자영지원 (self-employment support)	- 창업희망자가 사업계획을 세우는 데 필요한 도움과 상담을 받아 사업계획을 세우고 6개월 동안 시험운영을 거쳐 창업을 지원
추가지원 (follow through)	- 취업지원 종결 후에도 직장을 갖지 못한 참여자들을 위해 추가적인 도움을 제공

자료: Martin E. Evans(2001), "Britain: moving towards a work and opportunity-focused welfare state?", *International Journal of Social Welfare 2001*, 10, pp.260-266.

구를 반영하여 다양한 프로그램을 제공하는 역할을 수행하고 있다.

개인상담자가 제공할 수 있는 프로그램은 [표 7-3]에 언급하고 있는 바와 같이, 문자해독이나 산수처럼 기본적인 기술(basic skills)이 결여된 집단을 대상으로 하는 기초직업능력훈련부터 전문적인 교육훈련까지 다양한 프로그램을 갖추고 있으며, 취업에 현저한 어려움을 겪고 있는 자활대상자에게는 취업경험이나 취업지원 보조금과 같은 프로그램을 제공한다. 여기서 취업지원 보조금 프로그램은 프랑스의 자활지원기업이나 한국의 자활공동체와 유사하게 민간 또는 민·관 협력을 통해 창출된 일자리에 참여할 기회를 제공하는 것을 의미한다. 그리고 취업경험 프로그램은 민간 고용주로 하여금 수급자의 고용을 촉진하는 것을 목적으로 하는 프로그램이다.

그 밖의 흥미로운 프로그램은 창업촉진을 위한 프로그램과 취업지원이 종결된 후에도 취업하지 못한 대상자를 위한 추가지원 프로그램이다. 전자는 창업희망자가 모의창업을 통해 6개월간 실전에 가까운 창업경험을 축적하도록 도와줌으로써 창업성공률을 높이고 있다. 그리고 후자는 조건부과 방식에 따라 프로그램을 제공하였음에도 취업하지 못한 근로능력자에게 최소한의 지원을 하도록 설계된 프로그램이다.[4]

---

[4] 조건부과방식을 통해 취업을 촉진하고 지원기간을 제한하는 방식을 취하는 이상, 영국의 자활사업 또한 미국의 자활사업 프로그램처럼 취업곤란계층이 출현하고, 이들에 대한 이후의 지원 및 관리프로그램의 필요성이 증가될 것으로 예상된다.

4. 영국의 자활사업 관리체계

1) 자원동원을 위한 관리체계

영국은 정부 조직개편을 통해 복지부와 노동부가 통합하여 새로운 전달체계를 구축한 사례이다. 영국의 전달체계 통합사례는 신노동당 정부가 집권 직후 추진했던 효율적인 정부구조개편작업으로 인해 가능했다. 즉 오래 전부터 미국 근로연계형 복지정책의 수용 가능성을 타진해왔던 영국은 복지수혜자의 노동시장 진입을 통한 복지예산절감을 목표로 하는 뉴딜정책을 추진하고자 하였고, 이것은 복지급여 업무와 고용지원 업무 간의 협조를 전제로 하고 있었다. 이러한 취지에서 영국의 근로연계형 복지정책은 새로운 형태의 고용·복지통합조직을 기반으로 활성화될 수 있었다.

이러한 조직통합작업은 2001년 현재까지도 계속 진행되고 있다. 첫 번째 단계에서는 정부부처 간, 즉 사회보장부(DSS)와 교육고용부(DEE)간의 협력 조직을 구성하여 조직통합을 준비하였다. 이 과정에서 실직빈곤계층에 대한 급여지급을 담당하는 DSS가 예산배분 및 지원정책의 체계개선 작업에서 주도적인 역할을 담당하게 되었고, DEE는 지

그림 7-7 영국의 자활사업(New Deal) 관리체계

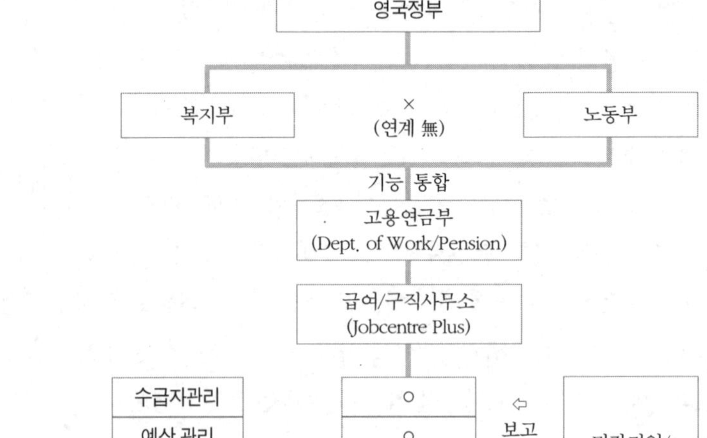

역의 구직사무소(job center)를 중심으로 취업알선 및 직업교육 연계업무를 담당하게 되었다. 두 번째 단계에서 영국은 2001년 6월 DSS와 DEE를 통합하여 고용연금부(department for work and pension)를 신설하였다. 그리고 일선의 급여사무소(Benefit Agency)와 구직사무소를 통합한 새로운 고용사무소(Jobcentre Plus)를 전국적으로 약 1,500개 설치·운영하고 있다([그림 7-7] 참조).

새로운 고용사무소는 상담과 지원업무를 전담하는 개인상담자가 지원을 신청하는 수급자를 대상으로 2주에 한 번씩 인터뷰를 실시하며, 이 인터뷰 과정에서 각 수급자가 참여해야 할 사업에 대해 합의서를 작성한다. 이 합의서에는 구직의사가 있으며, 어떠한 직업을 구하며, 직업능력 개발이 필요한 사람에 대한 조치가 포함되어 있다. 새로운 고용사무소의 기능은 취업을 위한 민간자원(기업 및 비영리민간단체, 특히 사회적 기업)과의 연계, 직업훈련 서비스의 연계에 초점을 두고 있다.

2) 제재를 위한 관리체계

영국은 사회부조 수급자를 중심으로 나타나는 부정수급이나 행정상의 오류를 수정하기 위해 많은 노력을 기울여 왔고, 2001년 5월 11일에는 사회보장부정수급에 관한 법령(the social security fraud act 2001)을 제정하여, 부정수급을 발견하고, 잠재적인 부정수급 요인을 해소하는 데 주력하고 있다. 고용연금부 차원에서는 부정수급대책위(FSU; Fraud Strategy Unit)를 구성하여 이를 담당하게 하고 있으며, 사회부조 수급자에 대해서는 급여부정수급감독원(BFI; Benefit Fraud Inspectorate)이 업무를 담당하고 있다.[5]

하지만 자활사업과 관련해서는 새로운 고용사무소가 사회부조 및 실업부조 수급자에게 근로활동 의무를 부과하고 이에 따른 후속관리를 하고 있다. 따라서 자활대상자는 위에 언급한 절차에 따라 개인상담자와 자활계획에 대한 합의서를 작성하고, 근로활동 또는 자활사업에 참여해야 한다. 만일 수급자가 개인상담자와의 인터뷰를 거부하는 경우, 또는 정당한 사유 없이 합의서 작성에 이르지 못하는 경우, 자활사업에 성실하게 참여하지 않는 경우에는 급여삭감 등의 제재가 내려지게 된다.

좀 더 구체적으로 급여가 삭감되는 경우를 설명하면 다음과 같다. 첫째, 적극적으로

---

5) 고용연금부에 따르면, 1997년 10월부터 1998년 9월까지 소득보조(IS; Incom Support)와 구직자수당(JSA; Job-Seek's Allowance)과 관련한 부정수급 및 초과지급사례는 전체 급여의 9%에 달하는 것으로 보고되고 있다.

구직활동을 하지 않는 경우이며 둘째, 합의서 작성을 하지 않은 경우이며 셋째, 취업자 중 정당한 이유 없이 자발적으로 직장을 그만 둔 경우나 자신의 실수로 직장을 잃게 된 경우가 그에 해당된다.

하지만 다음과 같은 경우에는 수급자에게 조건부과가 면제되는 정당한 이유가 있는 것으로 간주된다. ① 근로능력자이나 임신부인 경우, ② 아동을 돌보고 있는 경우, ③ 16~17세 아동을 돌보는 편부모인 경우, ④ 본인이 장애가 있는 경우, ⑤ 장기간 치료가 필요한 경우, ⑥ 가족구성원 중 장기질환자나 장애인을 돌보고 있는 경우, ⑦ 학업에 종사하는 경우 등이다.

5. 프랑스 IAE[6]의 자활프로그램

프랑스 자활사업은 자활대상자 유형화와 관련해서 매우 간단한 방법을 사용하고 있다. 그것은 초기 심층면접을 통해 필요와 욕구를 개별화하고, 자활의 경로를 계획하는 것이다. 그리고 이러한 역할은 구직사무소(ANPE; Agence National Pour Empoi)가 중심이 되어 구성한 심사단(equipe)이 담당하고 있다. 심사단은 ① 구직사무소의 직업상담원, ② 3급 이상의 서비스를 제공할 수 있는 단체, ③ 자활지원기업(EI, ETTI)의 실무자 등으로 구성되며, 심사자는 심사결과를 구직사무소에 통보한다.[7] 여기서 홍미로운 것은 초기상담과 개인별 자활지원계획을 수립하는 것이 영국과 같이 공공기관의 개인 상담자에게만 맡겨져 있는 것이 아니라, 민간단체 및 전문가 그룹까지 포괄하고 있다는 점이다.

그리고 이와 같은 심층면접을 통해 자활대상자에게 제공하는 프로그램 또한 매우 특징적이다. 앞서 미국과 영국의 프로그램도 비슷한 유형의 프로그램을 갖고 있지만, 프랑스의 지활사업은 자활대상자들이 자력으로 좋은 일자리를 갖기 어려우며, 이들의 자활을 촉진하기 위해서는 그들이 접근하기 용이한 일자리를 창출, 제공해야 한다는 점을 강조하고 있다. 실제로 프랑스 자활사업이 제공하는 프로그램은 크게 다음 세 영역으로 나뉘어 진다: ① 비시장영역의 일자리 제공[8], ② 보조금을 지원하는 시장영역의 일자리

---

6) IAE란 '경제활동을 통한 자활사업'(Insertion par l'Activité Economique)을 의미한다.
7) "ACCORD CADRE entre Agence Nationale Pour l'emploi et union regionale des entreprises d'insertion Nord-Pas de Calais", http://www.ureinpc.org/juridiq/ANPE/ accord.
8) '비시장영역의 일자리'(emplois non-marchand)란 광의에서 국가와 지방자체단체가 제공하는 준공공적

표 7-4 프랑스의 자활사업 프로그램

구 분	세부 구분	사 업 내 용
임금보조 민간 고용	자활지원기업 (EI)	- 목적: 비영리단체중심 고용창출 - 대상: 근로능력이 있는 빈곤층 전체 - 지원: 안정된 일자리 제공
	비영리중개단체 (AI)	- 목적: 기업·지자체에 단기 인력파견 - 대상: 수급자 및 일반 빈곤층 - 지원: 단기적인 인력파견
	임시자활지원기업 (ETTI)	- 목적: 구직에 필요한 경력 축적 - 대상: 구직곤란 비숙련 빈곤층 - 지원: 고용연계형 직업훈련
임금보조 공적 고용	장기자활근로 (CEC)	- 목적: 장기실업자의 사회적 고용 - 대상: 장기실업자 및 재취업곤란자 - 지원: 임금보조 고용
	단기자활근로 (CES)	- 목적: 수급자의 노동시장 진입 - 대상: 1년 뒤 노동시장진입이 가능하다고 판단되는 모든 실업자 - 지원: 취업능력 강화 위한 교육훈련
	고용유인계약 (CIE)	- 목적: 장기실업자 대상 고용연계형 직업훈련 - 대상: 12개월 이상 장기실업자 - 지원: 근로시간의 25%를 교육시간으로 보장
직업훈련	전문기능훈련 (SIFE)	- 목적: 실직빈곤층의 견습 통한 훈련 - 대상: 취업 곤란 빈곤층 - 지원: 전문화된 견습형 직업훈련
	개별교육장 (APP)	- 목적: 전문화된 직업훈련 - 대상: 생계보호를 받는 수급자 - 지원: 무보수 전문 직업훈련
구직활동	구직활동	- 목석: 노동시장 진입촉진 - 대상: 취업 유망 계층 - 지원: 취업알선

자료: Jean-Pierre Hardy(1999), *Guide de l'Action Sociale contre les Exclusions*, Paris, Dunod에서 인용.

제공, ③ 직업훈련 및 교육서비스 제공이 그것이다. 여기서 비시장영역의 일자리는 비영리민간단체나 사회적 기업 등이 창출하는 일자리로 이해할 수 있는데, 이것 또한 훈련에서 소득보장 및 창업에 이르기까지 다양한 프로그램을 제공하고 있다([표 7-4] 참조).

성격의 일자리와 비영리민간단체가 매개되어 제공되는 사회적 일자리를 포함.

6. 프랑스의 자활사업 관리체계

1) 자원 동원을 위한 관리체계

프랑스의 자활지원체계는 노동부와 복지부를 통합하여 별도의 운영·관리조직을 건설한 대표적인 경우이다. 1990년대 프랑스는 노동시장에서의 고용창출을 지원하는 각종 정책과 실업자의 능력을 개발하는 훈련사업을 실시하여 왔다. 그러나 실업의 장기화로 빈곤문제가 발생하게 되고, 이것이 취약계층 전반으로 확산되자, 경제적 빈곤뿐 아니라 빈곤의 원인을 예방하기 위해 1998년에는 반소외법(la loi contre les exclusions)을 제정하기에 이르렀다. 이 법은 노동정책과 빈곤정책을 통합하는 것으로 실업부조와 사회부조를 하나의 관리체계로 묶고 있다.

그리고 1997년 집권한 사회당 정부는 반소외정책을 추진할 전달체계로 노동부와 복지부를 통합한 고용연대부(ministèe de l'emploi et de la solidarité)를 설치하였다. 이 고용연대부는 내부에 노동부와 보건복지부 그리고 사회경제부로 구성되어 있으며, 각각

그림 7-8 프랑스의 자활사업(RMI) 관리체계

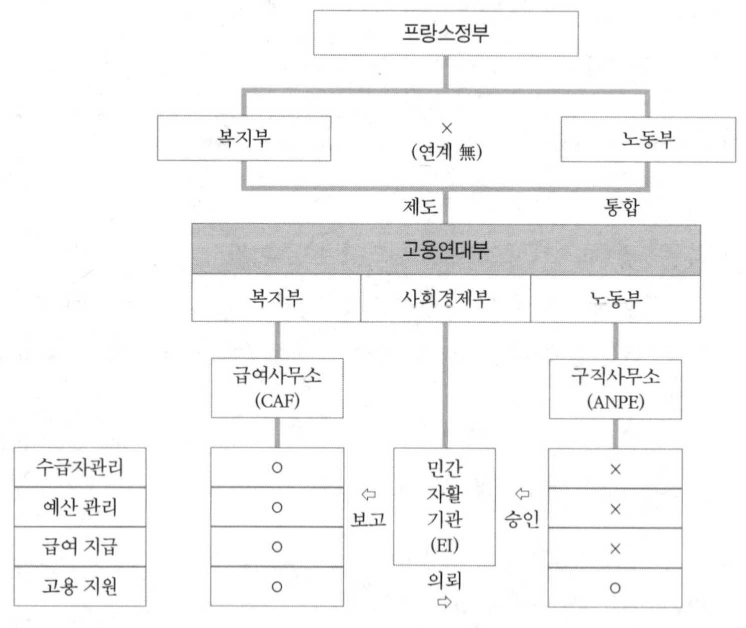

의 부서를 유기적으로 통합한 것(영국의 경우)이 아니라, 각 부서 간의 업무연계성을 강화하기 위에 상위조직을 구성하는 데 목적이 있다. 각 부서를 연계하는 내부의 상설위원회가 부서 간 업무를 연계·조정하는 기능을 담당하고 있다.[9] 이는 취업촉진 및 일자리 창출과 관련해서 다양한 부처의 협력이 필요하다는 점을 고려할 때, 이 위원회가 시사하는 바는 매우 크다.

자활사업은 주로 사회경제부에서 담당하고 있지만, 노동부와 복지부를 연계하는 상설위원회를 통해 자활사업에 대한 일관된 운영을 보장하고 있다. 지역차원의 자활사업은 지역자활협의체에 의해 관리되며, 일선의 급여사무소(CAF)와 구직사무소(ANPE)가 자활사업과 관련된 급여지급 및 자활지원 가부판정 등의 업무를 담당한다. 홍미로운 것은 자활프로그램 대부분이 민간부문 주도로 또는 민·관 협력 방식으로 제공되고 있다는 점이다. [그림 7-8]에 나타나 있는 민간자활기관이란 자활지원기업(EI)이나, 비영리민간단체(AI), 임시직자활기업(ETTI) 등을 지칭하는 것이다.

2) 제재를 위한 관리체계

프랑스 자활사업은 미국이나 영국과 근로능력이 있는 수급자에게 근로활동의 의무를 조건으로 급여를 제공하는 방식(système de contrepartie)을 취하지 않고 있다. 다만 특수연대수당(ASS; Alloocation Specifique Solidazité)이 실업부조제도라는 점을 감안할 때, 실업보험과 마찬가지로 급여를 수급하기 위해 적극적인 구직활동을 해야 한다는 기초적인 조건이 부과되고 있을 뿐이다. 조금 다른 방식으로 RMI를 수급하려면 자활사업 참여계약이 필요한 경우를 들 수 있다. 하지만 RMI 수급을 전제하지 않더라도 자활사업에 참여할 다양한 기회가 제공되고 있으며, 반대로 자활사업에 참여하지 않더라도 RMI를 수급할 수 있다는 점에서 제재를 위한 독자적인 관리체계를 발견하기 힘들다.[10]

이처럼 명시적인 조건부과를 취하지 않는 것은 몇 가지 이론적 근거에 바탕을 둔 것이다. 이는 권리와 의무의 조화라고 표현할 수 있다. 먼저 고용기회를 원하는 모든 취약

---

9) Ministère de l'emploi et de la solidarité(1999), "Décret no 99-104 du 12 février 1999 portant création d'un comité interministeriel de lutte contre les exclusions", *Journal Officiel*, Numéro 42 du 19 Février 1999.
10) 다른 유럽국가를 들면, 벨기에 또한 자활사업을 도입할 당시에는 근로의무를 이행하지 않는 수급자에 대한 제재를 설계하였으나, 이후 적용되지 않고 있다. 반면 독일은 사회부조제도 수급자가 정당한 일자리 제의를 거절한 경우, 급여삭감 등의 제재를 적용하고 있다(Conseil supérieur de l'emploi, des revenus et des coûts, *Minima sociaux: Entre protection et insertion*, 1996. 참조).

계층은 국가와 자치단체에 일자리를 요구할 권리를 가지며, 그에 상응하는 의무를 진다. 하지만 이것은 강제나 조건부과의 형태를 띠는 것이 아니라, 당사자 간의 합의라는 상호성에 기초하고 있다. 더욱이 자활사업이 모든 수급자를 위한 최선의 방법이거나, 유일한 대안이라고 간주하지 않는다. 이는 프랑스 자활사업이 모든 근로빈곤층이 참여할 수 있는 보편적 서비스라는 것을 전제로, 각 개인의 자발적 선택과 국가·개인 간의 합의가 그 이념적 토대를 이루고 있음을 의미하는 것이다. 그리고 이러한 이념은 반소외법이나 자활사업 관련 지침(Circulaire DIRMI du 26 mars 1993)속에 분명하게 명시되어 있다.

7. 자활대상자 선정·분류·관리체계와 관련된 시사점

각국의 자활대상자 선정·분류·관리체계와 관련해서 많은 시사점을 도출할 수 있다. 하지만 여기서는 각국의 자활대상자 관리인력과 조직, 초기상담의 원칙, 대상자 분류방식, 제재의 측면에서 언급하기로 하겠다.

먼저 외국 자활사업의 가장 큰 시사점은 그것이 조건 강제를 위한 부정적 의미에서뿐만 아니라, 그들의 능력과 욕구에 맞는 자활지원을 위해서도 자활대상자 선정과 관리를 담당한 전문인력과 조직이 필요하다는 것이다. 참고로 미국의 구직사무소(One-Stop Center)나 영국의 고용/구직사무소(Jobcentre Plus) 그리고 프랑스의 구직사무소(ANPE) 등은 자활사업 참여자에 대한 초기상담, 분류, 그리고 프로그램 연계를 담당하고 있다. 그리고 이들은 이러한 역할을 수행할 수 있는 전문상담인력을 육성하고 있다. 참고로 영국의 개인상담자는 자활사업과 관련해서 매우 중요한 역할을 수행하고 있다고 말할 수 있다.

또한 초기상담과 관련하여 흥미로운 시사점을 발견할 수 있다. 미국이나 영국의 경우, 수급자에게 근로활동의 의무를 부과하는 데 초점을 두고 있지만, 프랑스는 초기상담에 있어 수급자와 상담자 간의 합의를 통한 자활지원계획 수립을 중요시하고 있다. 이는 일방적으로 조건을 부과하고, 조건불이행에 대한 제재를 강화함으로써 수급자의 낙인감을 심화시키기보다 상호합의를 통해 향후 사업참여계획을 수립함으로써 각 개인의 책임감을 강화하는 방식이 존재할 수 있음을 말해준다. 물론 이렇게 탄력적인 조치는 사회부조제도에 대한 사회적 인식과 밀접한 관련이 있을 것이다. 사회부조제도가 비판의 대상이 되는 상황이라면, 이러한 방식으로 제도를 운영하기 힘들 것이기 때문이다.

자활대상자에 대한 분류 또는 유형화와 관련해서도 시사점을 발견할 수 있다. 간단히 언급하면, 자활대상자를 취업대상자나 비취업대상자로 분류하는 방식을 채택하는 국가는 존재하지 않는다는 점이다. 각국 자활사업은 각 참여자에 대한 개인여건 및 가구여건 판단, 그리고 가용한 공급자원의 범위를 고려하여 필요한 서비스를 단계적으로 제공하는 데 초점을 맞추고 있다. 이 과정에서 직업능력이 현저하게 떨어지는 취업곤란계층에 대해서는 특정한 프로그램이 선호되는 경향이 나타난다. 하지만 근로능력 판정표에 따라 대상자를 유형화하는 경우는 존재하지 않는 것이다.

자활대상자에 대한 프로그램 연계와 관련해서 도출할 수 있는 가장 큰 시사점은 각국이 지역중심의 자활사업을 추진하며, 지역여건에 맞게 공급가능한 자원을 동원하고 연계하고 있다는 점이다. 실제로 대부분의 서구 국가에서 자활사업은 지방정부 또는 지방자치단체 차원에서 상당한 자율성을 갖고 추진된다. 예를 들면, 민간기업을 통한 수급자의 취업촉진사업을 추진하는 데 주도적인 역할을 수행하는 것은 영국의 지방정부이며, 프랑스 또한 지방정부가 지역자활지원계획을 수립하고 참여자가 필요로 하는 일자리를 창출하는 방식을 취하고 있다.

그리고 각국 자활사업의 대상자 관리와 관련해서 사후관리 또는 사후지원의 강화에 대해 언급할 수 있다. 각국의 자활사업은 취업자에 대한 현물급여 제공 등 지속적인 사후관리를 통해 빈곤탈출의 효과를 극대화하고 있다. 이것은 자활사업이 탈복지에 초점을 두고 복지제도에서 벗어나게 하는 근시안적 정책에서 한 걸음 더 나아가, 이들이 안정적으로 생활할 수 있는 능력을 배양하도록 지속적인 서비스를 제공하고 있음을 의미한다. 이는 장기간 복지제도에 의존해서 생활하던 수급자가 취업을 통해 복지제도에서 탈출하는 경우, 근로소득이 복지제도를 통해 수급하는 각종 혜택에 비해 이점(利點)이 없어 복지제도로 귀환하게 되는 문제점을 해소하는 강점을 갖는다.

끝으로 각국의 자활사업이 사회부조 수급자에 대한 제재를 어떠한 방식으로 취하고 있는가에 대해 언급하지 않을 수 없다. 현재 조건불이행에 따른 제재를 취하는 국가는 미국과 영국 등 일부 국가에 국한되어 있다. 그리고 조건부과에 대한 의견 또한 크게 분열되고 있다. 한편에서는 기본권을 침해하는 것이라는 주장이 존재하며, 다른 한편에서는 복지의존성을 해소하고 자활역량을 강화하는 것이라는 주장이 존재하고 있는 것이다. 심지어 미국에서도 조건부과방식에 대한 이견이 없는 것은 아니며, 모든 주(州)가 강력한 제재를 취하는 것도 아니다.

Ⅳ. 자활사업의 전달체계 개편방안

1. 자활대상자의 선정과 분류

근로빈곤층 중에서 일정한 선정기준에 따라 자활대상자를 선발하고 나면, 그들의 능력과 욕구에 따라 정해진 정책방향과 주어진 공급자원을 고려하여 필요한 자활서비스를 제공해야 한다. 여기서 자활대상자를 분류 또는 유형화하는 이유는 근로능력이 있는 빈곤층의 다양한 욕구를 정확히 파악하고, 집중적인 지원이 필요한 대상집단을 설정하고, 적절한 프로그램을 제공함으로써 정책의 효과성을 극대화하기 위함이다. 이는 자활대상자 유형화가 ① 초기상담을 통한 정확한 욕구파악, ② 적절한 프로그램의 단계적 제공(가구별 자활지원계획 수립 및 집행)으로 구성됨을 의미한다.

초기상담은 각 개인의 빈곤 또는 실업원인을 보다 정확하게 파악하는 데 목적이 있다. 일반적으로 사용되는 판단기준은 성별, 연령, 학력, 직업기술, 가구요건 등으로 구성되며, 이는 개인적 능력, 가구여건, 사회여건 등 세 가지 차원에서 분류될 수 있다. 그리고 이러한 복합적인 기준에 따라 각 개인의 취업잠재력을 판단해 보면, 이들은 전체적으로 몇 개의 동질적인 집단을 구성하는 것을 알 수 있다. 이는 자활대상자 중 취업잠재력이 높거나 집중적인 지원이 필요한 집단을 파악하는 데 매우 유용한 자료가 된다. 실제로 미국과 영국 그리고 프랑스의 자활대상자 중 대상집단으로 부각되고 있는 집단을 살펴보면 청년실업자, 여성실업자, 장기실업자, 취업빈곤층 등을 확인할 수 있다. 참고로 [표 7-5]는 자활대상자의 특성 또는 문제점을 기준으로 파악한 중점지원 대상집단을 보여주고 있다.

위에 언급한 다양한 요인을 도식화하여, 내적 고용장벽과 외적 고용장벽이라는 두 가지 측면에서 자활대상자의 취업잠재력을 살펴보면 [표 7-6]과 같다. 여기서 내적 고용장벽이란 성별이나 연령으로 인한 취업곤란이나 직업능력이 미약하거나 심리적 질환이나 알코올중독 등으로 인해 취업에 어려움을 겪고 있음을 의미하며, 외적 고용장벽이란 보육·간병 등으로 취업에 어려움을 겪고 있음을 의미한다.

[표 7-6]은 취업잠재력을 판단기준으로 할 때, 자활대상자가 크게 네 개의 집단으로 분류된다는 것을 보여준다.

- 집단 Ⅰ : 근로동기가 있고 취업준비가 되어 있는 집단

표 7-5 자활대상자의 특성 및 유형

실업 · 빈곤의 원인	대상집단(target group)
- 취약한 건강상태	→ 장애인 실업자
- 성별에 따른 차별	→ 고학력 여성실업자
- 연령에 따른 배제	→ 고령의 실업자
- 저학력/비숙련	→ 저학력/비숙련 노동자
- 보육 · 간병으로 인한 실업	→ 아동보육 여성가장
- 가사부담으로 인한 실업	→ 여성 비경제활동인구
- 적절한 일자리의 부족	→ 실업자 일반
- 기술/직업의 불일치	→ 장기실업자, 취업빈곤층

표 7-6 자활대상자의 유형분류

		외적 고용장벽	
		없 음	있 음
내적 고용 장벽	없 음	집단 I	집단 II
	있 음	집단 III	집단 IV

주: 1) 내적 고용장벽: 성 · 연령, 저숙련, 심리적 질환 및 약물중독 등.
　　2) 외적 고용장벽: 보육 · 간병 등 가구여건, 교통곤란 등.

- 집단 II: 근로동기가 있으나 외적인 고용장벽이 있는 집단
- 집단 III: 근로동기가 없거나 약한데, 외적 고용장벽은 없는 집단
- 집단 IV: 근로동기가 없거나 약하고, 외적 고용장벽이 있는 집단

위에 언급한 네 집단을 좀 더 구체적으로 살펴보면 다음과 같다.

집단 I은 정보부족이나 노동시장여건으로 인해 일자리를 찾지 못하고 있어 취업알선 등의 서비스를 통해 노동시장 진입을 촉진해야 할 집단이다. 각국의 자활사업은 이러한 집단의 대표적인 경우로 청년실업자에 주목하고 있다. 실제로 영국의 청년실업자뉴딜(new deal for young unemployed)이나, 프랑스의 청년일자리(emploi jeune)를 지적할 수 있다.

집단 II는 취업의지나 취업능력은 있으나 보육이나 가사부담 등 가구여건으로 취업이 힘들어 복지서비스 제공을 통해 취업여건을 조성해야 할 집단이다. 이는 각국의 자활사업이 여성가장에 초점을 맞추는 것을 통해 확인할 수 있다. 미국의 TANF 프로그램

이나, 영국의 편부모대상 프로그램, 프랑스의 편부모수당(API) 수급자대상 자활프로그램이 그러한 예라고 말할 수 있다.

집단 Ⅲ은 취업장애요인이 없거나 미약하지만 취업의지가 없는 집단으로 복지제도에 안주하는 도덕적 해이를 보이는 집단이라고 말할 수 있다. 이들은 근로능력이 있음에도 일하지 않으며, 실업부조제도 및 일반적인 소득보조 수급자에 집중되어 있다고 말할 수 있다. 그리고 이들이 바로 자활사업의 조건부과방식이 적용되는 대상집단이다.

집단 Ⅳ는 저학력, 비숙련, 고령 등의 취업장애요인이 있고, 심리적으로 장애마저 있어 직업능력이 현저하게 낮으며, 취업의지가 없는 집단이다. 외국 자활사업의 경우 이들은 자활사업 참여자에 포함시키지 않는 경우가 많으며, 자활사업 참여를 허용하더라도 재활프로그램의 성격을 지닌 프로그램에 참여하는 것이 일반적이다.

2. 자활지원계획의 수립

자활대상자와의 초기상담을 통해 그가 어떠한 여건에 처해 있으며, 어떠한 욕구를 갖고 있는지 파악했다면, 그가 필요로 하는 서비스를 어떠한 방식으로(종합적으로 또한 단계적으로) 제공해야 할 것인지 계획을 수립해야 한다. 이는 자활사업을 통해 적극적 고용지원서비스를 제공하는 대부분의 국가가 채택하고 있는 방법이다.

여기서 중요한 것은 이러한 상담을 수행하는 전문인력의 존재와 작업방식이다. 앞서 언급했던 것처럼 자활전담공무원은 가구여건과 소득수준 그리고 기초적인 근로능력 유무를 파악하고, 직업상담원은 단기간의 직업능력 판정프로그램을 활용하여 자활사업 참여자의 직업욕구와 능력을 파악한다. 그리고 그러한 판정결과를 토대로 실무협의회를 개최하여 각 참여자에게 어떠한 프로그램을 제공할 것인지 결정해야 한다. 이 때, 프로그램 공급자의 참여를 보정하는 것은 매우 중요하다.

참고로 대부분의 국가는 자활사업 참여자를 상담하는 전문인력을 배치, 운영하고 있다. 미국의 경우는 지역의 가족복지사무소에서 해당역할을 수행하며, 고용지원과 관련한 업무는 고용센터(One-Stop Center)에서 그러한 역할을 하며, 영국의 경우는 고용/구직사무소(Jobcentre Plus)의 개인상담자가 그러한 역할을 수행하고, 프랑스의 경우는 구직사무소(ANPE)의 전문상담원이 그러한 역할을 수행하고 있다. 그리고 이들은 근로능력 판정을 위한 체계적인 매뉴얼을 토대로 대상자 유형을 분류하지만, 그에게 어떤 프로그램을 제공할 것인지는 '자율적으로' 판단하고 있다. 예를 들면, 여성가장에게 특정한 프로그램을 제공하도록 사전에 결정된 것이 아니라, 가용할 수 있는 공급자원과 본인의 욕구를 감안하여 적합한 프로그램을 제공하는 것이다.

[그림 7-9]는 자활지원계획 수립 및 서비스 연계의 흐름을 보여준다. 즉 자활대상자에 대한 상담자가 각 대상자의 욕구와 여건에 따라 사회부조 급여 및 수당과 관련된 정보와 복지·주거·교육 서비스와 관련된 정보를 제공하며, 그가 취업에 이를 수 있도록 눈높이에 맞는 적절한 고용지원 서비스를 단계적으로 제공해야 한다는 것을 보여준다. 고용지원서비스는 정책방향에 따라 취업잠재력이 높은 집단을 대상으로 하는 프로그램부터 취업잠재력이 낮은 집단을 대상으로 하는 프로그램까지 단계적으로 제공된다. 취업알선을 통해 적절한 일자리를 제공하고, 취업에 성공하지 못한 집단에게는 적절한 훈련프로그램을 통해 취업을 촉진하고, 이러한 과정을 통해서도 취업에 이르지 못한 대상자에게는 취업보조금을 지원하는 프로그램을 제공하며, 이를 통해서도 취업하지 못한 대상자에게는 공공부문 또는 민·관 협력을 통해 창출한 일자리를 제공하는 방식이 그

그림 7-9 자활대상자 서비스 지원의 흐름도

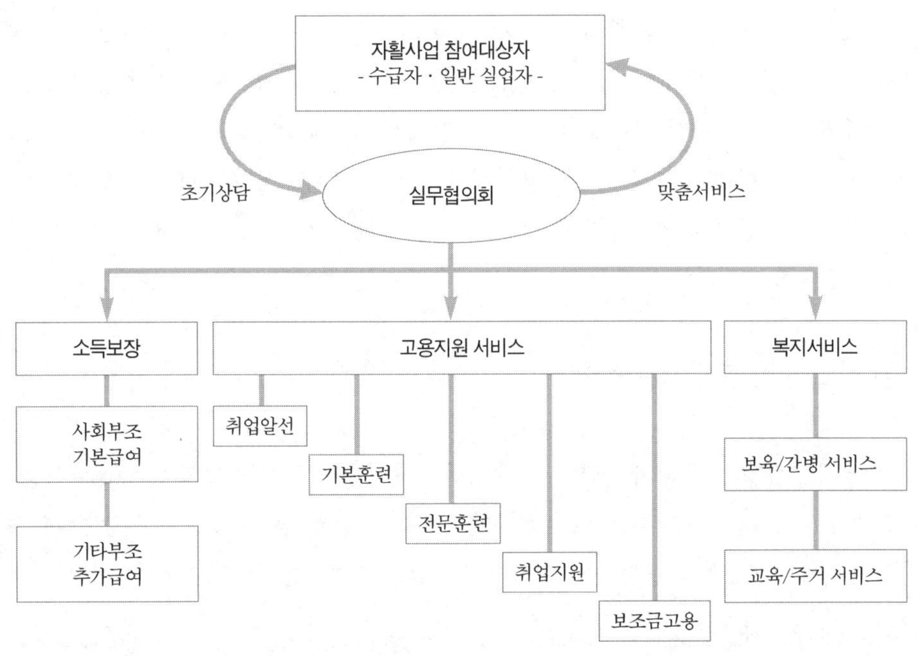

자료: 장원봉(2005), "사회적 경제의 대안적 의미구성에 관한 연구", 한국학중앙연구원 박사학위논문.

것이다.

구체적인 예를 들면, 프랑스의 자활대상자 상담은 총 4단계에 걸쳐 행해진다. 첫 번째 단계에서는 자활지원이 필요한지 여부를 판단하고, 두 번째 단계에서는 자활지원을 위해 어떠한 서비스가 제공되어야 하는지를 종합적으로 판단하고, 세 번째 단계에서는 그가 노동시장 진입이 가능한지 여부를 판단하고, 마지막 단계에서는 대상자가 하나의 프로그램에서 상위프로그램으로의 진입이 가능한지를 판단하게 된다.[11]

물론 각국의 자활사업은 자활대상자에게 고용지원 프로그램을 제공함에 있어 정책적으로 어떠한 방식을 취할 것인지 선택할 수 있다. 조건부과의 일환으로 특정 프로그램 참여를 강제하는 방식이 존재할 수 있고, 참여자의 의사를 존중하는 방식이 존재할 수 있을 것이다. 하지만 자활사업이 각 개인의 자발적인 탈빈곤 의지를 기초로 한다는 점을 고려할 때, 참여자의 의사를 존중하는 방향에서 프로그램을 연계하는 것이 바람직하다고 여겨진다.

3. 자활대상자 프로그램 연계

현 자활대상자 분류와 관련해서는 강제에서 자발성으로 발상의 전환이 필요하다. 현재와 같이 자활사업에 대한 참여자의 호감도가 낮은 상황에서 조건부과만을 고집하는 것은 사업부진을 초래할 위험성이 크다. 이 점에서 자활대상자의 직업능력을 도식화하여 특정 프로그램에 몰아 배치하는 방식에서 벗어나, 자활대상자의 욕구를 우선적으로 반영하고, 상담원과 자활대상자의 합의를 통해 자활지원계획을 수립하는 방식으로의 전환이 필요한 것이다.

1) 직업능력 판정기준의 개선

현재 자활사업 지침에 제시되어 있는 직업능력 판정기준을 보다 체계적으로 수정·보완해야 한다. 좀 더 구체적으로 지적하면, 전문상담원은 자활대상자의 직업능력을 평가하여 자활지원계획을 수립하는 데 참조해야 할 근거자료를 구축해야 하는 것이다.

---

11) Circulaire DGEFP n°2001/17 du 26 juin 2001: Insertion par l'activite economique - Instructions relatives a la procedure d'agrement - echeance en 2001 참조.

이러한 개편방향을 전제로, 현 판정기준이 사실상 연령에 따라 대상자를 분류하고 있는 문제점을 개선해야 한다. 판정기준 항목(연령, 건강상태, 직업기술)을 좀 더 확대하여, 종합적인 직업능력 판정기준을 마련하고, 각 항목간의 배점은 좀 더 체계적인 연구를 통해 새롭게 부여해야 한다. 말하자면, 연령에 과도하게 부여된 배점을 낮추고, 기타 항목에 대한 배점을 높이는 방식으로의 조정이 필요한 것이다.

2) 취업대상자 · 비취업대상자 구분 폐지

현재 노동부와 보건복지부가 관할하는 대상자 구분인 취업대상자와 비취업대상자의 구분은 폐지하는 것이 바람직하다. 이는 앞서 언급하였던 것처럼, 구분 자체가 잘못된 것은 아니나, 서비스의 연계제공과 대상자에 대한 사후관리에 있어 혼선을 초래할 가능성이 높기 때문이다. 이 점에서 자활대상자를 취업대상자와 비취업대상자로 구분하기보다 프로그램 제공단계에서 직업능력이 높은 대상자에게 취업촉진 프로그램을 제공하고, 직업능력이 낮은 대상자에게 교육훈련 프로그램을 제공하는 방식으로 전환하는 것이 바람직하다.

3) 가구별 · 개인별 자활지원계획의 내실화

현 자활사업이 가장 시급하게 수정 · 보완해야 할 사항 중 하나는 가구별 자활지원계획을 본래의 정책의도에 따라 내실화하는 것이다. 물론 현재의 가구별 자활지원계획의 내용 중 일부는 수정 · 보완되어야 할 것이다. 하지만 그와 더불어 가구별 자활지원계획을 수립하는 데 필요한 인력과 시스템을 구축해야 한다. 앞서 각국의 자활사업에 대한 검토를 통해 확인할 수 있었던 것처럼, 자활사업이 체계적이고 지속적으로 추진되기 위해서는 자활사업 참여자에 대한 전문적인 지원계획이 수립되어야 한다. 그리고 자활지원계획 수립여부와 그 충실성에 대한 지속적인 평가와 점검을 통해, 사업을 내실화해야 할 것이다.

4) 공급자원의 통합 · 연계

자활대상자에 대한 사례관리를 전담하는 상담인력이 효과적으로 상담 · 분류 · 지원·관리 업무를 수행하기 위해서는 수급자에게 제공할 수 있는 충분한 자원을 보유하고 있어야 한다. 이를 고려할 때, 이러한 업무를 수행하는 조직과 인력의 단일화뿐 아니라, 이들이 활용할 수 있는 자원의 통합·연계가 매우 중요한 의미를 갖는다. 즉 다양한 자활프로그램, 급여, 서비스관련 자원을 통합적으로 점검하고, 자활사업 참여자에게 필요한 서비스를 적시에 제공할 수 있는 체계를 갖추어야 하는 것이다. 앞서 영국과 프랑스의 경우에서 확인할 수 있었던 것처럼, 자활사업을 전담하는 조직과 인력은 다양한 서비스를 통합적으로 연계·관리하고 있다는 점에 주목할 필요가 있다.

4. 자활사업의 전달체계

자활대상자가 선정되고 프로그램 참여가 결정되면, 이들이 자활사업에 성실히 참여하고 있는지, 또한 소득이 증대하고 있는지를 파악하여 자격과 급여를 관리할 수 있는 종합적인 관리체계 수립이 필요하다. 여기서 관리란 두 가지 의미로 이해할 수 있다. 첫째, 자활대상자에게 다양한 서비스를 제공하기 위한 통합적 지원체계로서의 의미를 가지며 둘째, 자활대상자에 대한 징계와 제재 등을 담당하는 행정관리체계로서의 의미를 갖는다. 따라서 본 절에서는 자활대상자 관리체계의 두 가지 측면이 현실에서 어떠한 문제를 야기하고 있으며, 각국은 이 문제를 해결하기 위해 어떠한 방법을 활용하고 있는지 살펴보기로 하자.

1) 통합적 자원동원을 위한 지원체계

일반적으로 자활사업의 지원체계는 다음과 같은 특징을 갖는다. 자활대상자는 개인적, 가구적, 사회적 여건이 미약하여 취업 또는 자활사업 참여에 앞서 다양한 서비스 제공이 필요하다. 하지만 기존의 분산된 고용·복지서비스로는 이러한 욕구를 충족시키는데 한계가 있다. 따라서 각국의 자활사업은 고용·복지서비스의 통합적 지원체계를 구축함으로써 사업의 시너지 효과를 극대화해야 하는 과제에 직면해 있다.

일차적으로 자활사업은 직업능력이 취약한 사람에게는 교육이나 직업훈련 등의 기회를 제공하고, 보육·간병 등의 가사부담으로 취업이 힘든 사람에게는 해당 서비스를 제공하며, 일자리를 발견하지 못하는 사람에게는 일자리를 제공한다. 하지만 자활사업이 가진 특성은 실업·빈곤요인이 중첩되어 있는 취업곤란계층에게 자활지원계획에 기초하여 다양한 서비스를 통합적으로 제공한다는 점에 있다.

참고로 1990년대 중반 이후 각국은 지역차원의 복지서비스 및 고용지원 서비스의 통합 또는 연계를 강화하는 조치를 취하게 된다. 그것은 먼저 정부부처 중 노동부와 복지부의 통합 또는 연계를 촉진하는 경향으로 나타난다. 참고로 영국은 노동부와 복지부 그리고 인적자원부를 통합함으로써 교육, 노동, 복지를 적극적으로 연계하는 방식을 취하고 있다. 또한 프랑스는 각 부처를 기능적으로 통합하는 방식보다 각 부처를 제도적으로 포괄하는(제도적 통합) 고용연대부를 설치함으로써 고용서비스와 복지서비스의 연계를 가능하게 하는 방식을 취하고 있다.

그리고 중앙부처 단위의 통합·연계경향은 지역의 구직센터와 복지사무소를 통합·연계하는 조치로 발전하고 있다. 실제 영국은 2000년 이후 몇 단계에 걸쳐 구직센터와 급여사무소를 통합하여 고용사무소(Jobcentre Plus)를 설치하기에 이르렀다. 그리고 이러한 움직임은 벨기에나 독일 등 많은 국가에서도 나타나고 있다. 반면에 미국은 급여사무소와 구직사무소를 통합하는 방식이 아니라 고용지원 서비스를 통합·제공하는 고용센터(One-Stop Center)를 설치하여 자활사업 참여자를 관리하는 방식을 취하고 있다.

끝으로 자활사업이 기타 고용·복지사업과 갖는 차별성은 지역차원의 자활지원 인프라의 강화에서 찾을 수 있다. 실제로 각국은 자치단체 차원에서 다양한 서비스를 연계할 수 있는 조직 또한 활성화시키고 있다. 프랑스는 광역자치단체장이 주재하는 지역자활협의회(conseils départmentaux de l'insertion par l'activité économique)[12]를 운영하고 있다. 그리고 그 구성원은 공무원 중에서는 지역 노동사무소장, 지역보건복지담당 책임자, 지역회계관리관, 농림수산부 책임자가 참여하고, 지역의회에서 5명의 의원이 참여하며, 민간의 자활사업실시기관 대표 5명, 노조대표 5명, 전문가 5명으로 구성되어 있다. 그리고 이 협의회는 실질적인 자원동원을 위해 지역자활지원계획(PLIE; Plans Locaux Pluriannuels pour l'Insertion et l'Emploi)[13] 수립 등 사업 전반에 관여하고 있다. 이와 유사한 지원체계는 영국의 취약지역을 위한 고용지원사업(Employment Zone)에서도 찾아 볼 수 있다.

그리고 각국은 지역차원에서 민간자원을 적극적으로 활용하려는 노력 또한 보이고

---

12) 이 협의회는 1999년 2월 18일의 법(Décret no 99-105)에 따라 설치되었다.
13) 지역자활지원계획은 1999년 12월의 지침(Circulaire DGEFP 99/40 du 21 dérembre 1999)에 따라 규정되었다.

있다. 물론 국가마다 파트너십을 맺는 민간단체의 성격은 다르지만[14], 공통적으로 나타나는 현상은 비영리민간단체가 취업곤란계층을 대상으로 하는 일자리 창출·제공사업에 적극적으로 참여하고 있다는 점이다.

2) 제재·감독을 위한 행정관리체계

자활사업 관리체계의 또 다른 기능은 자활사업이 수급자의 근로의무를 명시하는 경우에 나타나는 것으로 조건부과에 따른 이행여부의 감독과 조치이다. 1990년대 자활사업의 탄생은 사회부조 수급자에 대한 근로의무 부과 및 그에 따른 제재를 둘러싼 많은 논쟁을 야기하였다.

특히 미국 자활사업이 TANF 수급자에게 근로활동에 참여하는 것을 대가로 생계급여를 지급하고 수급기간을 제한하였으며, 조건불이행자에 대해 급여를 삭감했던 것은 세계적으로 많은 논쟁을 불러 일으켰다. 미국이 이러한 조치를 취했던 외형적인 이유는 근로능력이 있는 수급자가 복지제도에 안주하는 경향이 심화되고 있다는 비판에 기초하고 있다. 그리고 다른 한편으로는 1990년대 초반 사회복지지출이 급속하게 증가하였다는 것에서 그 이유를 찾을 수 있을 것이다. 하지만 이것이 근로능력이 있는 수급자의 증가로 인한 것인지는 명확하지 않다.[15]

결론적으로 미국의 조건부과방식이 즉시 전 세계적으로 확대되었던 것은 아니다. 실제 2001년 현재까지 미국의 조건부과방식을 수용한 국가는 영국 등 몇몇 국가에 불과하다. 1997년 집권한 영국의 신노동당은 근로연계복지정책을 도입하며, JSA-IB 수급자를 대상으로 자활사업 참여를 조건으로 급여를 지급하는 조건부과방식을 채택하였다. 하지만 대부분의 국가는 이러한 방식을 도입하지 않고 있다. 참고로 프랑스는 자활사업을 추진하고 있지만 엄격한 의미에서 수급자의 자활사업 참여를 조건으로 급여를 지급하는 방식을 취하지 않고 있다. 마찬가지로 스웨덴 또한 1990년대 복지개혁을 통해 일부 자치단체에서 조건부과방식과 유사한 정책을 도입하였지만, 전국적으로 적용되지는 않

---

14) 미국의 경우는 민간기업이나 영리단체와의 연계가 주된 흐름을 나타내는 것으로 보이며, 주에 따라 비영리민간단체의 참여를 촉진하는 경우가 발견된다. 반면에 프랑스는 자활사업에서 국가와 비영리민간단체의 협약(Accord entre l'Etat et le CNEI)이 체결되어 있다.

15) OECD의 공공사회지출(Public Social Expenditure) 자료에 따르면, 장애나 노인관련 급여를 제외한 가족현금급여(Family Cash Benefits) 관련 지출은 1981년 GDP의 0.43%에서 1991년 0.32%로 감소하고 있는 것으로 파악된다. OECD(2001), *Social Expenditure Database* 참조.

고 있다.

그렇다면 미국과 영국에서는 수급자에 대한 근로의무의 부과와 조건불이행에 따른 징계를 어떻게 수행하고 있는가? 일반적으로 급여사무소와 고용지원사무소가 밀접히 연계되어 수급자의 조건이행 여부를 판단하고, 그에 따라 제재를 내리고 있다. 여기서 주목해야 할 것은 조건불이행 시 그에 대한 위기개입 및 사례관리 기능이 존재하며, 제재에 대해 수급자의 알 권리를 인정하고 있으며, 아동 등 취약계층의 급여에 대해 제재를 가하지 않는다는 점이다.

5. 자활대상자 민·관 협력체계의 구성

자활대상자에 대한 근로능력 및 직업능력 판정과 실무협의회를 통한 프로그램 연계, 사후관리 등에 대한 과정을 하나의 그림으로 나타내면 [그림 7-10]과 같다.

자활사업을 개편하기 위해서는 시·군·구 단위에 자활전담공무원을 배치하는 작업이 선행되어야 한다. 이 때, 자활전담공무원은 기초자치단체의 수급자 규모 등을 고려하여 그에 따라 적정한 인원을 배치할 필요가 있으며, 기존의 사회복지전담공무원 중 자활담당자를 활용하는 방안을 강구할 수 있다. 그러나 자활전담공무원의 자격을 사회복지사로 한정할 필요는 없다.

자활전담공무원은 근로빈곤층 중 자활사업 참여가 필요한 실직자 등에 대해서는 고용안정센터의 직업상담원에게 보내 직업능력판정을 받게 해야 한다. 이때 고용안정센터는 단기간의 직업능력판정 프로그램을 직접 또는 민간단체에 위탁하여 운영할 수 있다. 그리고 그 결과는 자활전담공무원에게 통보하여 실무협의회 또는 실무회의에서 프로그램 연계의 기초자료로 활용되어야 한다.

그러나 자활대상자 중 취업자와 같이 자활지원을 필요로 하지 않는 집단에 대해서는 자활전담공무원이 소득과 취업상태에 대한 모니터링을 강화하는 체계를 구축해야 한다. 이는 현재 기초생활보장제도 수급자 중 취업자에 대한 소득 및 취업상태 파악이 지속적으로 이루어지지 않아 제도운영의 안정성이 취약하기 때문이다. 그러한 방법의 하나로 취업자에 대한 분기별 실태조사결과를 자치단체에 설치되는 자활위원회(신설)나 기존의 생활보장위원회에 보고하도록 할 수 있을 것이다.

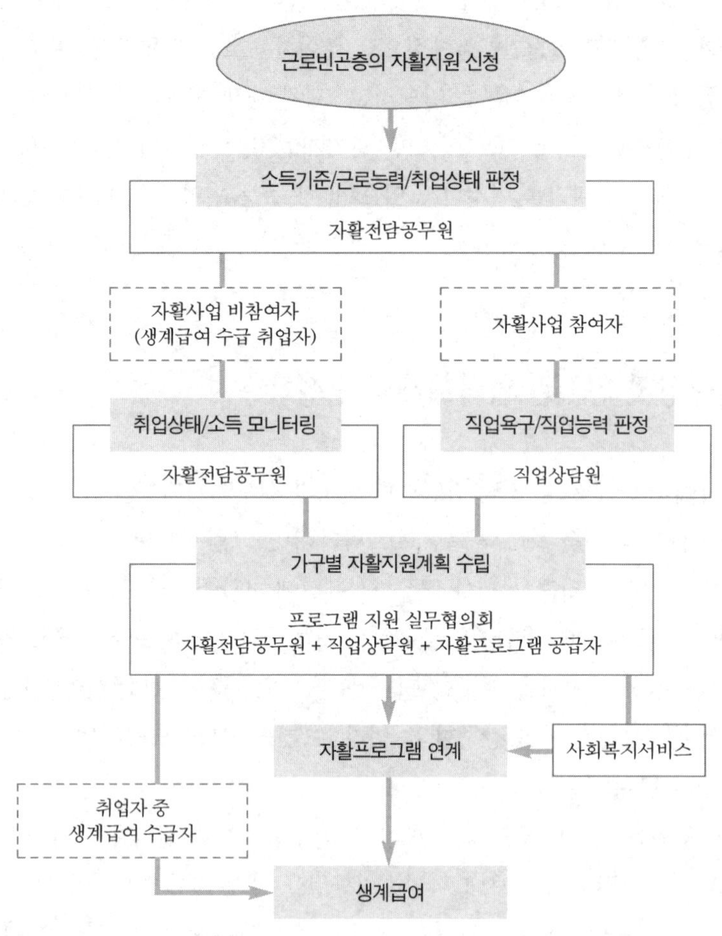

1) 자활대상자의 관리체계 일원화

자활대상자에 대한 지원과 관리를 효율적으로 수행하기 위해서는 현재의 이원화된 관리체계를 일원화하고, 권한과 자원을 집중하는 노력이 필요하다. 즉 조직차원에서는 중앙부처 → 광역자치단체 → 기초자치단체 → 사업실시기관으로 이어지는 자활대상자 관리체계의 일원화가 필요하며, 대상자 관리차원에서는 대상자를 선정하고, 가구별 자활지원계획을 수립하고, 필요한 서비스를 연계하며, 필요한 경우 제재를 취할 수 있는 사례관리자를 배치해야 한다.

2) 자활전담공무원의 배치

자활대상자에 대한 이러한 선정 · 분류 · 관리 업무를 담당하기 위해서는 이를 전담할 수 있는 전문인력을 배치해야 한다. 물론 현재 자활사업 참여자 규모에 비추어 볼 때, 읍 · 면 · 동 단위로 확대 배치하는 것은 곤란할 것으로 판단되며, 시 · 군 · 구 차원에서 자활대상자의 규모에 비례하여 단계적으로 확대 배치해야 할 것이다. 좀 더 구체적으로는 자활전담공무원은 현재의 사회복지전담공무원이나 직업상담원에서 충원하는 방법도 강구해 볼 수 있을 것이다.

3) 자활사업 실무인력에 대한 교육강화

자활대상자에 대한 초기상담, 대상자 분류, 서비스 연계, 제재를 위해서는 전국적으로 동일한 원칙이 적용되어야 하나, 현실에서는 각 개인이 처한 특수한 상황을 고려하여 유연한 사업운영이 필요할 것이다. 그리고 이를 위해서는 자활대상자 선정 · 분류 · 지원 · 관리 · 제재에 대한 공통의 매뉴얼을 개발하여, 자활사업 실무인력이 동일한 원칙에 따라 사업을 추진하는 것이 중요하다. 이는 비단 사회복지전담공무원이나 직업상담원과 같이 공공부문의 인력뿐 아니라, 민간의 사업실무자에게도 필요한 것이다. 아울러 이 매뉴얼이 모든 자활대상자에게 획일적으로 적용되지 않도록 다양한 경우를 고려한 탄력적인 지원방식 또한 교육과정에 포함시켜야 할 것이다.

4) 지역자활지원계획 추진인프라 강화

자활대상자가 사업에 참여하여 취업능력을 배양하기 위해서는 다양한 지원이 통합적으로 연계 · 제공되어야 한다. 그리고 그것은 주로 기초자치단체가 제공해야 할 기능이다. 하지만 현재와 같이 복지관련 인프라가 보건복지부에 집중되어 있고, 고용지원 인프라가 노동부에 집중되어 있는 상황에서, 자치단체가 공급자원을 통합적으로 연계하기란 매우 힘든 일이다. 이 점에서 향후 한국 자활사업은 자치단체 차원에서 이러한 서비스를 통합적으로 연계할 수 있는 방안 또한 모색해야 할 것이다.[16] 이는 자치단체

---

16) 각국의 경험은 보건복지부와 노동부의 통합 또는 서비스 연계의 강화가 큰 흐름을 이루고 있다. 하지만 한국 사회의 경우, 이러한 실험이 진행되지 않고 있으며 단기간 내에 결론을 도출하기도 쉽지 않을 것

차원에서 각종 공급자원을 통합적으로 연계하는 지역자활지원계획을 내실화하는 것과 밀접한 관련이 있다.

5) 제재 및 구제절차의 공식화

한국 자활사업은 외국(특히, 미국) 자활사업의 제재에 비해, 가혹한 것은 아니다. 하지만 제재가 내려지기 이전 단계, 제재를 내리는 단계, 제재 이후의 단계로 나누어 선의의 피해자가 발생하지 않도록 해야 한다. 즉 사전단계에서는 조건을 불이행하지 않도록 수급자의 능력과 욕구에 맞는 선정과 지원이 이루어져야 하며, 제재를 취하는 순간에는 당사자가 제재에 따른 불이익을 충분히 인지할 수 있도록 정보를 제공해야 하며, 제재가 취해진 경우에도 조건을 이행하도록 지속적인 사후관리가 필요한 것이다. 그리고 이 과정에서 제재를 받은 수급자가 제재의 철회를 요구할 수 있도록, 시·군·구 차원의 구제 절차 또한 마련해야 할 것이다.

V. 맺으며

자활사업은 지난 5년간 제도적 장애가 주는 어려움으로 많은 문제에 봉착해 왔다. 대상자 선정에 대한 어려움, 대상자 욕구와 능력에 맞는 프로그램의 부족, 사업수행과정에서 전문적인 지원체계의 취약성 등 많은 문제점이 자활사업의 활성화를 가로막았다.

이 점에서 자활사업은 향후 그 첫 번째 단추를 온전히 끼우는 역할에 주목해야 한다. 그것은 앞서 언급하였던 자활사업 참여자의 특성을 정확하게 이해하고, 이들의 욕구에 맞는 프로그램을 연계하는 것에서 출발해야 한다. 이후 많은 지원이 있더라도 이 첫 단추가 잘못 끼워지면 별다른 성과를 발휘하기란 힘들 것이다. 본인의 욕구와 무관한 프로그램에 참여하는 사람에게 강력한 근로의욕을 찾기란 애당초 힘들기 때문이다.

그리고 일단 프로그램에 참여하는 사람에게는 이들이 실질적인 성과를 거둘 수 있도

이다. 이를 고려할 때, 자치단체 차원에서 고용서비스와 복지서비스를 통합하는 방안을 강구할 필요가 있을 것이다.

록 전문화된 지원을 해야 한다. 어쩌면 우리 뇌리에 있을지 모를 편견 또는 잘못된 생각에서 벗어나는 것이 필요하다. 빈곤층에게는 적당한 지원을 해도 된다는 생각, 또는 시장에서 제공되는 서비스에 비해 품질이 낮아도 된다는 생각은 자활사업이 하루빨리 극복해야 한다. 이 점에서 자활사업은 중앙과 지역의 다양한 자원을 연계함으로써 참여자 스스로 양질의 서비스를 받고 있다는 생각을 할 수 있게 하는 것이 중요하다.

자활사업은 서둘러 결실을 거두려고 하는 순간, 많은 새로운 장애물에 직면하게 된다. 그것은 대부분의 정책사업이 갖는 시간적 제약으로부터 조금은 자유로워야 한다는 것을 의미한다.

참고문헌

강병구(2000), 『공공근로사업의 제도화 방안: 자활사업을 중심으로』, 한국노동연구원.

노대명 외(1999), 『도시영세민 자활지원방안』, 한국협동조합연구소노동부.

노대명 외(2001), 『2001년도 자활지원사업 추진 기본계획』, 한국보건사회연구원.

노대명(2001), "서구 사회적 일자리 창출정책의 검토와 전망", 『보건사회연구』 제21권 1호.

박능후 외(2000), 『생산적 복지 모형개발과 정책과제』, 한국보건사회연구원.

빈곤과 실업극복을 위한 국제포럼(2002. 12.), 『자활사업 활성화와 사회적 일자리 창출』.

신명호 외(2000), 『자활생산공동체운동의 길잡이』, 한국도시연구소.

이인재 외(1999), 『생산적 복지구현을 위한 참여복지체계 구축 방안』, 보건복지부.

한국보건사회연구원, 『저소득층의 실태변화와 정책과제』, 서울, 1998.

Tony Atkinson(1998), *La pauvreté et l'exclusion en Europe, Pauvreté et Exclusion*, CAE, La Documentation française.

G. S. Becker, K. M. Murphy, and R. Tamura(1990), Human Capital, Fertility, and Economic Growth, *Journal of Political Economy*, Vol.98 No.5 Part2, October.

Jean Boissonnat(1996), Combating unemployment, restructuring work: Reflections on a French Study, *International Labour Review*, Vol.135, No.1.

Mark Carley (ed.)(1998), European Social Forum: Summary Report, Brussels, 24~26 June.

Chantal Cases et Philippe Lagarde(1996), Activité et Pauvreté: Une tranche de vie des personnes de 17 à 59 ans, *INSEE PREMIER*, N°450, mai.

Gilbert Cette, et al.(1998), *Emplois de Proximité*, Paris, La Documentation Française.

Elie Cohen et Claude Henry(1997), *Service Public, Secteur Public*, Paris, La Documentation Française.

Christine Daniel et Carole Tuchszirer(1999), *L'Etat face aux chomeurs*, Paris, Flammarion.

Sandra Danziger et. al.(1999), Barriers to the Employment of Welfare Recipients, *Institute for Research on Poverty*, June.

DHHS(1999), *TANF REPORTS*, Fiscal Years.

Jean-Pierre Hardy(1999), *Guide de l'Action Sociale contre les Exclusions*, Paris: Dunod.

Robert Haveman and Barbara Wolfe(1998), Welfare to Work in the U.S.: A Model for other nations, *Institute for Research on Poverty*, Discussion Paper, march.

INSEE(2000), Insertion par l'Activite Economique en 1999, *Premiere Synthese* No.40-1 octobre.

Micheal Keane and Robert Moffitt(1996), A Structural Model of Multiple Welfare Program Participation and Labor Supply, *Institute for Research on Poverty*, January.

Marieka Klawitter, Robert Plotnick, Mark Edwards(1996), Determinants of Welfare Entry and Exit by Young Women, *Institute for Research on Poverty*, July.

Ministere de l'Emploi et de la Solidarite(2000), Construire ensemble une place pour tous - Deux ans d'action de lutte contre les exclusions.

MISSOC(1993), *Social Protection in the Member States of the Community*, EC.

OECD(2001), *OECD Employment Outlook*, No. 2001, June.

J. R. Shackleton(1998), Alternative Ways to tackle European Joblessness, in Thomas Lange(ed.), *Unemployment in theory and practice*, Massachusetts, Edward Elgar Publishing.

SPDP(2000), *Timing of Full-Family Sanctions*, April.

Robert Walker et Michael Wiseman(2001), Britains New Deal and the Next Round of U.S *Welfare Reform*, IRP, February.

제8장
자활지원 사례관리 체계론

이 문 국

Ⅰ. 자활지원 사례관리 모형 개발의 필요성

사례관리가 1970년대 이래 정신장애인, 신체장애인, 발달장애인, 노인, 아동 등을 대상으로 꾸준히 발전해온 이유는 다음과 같다(김통원·김용득, 1998). 첫째, 1970년대 중반 이후부터 시설거주 장애인의 지역사회 복귀를 모토로 하는 탈시설화가 급격히 진행되었지만 지역사회중심의 서비스체계가 제대로 없거나 작동하지 않아 많은 새로운 사회문제를 양산하게 되었다. 이에 대한 대응으로 사례관리를 핵심적인 내용으로 하는 지역사회지지프로그램이 새로 등장하게 된 것이다. 둘째, 이러한 사회복귀를 위한 재활서비스는 클라이언트의 생활 전반에 걸친 다원화된 서비스를 필요로 하지만 각 서비스의 단편성·비지속성·비연계성 등으로 원활히 기능하지 못하게 되자, 지역사회에서는 이러한 서비스 간의 조정장치 없이 중복되고, 복잡하고, 분산된 서비스 체계를 개선해 줄 것을 요청하게 되었다. 셋째, 지역사회 내의 적절한 사회자원이 미비한 결과, 이에 대한 책임이 전적으로 클라이언트 자신이나 그 가족에게 부과되었고 클라이언트와 그 가족은 과도한 스트레스가 발생하여 오히려 노숙자를 양산하는 결과를 빚게 되었다. 그래서 사례관리를 통해 사회자원을 개발하고 연결하는 기능이 필수적으로 요청되었다. 넷째,

지역사회에서 삶을 영위하기 위해서는 생활 전반에 걸친 다양한 욕구와 해결해야 할 문제들을 가진다. 그래서 사례관리를 통해 다양한 욕구에 대응하는 다양한 서비스를 개발하고 조직하고 연계하는 활동이 요구되었다. 다섯째, 공식 자원체계의 연계와 제공도 클라이언트에게 중요하지만 실제로는 친척, 친구, 이웃 등의 비공식적 사회지지망의 기능도 매우 중요함을 인식하게 되었다. 그래서 점차 사회적 지지망을 포함한 사회지지체계의 구축에 대한 인식이 서비스 제공자들에게 증가하게 되었다. 여섯째, 한정된 자원의 효율적인 배분을 통해 서비스 전달의 효과를 극대화하려는 노력은 특히 1970년대 복지국가 위기론이 대두된 이후 중요한 이념적 실천 모토가 되었다. 이러한 사례관리서비스는 막대한 비용이 드는 병원중심 보건체계로의 회귀나 시설 재입소를 방지하여 줌으로써 서비스 비용을 줄이게 된다는 장점이 있었다.

이상과 같은 사례관리서비스의 도입에 대한 필요성은 자활사업 전반에서 그대로 적용된다. 즉 자활사업의 기본 모토는 지역사회 중심 자활지원사업으로 설정되어 있지만 지역사회 자활지원시스템은 파편적이고 지속성과 연계성이 결여되어 있어 다양한 욕구와 문제를 가진 자활사업 대상자들에게 전혀 반응적이 못하며 사회적 지지체계로서의 기능을 적절히 수행하지 못하는 실정이다. 그런데 이러한 자활사업의 부진과 실패에 대한 책임은 전적으로 조건부수급자 자신이나 자활후견기관에 부과된 것이 현실이다. 이러한 이유로 자활후견기관에서는 현재와 같은 기관 운영·지원·평가체계가 과연 적절한가에 대한 이유 있는 항변이 계속되었다.

결국 자활사업의 내실 있는 추진을 위해서는 고용과 복지의 통합적 서비스 제공이 필요하다. 이는 자활사업의 성패를 가르는 핵심적인 사항으로 지적되며, 이러한 고용복지 통합서비스 제공은 오로지 사례관리체계를 구축함으로써 달성될 수 있다고 강조된다(홍경준 외, 2001). 즉 자활사업 대상자들은 특정한 판단기준에 따라 선정된 점을 제외한다면 대단히 이질적인 집단으로 구성되었다. 자활사업 대상자들은 현재 빈곤하다는 점 외에는 현재 상황에 이르기까지의 복잡다단한 인생경로, 근로의욕 정도, 근로 경험 여부와 종류, 가구여건 등에 있어 극히 이질적이다. 나아가, 대부분의 대상자들은 자활사업에로의 참여에 앞서 선결을 요하는 다양한 개인여건이나 가구여건상의 현격한 차이가 있기 때문에, 그들 각자의 욕구에 부합하는 자활서비스와 별도의 부가적인 사회복지 맞춤서비스를 필요로 하는 집단이다.[1] 이를 뒷받침하는 근거로 유태균·김경휘(2003)는

---

1) Kossoudji(1993)는 공공부조 수혜자들은 다양한 욕구를 지닌 다양한 인구집단으로 구성되었으며, 국가

자활사업 참여가구는 각기 경제적 어려움에 처한 정도에 상당한 격차가 존재함을 밝혔고[2], 계속된 유태균(2003)의 후속연구를 통해 경제적 고위험과 저위험의 상태에서 자활사업에 참여하면서도 별도의 추가소득을 올리기 위해 본인이나 가구원이 자활사업 이외의 근로를 하는 집단과 그렇지 않은(비근로) 집단 간에 매우 뚜렷한 차이가 존재한다는 사실을 발견하였다. 그래서 이렇게 4분할된 각각의 집단[3]에 부합하는, 욕구와 욕구의 우선순위를 차별화한 자활지원 전략이 필요함을 실증적으로 제기하였다.

그런데 현재의 자활사업은 복지부, 노동부, 지자체 연계모형에 기초하고 있으나, 자활사업 대상자 관리 및 지원체계가 동사무소, 고용안정센터, 자활후견기관으로 3분화되어 있어 통합적 사례관리가 이루어지지 못하는 실정이다. 결국, 조직 간 협의체 기제의 작동만으로는 욕구 맞춤형 통합서비스의 전달을 위한 기제가 원활히 작동하기 어려우며, 이는 반드시 전담 지정된 개별 사례관리자가 사례에 대한 책임을 총괄적으로 지면서, 자원의 개발과 연계·조정과 점검·대상자 역량강화를 실천하는 사례관리시스템이 도입되어야 함을 요청하고 있는 것이다.[4]

Ⅱ. 사례관리체계 기본모형: 자활지원 사례관리 개괄 흐름도

1. 이론적 배경

사례관리체계의 정의, 기능과 역할, 모델 유형 등에 대한 이론적 입장을 고찰해 보면, 학자에 따라 다음과 같이 다양하게 설명이 이루어져왔다(CRSD, 1994; 김통원·김용득

정책은 이러한 다양한 욕구들을 지원할 수 있는 서비스 체계를 갖춘 통합적인 정책계획 전략에 따라 수립되어야 한다고 주장한다.

2) 유태균·김경휘(2003)는 이를 '경제적 고위험 집단'과 '경제적 저위험 집단'으로 개념 규정화하였다.

3) 유태균(2003)은 다음과 같이 근로여부 및 경제적 어려움 정도에 따른 자활사업 참여가구 분류를 통해, 그 성격이 다른 4종류의 집단을 연구의 기본틀로 구성하였다: 집단 1-1 고위험 근로가구 / 집단 1-2 고위험(비자발적) 비근로가구/집단 2-1 저위험 근로가구/집단 2-2 저위험(자발적) 비근로가구.

4) 이에 대해서는 보건복지부가 연구용역을 의뢰한 전문 연구기관의 평가에서도 일치한다. 즉 자활지원사업의 부진 이유에 대해 자원지원 전달체계의 취약성, 사회복지전담공무원의 전문성 부족으로 인한 적절한 서비스 제공 곤란, 프로그램 개발과 사례관리의 부족으로 그 성과가 미흡하다고 평가하였다(한국보건사회연구원, 2001).

외, 1998: 17-28 재인용).

먼저, 사례관리에 대한 정의를 알아보면 첫째, 복합적인 문제를 가진 사람들의 자원망을 개발하고 늘려주며, 자원을 획득하고 활용할 수 있는 각 개인의 능력을 강화시켜주는 과정(Ballew & Mink, 1986)이다. 둘째, 사례관리는 클라이언트에 대한 보호를 책임져야 하는 각 개인들의 공통 상황을 포괄하는 다양한 모델들의 통합(Pilling, 1991)이다. 셋째, 사례관리체계는 사례관리팀이 전적인 책임을 지는 것으로 클라이언트 자신이 할 수 있는 일은 스스로에게 맡기면서 클라이언트의 복지를 책임지는 것(Roberts-DeGennaro, 1987)이다. 넷째, 사례관리는 두 가지 기능인 '가능케 하는 기능'과 '촉진 기능'으로 구성되며, 사례관리 책임자로서 전자의 기능은 클라이언트가 스스로 문제해결능력을 가지도록 잠재역량을 극대화하는 과정이며, 후자의 기능은 클라이언트의 욕구에 대응하는 다양한 서비스를 연결시켜주는 기능(Moor, 1990)이다. 다섯째, 사례관리는 클라이언트가 욕구하는 서비스의 제공이나 연결에 대해 일차적인 책임을 지는 사례관리자가 클라이언트와 함께 노력하며 그들의 욕구에 따라 통합·조정·시기적절한 서비스를 제공하는 방법(Kemp, 1981)이다. 여섯째, 사례관리는 사례관리자가 클라이언트와 함께 클라이언트의 재활프로그램을 계획·조정·점검하는 과정으로 정의된다. 사례관리자는 의뢰에서 종결까지 프로그램의 모든 책임을 맡으며, 성공적인 결과를 위해 지역사회 자원을 활용함에 유념한다. 성과달성을 위해 사례관리자는 클라이언트의 목표, 기간, 서비스 전달에 있어 비용효과성에 특히 주의를 기울인다(CRS Manual, 1992).

상기와 같은 사례관리에 대한 정의를 바탕으로 그 기능을 알아보면 다음과 같다. 사례관리의 기능은 여러 가지 환경적 요인들에 영향을 받으며, 그 강조점이나 내용은 대상인구의 특징, 가용 가능한 자원 정도, 사례관리자를 고용한 기관의 유형, 사례관리 대상자의 규모, 서비스 전달체계의 성격 등에 따라 다소 가변적이지만 보통 다음과 같은 사정(assessment), 계획(planning), 연결(linking), 점검(monitoring), 옹호(advocacy)의 5가지 기본적 기능을 공유한다.

첫째, 사정 기능으로, 이는 클라이언트의 심리·사회적 기능뿐만 아니라 클라이언트를 지지할 수 있는 사회망과 지역사회 내의 제공 가능한 제반 자원의 능력까지 포함하는 다차원적인 접근을 의미한다. 즉 클라이언트와 그 사회환경이 가지는 장단점을 모두 사정대상으로 설정한다. 둘째, 계획 기능으로, 사정단계에서 얻어진 자료를 바탕으로 포괄적이고 구체적인 서비스 계획을 만든다. 클라이언트의 능력과 기술의 개선을 위한 목표, 필요한 서비스들의 활용을 위한 목표, 사회망을 통한 개입의 목표 등을 설정하고 그 목표달성을 위한 구체적인 개입 계획을 수립한다. 셋째, 연결 기능으로, 필요한 제반 서비스를 제공하기 위해 클라이언트를 의뢰하고 이동시켜, 공식·비공식 자원 등 모든 가용 가능한 자원들을 연결하여 계속적으로 이용할 수 있도록 한다. 또한 서비스 이용에 방해가 되는 요소들을 클라이언트가 극복할 수 있도록 지원한다. 넷째, 점검의 기능으로, 클라이언트 및 서비스 제공자들과 정기적으로 접촉하면서 서비스 전달과 이용 상의 문제점을 개선하며, 클라이언트의 진척 정도를 평가하는 기능을 포함한다. 다섯째, 권익옹호의 기능으로, 서비스 기관이 클라이언트의 욕구에 부응하지 않으려는 경우, 취약한 클라이언트를 대신하여 대변자의 역할을 수행하는 것이다. 이는 클라이언트 차원과 서비스 시스템 차원 모두에서 이루어지는 기능이다.

다음으로 사례관리의 일반 모델을 고찰해 보면 누가 사례관리자이고 그 역할은 무엇이며, 프로그램의 특성이 어떠한가에 따라 몇 가지 모델이 설정된다. 첫째, 클라이언트의 욕구를 사정하고 기존 서비스들을 연결시키지만 직접적인 개입(치료) 서비스는 이루어지지 않는 '확장-중개자 모델'(expanded- broker model)이다. 둘째, 클라이언트의 능력을 먼저 파악하고 그들이 목표를 달성하도록 그들의 장점을 최대한 발휘할 수 있는 사회환경을 조성해주는 모델로, 사례관리자는 직업교육, 사회적지지, 의료서비스, 주거서비스 등의 자원들을 획득하도록 지원하는 '개인적 강점 모델'(personal- strengths model)이다. 셋째, 클라이언트의 부족한 점을 파악하며 그 약점들을 극복할 수 있도록 여러 가지 기술들을 가르치는 '재활모델'(rehabilitation model)이다. 넷째, 사례관리자가 직접 서비스도 제공하면서 동시에 필요한 여러 서비스를 연계시켜주는 중개자 역할을 수행하는 '완전지지모델'(full- support model) 등이 있다(김통원·김용득 외, 1998; 26-28).

2. 자활지원 사례관리체계 기본모형

위의 이론적 배경들은 학자에 따라 약간의 차이를 보이지만 다음과 같은 내용에서 공통점을 지니고 있으며, 이러한 내용들은 그대로 자활지원 사례관리 체계의 구축에 적절히 반영될 필요가 있다. 즉 자활지원 사례관리 체계는 '확장-중개자 모델'과 '개인적 강점 모델'을 혼용한 모델로서, 무엇보다도 클라이언트 스스로의 자활 역량강화에 초점을 두어, 이를 위해 적절한 지역사회 자원의 개발과 연계를 통해 재활프로그램을 포함한 자활과 복지의 통합서비스를 개별 욕구에 맞게 지속적이면서 포괄적으로 연결해줌으로써, 클라이언트의 자활 성공을 위하여 완벽하고 철저한 책임을 지는 구조를 구축하는 것으로 요약된다.

부언하자면, 자활지원 사례관리의 일차적 목적은 복합적인 사회복지서비스 욕구를 가진 자활대상자에게 가장 효율적이고 효과적인 방법으로 양질의 서비스를 제공함으로써 대상자의 자활 관련 기능을 극대화하는 것이다. 이를 위해 사례관리는 자활과 관련된 개인 및 가구여건을 체계적으로 사정하여 자활지원계획을 수립하고 이에 필요한 사회복지서비스를 제공하며, 제반 자활서비스와 사회복지서비스를 통합적으로 조정 · 점검하는 과정을 통해 이룩된다는 것이다(홍경준 외, 2001; 8).

3. 사례관리체계 도입에서 고려되어야 할 쟁점

지금까지 논의된 이론적 내용에 따라 자활사업에 사례관리체계를 도입하기 위해서 고려되어야 할 몇 가지 쟁점은 다음과 같다. 첫째, 누가 사례관리 전담책임자가 될 것인

그림 8-1 자활지원 사례관리 기본모형

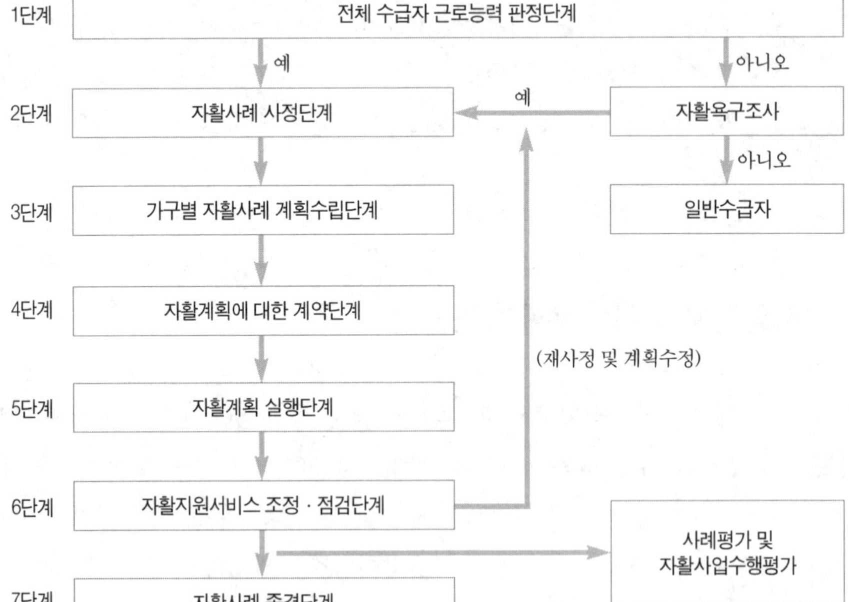

가? 둘째, 사례관리자와 거시적 공공전달체계와의 관계(기능, 역할, 책임성)는 어떻게 설정되는가? 셋째, 사례관리를 통해 전달되는 각종 자활프로그램은 자활대상자의 개인여건이나 가구여건에 대해 적절히 반응하는가? 또한 자활사업 참여자의 여건변화에 따른 다양한 욕구분출에 적절히 반응하는가? 넷째, 자활사업 대상자의 참여 자발성은 체계에 적절히 반영되어 있는가? 다섯째, 사례관리자와 민간 하위전달체계의 요체인 자활후견 기관과의 기능과 역할 분담은 어떻게 설정할 것인가? 여섯째, 자활성패에 대한 책임소재가 어떤 체계(중앙정부-광역·기초 지방자치단체-자활사례관리자-자활후견기관-자활대상자)에 기인하는지 규명하는 객관적이고 합리적인 평가체계를 갖추고 있는가?

지금까지의 이론적 고찰과 논점을 고려하여 [그림 8-1]과 같이 자활지원 사례관리 기본모형을 설정하였다.

Ⅲ. 자활지원 사례관리 모형의 세부 단계별 하위부분체계

1. 제1단계(Gateway): 자활사례관리체계로의 진입여부 판정단계

이 단계는 자활지원 사례관리의 제1단계로서, 자활지원사업에 적합한 대상자 선정과 관련된 단계이다. 이 진입단계는 공공부조체계로서의 자활사업이 가지는 독특한 영역으로, 다른 일반적 사례관리에서 서비스 수혜 대상자를 선정하는 방식과는 명백한 차이점을 보이는 단계이다. 이 단계에서는 단순한 근로능력에 대한 사정뿐만 아니라 참여자의 자활욕구와 그 수준도 반영되어야 하며, 또한 다양한 직업능력 역시 고려해야 한다. 이를 위해 과학적인 대상자 선성을 위한 신뢰성과 타당성이 확보된 매뉴얼 제작이 선결 과제로 요청된다.

특히, 영국의 경우 1998년부터 시행된 뉴딜정책의 운영 과정에서, 과학적인 근로연계 프로그램 참여대상자 선정 매뉴얼을 개발하고, 이를 통해 자활사업에 적합하다고 판정된 취약계층에 대한 진입단계 서비스(gateway service)를 보다 강화함으로써 많은 성과를 올린 것으로 평가되고 있다(이병렬, 2002).[5]

5) 뉴딜정책의 1단계 서비스의 핵심목적은 청년실업자와 장기실업자에게 보다 강화된 진입 초기상담을 통

1) 빈곤정책상의 논점: 정책목표 대상자 선정과 관련한 쟁점과 대안

자활대상자의 문제는 국민기초생활보장제도 시행 당시부터 현장에서 줄기차게 문제 제기되었던 쟁점이다. 제도가 시행된 지 3년이 경과하는 현 시점에서도 이 쟁점은 더욱 강조되는 분위기이다. 즉 보충적 급여방식, 근로인센티브 기제 미비, 자활이 되면(최저생계수준 초과) 7가지 모든 급여가 박탈되는 소위, 전부 아니면 전무(all or nothing) 방식의 급여체계 등의 문제로 자활능력이나 의지가 있는 사람은 현재 취업이나 가구여건 등의 이유로 참여를 기피하였고, 사업에 참여 중인 사람은 초과소득을 기피하거나 숨기는 방법으로 공공부조체계로부터의 이탈을 거부하는 모순이 발생하고 있는 것으로 보인다(자활정책연구회, 2002).

그래서 자활사업은 전반적으로 부진을 면치 못하고 있는 것으로 평가되는 분위기며, 이에 대한 책임공방이 치열하게 전개되고 있다. 정부는 조건부수급자가 정책대상자로서 부적절하고 어느 정도 제도적 모순이 있음을 인정하면서도 결론적으로는 자활후견기관이 제대로 역할 수행을 잘못하는 것으로 강조하고 있으며, 반대로 자활후견기관의 입장에서는 앞선 제도적 모순과 더불어 자활사업이 제도적으로 정착 가능하도록 보호된 시장을 구축한다든가 중앙정부와 지방자치단체로부터의 의미 있는 지원이 제대로 이루어지지 않고 오히려 통제체계만 강화하고 있다고 반목한다. 무엇보다도 현재의 비자발적 자활사업 참여대상자를 상대로 자발성과 자활의지가 무엇보다 강조되는 자활공동체 방식을 적용한 획일적인 자활경로를 거쳐 자활목표를 달성한다는 것은 자기 기만 행위라고 소리 높여 주장하고 있다.[6] 또한 제도 초기에 이루어진 일부 자활 성공사례는 자활사업을 통하지 않더라도 자활이 가능한 사람들이었으며, 자활사업 실무자들은 탁월한 자활의지와 능력을 가진 자활대상자는 이제 거의 남아있지 않다고 항변한다. 또 다른 일부에서는, 마찬가지로 자활대상자를 위시한 여러 가지 다양한 제도적 모순을 총체적으로 주장하면서, 자활사업이 자활담당공무원과 자활후견기관 종사자의 자활프로

해 취업가능성을 제고하는 데 있다. 청년실업자의 경우 일반 직장을 구하도록 최장 4개월까지 지원이 계속되며 장기실업자의 경우에는 3~6개월 동안 집중적인 자문상담과정을 거치도록 구성되어있다. 이 기간 동안 개별 상담가가 뉴딜 참가자들을 집중 지도하고 지원한다(박능후, 2001: 73-76).
6) 황미영(2002)의 연구에 따르면, 본인 취업을 통한 자활 비율이 비취업대상자는 85.7%이며 취업대상자는 64.2%로 나타나 오히려 취업대상자보다 높은 비율을 보이고 있다. 이에 대해 현재의 취업대상자 자활경로를 본인 취업으로 설정하고 있는 현재의 정책설계가 잘못되었음을 지적한다. 그런데 본 연구자의 입장에서는 오히려 비취업대상자의 유일한 자활경로로서 자활공동체가 설정된 것이 정책 목표와 결과가 전혀 일치하지 않는다는 점에서 더 큰 문제로 판단된다.

그램이며 이럴 바엔 차라리 자활예산을 수급자에게 균등지급하는 편이 낫다고 하는 극단적인 주장도 생겨나고 있다.

이상과 같이 자활사업의 부진 원인에 대한 논쟁과정에서 각자의 입장에 따라 자활사업의 부진에 대한 책임소재는 달리 주장되더라도, 비교적 자활사업의 주요 정책 대상자로서 현재의 조건부수급자가 부적합하다는 데에는 견해가 일치되고 있다.[7] 그렇다면 여기에는 제도개선을 위한 논의에서 다음과 같은 몇 가지 탈빈곤 정책상의 논점이 대두된다.

첫째, 급격한 제도변화를 우려하는 입장에서 참여대상자는 그대로 유지한 채 자활후견기관의 역할과 기능을 자활교육사업 등 자활역량과 직업능력개발을 강화하는 방향으로 개선하는 등 보다 인적 자본 강화에 집중하는 방법이 있을 것이다. 둘째, 현 국민기초생활보장제도 내에서 근로능력과 의지가 있는 현재 취업자나 조건부과 유예자 등, 자활사업에 적합한 대상자가 자발적으로 참여하도록 유인하고 선정하기 위한 보완적 제도개선 방안일 것이다. 셋째, 고용(실업)보험 대상자로서 수혜기간이 만료된 장기실직자나 일용직 노동자 등 근로빈곤계층을 주요 정책목표 대상 집단으로 새로이 선정하여 실업부조제도와 같은 기능을 하도록 제도를 본질적으로 개혁하는 방법이 있을 것이다. 물론, 첫 번째 방식을 중심에 두고서 두 번째 방식을 가미한다든가 혹은 세 번째 방식에 자활후견기관의 역할을 달리 가져가는 등 서로 혼합한 형태의 사업진행도 가능할 것이다.

2) 자활지원 사례관리 실천상의 쟁점: 전담 사례관리자는 누구이며, 누가 주요 사업 대상자인가?

사례관리는 복합적인 욕구를 가진 대상자들에게 다양한 서비스를 제공하고, 서비스의 누락 및 중복을 조기 발견할 수 있도록 체계적으로 지원하는 서비스 중심의 통합적 실천방법이다. 따라서 자활지원 사례관리는 특별히 가구여건이나 개인여건이 취약하여 복합적인 서비스가 요구되는 자활대상자와 가족이 주요 표적 집단이 된다고 볼 수 있다. 그런데 이러한 판정기준을 적용한다면 현재의 조건부수급자 모집단 전체가 자활사업의 목표 집단이 된다고 해도 과언이 아니며, 그래서 자활사업의 성공과 활성화를 위

---

7) 홀터(Halter, 1996)는 근로를 통해 일반부조(general assisstance)의 대상자 규모를 줄이거나 시간을 제한하려는 현재의 정책방향은 문헌에 근거하지 않은 잘못된 전제에 기초한다고 비판한다. '안전망'(safety net)으로 추락한 구성원들이 복지에 안주하고 일에 대해 동기화되지 못한다는 관점에 입각한 근로연계 복지정책은 공공부조 대상자들의 근로 불가능한 현실을 무시한 처사라는 것이다.

해 사례관리 체계가 기본적으로 적용되는 노동-복지 통합서비스 체계의 구축이 긴급히 요청된다.

하지만 이러한 체계구축을 위한 선결과제로 누가 사례관리를 책임지고 전담할 것인 가를 명확히 설정해야 한다. 현재의 구조는 사회복지전담공무원, 노동부 직업상담원, 자활후견기관 실무자로 3원화되어 파편적으로 운영되고 있으며, 자칫 아무도 책임지지 않거나 자활근로사업단 및 자활공동체와 같은 집단 혹은 조직체 등, 서로 단위가 차별 적인 영역의 사례관리에 전념해야 할 자활후견기관 실무자에게 개별 사례관리 책임까 지 부과되는 실정이며, 이는 자활지원사업이 정체되는 요인으로 작용한다. 무엇보다도, 자활후견기관 실무자는 비취업 자활대상자에게 노동서비스관련 자활프로그램을 전담 공급하는 부분 하위체계임을 유념할 필요가 있다. 물론, 그들이 자활프로그램을 운용하 는 과정에서 수급자 개인이나 가구여건의 변화를 가장 민감하게 발견할 수 있는 위치에 있지만, 그렇다고 필요한 사회복지서비스를 즉각적으로 공급할 책임까지 지는 것은 그 다지 적절치 않다고 하겠다.[8] 이는 노동부 직업상담원에게도 마찬가지로 적용되는 점이 다. 결국, 자활후견기관 실무자와 직업상담원은 개별 여건이나 욕구 변화를 반영한 재 활프로그램이나 사회복지서비스의 제공을 위해 자활 사례관리자에게 참여자와 관련하 여 변화된 정보를 제공하고 적극적으로 의뢰를 요청하는 역할을 수행하는 것이 적절할 것이다.

그렇다면 현재 진행되고 있는 사회복지 전달체계상의 변화 양상인 사회복지사무소 의 설치와 지역복지협의체의 구축을 감안한다면 사회복지전담공무원이 가장 적절한 위 치일 것이다. 하지만 그들은 비조건부수급자(근로능력이 없다고 판정된 자)를 지원하 기 위한 사례관리에도 여력이 없는 실정이며, 여기에 더하여 노동통합서비스가 필요한 조건부수급자마저 사례관리를 전담시키기엔 많은 무리가 따른다. 그래서 시·군·구 단위의 사회복지전담공무원 중에서 자활 사례관리를 책임지는 자활전담공무원의 배치 가 선결과제로 요청된다. 향후 많은 자활지원 사례관리 실천경험 속에서 보다 자명해지 겠지만, 초기 집중적인 상담과 지속적인 사정작업이 필요한 것을 감안한다면 사회복지 사무소에 통상 자활대상자 40 사례당 1인의 자활전담공무원을 배치하는 것이 효과적이

---

8) 물론, 이러한 주장은 농어촌 지역에 대해서까지 일반화할 수는 없다. 사회복지서비스 전달체계 자체가 미비한 상황에서 자활후견기관에는 자활서비스뿐만 아니라, 지역복지종합센터로서의 기능이 요청되고 있다(최은미·이지은, 2003).

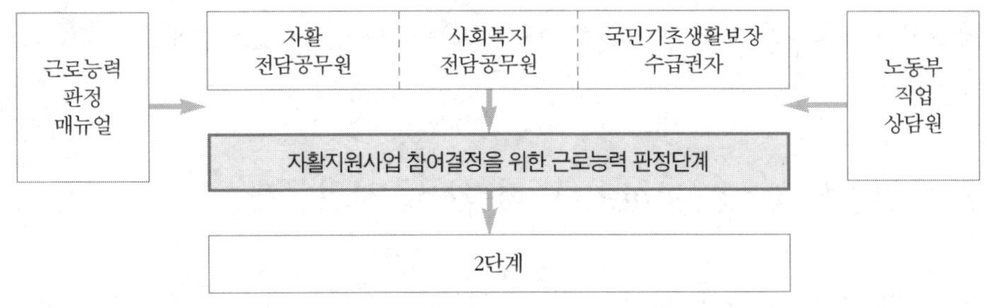

고 책임성 있는 자활사업의 진행을 위해 적절할 것으로 추정된다.[9]

3) 진입단계 자활지원 사례관리 과정

[그림 8-2]에서 보는 바와 같이, 정확한 판정이 가능한 '자활대상자 판정 매뉴얼'을 개발하고 적용하여, 사회복지전담공무원으로부터 의뢰받은 국민기초생활보장 수급권자의 자활지원사업 참여결정을 위한 근로능력을 자활전담공무원이 판정한다. 이 과정에서 자활전담공무원은 노동부 직업상담원과 협조관계를 수립할 수 있다.

무엇보다도 이 단계에서 중요한 측면은, 단순히 눈에 보이는 신체적 근로능력 외에 한 단계 상승된 직업수행능력의 판정과 수급자의 심리적 자활욕구 판정이 자활지원 사례관리체계 내로 진입한 이후 자활사업의 성패에 중요한 영향을 미친다는 사실을 유념할 필요가 있다. 물론, 보다 정밀하고 엄격한 판정은 다음 2단계인 사례관리 사정단계에서 다루어질 것이지만, 김교성·강철희(2003)의 연구에 따르면 비취업대상보다 여러 가지 개인적 여건이 낮다고 판정된 취업대상 조건부수급자들 조차, 경제적 자활로의 성공적인 이행을 위해서는 그들의 건강상태와 심리적인 측면의 자활의지가 중요한 변수인 것으로 밝혀졌다. 취업대상자들이 성공적인 경제적 자활 상태로 이행하기 위해서는 인적 자본을 증진하는 노력도 중요하지만 참여대상자의 건강증진 프로그램의 개발 및 공급과 함께 상담 사업이나 사례관리를 통해 취업욕구를 증진시키거나 유지시켜야 한다

---

9) 연구결과에 따르면, 사례관리모델에 따라 다양하다고 한다. 집중적인 사례관리에서는 16~20명가량이 적당하며, 일반주의 모델(generalist model)에서는 40~80명을 추천한다. 그리고 정신장애인의 경우 숙련된 전문사례관리자는 30~40명을 관리하는 것이 적당한 것으로 논의되고 있다.

고 제언하고 있음을 눈여겨 볼 필요가 있다.

아무튼, 본 1단계에서 자활사업에 적합한 대상으로 판정받은 자만이 엄밀한 의미에서 자활지원 사례관리 대상자가 되며, 향후 사례관리 과정으로 옮겨가게 될 것이다.

2. 제2단계(Assessment): 자활사례 사정단계

1) 사정단계의 이론적 배경

조직적으로 혹은 기술적으로 사례관리가 어떻게 정의되었든지 간에 초기사정은 사례관리의 과정에 있어서 가장 중요한 단계에 해당한다(김통원 · 김용득 외, 1998: 53). 사례관리에 있어 사정단계는 클라이언트 개인의 문제 · 장애 · 목적이 무엇인지를 규명하고, 이러한 목표 달성을 위한 적절한 서비스를 형성하기 위한 자료수집 과정을 말한다.

사정과정은 다음과 같은 7가지 특성이 있다. 사정은 ① 클라이언트의 욕구에 철저히 기초하며, ② 생물학적, 사회적, 심리적 기능영역 전반에 대해 종합적이고 포괄적으로 이루어지며, ③ 타 영역의 전문가와 팀을 이루어 상호 제휴하며, ④ 자기결정권의 원칙에 따라 클라이언트가 반드시 참여하며, ⑤ 클라이언트의 욕구가 지닌 역동적 측면을 반영한 과정적인 것이며, ⑥ 대단히 공식적이고 구조화된 체계적인 것이며, ⑦ 추상적인 클라이언트 욕구의 유형 · 특성 · 정도와 그의 상황적 맥락의 장단점을 분석하여 구체화한 결과물이다(David P. Moxley, 김만두 편역, 1993: 80-87).

2) 자활지원 사례관리에서의 사정과정

첫째, 초기사정으로 전반적인 서비스 방향과 관련된 사정이 필요하다. 여기에서는 이후의 보다 구체적인 사정을 하기 위하여 다양한 사정영역에 대한 우선순위를 확인하는 질문들로 구성된다. 특히, 자활대상자가 동의하는 계획수립이 무엇보다 중요하므로, 초기사정 시 자활대상자 스스로 원하는 자활계획의 방향이 있는지를 확인하는 과정이 필요하다.

둘째, 개인여건에 대한 사정으로 자활사업 참여에 영향을 미칠 수 있는 개인적인 측면의 요소를 파악한다. 자활사업 참여에 방해가 될 만한 다양한 개인여건의 주요 항목을 사정한다. 또한 개인적인 능력이나 동기와 같은 비공식적 자원에서부터 기관 내 서비스와 같은 공식적 자원에 이르기까지 개인여건을 해결하기 위한 자원 사정도 동시에 이루어진다.

셋째, 가구여건에 대한 사정으로 자활사업 참여에 영향을 미치고 있거나 미래에 미칠 수 있다고 판단되는 가구 내 물리적, 심리사회적 요인을 파악한다. 특별히 자활지원계획의 수립 및 수행과정에 방해가 될 만한 항목에 대해서는 집중적인 사정이 이루어질 필요가 있으며, 동시에 문제해결을 위한 공식·비공식 자원도 사정하게 된다.

3) 재활프로그램에의 의뢰

본격적인 자활사업 참여에 앞서 물질중독이나 자활의욕증진을 위한 재활프로그램이 필요한 것으로 사정평가되면, 자활지원 계획수립에 앞서 혹은 계획과정에서 우선적으로 재활프로그램 수행기관에 의뢰하여 재활과정 이수 후 다시 재사정(reassessment)과 자활지원 계획수립과정이 진행된다. [그림 8-3]과 같이, 재활프로그램의 이수 여부는 개인에 따라 실시 시기나 참여 여부에 많은 가변성이 있으므로 점선으로 표시되었고, 근로능력은 없는 것으로 판정되었지만 자활욕구가 높은 일반 수급자도 자활지원 계획수립에 선행하여 마찬가지로 진행될 것이다.

그림 8-3 사례관리 2단계: 자활지원 사례관리 사정단계

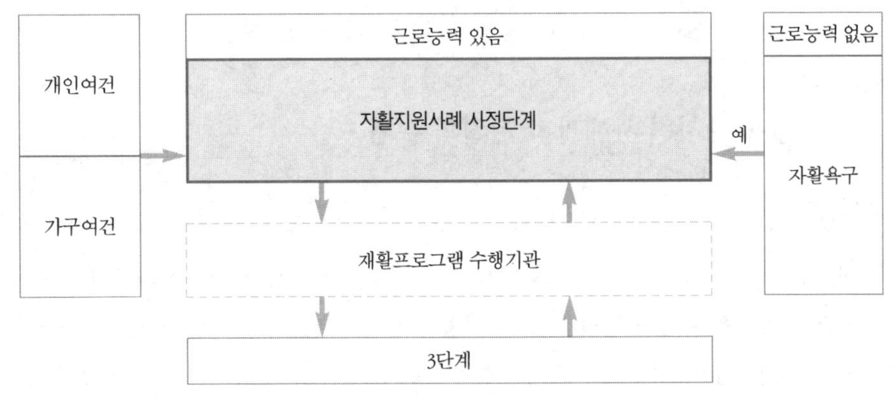

3. 제3단계(Bottom-up Planning): 가구별 자활지원계획의 수립 및 상향식 사회계획(지방 · 중앙 자활계획)의 수립

1) 사례관리 계획수립의 이론적 배경

사례관리자가 클라이언트의 욕구에 대응하기 위해 필요한 개입활동을 명백히 함에 있어 서비스 및 지원 계획의 개발은 사례관리에 있어 중요한 기능이며, 이에 따라 의미 있는 목표를 설정하고, 정해진 목표에 수반되는 활동들과 서비스들을 발전시키는 체계적 과정을 의미한다(David P. Moxley, 김만두 편역, 1993).

이 계획수립 단계는 사정단계에서 획득한 정보를 개별화된 재활 · 자활전략, 자활 우선순위 및 실행 절차로 바꾸어 가는 연속적인 과정이다. 즉 이 계획단계에서는 클라이언트의 목적을 반영하고 이들 목적을 달성하는데 필수적인 것으로 확인된 전략과 활동을 유형화시키는 것이다.

계획은 사례관리자와 클라이언트가 함께 만드는 과정이며, 사정단계에서 수집한 자료와 정보에 근거하여 이루어진다. 그래서 이는 양자 간에 약정한 일종의 계약으로서의 효력을 지니며, 클라이언트로부터 새로운 욕구가 파생될 때 상황에 따라 변화 가능한, 살아 움직이는 생명력 있는 능동적인 과정이다. 이를 문서화하게 되면, 다음 단계인 계약 체결의 단계로 옮겨가게 된다.

계획은 클라이언트에게 현실적이고 의미 있는 목적을 반영하고 있어야 하며, 계획이 완료되었을 때는 클라이언트와 사례관리자가 모두 평가받을 수 있도록 그 성취정도가 측정 가능해야 한다. 효과적인 계획은 클라이언트의 욕구를 충족시켜줄 수 있는 핵심 전략과 서비스를 규명하고 있어야 하며, 원하는 결과를 이루는 데 방해가 되는 요인이 무엇인지를 고려하고 있어야 한다(김통원 · 김용득 외, 1998: 68-69).

2) 가구별 자활지원 사례관리 계획의 수립

공공부조체계의 실시 원칙상 생활보장의 여부와 정도를 결정할 경우에는 세대를 단위로 시행한다(최일섭 · 이인재, 1996: 70-71). 그래서 자활지원 사례관리에서 계획수립 단위는 개인별 자활계획이 아닌 가구별 자활지원계획을 수립하도록 정하였다. 즉 수급자 가구의 생애 전반에 대한 장기적인 전망하에 가구별 자활지원계획을 수립할 것을 지침으로 권장하였다(김수현 외, 2000). 하지만 누가 사례관리자가 될 것인지에 관한 명백한 규정 없이 제도가 막연히 진행된 한계가 있었다.[10]

자활지원 사례관리 계획의 세부내용은 크게 [그림 8-4]와 같이 자활사업 참여계획과 사회복지서비스 공급계획으로 구성된다. 전자의 계획 내용은 구체적으로 자활대상자가 참여하게 될 사업이나 프로그램 내용이 무엇인지를 명확히 하는 것이다. 여기에는 반드시 자활대상자가 언제까지, 무엇을 어떻게 할 것인가에 관한 행동목표가 설정되어야 한다. 다음으로 후자의 계획은 자활에 필요한 각종 사회복지서비스의 내용을 현실성과 접근성을 고려하여 구체화한다. 만약 보육서비스가 필요하다면 어느 지역에 어느 정도의 비용과 시간이 필요한 보육시설이나 서비스로 연결할 것인가를 구체적으로 결정한다(홍경준, 2001: 15-17).

자활지원 사례관리 계획수립 과정은 [그림 8-4]에서 보는 바와 같이 진행된다. 먼저, 정기 계획수립은 다음과 같은 경우에 실시된다. 첫째, 신규로 수급자가 되어 자활대상자로 판정되는 제1단계에서 둘째, 매년 차기년도 해당 가구의 자활사업 참여에 대한 개별 평가와 재사정 결과에 따라 셋째, 자활 사례 종결 시 사후서비스(follow-up service) 제공을 위해 실시된다.

그림 8-4 자활지원 사례관리 3단계: 가구별 · 지역 · 광역 · 중앙 자활지원계획수립

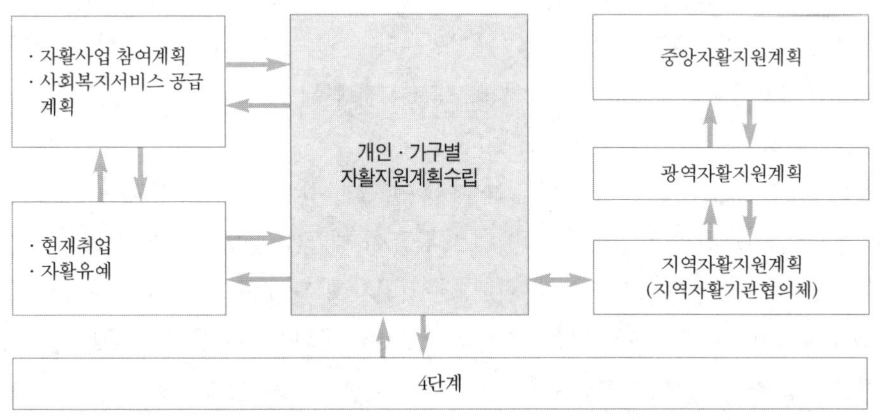

---

10) 홍경준 외(2001)에 의해 보건복지부의 연구용역에 따라 자활지원 사례관리 매뉴얼이 개발되었고, 그에 따라 사회복지전담공무원이 사례관리자로 적합한 것으로 지정, 추천되었다. 하지만 실제 자활 실무 현장에서는 제도 시행 초기의 시행착오로 이에 관해 잘 이해하지 못하거나 사회복지전담공무원의 역할 과다로 인해 이러한 계획수립이 원칙대로 적용되지 못하였다. 무엇보다도 자활공급여건과 지역사회 환경이 제대로 정비되지 못하여 자활계획수립 자체가 그리 큰 의미를 갖지 못한 측면도 있다.

비정기 혹은 수시 계획수립은 [그림 8-4]의 하위단계에서 피드백된 경우로서 가구여건이나 개인여건의 변화로 긴급한 대응이 필요할 때 이루어진다.

3) 사회계획으로서의 상향식 자활지원계획 수립

지금까지 자활과 관련한 사회계획 과정은 중앙정부의 차기년도 국민기초생활보장 예산편성 상황에 따라 그 여건에 맞춰 자활공급량을 일방적으로 설정한 하향식 모델을 기반으로 하고 있다. 이러한 계획수립은 결국 가구별·지역별·광역별 자활지원계획 수립을 무의미하게 만드는 근본적인 요인으로 작용하고 있다.

그래서 변화된 자활지원 사례관리 체계에서는 [그림 8-4]에서 제시된 것처럼 첫째, 매년 수립되는 정기적인 가구별 자활지원계획(9월 말까지 재사정 및 재계약)의 상호 계약에 근거하여 지역 내 가구별 자활지원계획의 실행에 필요한 자활공급계획 수립 및 필요 공급총량(당장 해결할 수 없지만 꼭 필요한 자활공급을 위한 중장기 계획을 포함)을 파악하는 지역자활지원계획(매년 10월 말까지 수립)을 수립한다. 둘째, 이러한 기초 단위 지방자치단체의 필요·공급 자원을 합산하여 광역자활지원계획(11월)을 수립한다. 셋째, 광역 단위 총량을 합산하여 중앙자활지원계획(12월)을 수립함으로써 차기년도 자활공급계획을 확정짓는다. 부언하자면, 자활지원사업의 활성화를 위해서는 이렇게 상향식 자활지원 계획모델로 전환하는 근본적인 제도 개선이 필요하다. 물론, 여기에는 변화 개선된 자활인프라 체계인 중앙자활지원센터, 광역자활지원센터, 사회복지사무소 및 지역복지협의체(지역자활기관협의체 포함)가 각 단위 수준별로 실무적인 역할을 수행하는 것을 전제 조건으로 설정하고 있다.

또한 필연적으로 발생할 수밖에 없는 자활 인프라 미비나 예산의 문제 등 자활 공급 여건상 단기간에 해결할 수 없는 과제인 자활급여 제공에 필요한 잔여 총공급 물량에 대해서는 이를 어떻게 구축하고 마련해 갈 것인가에 관한 중장기 자활 마스터 플랜(master plan)이 적어도 3~5년 단위로 연속적으로 수립되고 재평가되어야 할 것이다.

이상과 같은 각 세부 단위별 자활지원계획과 중장기 자활 마스터 플랜은, 결국 자활 사업의 성패 원인이 어떠한 자활지원 사례관리 체계단위(수급자 개인, 자활후견기관을 위시한 민간전달체계, 사례관리자, 지역자활기관협의체, 지방정부, 중앙정부 등)에서 발생한 것인지에 대한 명확한 책임소재를 규명하는 과학적 측정도구로 활용 가능할 것이다.

4. 제4단계(Contracting): 가구별 자활지원계획에 대한 계약 체결 단계

1) 계약의 이론적 배경

일반적으로 계약은 계획단계와 통합적으로 다루어진다. 즉 사정단계에서 수집한 자료를 근거로 조직되고 구조화된 계획은 클라이언트와 사례관리자 간에 약정한 계약으로서 효력을 가지며, 클라이언트에게 친숙한 언어로 문서화될 것을 사례관리자에게 요청한다(김통원 · 김용득 외, 1998). 이와 달리, 볼류와 민크(Ballew & Mink, 1986)는 효과적인 서비스를 위한 관계형성의 측면을 강조하면서, 사정단계에 앞서 클라이언트와 최초면접을 진행하는 단계에서 이루어지는 것으로 모형을 설정하고 있다(전재일 · 이준상, 1998: 53 재인용). 그리고 스테인, 갬브릴, 와일츠(Stein, Gambrill, & Whiltse, 1977)는 클라이언트의 상황사정에 근거해서 사례계획의 목표를 수립하고 서비스 기간 · 실행전략 · 계획대로 행동할 개인의 책임 · 계획 불이행에 따른 비용 문제 · 계약에 관계된 모든 당사자의 서명날인이 포함되어야 한다고 지적한다(전재일 · 이준상, 1998: 96 재인용).

2) 자활지원 사례관리에서의 계약단계

자활지원 사례관리 모형에서는 실행단계에서 자활프로그램을 운용하게 되는 자활사업의 핵심적인 민간전달기구인 자활후견기관의 참여가 필수적인 과정으로 설정되었다.

그림 8-5 사례관리 4단계

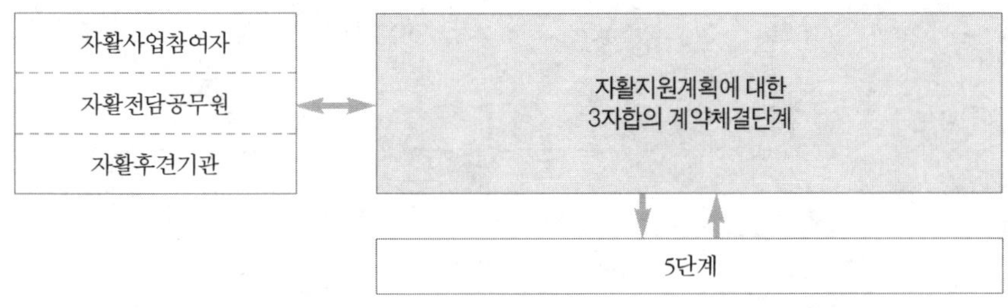

그래서 본 계약단계에서 자활후견기관이 자활지원계획에 동등한 계약주체로서 참여해야 함을 강조하기 때문에 본 계약단계를 세분화하였다. 물론, 자문이나 직접 참여의 형태로 이전 계획단계에서부터 자활후견기관 실무자가 관여하기 때문에 이러한 단계구분이 실천과정에서 반드시 따라야 할 절대적인 절차는 아니다.

하지만 [그림 8-6]에서 보는 바와 같이, 자활후견기관이 자활급여 공급에 관한 계약당사자로서의 위상을 명확히 규정하려는 필요성 때문에 별도의 단계로 설정한 것이다. 이 계약문건에 대한 동의는 특정 개인과 가구의 원활한 자활지원에 관한 약속을 철저히 이행하겠다는 서약의 의미를 내포한 것으로, 이후 자활후견기관의 사업수행평가에서 중요하게 다루어질 것이다.

3) 3자 참여 계약 체결의 기능과 효력

[그림 8-6]에 나타난 바와 같이 본 자활사업 참여자 · 사례관리자 · 자활후견기관 실무자가 공동 참여하여 진행되는 자활계획 수립에 관한 계약 체결의 실익은 가구별 자활성과에 대한 책무와 권리 소재를 명확히 확정짓는 데 있다. 개인 · 가구 여건 등을 감안하여 참여자 욕구 중심의 개별화된 자활계획을 자활대상자, 사례관리자, 자활후견기관이 함께 협의를 통해 작성하여 문서화된 계약서에 모두가 서명하는 절차를 마치면 계약

그림 8-6 3자 협의 계약의 기능과 역할

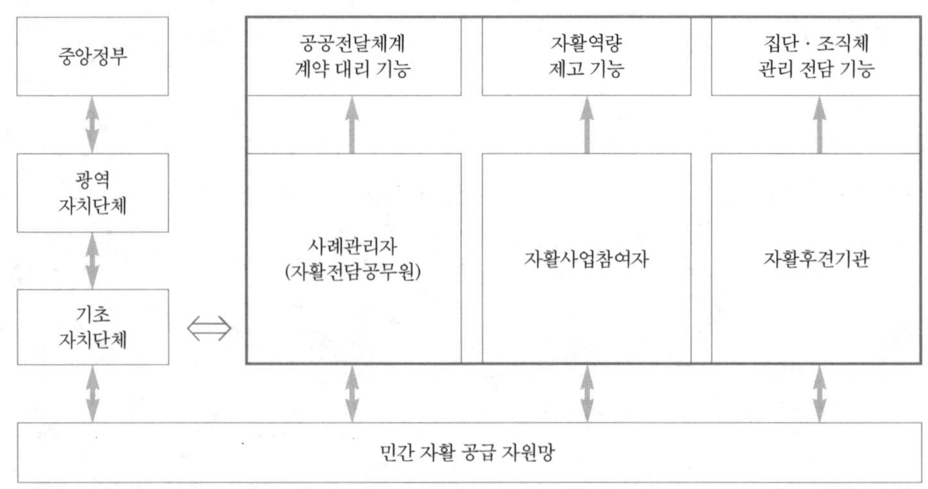

단계는 완료된다.

(1) 참여자

자활대상자 자신의 자활욕구에 따라 동의한 사업 참여 내용에 대해 책임과 의무를 부여함과 동시에, 계약 내용에 대한 권리성을 강조한다. 이는 빈곤정책적인 면이나 실천적인 면에서, 자활사업이 자칫 빠지기 쉬운 비자발성과 노동 강제적 성격의 덫을 극복하면서, 참여자 개개인에게는 자발성[11]과 권리성을 강조함으로써 참여자 스스로의 자활역량을 강화하는 효과를 기대할 수 있다.

그리고 자활대상자 스스로 선택한 계약내용에 대한 이행을 태만히 할 때, 이에 대해 전적으로 본인이 책임져야함을 명확하게 주지시키는 효과도 올리게 될 것이다. 단, 이 경우에 자활전담공무원과 자활후견기관은 결코 강압적이지 않은 분위기 속에서 대단히 자발적인 계약이 이루어졌음을 계약초기에 명확히 해야 하며, 이에 대한 거증 책임은 자활지원 사례관리 책임자인 자활전담공무원에게 속한다.

(2) 사례관리자(자활전담공무원)

가구별 사례 점검과 조정, 개별 고충상담 등 개인·가구별 사례관리 역할에 대한 1차적 책임 소재를 가시화하는 기능을 수행한다. 본 사례관리자는 단순히 사례에 대한 지도점검과 관리의 차원만이 아니라 공공부조체계를 대리하여 직접 자활대상자와 지속적으로 관계를 맺는 일선 기관으로서의 적극적인 역할이 요구된다. 즉 계약의 준수와 철저한 이행을 위해 자활급여 공공전달체계를 대리하여 계약 체결을 대행하는 기관이라는 것이다. 그래서 보호된 시장 미비, 자활자원 공급의 부족 등 지자체와 중앙정부의 무반응성에 대한 일차적인 책임을 지며, [그림 8-6]에 나타난 바와 같이 이를 통해 지역사회 내 적절한 자활급여 공급에 대한 기초 책임소재로 작용하게 된다.

물론, 자활급여와 부가적 사회복지서비스의 시의적절한 공급을 위해 사례관리자로서의 책무에 성실하였다면, 당연히 자활전담공무원인 사례관리자는 절차에 따른 형식적인 공공전달체계상의 일선기구로서 원칙적인 책임을 지게 된다. 그리고 나서 그 성패 원인을 거슬러 올라 추적해가면 각종 자활·재활 프로그램 시행기관, 기초·광역·중

---

11) 라힘(Raheim, 1997)의 연구에 따르면, 소규모창업 훈련프로그램에 자발적으로 참여한 사람들은 전통적인 복지노동전략에 비해 복지의존기간이 유의미하게 짧은 것으로 나타났다(김만지·정영순, 2002: 41 재인용). 참여자의 이런 자발성의 확보는, 특히 현재의 자활프로그램 중 자활공동체의 조직화에서 대단히 중요하게 고려되어야 할 요인이다(신명호·김홍일, 2002).

앙정부 등으로 그 책임소재를 보다 가시화하는 절차상의 기능적 의미를 갖는다.

(3) 자활후견기관 실무 담당자

먼저, 계약에 따라 위임된 책무를 자활후견기관이 다하기 위해 반드시 필요하다고 판단되는 자원(자활근로예산, 우선구매 우선위탁, 지자체 수준에서 제공 가능한 유 · 무형자원 등)에 대한 청구권을 그 내용과 성격에 따라 지자체와 중앙정부가 가지게 된다. 계약의 대리권한을 자활전담공무원에게 위임하였으므로 당연히 그 계약 위반에 대한 일차적인 책임은 공공전달체계에 있으며, 자활사업평가에서 이를 반드시 반영하여야 한다는 것이다.

자활후견기관은 개인별 사례관리에 대한 책임부담을 줄이면서 자활근로사업단과 자활공동체 등 집단과 조직체에 대한 사례관리를 전담 · 책임지게 됨으로써, 자활전담공무원과의 역할분담이 분명히 이루어진다. 물론, 직업능력개발, 개인창업이나 취업지원등의 기능도 수행한다. 하지만 이들은 모두 자활근로사업단 이후의 개별 자활경로에 해당하기 때문에, 일차적으로는 자활근로사업단의 활성화에 전념하고 사업단이 자활공동체로 전환되면 집중적인 경영지원을 위한 공동체 조직 사례관리를 전담하게 된다. 개별취업이나 창업은 공공부조체계에서 이탈하기 전까지는 자활후견기관에서 지원하다가자활 성공에 이르면 사례관리자에게 사후관리서비스를 위임하게 된다.

요약하자면, 계약 이후 실행단계에서 자활후견기관은 그들의 역량과 관심을 단일영역에 둠으로써 자신의 역할과 기능을 보다 집중하는 효과가 발생한다. 또한 사정단계와계약단계에 능동적으로 참여함으로써, 분명히 책임지겠다고 계약내용에 명기한 사업수행에만 충실하면 되므로, 기타 영역에서의 실무부담이 크게 경감되는 효율적인 측면도발생한다. 동시에, 참여대상자의 자발성, 자활능력 및 의지문제, 자활공급체계의 부적절성에 대한 책임소재 등이 해소됨으로써, 자신의 기능과 역할에 상응하는 계약 불이행부분에 대해서만 한정적으로 책임지게 된다. 이러한 책임 영역은 자활후견기관의 평가에 객관화된 형태로 반영되고, 나아가 기초 · 광역 · 중앙정부의 자활사업에 대한 객관적이고 계량화된 다면적 평가체계가 실질적으로 가능해져, 사업 시행 초기부터 지향하였던 각 단위영역에서 보다 책임 있는 지역사회 중심의 자활지원사업이 활성화될 것으로 기대된다.

5. 제5단계(Implementation): 자활지원 사례관리 계획내용 실행단계

1) 이론적 배경

계획 실행을 위해서는 사례관리자의 입장에서 성숙한 조정기술과 클라이언트 주위에 있는 활용 가능한 자원과 서비스에 대한 효과적인 실무 지식이 필요하다. 절차와 행정상의 요건을 확실히 갖추는 일과 다른 관계 기관과 단체들에게 연락을 취하는 것이 사례관리자의 본 단계에서의 역할이다. 계획 실행은 계약 당사자 모두에게 할당된 일이며, 각자 자신의 역할과 사명을 다해야 한다. 사례관리자는 특히, 클라이언트 스스로 문제를 해결할 수 있는 역량강화에 노력해야 하며, 이러한 자발성과 역량강화를 이유로 클라이언트에 대한 주의 깊은 배려나 장애물 제거와 같은 사례관리자의 적극적인 역할이 소홀히 다루어져서는 안 된다(김통원·김용득 외, 1998: 69-70).

2) 자활지원 사례관리 실행단계

자활대상자를 위한 사례관리에서의 실행단계의 초점은 자활지원 대상자를 자활프로그램 담당자에게 신속히 의뢰하여 자활사업 참여와 서비스 수령, 참여의무를 강화하는

그림 8-7 사례관리 5단계

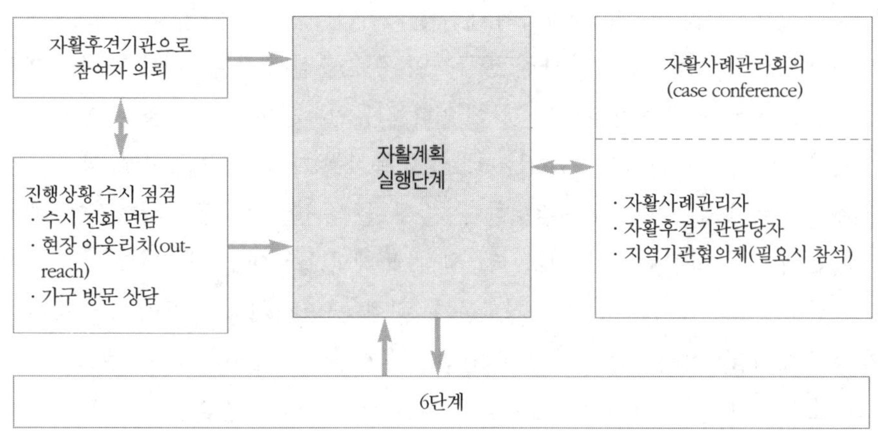

데 있다.

[그림 8-7]에서 보는 바와 같이, 사례관리자는 자활후견기관으로 사례의뢰 후 정기적인 팀 중심의 사례관리회의와 현장방문, 전화상담을 통해 프로그램 진행상황을 정기적으로 점검하고, 프로그램 참여나 서비스 이용에 장애가 되는 요인이 발견되면 가능한 한 조기 발견하여 해결할 수 있는 시스템을 구축한다. 그리고 자활후견기관 실무자는 자활프로그램 진행과정에서 발견되는 문제점이 있으면 즉각 사례관리자와 연락을 취하여 단기간 내에 저해요소에 대한 상호 개입을 이루어야 한다.

6. 제6단계(Monitoring & Coordinating): 통합적 자활서비스 점검 및 조정단계

1) 이론적 배경

프로그램에 대한 효과적인 점검은 클라이언트와 사례관리자의 관계를 발전시킬 뿐만 아니라, 사례관리자로 하여금 정기적으로 클라이언트의 진전 상황을 검토하도록 만들며, 적기에 프로그램을 개선하는 효과를 거둔다. 사례관리자의 이러한 점검 역할은 클라이언트가 중요한 고비를 극복할 수 있도록 그의 행동을 유발하는 것이며, 클라이언트에게 발생한 예기치 못한 변화에 민감하게 대처하도록 돕는다. 그래서 검토와 환류는 효과적인 프로그램 유지를 위해 긴요하다. 사례관리자와 클라이언트는 그 필요성이 확인된 전략과 일정이 차질 없이 진행되는지를 규칙적으로 확인해야 한다. 또한 프로그램을 점검하면서, 사례관리자는 서비스 과정에 대한 클라이언트 자신의 주인의식을 계속적으로 심어주어야 한다. 클라이언트에 대한 궁극적인 목표는 실제 클라이언트 자신의 프로그램에 대해 스스로 "사례관리를 하는 것"에 있다(김통원 · 김용득 외, 1998: 80-81).

실무에 있어서 사례관리자의 점검은 네 가지 목적을 가지고 있다. 첫째, 서비스 계획이 적절하게 이행되고 있는지를 검토한다. 둘째, 클라이언트에 대한 서비스와 지원 계획의 목표에 대한 성취수준을 검토한다. 셋째, 본래의 목표대로 진행되고 있는지 서비스와 지원과정 전반에 걸친 산출을 검토한다. 넷째, 서비스 계획 변화에 대한 클라이언트의 욕구에 민감하게 반응하고 대처한다(김만두, 1993: 226-229).

그리고 점검의 원칙은 다음 네 가지로 이루어진다. 첫째, 점검은 계획을 중심으로 이루어져야 한다. 이는 사례관리자가 수립한 서비스 계약이나 계획에 근거해야 한다는 것이다. 둘째, 점검은 지도감독의 기능을 가진다. 이는 감시라는 부정적인 의미보다는 계약 당사자 간에 일상적인 접촉이 이루어짐을 의미하며, 서비스가 상호 협의에 따라 진행되는지를 확인하는 기능을 말한다. 셋째, 점검은 시기적절해야 하다. 서비스 제공자들과의 만남은 계약 시 명시한 바에 따라 정기적 혹은 부정기적으로 이루어진다. 넷째, 점검은 정확한 정보에 의해서만 가능하다. 부정확한 정보에 기초해서 다른 여러 서비스 제공자들을 불편하게 해서는 안 된다. 따라서 사례관리자는 정확한 정보 없이는 어떠한 결정도 내리지 못한다(전재일 · 이준상, 1998: 261-263).

2) 자활지원 사례관리에서의 점검 및 조정

점검은 자활 및 서비스 지원계획이 원래 계획대로 얼마나 잘 이행되고 있는지를 검토하는 단계이다. 이는 서비스의 지속성과 일관성, 적절성을 확보하기 위해 매우 중요하게 다루어지는 단계이다. 실천과정에서 가장 많이 이루어지는 비공식적이고 질적인 점검 유형으로는 자활대상자와의 면접, 전화접촉, 서비스 제공자와의 팩스 및 서신왕래, 자활대상자의 가족이나 지지망 내 성원과의 접촉 등을 의미한다. 지속적인 점검을 위해서는 사례관리자가 대상자에게 정기적으로 전화나 기관방문을 해줄 것을 요청할 수도 있다.

그림 8-8 사례관리 6단계

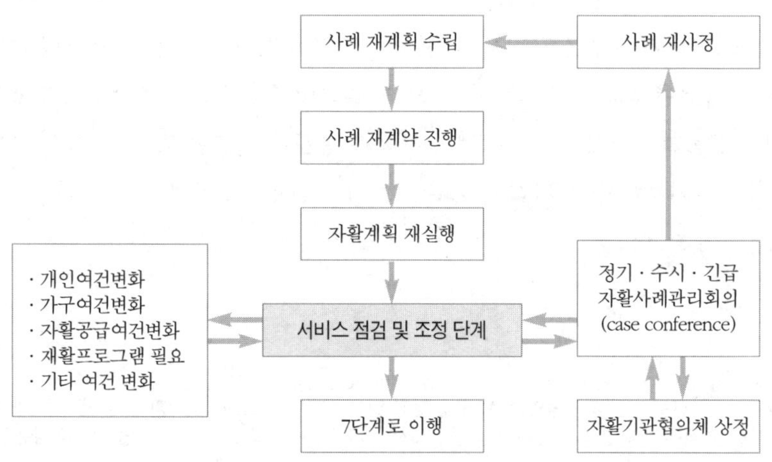

서비스 조정은 다음과 같은 경우에 이루어진다. 첫째, 서비스의 내용과 질이 자활대상자의 능력이나 욕구에 부합되지 않을 때 둘째, 지나치게 중복적이거나 불필요한 서비스가 발견된 경우 셋째, 욕구와 자원이 있는데도 서비스 누락이 발생한 경우에 이루어진다.

[그림 8-8]에서 보는 바와 같이, 점검 결과 ① 개인여건변화, ② 가구여건변화, ③ 자활공급여건변화, ④ 재활프로그램 참여 필요, ⑤ 기타여건변화 등으로 인해 서비스 조정이 필요한 것으로 자활사례관리회의에서 판정되면, 재사정을 거쳐 재계획과 재계약을 수립하고 추가되거나 변화된 서비스를 제공하게 된다.

7. 제7단계(Termination): 사례 종결단계

1) 이론적 배경

클라이언트의 목적이 달성되었을 때 사례를 종결[12]하는 것이 가장 이상적일 것이다. 그런데 사례는 때로 완결되지 못한 상태에서 종결되기도 한다. 즉 클라이언트나 기관의 포기, 이주나 환경변화 혹은 건강악화 등의 이유로 클라이언트 측에서 지속이 불가능한 경우도 있다. 프로그램 완결이라는 사례관리 최종 단계는 프로그램의 마지막 검토, 정리 및 평가를 위한 시간이며, 궁극적으로 종결을 상호 합의하는 것이다. 이러한 사례종결은 프로그램 비용, 일정, 클라이언트 욕구, 목적달성 여부, 향후 성과의 개연성, 자원 상황, 기관 지침에 근거를 두고 고려되어야 한다. 클라이언트로 하여금 종결 이유를 분명히 밝히고 그 성과 여부를 알리는 것은 중요한 일이다. 또한 모든 프로그램 관계자들에게 사례의 종료를 알리는 것 역시 중요하다. 클라이언트의 목적이 달성되지 않았다면 사례관리자와 클라이언트는 프로그램의 목적과 목표를 검토할 필요가 있다. 무엇보다도 종결 결정은 가능한 한 클라이언트와 상호 협의하에 이루어져야 한다(김통원 · 김용득 외, 1998, pp. 95-96).

---

12) 전재일 · 이준상(1998)은 많은 문헌에서 사용되고 있는 종결(termination)이라는 용어가 클라이언트를 제거한다는 부정적인 뉘앙스가 강하다는 관점에서 '해약'(disengagement)이라는 용어를 사용한다.

2) 자활지원 사례관리에서의 사례 및 기관 평가

사례 종결 과정에 앞서 이루어지는 사례평가는 점검기능과는 다르다. 점검(monitor-ing)은 "계약된 활동이 계획된 방법대로 진행되고 있는지"의 여부를 판단하는 것이라면, 평가(evaluation)는 "이런 활동이 득이 되고 바람직한 산출을 초래하고 있는가"를 판단하는 과정이다. 평가와 점검 사이에는 약간의 중복이 있기도 하다(김만두 편역, 1993: 242-243). 그래서 이 평가의 과정은 종결 단계에서만 이루어지는 것이 아니라, [그림 8-9]에서 보는 것처럼 사례 점검과 조정 과정에서도 계약내용에 준거한 자활사례평가가 이루어지기도 한다.

매년 정기적으로 이루어지는 이러한 사례평가를 집계한 총량은 해당 지역사회에서 자활프로그램을 수행하는 기관 평가의 지표가 될 것이며, 이를 통해 자활후견기관 등

그림 8-9 사례관리 7단계

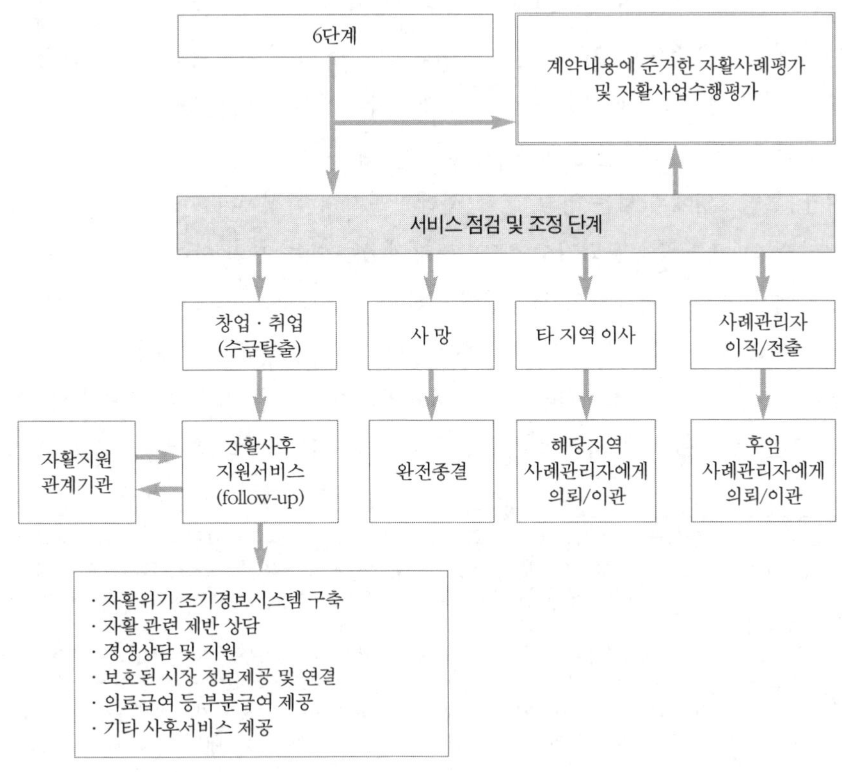

자활실시기관에 대한 예산 조정과 재계약 여부[13]가 판가름날 것이다.

물론, 이 평가에서 무엇보다 중요한 평가지표는 3자가 동의한 계약에 따른 자활계획에 충실하게 자활사업이 수행되고 있는가 하는 점이 될 것이다. 그리고 또한 계약 불이행의 책임 소재가 3자(자활대상자—민간전달체계—사회복지서비스를 포함한 공공전달체계) 중 어디에 근원을 두는지를 명백히 밝히는 절차가 반드시 평가과정에 포함되어야 할 것이다. 이러한 평가방식에 따르게 되면, 지역상황이나 대상자 여건에 관계없이 개별 기관에 대한 절대평가가 이루어질 것이고, 지역이나 수급자 규모를 반영한 차등지원 등의 문제로 빚어지고 있는 현재와 같은 갈등관계는 다소 해소될 수 있을 것으로 판단된다.

3) 자활지원 사례관리에서의 종결

자활지원 사례관리의 경우 대상자들의 특성상 매우 장기적인 관리가 불가피하지만 여러 가지 이유로 종결이 이루어지기도 한다. 즉 창업이나 취업 등의 사유로 공공부조체계로부터 탈출했다면 더 이상의 서비스가 불필요한 상황에 이른 것이다. 물론, 자활실무 현장에서 지속적으로 요구하는 교육이나 의료 등의 부분급여제도가 도입된다면,[14] 그에 따른 일부 사회복지서비스는 서비스 제공기관과 긴밀한 협조하에 사후지원의 형태로 사례관리자와 지속적인 관계가 유지될 것이다.

하지만 [그림 8-9]에서 보는 바와 같이, 사례관리자의 이직이나 전출, 자활대상자의 이사나 사망 등의 이유로 종결되기도 한다. 전자의 경우에는 후임 사례관리자에게 적절하게 인수인계하여 서비스 제공의 지속성이 저해되지 않도록 해야 하며, 사례관리자의 변경 이유를 미리 자활대상자들에게 고지해야 한다. 후자의 상황에서 이사 등의 이유로 사례관리자가 변경될 경우에는 해당 지역의 사례관리자인 자활전담공무원에게 사례에 관한 모든 정보를 제공하여 서비스의 지속성을 확보해야 할 것이다(홍경준 외, 2001: 21).

---

13) 예를 들어, 3~5년 주기로 매년 사례평가한 내용을 총괄 종합평가하는 과정이 될 것이다. 이에 따라 재계약 여부와 사업비 조정이 이루어질 수 있다. 이 과정에서 무엇보다 중요한 것은 지금과 같이 자활사업의 부진에 대한 책임을 자활후견기관에 일방적으로 전가하는 방식이 아닌, 성패의 원인을 명확히 규명하는 과학적인 평가지표에 근거해야 할 것이다.

14) 미국가구총조사(NASF)자료는 복지탈출 직후 수개월간 계속된 지방정부의 지원이 TANF 프로그램으로의 귀환율을 낮추는데 큰 기여를 하고 있음을 보여준다. 특히, 보육급여를 지급받는 가구의 귀환율은 그렇지 않은 가구에 비해 매우 낮게 나타났고, 건강보험 혜택을 받는 가구와 기타 지원을 받는 가구가 그렇지 않은 가구에 비해 귀환율이 전반적으로 낮게 나타났음을 보여준다(노대명 외, 2002: 132 재인용).

4) 자활지원 사례관리에서의 사후지원서비스

창업이나 취업 등 다양한 자활경로를 통해 자활에 성공하여 관계가 종결된 사례에 대해 이루어지는 사후지원서비스(follow-up service)의 형태와 관계유지 방식은, [그림 8-9]에서와 같이 사례관리자가 자활지원 관계기관[15]과 긴밀한 협조관계를 수립하여, 자활기업 위기 조기경보시스템 구축, 보호된 시장의 제공, 자활기업에 대한 창업자금 및 초기운영자금 지원, 욕구에 따른 교육이나 의료급여와 같은 부분급여의 제공, 기타 사후서비스 등으로 이루어질 것이다.

IV. 자활지원 사례관리 총괄 과정

지금까지 논의했던 각 단계별 부분하위체계를 연속적으로 재구성하면 [그림 8-10]과 같이 될 것이다.

[그림 8-10]에서 제시하고 있는 모형에 대한 총괄 흐름도의 가시적인 특징은 각 단계 절차가 일방적 흐름이 아닌, 각 단계마다 필요에 따라 어떤 형태의 역류도 가능한 것으로 구성되었다.[16] 즉 근로능력이 있다고 판정되었지만 사정작업을 진행하는 과정에서 다시 되돌려져 일반 수급자로 결정될 수도 있고, 근로능력이 없는 것으로 판정되었지만 본인의 자활욕구가 매우 강할 땐, 사정을 거쳐 적절한 자활프로그램에 배치되기도 한다. 사정 결과 우선적으로 심신회복이 필요하다고 판정되거나 자활욕구가 없는 경우에는 자활 일시유예판정이 내려지기도 하고, 재활프로그램을 거치면 곧 회복될 것으로 판정될 경우 재활프로그램으로 위탁 의뢰되고, 혹자는 능력에 맞는 자활프로그램에 참여하면서 주당 정기적으로 재활프로그램에 참석하다가 재사정을 거쳐 한 단계 강도 높은 자활프로그램으로 이송되기도 할 것이다. 또 다른 경우로는 사례관리자가 프로그램 조

---

15) 이와 같은 사후서비스 제공을 위한 자활 관련 기관은 자활공동체 사례관리자, 소기업창업지원센터, 경영컨설턴트, 사회연대은행 등 창업자금지원센터, 지자체 지역경제 관계부서 등이 될 것이다.
16) 기존 일반적인 사례관리 모형에서도 사례관리가 일직선상의 단일구조가 아니라 순환적인 시간연속적 과정이라고 설명한다(Rothman, 1991; 장인협 · 우국희, 2001).

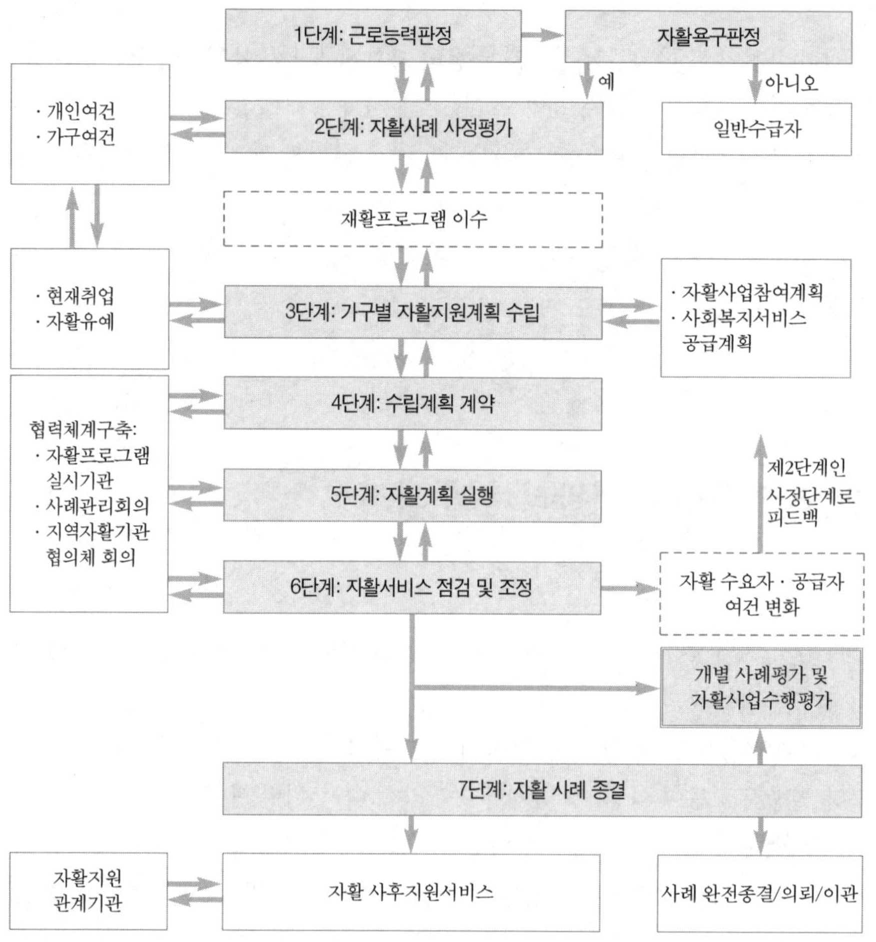

자료: 노대명 외(2004), "자활정책·지원제도 개선방안 연구".

정과 점검과정에서 심각한 알콜중독을 발견하였거나 자활프로그램 담당자가 사례관리자에게 알려왔거나 정기적인 사례관리회의에서 이러한 문제점이 밝혀졌다면, 다시 재사정을 거쳐 재활프로그램으로 이송되기도 한다. 또한 각 단계는 서로 중첩되기도 하고(예를 들면, 사정+계획+계약이 중첩되어 작동할 수도 있음), 서로 독립적으로 가동되기도 할 것이다.

결국, 이 모든 과정에서 언제나 "계획 수립 및 계약 체결→재계획 수립 및 재계약 체결"의 반복적인 과정이 수반되어야 하며, 이러한 과정과 절차는 사례 종결이 결정될 때까지 지속되는 대단히 가변적이고 융통성 있는 절차라는 것을 유념해야 한다. 즉 단계별 절차가 기계적인 일방적 과정이 아니라 각 단계 하나하나가 대단히 유기적인 부분 하위체계이며, 각 하위체계는 상호 연관된 관계로서 정보와 에너지를 주고받으며 작동 한다는 것이다.

V. 자활지원 사례관리 체계의 현장적용을 위한 제도적 선결과제

1. 자활정책 지향점의 변화

김종일(2000)은 노동 중심적 복지개혁에는 크게 노동시장연결(LFA; Labor Force Attachment) 모델과 인간자본개발(HCD; Human Capital Development) 모델의 두 가지 방향이 있는 것으로 제시한다. 신동면(2001)도 이안 고프(Ian Gough, 2002)의 이론에 따라 김종일(2000)과 거의 유사한 입장에서 급여수급 조건으로 근로를 강제하는 근로연계복지 모델과 수급자의 직업능력을 배양하고 인적 자원을 개발하기 위한 목적을 지닌 활성화 모델의 두 이념형을 제시한다. 먼저, 'LFA 혹은 근로연계복지 모델'은 복지수급자의 조기 취업과 공공부조체계로부터의 신속한 이탈을 강조하는 단기 성과지향적인 것이며, 다음으로 'HCD 혹은 활성화 모델'은 복지수급자의 교육과 훈련을 강조하며 장기적이고 점진적인 인간개발지향 모델로 평가된다.

미국의 최근 흐름은 HCD 모델을 비효율적인 것으로 저평가하고 있으며 1996년 TANF 도입 이후 LFA 모델이 급부상하고 있다. 그렇지만 LFA 모델의 효과는 대단히 단기적인 것으로 복지수급자들을 궁극적인 자활로 인도하지 못한다는 비판도 만만치 않게 존재하는 것으로 지적한다(김종일, 2000). 즉 메이어와 캔시안(Meyer & Cancian, 1996; 1998)은 탈수급 여성의 절반 이상이 탈수급 1년 후에도 여전히 빈곤상태에 머물고 있으며, 눈에 보이는 탈수급 및 고용 증대가 실제적으로 빈곤탈출 및 경제적 자립으로 이어지지 못한 것으로 주장했다. 제들레우스키 등 (Zedlewski et al., 1997)은 TANF 프로그램이 빈곤가구의 수를 오히려 13%나 늘렸다는 부정적인 주장을 한다. 또한 왈드포켈 등(Waldfogel et al., 1997)에 의하면, 노동빈곤계층의 상태가 더 악화되는 것을 가정하면서, 이로 인해 극빈층의 비율이 54%까지 증대될 것이라는 극히 비관적인 주장을 펼치고 있다(이상록 · 진재문, 2003: 244-245 재인용).

그런데 일반적으로 미국의 복지수급자에 비해 노동능력이 현격히 떨어진다고 평가되는 우리나라의 조건부수급자에 대해, 우리의 자활사업은 지나치게 LFA 모델에 가까운 정책적 지향점을 가지고 있지 않은지 근본적으로 성찰해볼, 결코 빠르지 않은 시점이라고 판단된다. 이에 대해 안홍순(2002)은 조건부수급자들의 자활의지 고취 및 근로동기 유발을 위한 원칙의 수립, 조건부수급자의 욕구에 부합하는 프로그램의 개발, 지역사회의 사회적 연대와 재정 가능성을 어떻게 제도화하는가에 자활의 성패가 달렸다고 주장하면서, 오히려 정부는 조건부수급자들이 이렇게 지역사회에서 자립할 수 있는 경제 · 사회적 환경을 조성하는 과제를 등한시하면서 자활사업 참여 의무만을 강조한다고 지적하고 있다. 이러한 주장이 전적으로 옳다고 볼 수는 없지만 본 연구를 위한 설문조사와 자활전문가 집단면접과정에서 현장실무자들 역시 이러한 인식을 공유하고 있는 것으로 밝혀졌다.

그렇다면 좀 더 호흡을 길게 가지고 인간성장을 점진적으로 도모하는 방향으로 정책이념을 전환할 것을 제안하는 바이다. 유태균 등(2003)은 2년간의 패널조사를 통해 자활사업에 참여하고 있으면서도 최저생계유지를 위한 가구 총소득이 부족한 '경제적 고위험집단'에 대한 효과적 지원전략으로서 자활사업 참여자에 대한 교육, 가족기능 증진을 위한 지원, 그리고 요보호 가구를 위한 지원이 시급한 것으로 밝혀졌다. 결국 일만을 강조하여 탈빈곤이 가능한 것은 결코 아니라는 시사점을 발견할 수 있다. 이는 이상록 · 진재문(2003)의 연구에서도 밝혀졌다. 조사 대상자의 특징을 분석한 결과, 자활사업 참여자는 주로 건강수준이 열악하고 중장년이며, 고용 및 자립에 적합한 근로능력이 대체로 결여되어 있고, 경제적 자립을 위한 인적 자본 및 취업경력도 극히 취약한 것으로 나타났다. 이로 인해 경제적 자립이 단기간에 용이하게 이루어지는 것은 불가능하며, 따라서 장기간에 걸친 인적 자본 능력의 제고 노력과 함께 자활사업이 병행될 것을 주장한다(이상록 · 진재문, 2003). 결국 단기간의 성과에 집착한다는 것은 근로빈곤계층의 확산과 끊임없이 공공부조체계로의 회귀를 양산하면서, 오히려 그들의 자활능력과 의지를 추락시키는 역할만을 하게 됨을 유념할 필요가 있다. 무엇보다도 전 세계의 '생산적 복지' 동향을 살펴보면, 복지 친화적 지역사회가 만연된 사회나 국가일수록 '인간자본개발과 적극적 노동시장정책'을 추구하며, 그렇지 않은 천민자본주의적 지역사회가 만연된 국가일수록 '일 우선 정책'을 선호하여 형식적인 완전고용에 가까운 저실업 상태에 자족하면서 근로빈곤계층을 대량 양산하고 있음을 알 수 있다. 그렇다면 우리 사회는 어떠한 형태로 어떻게 나아가고 있으며 무엇을 지향해야 할지 타산지석의 교훈을 직시할 필요가 있을 것이다.

2. 사례관리체계 일원화를 통한 운영 · 지원 · 평가 통합체계 구축

앞선 자활지원 사례관리모형 개발 과정에서 밝혔듯이, 무엇보다 먼저 자활전담공무원을 각 기초자치단체에 배치하여 자활사업 대상자의 책임사례관리자로 전담케 하는 제도적 지원이 가장 먼저 이루어져야 할 과제이다. 다음 과제로 국민기초생활보장 수급자의 정확한 능력판정이 가능한 매뉴얼을 개발해야 할 것이다.

또한 자활후견기관은 자활대상자와의 계약을 거쳐 확정된 자활지원계획에 따라 사회적 일자리형 자활근로를 지속적으로 공급함으로써 자활능력을 제고하고 사회적 기여를 통해 심리사회적 역량을 강화하며, 다양한 자활경로(개인 취업이나 창업, 공동체 창업 등)를 통해 자활 · 자립을 도모하는 역할을 전담해야 할 것이다. 반면, 개별 자활사업 참여자와 가구에 대한 사회복지서비스와 자활서비스의 통합적 지원과 관리를 위한 공 · 사적 자원체계의 동원은 사례관리자인 자활전담공무원이 책임지는 것으로 역할 분담을 형성한다.

이러한 상호 동의를 기초로 한 자활계획을 중심으로, 정기적으로 자활 진행상황을 평가하여 자활위탁 재계약 여부와 그 계약 내용을 결정지어야 할 것이다. 여기에서 자활후견기관은 자기가 객관적으로 책임질 단위만 책임지면 된다. 즉 사업부진의 본질적 이유가 예산부족이나 자활공급체계인 사회환경의 미비에 있을 경우 이를 요구하는 내용으로 계약을 다시 체결하게 되는 것이다. 그런데 해당 지역사회에서의 자활사업 부진원인이 자활 관련 사회환경이나 자활대상자의 문제가 아닌, 자활후견기관에 문제가 있다고 객관적으로 판명되면 사업비를 줄이거나 재위탁 여부에 대한 결정을 내리면 된다. 단순히 조건부수급자나 사업참여자 규모 등을 지표로 예산 지원 규모나 재위탁 여부를 결정짓는 오류는 피해야 할 것이다.

다만, 상기와 같은 통합체계는 전제조건과 선결과제가 완결되어야 작동할 수 있으므로, 시스템이 구축되어 제대로 작동하기 전까지는 단기적으로 자활후견기관의 핵심적 이직요인(자활정보센터, 2003)인 실무자 처우문제를 해결하기 위해 인건비 향상을 고려한 예산편성이 이루어져야 할 것이다. 매년 정기적으로 일정 비율(%) 상승과 함께, 별도 예산으로 사회복지수당과 자활전문가 인증제도를 통한 자활수당을 지급하는 방안이 마련되어야 한다. 또한 사회복지사업법의 개정을 통해 자활후견기관이 사회복지시설로 인증을 받아 실무자의 사회복지수당 및 호봉 인정과 함께, 자활사업의 활성화를 위해 자활공동체가 보호된 시장의 혜택을 볼 수 있도록 법 개정을 반드시 추진하여야 한다.

3. 자활후견기관의 기능과 역할 재정립

1) 자활후견기관 목표의 재정립과 자활경로의 다원화

이를 위해서는 자활공동체를 통한 경제적 자립에 기초한 자활지원사업의 정책목표와 방향 전환이 우선되어야 한다. 즉 사회적 자본의 축적을 위한 인간자본의 개발이라는 원칙에 따라 기존 '탈빈곤' 이라는 단일목표 중심에서 목표 자체를 다양화할 필요가 있다는 것이다. 예를 들면, 자활 여건 형성 · 빈곤 예방 · 경제적 자립 등으로의 다원화가 선결되어야 한다(신상기 외, 2003: 108-109; 황미영, 2002).

이렇게 정책목표가 변화된다면 이에 따른 기관 목표와 자활경로의 다원화가 비로소 가능해진다. 즉 기관목표는 취약 조건부수급자의 근로능력 유지, 실직빈곤계층의 자립 기회 제공, 노동빈곤계층의 자립역량강화 등으로 수립된다. 이를 달성하기 위해 자활후견기관은 다양한 자활사업 참여자의 역량과 욕구를 반영한 개인, 집단별, 조직체별 자활목표를 수립하고, 나아가 이에 따른 철저히 개별화된 자활경로를 설정하게 된다.

그래서 탈빈곤 목표 달성을 위한 단일경로 중심에서 개인의 욕구와 역량에 부합하는 다변화된 방식으로 다원화된 단계배치와 경로설정으로 재정비 되면, 반드시 가구별 자활지원계획 및 지역자활지원계획에 이를 반영해야 하고 계약문서에 명시해야 한다. 무엇보다도, 자활 여건 형성을 위한 투입 및 전환 과정이 장기간에 걸칠 것임을 인정하고 이를 반영할 필요가 있음을 주지해야 한다.

2) 자활지원 사례관리 체계에서의 기관의 역할과 기능

무엇보다도 자활후견기관의 성격과 구조를 사회자본으로 사회적 목적을 수행하는

'사회적 기업'으로 발전할 수 있는 기반을 조성해야 한다(손치훈, 2002). 이는 전 세계를 휩쓸고 있는 신자유주의의 물결 속에서 '국가의 시장화'를 지역사회 수준에서 예방하거나 완충 작용하는 효과를 기대할 수 있기 때문이다(한상진, 2002). 노인, 장애인, 여성 등 사회적 취약계층의 자활과 사회참여 보장을 위한 제도적 장치로서 자활후견기관에 대해 사회적 일자리를 개발하고 연계하는 전담기관으로서의 역할과 기능이 기대되며, 이러한 측면이 제도개선과 변화의 중심축으로 자리매김하여야 할 것이다. 이러한 관점에 따라 보다 구체적으로 자활지원 사례관리체계에서 자활후견기관의 역할과 기능을 제안하면 다음과 같다.

(1) 자활지원 사례관리 체계에서의 기관 역할

기존 '경제적 자립 유인·매개자 역할' 중심에서 다원화된 역할로의 변화가 요청된다. 즉 자활공동체 창업지원을 통해 자립을 유도하는 단일 자활경로에서 다면적이고 다원화된 자활경로를 설정하고 이를 반영한 기관 역할정립이 필요하다. 다양화된 목표에 걸맞은 다양한 역할이 필요하다는 의미이다. 그렇다고 하더라도, 자활공동체 창업을 통한 자활 유인은 자활후견기관의 여전히 중요한 역할 중의 하나로 고려될 것이다. 이렇게 새로운 체계에서 기대되는 자활후견기관의 역할은 [그림 8-11]과 같이 사례관리자와 적절히 역할분담될 것이다.

(2) 자활지원 사례관리 체계에서의 기관 기능

[그림 8-11]과 같이 자활후견기관의 역할이 설정된다면, 새로운 체계에서 부여하는 자활후견기관의 기능은 당연히 새로운 목표와 역할부여에 따른 다원화된 기능을 수행해야 할 것이다. 이러한 기관 기능들로는 ① 수급자 개개인의 삶에 대해 새로운 의미와 활력을 부여하는 기능, ② 인간개발을 도모하기 위해 집합적 단위체(집단, 조직체, 지역사회 등)를 활용한 개개인의 역량강화 기능, ③ 기관 자체를 활용한 사회적 지지망의 기능, ④ 다양한 유형의 취업·창업 유인 및 사후지원의 기능, ⑤ 지역사회 내 다양한 물적·인적 자원의 개발, 조직 및 연계의 기능을 들 수 있다.

이와 같은 기능 변화로 발생하는 '결과—영향'적 기관 기능은 ① 지역복지 인프라 망 구축의 기능(특히, 지역복지 인프라가 부족한 농어촌자활후견기관에 기대되는 기능), ② 주민조직화를 통한 생활공간 식민화 예방의 기능(자활사업의 운동성 제고 기능), 등

<table>
<tr><td colspan="2" align="center">자 활 사 업 참 여 자</td></tr>
<tr><td colspan="2" align="center">△</td></tr>
<tr><td colspan="2" align="center">자활계획수립(자활경로 개별화) 및 3자 협의 계약체결</td></tr>
<tr><td align="center">▽</td><td align="center">▽</td></tr>
<tr><td align="center">사례관리자(자활전담공무원)</td><td align="center">자활후견기관</td></tr>
<tr>
<td>· 개인 혹은 가구 단위 사례관리자의 역할
· 사회복지서비스 망 개발 및 연계자의 역할(사)
· 사회적 지지망의 구축 및 연계자의 역할 등(사)
· 공사 자활공급체계 개발 및 연계자의 역할</td>
<td>· 집단 및 조직체 단위 사례관리자의 역할
· 사회적 일자리의 개발을 통한 사회적 약자의 사회 참여 및 소득증대 기회 제공자의 역할
· 자활공동체 창업 매개자 및 경영컨설턴트의 역할
· 근로능력 및 의욕고취를 위한 교육훈련자 및 역량 강화자의 역할
· 개인 취업 및 창업의 지원 · 매개자의 역할
· 지역사회 자원개발 및 주민조직가 · 옹호자의 역할</td>
</tr>
</table>

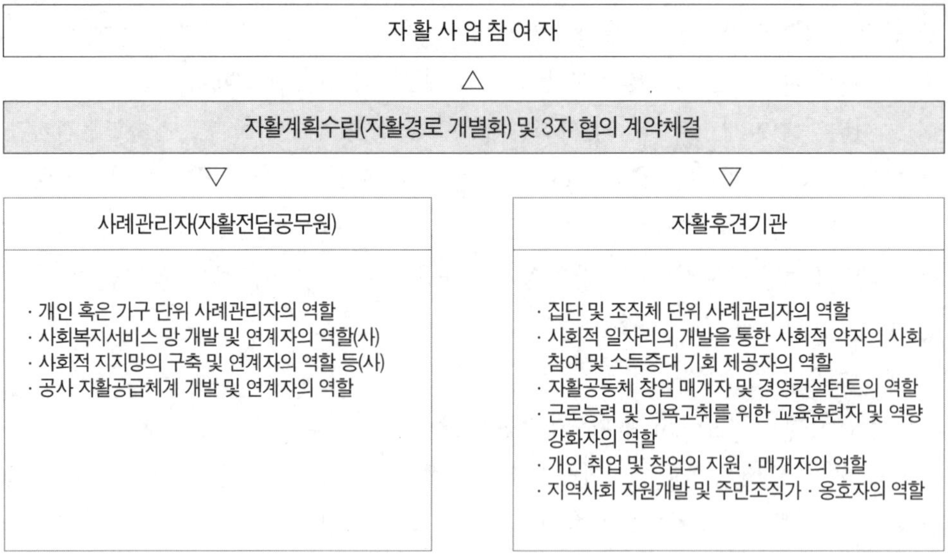

을 기대할 수 있을 것이다.[17]

4. 체계 변화를 위한 자활공동체 활성화 방안: 자활기업의 개념화 및 법제화

현재 자활공동체는 탈빈곤보다는 근로능력 유지를 주된 목표로 하는 사업체들이 나타나고 있으며, 공동체적이기 보다는 참여자들이 피고용인으로서의 위상을 갖거나 개인 자영업자로서의 위상을 갖는 사업체들도 증가하고 있다. 이러한 새로운 현상들은 새로운 일자리 창출과 취약계층에 사회적 지지망을 제공한다는 측면에서 자활지원사업의 명백한 성과이다. 하지만 이런 형태의 사업체를 '자활공동체' 라고 부르는 것은 그다지

---

17) 쿨톤(Coulton, 1996)은 대다수 복지수혜자가 지속적인 고용상태를 유지하려면, 저소득 빈곤밀집 지역사회(low-income communities)는 고용기회 면에서 근본적인 변화를 경험해야 한다고 주장한다. 다시 말하자면, 지역사회 내에 근로활동을 위한 기회와 지원 구조를 재구축하는 포괄적인 방향으로 이루어져야 한다는 것이다. 결국, 저소득 빈곤밀집 지역사회는 고용을 위한 전제조건들인 철저한 고용 준비, 고용에의 접근성 제고, 근로가구를 위한 지속적인 지원서비스가 제공되어야 한다는 것이다. 이러한 측면에서 루빈과 루빈(Rubin & Rubin, 1992)이 제시한 지역사회 주민조직화를 통한 지역사회 개발전략은 중요한 중장기적 자활지원 실천전략으로서의 함의를 갖게 된다.

적합하지 않은 것으로 보인다(엄형식, 2003a; 엄형식, 2003b: 33-41; 노대명 외, 2002).[18]

　현재 나타나고 있는 사업체들의 경향은 ① 집수리, 청소 등 생산공동체운동의 역사를 가장 충실히 반영하고 있는 사업자로서의 지위를 가지는 '자활공동체 A형', ② 간병, 산모도우미 등 준전문직 집단의 사단법인 형태를 띠는 '자활공동체 B형', ③ 영농, 폐자원재활용, 남은 음식물재활용 등 서구 사회적 기업모델에 가장 근접한 유형으로서, 외부 시민사회단체(혹은 자활후견기관)가 사업의 법적·실질적 책임자가 되고 다수의 취약계층을 고용하는 '자활지원 기업형', ④ 식당, 지물포, 공예점, 홈패션 매장 등 점포창업의 형태를 지닌 '개인 자활창업형'으로 세분할 수 있다. 그래서 이들을 모두 통합하는 상위 개념으로 "(가칭)자활기업"으로 명명할 것을 제안한다.

　자활공동체는 주요 활동무대인 시장체계에서는 현재 전혀 인정받을 수 없는 개념이며, 공적으로 보호된 시장으로부터도 지원받지 못하는 고립된 개념이다. 특히 지침대로 공동체 창업 방식을 택할 경우 더욱 그러하다. 사업자 등록, 4대 보험, 자산 소유권 등에서 이러한 문제점이 첨예하게 드러난다. 보호된 시장의 영역에서도 마찬 가지이다. '국가를 당사자로 하는 계약에 관한 법률 시행령 제26조에는 "국가보훈처장이 지정하는 국가유공자 자활집단촌의 복지공장, 사회복지사업법에 의하여 설립된 법인, 국가유공자 단체, … 장애인복지법 제53조에 의한 장애인 단체 등"에 대해 정부발주사업의 수의계약이 가능하도록 규정하고 있지만, 자활공동체는 제외되어 있다.

　그래서 단기적으로는 무엇보다 먼저, 보건복지부가 종사자의 처우개선과도 관련이 있는 사회복지사업법을 개정함으로써, 자활후견기관을 해당법에서 지정한 복지관련 시설로 입법 조치하면서 자활기업을 개정된 국민기초생활보장법에 명기하고, 다음으로 국가를 당사자로 하는 법률 시행령을 개정하여 (개정)국민기초생활보장법상의 자활기업을 수의계약 당사자로 지정하는 방법이 있다.

　중장기적으로는 "자활기업(혹은 사회적 협동조합이나 사회적 기업) 지원에 관한 특별법"을 제정하거나, 혹은 "자활공사 설치에 관한 특별법"을 제정하여 모든 형태의 자활기업을 등록케 하고 자활공사로부터 인증된 자활기업에 대해 자활공사는 기업활동과 관련된 법적·행정적 책임을 지며, 각종 보호된 시장으로부터 적극적인 지원을 받을 수

---

18) 자활공동체뿐만 아니라 자활사업 실무현장에서는 자활근로라는 공무원을 포함한 일반인들의 취로사업과 공공근로사업에 대한 부정적인 인식 때문에 명칭을 '직업능력개발프로그램'이나 '직업적응훈련 프로그램'으로 변경해야 한다고 주장한다. 이는 국민기초생활보장법 제·개정 차원뿐만 아니라 보건복지부 자활지원과에서 실무지침개선을 고려해 볼 가치가 있는 주장으로 판단된다.

있도록 제도화하는 방안이 있다. 이러한 특별법 제정에 관한 내용은 별도의 심층연구가 필요함으로, 이에 관한 후속연구가 필요하다.

참고문헌

김교성·강철희(2003), "취업대상 조건부수급자의 경제적 자활로의 진입에 영향을 미치는 요인에 관한 연구", 『한국사회복지학』, pp.3-32.

김만두 편역(1993), 『사례관리실천론』, 홍익재.

김만지·정영순(2002), "저소득층 자립을 위한 소창업 지원 프로그램에 관한 연구," 『한국지역사회복지학회』 제11권.

김수현 외(2000), "자활지원모형개발에 관한 연구", 서울시정개발연구원·보건복지부.

김종일(2000), "미국의 노동중심적 복지개혁에서의 '노동시장연결' 모델과 '인간자본개발' 모델비교", 『한국사회복지학』 Vol.41

김통원·김용득 외(1998), 『사회복지 실천사례관리』, 지샘.

노대명 외(2002), "자활지원사업 활성화를 위한 고용창출 지원체계 구축방안 연구", 한국보건회연구원.

박능후(2001), "근로연계복지 프로그램 운용모델 연구", 한국보건사회연구원.

변재관 외(2001), "자활후견기관 사업평가 연구", 한국보건사회연구원.

손치훈(2002), "자활후견기관의 자활대상자 직업능력개발 활성화 방안," 부경대 경영대학원 석사논문.

신동면(2001), "영국 사회보장제도의 개혁," 『한국사회복지학』 Vol.46.

신명호·김홍일(2002), "생산공동체운동의 역사와 자활지원사업," 『동향과 전망』 53호.

신상기 외(2003), "기초생활보장제도의 평가와 정책방향", 서울사회경제연구소.

안홍순(2002), "조건부수급자를 위한 자활사업의 제도화 및 지역사회 노동시장과 연계방안," 『한국지역사회복지학』 제11권.

유태균·김경휘(2003), "자활후견기관사업 참여자가구의 제반 특성 및 경제적 어려움 정도에 영향을 미치는 요인에 관한 실증적 연구", 『사회보장연구』 Vol.19, No.1.

유태균(2003), "자활사업 참여가구 중 근로가구와 비근로가구의 특성에 관한 탐색적 고찰," 『한국사회복지연구회』 Vol. 22, 가을.

이병렬(2002), 『스웨덴·영국·미국의 빈곤정책』, 양지.

이상록·진재문(2003), "지역사회 탈빈곤 정책의 효과 분석," 『한국사회복지학』 Vol.52.

엄형식(2003a), 『자활공동체 현황과 발전과제』, 자활정보센터.

엄형식(2003b), 『자활공동체의 이해와 실무』, 한국자활후견기관협회.

자활정보센터(2003), "자활실무자 이직요인 및 조직 안정화 방안 조사보고서".

자활정책연구회(2002), "자활지원제도 개선방안", 미간행 논문(2002. 11).

장인협 · 우국희(2001),『케어 · 케이스 매니지먼트』, 서울대 출판부.

전재일 · 이준상(1998).『사례관리의 기초』, 사회복지개발연구원.

최일섭 · 이인재(1996),『공공부조의 이론과 실제』, 집문당.

최은미 · 이지은(2003), "농촌지역 자활사업 현황 보고서", 자활정보센터.

한상진(2002), "시민 민주주의의 경제적 토대의 모색 - 사회적 기업과 사회적 자본 모델에 근거한 자활공동
　　　체의 대안," 한국자활후견기관협회 전북지부.

황미영(2002), "빈곤여성의 자활 경로와 그 결과,"『상황과 복지』12호.

홍경준 외(2001),『자활지원 사례관리(case management) 매뉴얼 개발』, 보건복지부.

Coulton C.(1996), Poverty, Work, and Community: A Research Agenda for an Era of Diminishing Ferderal
　　　Responsibility, *Social Work*, Vol.41, No.5, pp.509-519.

Halter A.(1996), State Welfare Reform for Employable General Assisstance Recipients: The Facts behind
　　　Assupmtion, *Social Work*, Vol.41, No.1, pp.106-110.

Rothman J.(1991), A Model of Case Management, *Social Work*, Vol.36, p.520.

Rubin J. & Rubim I.(1986), *Community Organizing And Development*, New York: Maxwell.

제9장
청소년자활사업 현황과 발전방안

오 승 환

최근 우리 사회에서 빈곤 아동·청소년에 대한 사회적 관심이 높아지고 빈곤세습에 대한 우려가 커지고 있다. IMF 이후 자산편중과 노동시장 변화에 따른 빈부격차가 심화되고 있으며, 이혼율 증가로 인한 가족해체가 증가하고 있다. 또한 아동에 대한 계층 간 투자 격차가 심화되면서 빈곤층과 중산층의 경우 사교육비 등 양육부담이 증가하고 있다. 그동안 사회안전망 확충 노력에도 불구하고 빈곤 아동과 청소년에 대한 보호는 상대적으로 소홀한 것이 사실이다. 정부정책은 요보호 아동중심으로 사후대책에 그치고 있으며, 실질적 기본생활보장이나 공평한 출발보장은 미흡한 실정이다.

외환위기 이후 심화된 청소년 실업 및 빈곤의 세습문제를 해결하기 위해서는 청소년 빈곤의 발생원인과 구조를 명확히 이해하고 청소년의 특성에 맞는 효과적인 자활정책을 수립해야 하는 시점에 있다.

청소년자활사업의 효과성을 높이기 위해서는 무엇보다 청소년자활업무를 수립하고 있는 핵심기관인 청소년자활지원관의 전문성을 향상시키는 것이 필요하다. 이를 위해서 청소년자활지원관의 운영실태를 체계적으로 분석하고, 효과적인 개선방향을 제시하도록 한다.

이를 위해 빈곤청소년정책에 대한 개요와 청소년자활지원관 운영 실태와 문제점 그리고 발전방안 등에 대해 살펴본다.

I. 청소년자활지원정책 제도 개요

1. 청소년 인구

1) 청소년 인구

2003년 7월 1일 현재 9~24세의 청소년 인구는 1,133만 명으로 전체 인구의 23.6%를 차지하고 있다. 성별로는 남자가 593만 7천명, 여자 539만 3천 명이며 성비는 110.1%이다. 연령별은 22세가 7.5%로 가장 많은 비중을 차지하며, 다음이 21세와 23세가 각각 7.3%, 7.2%를 차지하고 14세~16세는 5.4%로 낮은 수준이다.

우리나라의 청소년 인구(9~24세)는 1960년에 전체 인구의 31.8%인 795만 7천 명에서 증가하여 1980년에는 전체 인구의 36.8%인 1,401만 5천 명으로 가장 높은 수준을 보였으며, 그 후에는 서서히 감소하기 시작하여 2001년에는 1,142만 명으로 전체 인구의 24.1%를 차지하는 것으로 나타났다. 향후에도 서서히 감소하는 추세를 유지하여 2010년에는 20.8%인 1,033만 6천 명으로 낮아지며, 2030년에는 더욱 낮아져 14.6%인 733만 8천 명이 될 것으로 전망되고 있다.

그림 9-1 청소년 인구구성비 변동률

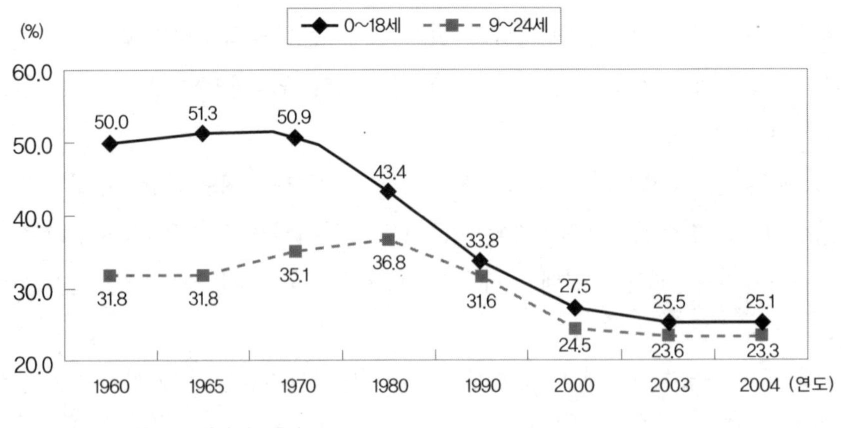

자료: 통계청(2001), 장래 인구 추이.

2) 빈곤청소년 인구

청소년자활지원관의 주요 수요자를 예상하면 국민기초생활보장대상자 가운데 자활사업 참여자 자녀인 청소년층, 그리고 진로지도, 학습지도 등이 필요한 저소득층 청소년 등이다.

2003년 10월 현재 기초생활보장대상자는 일반수급자가 1,292만 6,903 명으로 나타났으며, 그 가운데 18세 미만자의 현황[1]은 33만 2,628명으로 나타나고 있다. 남자가 16만 8,460명으로 여자 16만 4,168명보다 약간 더 많았다. 지역별 특성을 살펴보면, 경기가 4만 5,447명으로 가장 많았고, 서울 3만 6,985명, 전남 2만 6,891명, 전북 2만 5,626명, 부산 2만 4,648명 순으로 나타나고 있다.

이러한 기초생활보호대상자 중 18세 미만의 현황을 살펴볼 때 서울·경기 지역과 전남·북 지역 그리고 부산 지역의 빈곤아동이 많은 것으로 나타나고 있다.

또한 빈곤청소년정책 대상인 빈곤아동 및 청소년 인구와 관련이 있는 통계는 교육급여 대상자이다. 국민기초생활보장법에 따르면 교육급여는 수급자 중 초·중등교육법 제2조의 규정에 의한 중·고등학교에 입학 또는 재학하는 자 및 이와 동등한 학력이 인정되는 각종 학교, 평생교육법 제20조에 의한 평생교육시설의 학습에 참가하는 자를 대상으로 학비와 교과서대, 부교재비 그리고 학용품비를 지원하는 제도이다. 따라서 교육급여 대상자들 대부분이 학교에 재학 중인 빈곤아동과 청소년으로 간주할 수 있다. 그러나 의무교육대상자인 초등학생과 중학교 의무교육을 받는 대상은 교육급여 대상에서 제외되기 때문에 교육급여의 주 대상은 도시지역의 중학교 이상의 학교에 재학 중인 자와 농촌지역의 고등학교 이상의 학교에 재학 중인 자이다.

2002년 말 교육급여를 받고 있는 대상을 살펴보면 총 15만 6,705명으로 나타났으며, 서울지역이 2만 1,192명으로 가장 많고, 경기 2만 1,406명, 전남 1만 4,865명 순으로 나타났다.[2]

---

1) 자료수집의 한계로 수급자 중 9~24세 청소년 현황이 아닌 부분적인 18세 미만 청소년 현황만 제시하였음.
2) 서울지역 중학생의 경우 교육급여 대상인 반면 농촌지역의 중학생은 교육급여의 대상이 아니므로 18세 미만 수급권자 수와 차이가 나타남.

2. 청소년 관련 법률

청소년 관련 법률은 청소년기본법, 청소년보호법, 소년법, 아동복지법, 청소년의성보호에관한법률 등 청소년의 보호 · 선도 · 육성 등을 입법취지로 하는 경우와 교육법, 학교보건법, 평생교육법 등 청소년을 주요 대상으로 하거나 법 적용대상의 일부가 청소년인 경우 등 각 법령별로 입법취지와 적용 대상을 달리하면서 부분적, 단편적으로 제정 · 시행되어 왔다(우정자, 2003).

청소년의 정의 및 유사개념과의 구분을 보면 관련법에 따라 차이가 있다. 청소년보호법 제 2조에 따르면, 청소년은 만 19세 미만인 자로 규정되어 있으며, 청소년기본법 제3조에는 청소년은 9세 이상 24세 미만인 자로 규정되어 있다. 또한 최근 시행된 청소년복지지원법에서는 9세 이상 18세 이하로 규정되어 있다.

한편, 아동복지법상 아동은 18세 미만인 자를 말하며(아동복지법 제2조), 민법상 미성년자는 20세 미만의 자를 말한다(민법 제5조).

3. 청소년 관련 전달체계

1) 공공 전달체계

현재 우리나라의 청소년정책관련 업무는 교육인적자원부를 비롯한 문화관광부, 행정자치부, 여성부, 보건복지부, 통일부, 법무부, 청소년위원회 등 18개 부처에서 수행하고 있다(우정자, 2003). 대표적인 기관의 업무를 살펴보면 다음과 같다.

(1) 청소년위원회

2005년 4월까지 청소년 정책의 주무 부서는 문화관광부로 청소년 육성 및 청소년 문화의 관점에서 청소년 정책을 다루고 있으며, 청소년 보호를 전문적으로 다루는 청소년보호위원회가 국무총리실 직속으로 설치되어 2원화된 업무체계를 가지고 있었다. 그러나 이러한 청소년관련 전달체계는 참여정부의 정부기능 재조정으로 인해 2005년 5월 청소년위원회로 통합되면서 청소년관련 업무를 총괄 집행하고 있다.

(2) 보건복지부

보건복지부는 별도의 청소년복지 담당부서가 없으며, 아동정책과에서 아동복지서비스차원에서 청소년복지를 일부 포함하고 있으며, 자활지원과에서 빈곤지역 청소년들을 대상으로 청소년자활지원관 사업을 담당하고 있다.

저소득층 중고생 자녀 학비지원 프로그램, 결식아동 급식지원, 저소득층 학생에 대한 컴퓨터 무상보급 및 교육지원, 아동 방과후 프로그램, 시범 학교사회사업 등 프로그램의 내용이나 재정지출 규모로 볼 때 대단히 낮은 수준이다.

(3) 기타

기타 빈곤아동 및 청소년정책을 담당하는 부서는 여성부와 교육부 등이다. 여성부가 빈곤아동정책을 실시하고 있는데 2004년 보육사업이 보건복지부에서 여성부로 이관되면서 빈곤가족 아동의 보육업무를 담당하고 있다.

교육부는 학교에 재학 중인 청소년의 학교적응을 위한 다양한 정책을 수립 · 실천하고 있다.

노동부에서는 근로 청소년을 위한 각종 사무를 관장하는 한편, 고용평등과 인적자원개발 업무를 담당하고 있다.

2) 민간의 주요 전달체계

빈곤청소년을 지원하는 민간단체 주요 사업으로는 '공부방'과 '지역아동센터', 그리고 '지역사회복지관의 청소년 프로그램' 등이 있다.

(1) 지역아동센터

지역아동센터의 뿌리는 공부방이다. 공부방은 저소득층이 밀집되어 있는 지역에서 민간단체나 개인이 건전한 문화를 경험하고, 민주적 시민을 양성하기 위한 교육을 목적으로 학령기 아동 및 청소년들을 대상으로 학습지도와 과제지도, 특별활동지원을 중심으로 운영하고 있다. 공부방의 주요 역할은 첫째, 학습지도 공간으로서의 역할 둘째, 청소년에 대한 보호와 상담의 역할 셋째, 건전한 문화공간으로서의 역할 등이다(이경림, 2004).

공부방은 IMF 이후 급증한 결식아동의 문제를 해결하기 위한 노력으로 많은 사회적 관심을 받았으며, 빈곤아동의 결식문제뿐만 아니라 가정 및 지역사회의 문제까지 개입하게 되며, 지역의 각종 공공 및 시민사회단체와 연대하며 아동보육서비스까지 담당하는 역할을 수행하기도 하였다.

이러한 공부방의 기능은 2004년 7월 개정된 아동복지법에 '지역아동센터'가 명시화됨으로써 사회복지시설로 인정받게 되었고, 2004년 7월 발표된 '빈곤아동청소년종합대책'의 발표로 인해 정부지원을 본격적으로 받게 되었으며, 지역아동센터의 확대를 유도하게 되었다.

정부의 예산지원을 살펴보면, 2004년 1월부터는 지역아동센터에 대한 국고지원이 실시되기 시작하여 개소당 월 67만 2천원이 244개소에 지원되었다. 이어 7월 1일부터 빈곤아동청소년종합대책이 발표되면서 후반기부터는 개소당 2백만 원의 지원금을 500개소로 확대하여 지원하고 있다.

2005년 초 결식아동의 도시락 문제가 발생하자 정부는 지역아동센터 지원 개소 수를 800개소로 증대시켰고, 이로서 지역사회 내에 800개소의 아동복지 인프라가 새로이 설치되고 있다. 현재 이러한 지역아동센터로부터 보호받고 있는 초등학생과 중학생의 수는 1만 1,700명이다. 그러나 정부가 지원하는 센터 외에도 300~500개소의 지역아동센터가 존재하는 것으로 추정되어 실제로는 약 2만여 명의 아동이 서비스를 제공받고 있는 것으로 추정되고 있다(이태수, 2005).

(2) 지역(종합)사회복지관

지역(종합)사회복지관은 2004년 말 현재 전국에 370개소가 설치·운영되고 있으며, 재가복지봉사센터 335개소, 사회복지상담소 4개소가 운영되고 있다.

지역(종합)사회복지관은 사회복지사업법에 법적 근거를 두고 사회복지관 설치운영규정(보건복지부훈령) 등을 기준으로 지역사회 내에서 일정한 시설과 전문인력을 갖추고 지역사회의 인적·물적 자원을 동원하여 '지역사회복지'를 중심으로 한 종합적인 사회복지사업을 수행하는 사회복지시설이다.

지역(종합)사회복지관의 주요 사업은 ① 저소득층 및 일반가정의 자녀문제, 건강문제, 취업문제 등에 관한 의견을 교환하고, 이들의 가정문제를 예방·치료하거나 자립능력을 배양하기 위해 필요한 제반서비스를 제공하며 다른 서비스 체계와 연계·알선, ② 저소득가정의 자립지원을 위해 국민기초생활보장 수급권자 상담 지원, 직업기능훈련, 취업알선, 보건의료서비스, 물품지원, 교양교육 등을 실시, ③ 아동 및 청소년을 위해 어린이집 운영, 독서실, 기능교실 운영, 아동 및 청소년 상담, 장학금 지원, 진로 지도, 방과후 공부방 운영, 교양교육 등을 실시, ④ 노인 및 장애인을 위해 가정봉사원서비스, 무료급식, 노인학교, 물리치료실 운영, 노인문제 상담과 장애인을 위한 자립작업장 등 설치·운영, ⑤ 일반주민과 지역발전을 위해 편의시설을 제공하고 지역사회문제를 예방·해결, ⑥ 불우노인, 소년소녀가장, 장애인 등 불우이웃에게 관심을 가지고 있는 사람을 찾아 연결하여 정기 또는 부정기적으로 후원금 및 생활용품 등을 지원하고, 이들의 정서적 안정을 위해 결연사업을 진행, ⑦ 지역사회 주민들 중 불우한 이웃을 돕고자 하는 자를 자원봉사자로 모집, 양성하여 이들을 교육시킨 후, 희망하는 복지사업 분야에서 활동할 수 있도록 연계하고 있다.

그리고 지역(종합)사회복지관 부설 '재가복지봉사센터'에서는 가정에서 보호를 요하는 장애인, 노인, 소년소녀가장가정, 결손가정 등 가족기능이 취약한 소외계층과 지역사회 내에서 재가복지서비스를 원하는 가정에 사회복지사 및 자원봉사자들이 방문하여 가사, 간병, 정서, 결연, 의료, 자립지원, 교육 등의 서비스를 제공하는 사업을 하고 있다.

따라서 지역(종합)사회복지관에서 운영하는 청소년 대상 복지서비스는 ① 청소년 상담, 진로 지도, ② 장학금 지원, ③ 방과후 공부방 운영, ④ 취미 및 문화프로그램, ⑤ 소년소녀가장 후원 등이다. 그러나 지역(종합)사회복지관의 많은 수가 저소득층 밀집지역에 위치하고 있으나 다양한 계층에 대한 종합적인 복지서비스를 제공하고 있기 때문에 청소년에 대한 집중적인 서비스를 제공하는 곳은 일부에 불과하다.

지역(종합)사회복지관 및 공부방은 부족한 자원에도 불구하고 다양한 복지서비스를 제공하고 있지만 자원 및 정보 부족 등으로 인하여 공공 복지행정체계의 보완적 위치에 머물 수밖에 없다.

II. 청소년자활지원 운영 현황

1. 청소년자활지원관의 역사

1996년 저소득 주민의 자립·자활사업을 목표로 자활지원센터가 출발한 이래 저소득층 밀집지역에서 진행해온 공부방, 청소년문화사업, 탈선 및 비행청소년선도사업 등을 이어받아 청소년교실이 1997년 7월부터 전국의 10개소에서 사업을 시작하였다.

1997년 보건복지부의 청소년교실 운영지침에 따르면 설립목적에 비추어 저소득가정의 청소년들이 건실하게 성장할 수 있도록 교육·상담·보호활동 및 생활지도를 할 수 있도록 광범위하게 규정되어 있다. 또한 명칭에 있어서도 명확한 규정 없이 청소년교실, 청소년자립생활관 등으로 불리다가 실무자들에 의해 청소년교실로 정착하였다.

한편, 청소년교실은 시작단계에서부터 그 정체성에 혼란을 가지고 출발한 것으로 나타나고 있다(오재진, 2003). 즉 사업초기에 저소득층 지역의 청소년의 상황에 근거하여 사업이 제기되었으나 사업대상과 사업의 범위가 너무 광범위하고, 정확한 명칭이 없어 논란의 소지가 많았으며, 이후 종합사회복지관의 사업의 차별성 등 문제제기의 원인을 제공하기도 하였으며, 현재는 청소년 문화의 집이나 청소년수련시설과의 차별성 문제에 있어서도 문제제기를 받고 있는 상태이다.

사업이 도입된 이후 1999년 9월 국민기초생활보장법의 제정에 따라 동법 시행령 제22조(자활후견기관의 사업)의 3항에 "수급자 또는 차상위계층의 자녀교육 및 보육을 위한 자활지원관의 설치·운영사업"을 규정함으로써 청소년자활지원관의 법적 근거를 마련하였다.

2001년 정부는 청소년교실의 명칭을 '청소년자활지원관'으로 하고, 운영목적도 일부 수정하여 자활사업에 참여하는 저소득층의 자녀를 보호·지도함으로써 자활효과를 극대화하는 한편, 저소득층 자녀인 청소년을 대상으로 진학 및 취업상담을 지원함과 동시에 건전한 문화공간을 제공함으로써 빈곤문화의 세습화를 방지한다는 것으로 그 설립목적을 규정하였다.

그리고 사업방향을 전환하여 저소득층 자녀의 방과후 학습지도 중심에서 저소득층 청소년 등을 대상으로 진학상담과 취업을 통한 자활·자립중심이라고 밝히고 있다. 사업내용은 저소득 청소년의 올바른 진로의식 및 직업관 확립을 위한 사업, 청소년의 창

표 9-1 청소년자활지원관 운영 현황

지 역	지정년도	사업시작년도	법 인 명	법인종류
경기광명	1997	1997	한국복지재단	사회복지법인
광주남구	1997	1997	인애동산	사회복지법인
대구남구	1997	1997	불교사회복지	사회복지법인
대구북구	1997	1997	생명의전화	사회복지법인
대전동구	1997	1997	대한성공회유지재단	종교법인
부산사상	1997	1997	청십자	사회복지법인
서울관악	1997	1991	봉천동나눔의집(대한성공회)	종교법인
서울노원	1997	1997	성공회나눔의집	종교법인
서울마포	1997	1997	이화학당	학교법인
서울성북	1997	1997	대한성공회유지재단	종교법인
인천동구	1997	1997	대한성공회유지재단	종교법인
강원태백	2001	2001	사단법인좋은이웃	기타
경남김해	2001	2001	(학)인제학원	학교법인
광주북구동신	2001	2001	동원	사회복지법인
광주북구일터	2001	2001	민주노총광주지역건설산업노조	시민사회단체
부산금정	2001	2001	남광사회복지회	사회복지법인
부산해운대	2001	2001	대한성공회반송동나눔의집	종교법인
서울강서	2001	2001	연세내학교	학교법인
울산북구	2001	2001	울산참여연대	시민사회단체
전북전주	2001	1999	성공회전주나눔의집	종교법인
경북포항	2004	2004	열린가람	사회복지법인
전남순천	2004	2004	순천성신원	사회복지법인
제주	2004	2004	제주참연환경연대	시민사회단체
충남연기	2004	2004	대한예수교장로회에덴교회	종교법인
충북제천	2004	2004	사랑의씨튼수녀회	종교법인
전북정읍	2005	2005	대한성공회	종교법인
경남진해	2005	2005	천주교마산교구	종교법인
경기시흥	2005	2005	복음자리	사회복지법인

자료: 보건복지부(2005).

의적인 직업개발 및 창업을 위한 동아리 활동 지원, 취업 전 단계에서의 직업능력 향상 지원, 직장 및 사회적응력 배양을 위한 교육, 실업청소년 모임을 통한 자생력 배양, 자활 공동체 사업장의 취업 연결 등이다.

또한 기존의 10개소 외에 10개소의 청소년자활지원관을 신설하여 사업을 전개하도 록 하였으며, 2004년에는 중소도시를 중심으로 5개소의 청소년자활지원관이 추가로 지 정되었으며, 2005년에는 3개소가 추가로 지정되어 2005년 말 현재 28개소의 청소년자 활지원관이 운영되고 있다.

2. 청소년자활지원관 주요 사업내용

보건복지부의 청소년자활지원관 사업 규정에는 다음과 같은 사업이 규정되어 있다. 첫째, 저소득층 청소년의 올바른 진로의식 및 직업관 확립을 위한 사업 둘째, 청소년의 창의적인 직업개발 및 창업을 위한 동아리 활동지원 셋째, 취업 전 단계에서의 직업능력 향상 지원 넷째, 직장 및 사회적응력 배양을 위한 교육 다섯째, 실업청소년 모임을 통한 자생력 배양 여섯째, 자활공동체 사업장의 취업연결 등이다.

그러나 청소년자활지원관 사업은 이러한 지침에 따라 분류되어 실시되지 않고, 청소년자활위원회의 자체적인 프로그램 분류에 따라 프로그램을 진행하고 있다. 전국 청소년자활지원관에서 공통으로 진행되고 있는 프로그램은 다음과 같다(한국자활후견기관협회, 2003).

1) 상담 프로그램

상담 프로그램은 청소년자활지원관을 이용하는 아동 및 청소년을 대상으로 자신들을 더 잘 이해할 수 있도록 도와주는 심리검사, 진로에 대한 조언을 하는 진로상담, 그리고 아동 및 청소년의 문제를 해결하기 위한 놀이치료나 미술치료 등을 통한 전문상담, 집단생활능력과 대인관계 기술 습득 또는 학습방법 진단 등을 위한 집단상담 등을 진행하고 있다. 또한 자녀의 문제로 고민하는 부모님을 위한 가족상담이 실시되고 있으며, 청소년을 찾아가는 거리상담, 그리고 인터넷이나 전화를 통한 사이버 · 전화상담 등 다양한 상담 프로그램이 진행되고 있다.

표 9-2 상담 프로그램 실시 현황

상담명	기 관	프로그램 목표 및 내용
진로상담	모든 청소년 자활지원관	· 청소년에게 바람직한 진로방향을 제시함으로써 미래의 진로를 선택하는 과정에서 합리적으로 결정할 수 있도록 도움 · 가치관이 정립되는 시기인 청소년기에 진로상담 및 체험 등을 통하여 진로선택으로 인한 고민해소에 실질적인 도움이 됨 · 전문인력 연계 및 전문검사도구 활용
일반상담	경기 광명 광주 북구동신 부산 사상 서울 마포 서울 성북 울산 북구 전북 전주	· 청소년자활지원관 프로그램에 참여하는 청소년 및 일반인을 대상으로 상담 · 청소년 문제 파악 및 문제 접근 · 가정방문을 통한 가족문제 해결책 접근
전문상담	대구 남구 인천 동구 서울 강서	· 심리검사 · 놀이치료상담 · 가족기능강화를 위한 집단상담
부모상담	서울 노원 광주 북구일터	· 자활사업참여자 대상 자녀지도상담 · 자녀문제 고민상담 · 기획 및 모집단계에서의 부모상담
사이버상담 전화상담	대구 북구 부산 금정 서울 관악	· 인터넷 카페를 통한 사이버상담 · 전화를 통한 상담
거리상담	광주 남구	· 청소년을 찾아가는 거리상담 · 거리상담을 통한 참여 유도
집단상담	부산 해운대	· 집단생활능력과 대인관계 기술습득 · 반송중학교 학습방법진단검사 등 집단상담 실시

자료: 한국자활후견기관협회(2003). 생애 진로지원 매뉴얼집.

2) 진로지도 프로그램

진로지도 프로그램은 청소년자활지원관을 이용하는 청소년들의 올바른 진로의식 및 직업관을 확립하기 위해 실시하는 프로그램으로서 진로탐색 프로그램, 학습지도 프로그램, 직업탐색 프로그램 등 다양하게 이루어지고 있으며, 대부분의 청소년자활지원관에서 중점적으로 이루어지고 있다.

표 9-3 진로지도 프로그램 실시 현황

기관명	명 칭	프로그램 내용
울산 북구	나는 커서 뭘 할까?	청소년들의 올바른 진로의식 및 직업관 확립 적극적 진로탐색 계기 마련
경기 광명	진로의식 및 직업관 확립을 위한 영화동아리	영화를 관람하고 영화 속에 나오는 직업을 찾아보면서 직업 정보를 공유한다.
대구 남구	진로탐색 직업체험 여행	심리검사 등을 통한 자기 이해와 함께 직업정보 탐색 및 직업체험 전개
대구 북구	학력취득 교육사업	청소년열린학교의 다양한 교육사업 내용 속에 장기적인 진로지도 프로그램 결합
서울 마포	청소년 아이터의 진로 탐색을 위한 연극캠프? '미래를 찾아서'	개인의 성격·소질·적성·능력에 대한 이해, 진로설계와 선택의 능력과 진로수집 능력을 함양, 직업관 재정립
전북 전주	내 꿈에 날개를 달자	학교연계 진로지도 프로그램 미래 이력서 작성하기 등 진로탐색 전개
부산 사상	꿈은 이루어진다	학교와 연계한 진로탐색 프로그램 전개 - 진로탐색검사 및 해석 - 게임을 통한 직업탐색 - 자신의 희망직업과 준비과정 찾기
부산 해운대	학교연계 전일제 진로탐색프로그램 'dreams come ture'	중학교 전일제 진로탐색 프로그램 전개
강원 태백	내가 찾는 나의 미래	고교 전일제 수업과 연계 - 자아찾기, 진로탐색, 직업찾기, 현장체험
서울 성북	중3 청소년을 위한 진로탐색 프로그램 "나의 길, 나의 선택"	중학교 3학년 대상 공개모집을 통해 전개 오리엔테이션, 직업빙고게임, 나를 밝힌다, 진로탐색 프로그램, 직업정보검색, 생애곡선 만들기, 자신의 목표 설정하기, 비현실적 직업 삭제, 미래명암 만들기, 선호도 조사 등
대전 동구	초등부 진로탐색교실	초등부의 자기표현능력을 키우고, 자신의 꿈을 알고 준비할 수 있도록 돕는다.

자료: 한국자활후견기관협회(2003), 생애 진로지원 매뉴얼집.

3) 직업교육 프로그램

직업교육 프로그램은 청소년자활지원관을 이용하는 청소년들에게 취업 전 단계에서의 직업능력 향상을 지원하기 위해 실시하는 교육훈련 프로그램이다. 대표적인 프로그램으로 실시되고 있는 직업교육 및 훈련은 IT, PC정비(컴퓨터), 캐릭터 개발, 제과·제빵, 디지털 영화제작, 미용, 한식, 액세서리 등 기술습득 프로그램이다.

기관명	명 칭	프로그램 내용
서울 관악	셈틀마당 컴퓨터교실	· 웹마스터과정, 컴퓨터 조립 및 AS 전문가과정 · 실무를 겸비한 정보화 전문가 양성
부산 금정	컴퓨터 자격증반	· 지역 내 수급권자 자녀들을 대상으로 컴퓨터 자격증 취득반 운영
광주 북구일터	드림캐치—캐릭터 개발 창업 동아리	· 벤처형 청소년 창업동아리 사업으로 컴퓨터 캐릭터 개발 과정 교육 진행
광주 북구동신	제과 · 제빵기능사 교육 컴퓨터 정보화 교육	· 제과, 제빵 기능사 자격증 취득 교육 · 컴퓨터 정보화 교육
강원 태백	청소년 디지털 영화 제작캠프	· 다큐멘터리, 극영화, 광고, 뮤직비디오 네 개 분야에 각 10명씩 한 조로 구성해 4반 운영 · 조 구성원이 다시 촬영, 시나리오, 콘티, 연출, 음향, 편집으로 나눠 제작
경남 김해	미용사자격증 취득반	· 미용사자격증 취득을 목적으로 한 청소년들의 동아리 활동
대구 남구	친한 친구 문풍지 바르기 한식조리기능교육 미용기술교육	· 도배 자격증 취득 및 기술력 증진 교육 · 한식자격증 준비 · 미용사자격증 대비 필기, 실기시험 준비
대전 동구	컴퓨터 동아리	· 컴퓨터 자격증에 도전하고, 일정 수준에 도달하면 심화 교육을 진행
부산 금정	컴퓨터 자격증반	· 수급자 자녀들 대상 자격증 취득반 운영
서울 관악	ITER사업 텔레마케터사업	· 컴퓨터 교육 · 텔레마케터 교육
서울 성북	창업교육 및 동아리사업	· 창업특강 등 청소년자활, 자립을 위한 창업과정 교육
서울 강서	창업동아리 전문교육	· 네일아트동아리- 네일아트 전문과정 · 홈페이지 동아리- www. yonsei-wing.or.kr · 비즈스쿨 동아리- 액세서리 디자인 교육

자료: 한국자활후견기관협회(2003), 생애 진로지원 매뉴얼집.

4) 직업체험 프로그램

직업체험 프로그램은 청소년자활지원관을 이용하는 청소년들에게 취업 전 단계에서의 직업능력 향상을 지원하기 위해 실시하는 직장 체험 프로그램으로서 어린이집, 디자인회사, 광고회사, 병원 등 다양한 직장에 참여하는 프로그램이다. 이 프로그램을 통해서 직장 및 사회적응력 배양을 위한 교육훈련이 이루어진다.

표 9-5 직업체험 프로그램 실시 현황

기관명	명 칭	프로그램 내용
경남 김해	내가 선택한 나의 미래	적성검사를 통해 직업적 흥미를 파악하여 관련분야의 직업을 체험—어린이집, 극단, 디자인회사, 소방서 등
인천 동구	"떠나자 나의 미래를 찾아서"	직업체험 현장실습
광주 남구	청소년 직업체험훈련을 통한 사회 적응력 향상 프로그램	저소득 실업계고등학생 대상으로 진로선택을 위한 직업체험 및 문화활동 전개
전북 전주	아름다운 세상 NGO 탐방반	사회체험교육을 통하여 시민사회단체의 역할을 이해하고 체험해 더불어 살아가는 삶을 배우는 프로그램
서울 강서	준비된 나	직장예절교육 · 모의면접 · 직장 내 성희롱 예방교육 · 웹 관련 직업소개 · 직업체험 전개
서울 노원	현장활동을 통한 우리들의 진로찾기	광주프로세스 직업체험(3개월), 유아교육 현장실습(1개월)
서울 성북	보건의료 분야 직업체험	단계별 직업체험 프로그램 진행 및 병원 현장실습 진행
광주 북구동신	좋은 친구 만들기	직장인과 저소득 청소년의 1:1 직업체험 멘토링 프로그램 전개

자료: 한국자활후견기관협회(2003), 생애 진로지원 매뉴얼집.

5) 취업영역 프로그램

취업영역 프로그램은 청소년자활지원관을 이용하는 청소년의 취업을 촉진하기 위하여 취업정보를 제공하거나 자활공동체 사업장의 취업을 연결하는 프로그램이다. 현재 이러한 프로그램을 실시하는 청소년자활지원관은 일부 기관으로 나타나고 있다.

표 9-6 취업영역 프로그램 실시 현황

기관명	명 칭	프로그램 내용
대전 동구	21C 청소년 진로직업체험학교	청소년 취업활동 지원
경남 김해	취업정보 제공 창업교실	· 청소년 아르바이트 및 취업정보 제공 · 적성을 탐색하고 미래를 위한 교육
광주 남구	어울림 사업단 (풍선아트 및 이벤트)	사회교육프로그램 진행, 이벤트 행사 지원, 풍선판매

자료: 한국자활후견기관협회(2003), 생애 진로지원 매뉴얼집.

6) 교육 프로그램

교육 프로그램은 청소년자활지원관이 위치한 지역의 초·중·고등학생을 대상으로 실시하는 학습지도 프로그램으로서 청소년자활지원관이 프로그램을 실시하면서부터 운영했던 공부방사업이 주를 이루고 있다.

이외에도 청소년자활지원관에서는 청소년단체 연합 활동으로서 '지구의 날' 행사 참여, 청소년신문 제작·발행 등의 프로그램이 진행되고 있으며, 빈곤문화의 세습을 방지하기 위해 영화감상, 연극관람, 역사기행, 댄스동아리 활동 등의 문화체험활동 등이 활발하게 진행되고 있다.

표 9-7 교육 프로그램 실시 현황

기관명	명 칭	프로그램 내용
서울 관악	한누리 공부방 검정고시반	초등학생, 중학생 대상 교과지도와 대입검정을 목표로 영어, 수학, 국사, 사회, 과학 수업진행
울산 북구	명랑공부방	학습지도 및 학습장소 제공
경기 광명	해뜨는 공부방	수급자자녀 중학생, 초등학생 학습지도
대구 북구	중·고등부 학습지도	검정고시 중학교과정 8과목 학습지도 검정고시 고등학교과정 9과목 학습지도
부산 금정	늘푸른 교실	방과후 아동공부방
서울 노원	검정고시반, 반디공부방	원어민 영어지도 및 학습지도
서울 마포	공부방	자원봉사자와 연결하여 학습지도
전북 전주	저소득 밀집지역 방과후 나눔공부방	지역 자체프로그램 진행

자료: 한국자활후견기관협회(2003), 생애 진로지원 매뉴얼집.

3. 청소년자활지원관 시설 현황[3]

청소년자활지원관의 경우 자활후견기관의 부설로 설치·운영하도록 규정하고 있으며, 사무실과 프로그램 운영공간 등을 확보하게 되어 있다. 청소년자활지원관의 사무실

---

3) 청소년자활지원관 시설 현황은 오승환·변귀연(2005)의 "청소년자활지원관 평가 및 운영모델 연구"에서 실시한 분석자료를 활용함.

및 프로그램 운영공간 등의 현황을 분석한다.

청소년자활지원관이 독립 건물 또는 독립사무실을 가지고 있는지를 조사한 결과 자활후견기관과 사무실을 공동으로 사용하는 경우가 44%로 가장 높았고, 독립건물을 가지고 있는 경우 32%, 모법인 내 독립사무실 20% 순으로 나타났다. 한편, 독립건물 내지 사무실이 없는 경우도 1개소 4%로 조사되었다.

청소년자활지원관의 부지 및 건물, 사무실 및 상담실 그리고 프로그램 운영 공간 등의 시설 현황을 살펴보면 [표 9-8]과 같다.

부지현황을 살펴보면 평균 4,166㎡로 조사되었는데, 최대 43,948㎡에서 최소 30㎡로 나타나는 등 부지에 있어서 큰 차이를 보이고 있었다. 한편 응답기관 중 독립 부지를 가지고 있는 청소년자활지원관은 1개소에 불과했다.

건물현황을 살펴보면 평균 517㎡로 조사되었고, 최대 3,498㎡에서 최소 25㎡로 조사되었다. 응답기관 17개소 중 독립건물을 가지고 있는 청소년자활지원관은 3개소로 조사되었다.

강당·회의실의 개수를 살펴보면 평균 1.1개소로 나타났으며, 최대 3개소에서 최소 1개소도 확보하지 못한 기관도 있다. 응답기관 중 전용공간을 가지고 있는 청소년자활지원관은 4개소로 나타났다.

상담실 수를 살펴보면 평균 0.9개소로 조사되었으며, 최대 2개소에서 최소 0개소로 조사되었다. 응답기관 21개소 중 3개소는 상담실을 확보하지 못한 것으로 나타났고, 전용상담실을 확보한 청소년자활지원관은 7개소로 조사되었다.

사무실의 숫자를 살펴보면 평균 1.4개소로 조사되었고, 응답기관 21개소 중 11개소

표 9-8 청소년자활지원관 시설 현황

시설현황	평 균	표준편차	최 대	최 소	응답기관수
부지(㎡)	4,177	11,743.3	43,948	30	14
건물(㎡)	521	903.6	3,498	25	17
강당·회의실(개소)	1.1	0.9	3	0	19
상담실(개소)	0.9	0.5	2	0	21
사무실(개소)	1.0	1.0	1	0	21
직업훈련실(개소)	0.6	0.6	2	0	20
기타(개소)	1.2	1.2	5	0	21

자료: 오승환·변귀연(2005), p.90.

는 전용사무실을 확보한 것으로 조사되었다.

직업훈련실의 숫자를 살펴보면 평균 0.6개소로 나타났고 8개소만 직업훈련실이 설치되어 있었고, 전용공간을 갖춘 곳은 7개소로 나타났다.

4. 청소년자활지원관 인력 현황

1) 정규 직원 현황

청소년자활지원관의 직원 임명기준을 살펴보면 청소년자활지원관 운영에 필요한 자격과 경험이 있는 자를 채용하는 것을 원칙으로 하며, 직원 수는 2명을 원칙으로 규정하고 있다(보건복지부, 2005년 자활사업안내).

먼저 청소년자활지원관의 정규 직원 현황을 살펴보면 평균 2.2명으로 조사되었으며, 최소 2명에서 최대 4명으로 조사되었다. 25개 청소년자활지원관이 종사자 채용지침을 준수하고 있는 것으로 나타났다. 2001년까지 지정된 청소년자활지원관의 정규 직원은 평균 2.5명으로 조사되었고, 2004년에 지정된 청소년자활지원관은 2명으로 나타났다.

정부인건비를 지원받는 인력 현황을 살펴보면 평균 2명이며, 2004년 지정기관과 2001년 이전 지정기관도 모두 2명으로 조사되었다.

법인 자부담 인력을 살펴보면 평균 0.2명으로 조사되었고, 최대 2명을 자부담으로 고용하는 청소년자활지원관이 있는 것으로 조사되었다. 2001년까지 지정된 청소년자활지원관은 자부담인력이 평균 0.3명으로 나타났고, 2004년 지정된 청소년자활지원관의 경우 자부담 인력은 없는 것으로 조사되어, 사업을 장기간 수행한 기관에서 자부담 인력을 채용하여 사업을 수행하고 있음을 보여준다.

인턴·직장체험 및 사회적 일자리 등 보조인력의 활용 여부를 살펴보면, 평균 1.8명으로 나타났고, 최대 10명까지 보조 인력을 활용하는 것으로 분석되었다. 2001년까지 지정된 기관의 보조인력 평균은 2.1명이었으며, 2004년에 지정된 기관의 보조인력은 1.2명으로 나타나 지정년도에 따른 차이를 보여준다.

직원들의 이직 현황을 살펴보면 2004년 1년 동안 이직한 직원 수는 평균 0.5명으로 나타났으며, 최대 2명까지 이직한 것으로 나타나 청소년자활지원관 종사자들의 이직률이 매우 높음을 보여준다. 이직의 원인으로는 사직과 법인 내 타 기관으로의 전보 등이

종사자 현황		평균	표준편차	최대	최소
정규 직원	전체기관	2.2	0.50	2	4
	1997~2001년 지정기관	2.5	0.77	4	2
	2004년 지정기관	2.0	0.00	2	0
정부인력	전체기관	2.0	0.29	1	3
	1997~2001년 지정기관	2.0	0.34	3	1
	2004년 지정기관	2.0	0.00	2	2
자부담인력	전체기관	0.2	0.58	2	0
	1997~2001년 지정기관	0.3	0.69	2	0
	2004년 지정기관	0.0	0.00	0	0
보조인력	전체기관	1.8	2.29	10	0
	1997~2001년 지정기관	1.9	2.31	10	0
	2004년 지정기관	1.2	2.17	5	0
이직인원	전체기관	0.5	0.71	2	0
	1997~2001년 지정기관	0.8	1.27	2	0
	2004년 지정기관	0.2	0.45	1	0

자료: 오승환·변귀연(2005), p.94.

있다. 이러한 높은 이직률은 청소년자활지원관을 이용하는 청소년들과의 관계 단절은 물론 사례관리의 문제점, 그리고 사업수행상의 연속성 단절 등 많은 문제점을 발생시키는 원인이 되기 때문에 청소년자활지원관 종사자의 이직을 줄일 수 있는 대책 마련이 필요한 것으로 보인다.

2) 자원봉사자 현황

청소년자활지원관에서 봉사하는 자원봉사자 현황을 살펴보면 평균 33.2명으로 조사되었으며, 최소 0명에서 최대 347명으로 나타나 기관에 따라 큰 편차를 보여주고 있다. 2004년에 지정된 5개소의 경우 평균 20명으로 조사된 반면, 2001년 이전에 지정된 20개소의 자원봉사자 수는 36.4명으로 조사되어 차이를 보여주고 있다.

전문 자원봉사자의 수를 살펴보면 평균 6명으로 조사되었으며, 2001년에 지정된 기관 6.1명보다 2004년에 지정된 기관의 전문자원봉사자 수가 7.2명으로 더 높게 나타났다.

일반 자원봉사자의 수는 평균 27.1명으로 조사되었고, 2001년 이전 지정된 기관의 일

(단위: 명)

자원봉사자		평균	표준편차	최대	최소
자원봉사자	전체기관	33.2	68.49	347	0
	1997~2001년 지정기관	36.4	76.00	347	0
	2004년 지정기관	20.2	21.00	46	2
전문 자원봉사자	전체기관	6.0	6.59	20	0
	1997~2001년 지정기관	6.1	7.11	20	0
	2004년 지정기관	7.2	4.76	15	2
일반 자원봉사자	전체기관	27.1	65.29	329	0
	1997~2001년 지정기관	32.0	74.18	329	0
	2004년 지정기관	13.0	18.57	40	0

자료: 오승환·변귀연(2005), p.95.

반 자원봉사자 수는 32명, 2004년에 지정된 기관의 일반 자원봉사자 수는 13명으로 지정이 오래된 기관의 일반 자원봉사자 수가 2.5배 이상 많음을 보여준나.

3) 정규 직원의 일반적 특성

전국의 청소년자활지원관에 근무하는 정규 직원을 조사한 결과 25개 기관에 총 55명이 근무하고 있는 것으로 나타났다.

먼저 성별분포를 살펴보면 남성 38.2%, 여성 61.8%로 여성 비율이 매우 높은 것으로 조사되었다. 연령을 살펴보면 평균 30.3세로 조사되었으며, 30대는 34.5%, 40대 이상은 9.1%로 조사되었다.

직원들의 학력을 살펴보면 대학 졸업이 65.5%로 가장 높았고, 대학원 졸업 이상이 23.6%, 전문대 졸업 10.9%로 나타나 청소년자활지원관 종사자들의 학력수준이 매우 높음을 보여준다.

자격증 소지여부를 살펴보면 사회복지사 자격증을 소지한 종사자는 70.9%로 대부분이 사회복지사 자격증을 소지하고 있는 것으로 나타났으며, 청소년상담사 자격증 23.5%, 기타 자격증 소지비율은 25.5%로 나타나 거의 모든 직원들이 아동 및 청소년관련 자격증을 소지하고 있는 것으로 조사되었다.

2005년 3월 기준으로 청소년자활지원관 근무기간을 살펴보면 평균 26.4개월로 조사

표 9-11 청소년자활지원관 종사자의 일반적 특성 (단위: 명, %)

구 분		빈 도	퍼센트	계
성 별	남	21	38.2	55(100.0)
	여	34	61.8	
연 령	30세 이하	32	56.4	55(100.0) 평균 30.3세
	31~39세	18	34.5	
	40세 이상	5	9.1	
학 력	전문대졸	6	10.9	55(100.0)
	대학 졸	36	65.5	
	대학원 졸 이상	13	23.6	
자격증 소지여부	사회복지사	39	70.9	55(100.0)
	청소년상담사	13	23.6	
	기타	14	25.5	
청소년 자활지원관 근무기간	1년 이하	21	38.2	55(100.0) 평균 26.4개월
	1~3년	22	40.0	
	3년 이상	12	21.8	
사회복지기관 근무기간	없음	31	58.5	53(100.0) 평균 15.4개월
	1년 이하	7	13.2	
	1~3년	6	11.3	
	3년 이상	9	17.0	
일반직장 근무기간	없음	38	69.1	55(100.0) 평균 12.7개월
	1년 이하	4	7.3	
	1~3년	5	9.1	
	3년 이상	8	14.5	

자료: 오승환 · 변귀연(2005), p.96.

되어 2년 이상 근무하고 있는 것으로 나타났다. 1년 이하 근무자는 38.2%로 조사되었는데 2004년에 지정된 5개 청소년자활지원관 종사자들이 포함되어 있다. 1~3년을 근무한 직원들은 40%로 조사되었으며, 3년 이상 근무하고 있는 직원도 21.8%로 조사되었다.

사회복지기관 근무기간을 조사한 결과 평균 15.4개월로 조사되었으며, 사회복지기관에 근무한 경험이 없는 직원들이 58.5%로, 절반 이상의 직원들이 청소년자활지원관을 사회복지 분야의 첫 직장으로 선택한 것으로 나타났다. 사회복지기관에 1년 이하 근무자는 13.2%, 1~3년 근무자는 11.3%, 3년 이상 근무자는 17%로 나타났다.

일반직장 근무경험을 조사한 결과 평균 12.7개월로 조사되었으며, 직원들의 69.1%는 근무경험이 없는 것으로 나타났다. 일반직장에서 3년 이상 근무기간을 가진 직원들은

14.5%로 조사되었다.

5. 청소년자활지원관 재정 현황

1) 세입내역

청소년자활지원관의 2005년 세입 예산의 평균은 6,706만 1,083원으로 2004년에 비해 평균 1,000만 원 증가된 것으로 나타났다.

예산의 구성비율을 살펴보면, 정부보조금은 5,100만 원(76.2%)으로 예산의 대부분을 차지하고 있는 것으로 나타났으며, 외부기관 지원금은 평균 1,086만 원(16.2%)을 차지하고 있으며, 후원금은 평균 253만 원(3.8%)으로 나타났다. 이러한 예산 편성은 2004년에 비해 정부보조금의 비율은 비슷하나 외부기관 지원금액은 5% 정도 증액된 것이다.

표 9-12 2005년 청소년자활지원관 세입 분석 (단위: 원, %)

구분	총 계	정부 보조금	자 체 부 담					외부기관 지원
			법인 전입금	후원금	잡수입	이월금	이용자 부담	
총액	67,061,083	51,093,200	1,536,800	2,528,000	202,842	761,121	80,000	10,859,120
비율	100.0	76.2	2.3	3.8	0.3	1.1	0.1	16.2

자료: 오승환 · 변귀연(2005), p.98-99.

표 9-13 지정연도에 따른 2005년 청소년자활지원관 세입예산 비교분석 (단위: 원, %)

년 도	총 계	정부 보조금	자 체 부 담					외부기관 지원
			법인 전입금	후원금	잡수입	이월금	이용자 부담	
2001년 이전 지정기관 20개소	65,501,052 (100.0)	51,366,500 (78.4)	1,576,000 (2.4)	3,010,000 (4.6)	124,000 (0.2)	921,652 (1.4)	25,000 (0.03)	8,478,900 (13.0)
2004년 지정기관 5개소	73,297,210 (100.0)	50,000,000 (68.2)	1,380,000 (1.9)	600,000 (0.8)	518,210 (0.7)	119,000 (0.2)	300,000 (0.4)	20,380,000 (27.8)

자료: 오승환 · 변귀연(2005), p.98-99.

잡수입과 이월금은 50만 원 미만으로 1% 내외였으며, 이용자부담금은 평균 8만 원으로 예산의 0.1%로 매우 미미한 수준이다.

한편, 청소년자활지원관을 운영하는 법인의 자부담은 평균 153만 6,800원으로 청소년자활지원관 예산의 2.3%로서 2004년에 비해 1% 증액된 결과를 보여준다.

지정기간에 따른 차이를 살펴보기 위해 2001년 이전에 지정된 기관과 2004년에 지정된 기관의 차이를 비교분석한 결과는 [표 9-13]과 같다.

먼저 정부보조금의 비율을 살펴보면 2001년 이전 지정기관은 평균 78.4%, 2004년 지정기관은 68.2%로 나타나 2004년 지정기관의 정부보조금 의존율이 매우 낮게 나타났다.

후원금은 2001년 이전 지정기관은 4.6%인데 비하여 2004년 지정기관은 0.8%로 나타나 청소년자활지원관 지정이 오래될수록 후원금이 많음을 보여준다. 그러나 외부기관 지원에 있어서도 2001년 이전 지정기관은 13%인데 비하여 2004년 지정기관은 27.8%로 2배 이상 높은 비율을 보여주고 있어 외부자원 동원에 있어서 2004년에 지정된 기관이 우수함을 보여준다.[4]

2) 세출내역

청소년자활지원관의 2005년 지출을 살펴보면, 인건비가 64.8%로 가장 높은 비율을 차지하고 있고, 사업비 26%, 관리운영비 7.5%, 시설비 1.7% 순으로 나타났다. 2004년과 비교해볼 때 시설비가 3.3%정도 감소하였으며, 인건비가 3.8%, 관리운영비가 2.2% 증가하였다.

이러한 지출분석 결과는 2004년에 개관한 청소년자활지원관의 경우 시설비에 대한

표 9-14 2005년 청소년자활지원관 세출 분석

구분	총 계	관리운영비	인건비	시설비	사업비
총액	67,061,083	5,006,287	43,461,082	1,162,360	17,431,355
비율	100.0	7.5	64.8	1.7	26.0

자료: 오승환 · 변귀연(2005), p.99-100.

---

4) 이러한 결과가 나타난 것은 경북 포항 청소년자활지원관의 외부기관지원금이 9,300만 원으로서 다른 기관보다 매우 높게 지원된 것에 기인한다. 포항 청소년자활지원관을 제외하면 2004년 세입분석과 동일한 결과를 보인다.

구　분	총　계	관리운영비	인건비	시설비	사업비
2001년 이전 지정기관 20개소	65,501,052 (100.0)	5,436,037 (8.3)	43,623,751 (66.6)	1,163,800 (1.8)	15,278,464 (23.3)
2004년 지정기관 5개소	73,297,210 (100.0)	3,287,284 (4.5)	42,810,406 (58.4)	1,156,600 (1.6)	26,042,920 (35.5)

자료: 오승환 · 변귀연(2005), p.99-100.

투자보다는 사업비에 대한 투자와 기관운영에 따른 관리운영비가 증가한 것으로 보인다. 또한 정부보조금은 동결되어 있지만 인건비의 경우 호봉상승분에 따른 자연적인 증가를 보인 것으로 분석된다.

지정연도에 따른 차이를 살펴보기 위해 2001년 이전에 지정된 기관과 2004년에 지정된 기관의 지출내역 차이를 비교분석한 결과는 [표 9-15]와 같다.

먼저 인건비의 비율을 살펴보면 2001년 이전 지정기관은 평균 66.6%, 2004년 지정기관은 58.4%로 나타나 2004년 이전 지정기관의 인건비 지출이 약간 더 많음을 알 수 있다. 이는 직원들의 근무기간이 오래될수록 인건비의 지급이 더 많아짐을 보여준다.

사업비의 비율은 2001년 이전 지정기관이 23.3%, 2004년 지정기관이 35.5%로 나타나 2004년에 지정된 5개 기관의 사업비가 더 많이 배정되고 있음을 보여준다.[5]

시설비에 있어서는 큰 차이를 보이지 않고 있으며, 기관운영비의 경우 2004년 지정된 기관이 4.5%, 2001년 이전 지정기관이 8.3%로 2001년 이전 지정기관의 관리운영비가 더 높게 배정되고 있다.

3) 최근 3년간 외부단체 및 프로그램 지원 내역

청소년자활지원관이 최근 3년간 외부단체 및 기관으로부터 지원받은 현황을 살펴보면 [표 9-16]과 같다.

25개 전체 청소년자활지원관의 지원 프로그램의 수는 평균 2.7개소로 나타났으며, 최대 8개 프로그램을 지원받은 청소년자활지원관도 있는 것으로 조사되었다. 2001년

---

5) 이러한 결과는 경북 포항 청소년자활지원관이 2005년에 외부지원금 9,300만 원을 지원받아 사업을 전개한 결과이다. 포항을 제외한 다른 기관의 사업비 비율은 2001년 지정기관에 비해 더 낮은 비율로 나타났다.

종사자 현황		평균	최대	최소
지원 프로그램 수	전체기관	2.7	8	0
	1997~2001년 지정기관	3.1	8	0
	2004년 지정기관	1.2	2	0
지원액 (원)	전체기관	41,981,101	446,180,000	0
	1997~2001년 지정기관	47,618,263	446,180,000	0
	2004년 지정기관	22,296,104	39,841,611	0

자료: 오승환 · 변귀연(2005), p.104.

이전에 지정된 기관의 경우 평균 3.1개로 나타났으며, 2004년 지정된 기관도 평균 1.2개로서 대부분의 청소년자활지원관에서 1년에 평균 1개씩 외부지원을 받고 있음을 보여준다.

지원액을 살펴보면 평균 4,198만 1,101원으로 나타나 청소년자활지원관 지원예산의 1/3정도를 차지하고 있다. 최대로 지원받은 청소년자활지원관은 3년간 4억 4,618만 원으로 정부예산의 3배 정도를 지원받은 것으로 나타났다. 2004년 지정받은 5개 기관도 평균 2,229만 6,104원을 지원받아 정부보조금 2,500만 원과 비슷한 액수를 지원받은 것으로 조사되었다.

6. 청소년자활지원관 이용자 현황

청소년자활지원관의 이용대상은 저소득층 자녀로 아동에서부터 취업 전 청소년으로 규정되어 있다. 본 조사에서는 청소년자활지원관을 이용하는 대상을 이용자 전체, 국민기초수급권자 자녀 그리고 각 사업별 이용현황으로 나누어 분석하였다.

1) 전체 이용자 현황

청소년자활지원관의 2004년 1년간 이용한 이용자 실인원은 평균 314명으로 나타났다. 2001년 이전 지정 20개 기관의 평균 이용자는 355명으로 나타났으며, 2004년에 지

표 9-17 2004년 청소년자활지원관 이용자 실인원 분석 (단위: 명)

구 분	미취학 아동	초등 학생	중학생	고등학생		비진학청소년				총 계
				인문계	실업계	중학교 중퇴자	중학교 졸업자	고교 중퇴자	고교 졸업자	
전체기관	2	34	140	28	96	2	0	3	9	314
2001년 이전 지정기관 20개소	2	40	149	32	116	2	0	3	11	355
2004년 지정기관 5개소	0	11	106	11	14	1	0	2	0	145

자료: 오승환 · 변귀연(2005), p.105.

정된 5개 기관의 평균 이용자는 145명으로 나타났다.

청소년자활지원관 이용자 중 가장 많은 빈도를 기록한 대상은 중학생이며 평균 140명으로 분석되었다. 다음으로는 실업계 고등학생이 96명으로 나타났으며, 초등학생 34명, 인문계 고등학생 28명 순으로 나타났고, 비진학 청소년과 미취학아동은 10명 미만으로 이용자가 거의 미미한 것으로 조사되었다.

2001년 이전에 지정된 청소년자활지원관과 2004년에 지정된 청소년자활지원관의 실인원을 비교해 보면 중학생의 경우 146명과 106명으로 큰 차이를 보이지 않고 있으나, 실업계 고등학생의 경우 2001년 이전에 지정된 기관의 경우 116명으로 2004년에 지정된 기관의 14명에 비해 8배 정도 높은 이용률을 기록하고 있다. 이는 청소년자활지원관의 역사에 따라 실업계 고등학생을 위한 다양한 프로그램을 진행하고 있기 때문인 것으로 보인다.

2) 국민기초수급권자 자녀 이용자 현황

2004년 1년 동안 청소년자활지원관을 이용한 수급권자 자녀들의 실인원은 평균 94명으로 조사되었다. 이러한 이용인원은 전체 등록된 실인원 314명의 29.9%로서 전체 청소년자활지원관 이용자의 1/3정도가 국민기초생활수급권자 자녀임을 보여준다.

2001년 이전 지정된 기관의 이용자는 109명, 2004년에 지정된 기관의 이용자는 33명으로 나타나 2001년 이전 지정기관의 3배 이상 높은 이용 현황을 보여준다.

대상별 이용 현황을 살펴보면 실업계 고등학생과 중학생의 경우 2001년 이전 지정기

(단위: 명)

구 분	미취학아동	초등학생	중학생	고등학생		비진학청소년				총계
				인문계	실업계	중학교중퇴자	중학교졸업자	고교중퇴자	고교졸업자	
전체기관	1	17	36	4	29	1	0	1	5	94
2001년 이전 지정기관 20개소	2	20	43	4	32	1	0	1	6	109
2004년 지정기관 5개소	0	8	10	5	7	1	0	2	0	33

자료: 오승환 · 변귀연(2005), p.107.

관의 실인원이 2004년에 지정된 기관의 4배 정도 높은 것으로 나타났고, 초등학생의 경우 3배 이상 높은 것으로 분석되었다. 그러나 비진학청소년의 경우에는 실인원에 있어서 큰 차이를 보여주지 못하고 있다.

3) 2004년 각 사업별 이용현황

청소년자활지원관의 각 사업별 이용자 연인원을 살펴보면 [표 9-19]와 같다. 2004년 청소년자활지원관의 사업별 이용 연인원의 특성을 살펴보면, 진로지도사업에 참여한 청소년인 2,258명으로 가장 많았고, 상담사업(1,687명), 직업교육 및 훈련사업(1,603명), 교육사업(1,450명) 등은 1,000명 이상의 이용을 기록하였다.

그러나 문화사업의 경우 352명의 연인원이 참여하였고, 취업알선사업의 경우 12명의 연인원만 참여한 것으로 조사되었다.

이러한 결과는 청소년자활지원관의 사업이 진로지도와 상담사업 그리고 직업교육과 훈련 등의 사업에 집중되고 있으며, 빈곤청소년들의 문화사업이나 취업알선 등을 위한 사업은 활성화되지 못하고 있음을 보여준다.

지정년도에 따른 사업참여 연인원을 차이를 살펴보면, 먼저 상담사업의 경우 25개 전체기관 평균 이용 연인원은 1,687명으로 나타났으며, 2001년 이전 지정기관은 2,089명인데 반해 2004년에 지정된 기관의 이용 연인원은 75명에 불과한 것으로 분석되었다.

진로지도사업에 대한 연인원을 살펴보면 25개 기관의 평균인원은 2,258명으로 나타

(단위: 명)

구 분	상담 사업	진로 지도	직업 교육 및 훈련	교육 사업	문화 사업	지역 사업	창업 동아리	취업 알선	기타
전체기관	1,687	2,258	1,603	1,450	352	603	926	12	438
2001년 이전 지정기관 20개소	2,089	2,777	1,970	1,813	369	652	1,156	12	525
2004년 지정기관 5개소	75	181	133	248	283	413	6	13	87

자료: 오승환 · 변귀연(2005), p.109.

낮으며, 2001년 이전 지정기관의 이용자 수는 2,777명인데 비해 2004년 지정기관의 이용자는 181명으로 나타났다.

직업교육 및 훈련사업의 이용 연인원을 살펴보면 25개 기관 평균 이용자는 1,603명으로 나타났으며, 2001년 이전 지정기관의 연인원은 1,970명, 2004년 지정기관의 이용 연인원은 133명으로 조사되었다.

교육사업의 이용 연인원을 살펴보면, 25개 기관 평균이용자는 1,450명으로 나타났으며, 2001년 이전 지정기관의 연인원은 1,813명, 2004년 지정 기관의 연인원은 248명으로 조사되었다.

문화사업의 이용 연인원을 살펴보면, 25개 기관 평균 연인원은 352명으로 조사되었으며, 2001년 이전 지정기관의 연인원은 369명, 2004년 지정 기관의 연인원은 283명으로 조사되었다.

지역사업의 이용 연인원 25개 기관 평균 603명으로 나타났으며, 2001년 이전 지정기관은 652명, 2004년 지정 기관의 연인원 413명으로 조사되었다.

창업동아리활동사업의 이용 연인원을 살펴보면, 25개 기관 평균은 1,156명으로 나타났으며, 2001년 이전 지정기관은 1,156명, 2004년 지정기관의 연인원은 6명으로 나타나 이용에 있어서 가장 큰 차이를 보여주고 있다.

취업알선사업의 이용 연인원을 살펴보면, 25개 기관의 평균은 12명으로 나타나 가장 낮은 인원을 기록하였다. 2001년 이전 지정기관은 12명, 2004년 지정 기관의 이용 연인원은 13명으로 나타나 다른 사업과 달리 2004년에 지정한 기관의 이용인원이 더 많은 것으로 조사되었다.

기타사업에 참여한 연인원을 살펴보면, 25개 기관 평균 연인원은 438명으로 나타났으며, 2001년 이전 지정기관의 평균 연인원은 525명, 2004년에 지정된 기관의 연인원은 87명으로 조사되었다.

취업알선을 제외한 모든 사업에서 2001년 이전에 지정된 20개 기관의 평균 연인원이 2004년에 지정된 5개 기관의 평균 연인원에 비해 더 높은 것으로 나타났다.

Ⅲ. 청소년자활지원관 발전방안

1. 청소년자활지원관의 정체성 확립

1) 명칭의 변경

청소년자활지원관의 정체성 확립과 관련된 가장 중요한 부분 중 하나가 명칭변경의 문제이다. 청소년자활지원관이 갖는 명칭의 부적절성과 부적합성에 대한 논의에 기초하여 청소년들의 자립을 지원할 수 있는 센터로서의 기능을 수행할 수 있는 청소년자립지원센터로의 명칭 변경을 검토한다.

2) 청소년자활지원관의 위상 정립

청소년자활지원관에서는 지역사회 내에 거주하는 빈곤아동 및 청소년의 자립·자활과 관련된 사업 전반을 기획하고 관리하는 역할을 수행하여야 한다. 사회복지사업법의 개정에 따라 2005년 7월부터 전국의 각 지방자치단체에서 지역복지계획을 수립하여 다양한 복지사업을 추진하도록 되어 있다.

현재 사회복지관련 기관 및 시설 중 빈곤아동 및 청소년자활을 담당하는 곳은 지역아동센터와 청소년자활지원관이므로 청소년자활지원관에서 지역사회의 빈곤아동 및 청소년자활대책에 대한 기초자료 및 계획 수립에 기여하여야 할 것이다.

이러한 역할을 수행하기 위해서는 전국적으로 확대 설치와 인력과 예산의 확충이 필수 선결 요건이다.

2. 청소년자활관련 전달체계 개선

1) 청소년자활위원회의 제도화

현재 전국의 28개 청소년자활지원관을 체계적이고 효과적으로 운영되도록 지원하기 위해서는 이를 담당할 별도의 지원체계가 필요하다. 현재 청소년자활지원관 실무자들 스스로가 전국청소년자활위원회를 조직하여 활동하고 있지만 이러한 조직에 대한 어떠한 법적·제도적 규정이 없기 때문에 활동에 한계를 가질 수밖에 없다. 따라서 보건복지부의 청소년자활지원관 운영규정이나 국민기초생활보장법에 청소년자활위원회 설치에 관한 법적 규정을 신설하는 것이 필요하다.

또한 청소년자활사업의 효과적인 지원체계를 구축하기 위해서는 다음의 조치가 보완되어야 한다. 먼저, 현재의 한국자활후견기관협회의 청소년자활위원회를 분리 독립하여 독자적으로 운영하는 것이 필요하며, 이 위원회의 효과적인 운영을 위해서 보건복지부의 행정적·재정적 지원이 필요하다. 청소년자활위원회에서는 전국의 청소년자활지원관 실무자들의 교육훈련과 사업평가, 사업 매뉴얼 개발 및 보급 그리고 보건복지부에 대한 정책 건의 등의 사업을 실시하도록 해야 한다.

2) 청소년자활지원관 운영의 독립성 보장

청소년자활지원관 운영에 있어서 예산과 인력의 전담문제 등 여러 가지 항목에 있어서 청소년자활지원관의 독립성이 보장되지 못하고 있다. 따라서 청소년자활지원관이 자활후견기관과 모법인으로부터 독립성을 가질 수 있도록 규정을 보완하며, 운영의 책임을 자활후견기관장과 청소년자활지원관 실무책임자가 질 수 있는 체계를 구축한다.

3) 신규기관의 확충

현재 28개소가 활동 중인 청소년자활지원관을 빈곤아동 및 청소년 수요가 많이 나타나고 있는 대도시지역을 중심으로 확대 설치한다. 광역자치단체에 3개소 이상을 설치 규정을 우선적으로 준수하고, 청소년자활지원관에 대한 수요가 많은 서울지역에 추가로 확대 설치하는 것을 검토한다.

특히 중소도시 및 농촌지역의 청소년자활지원관 설치에 있어서는 2005년 말 청소년자활지원관의 사업실적을 체계적으로 분석하여 중소도시 및 농촌지역의 청소년자활지원관의 확대 설치의 기초자료로 활용한다.

3. 예산의 확충

1) 사업비의 확대

현재 보건복지부의 지원금액은 전국 청소년자활지원관의 운영비와 인건비 및 사업비 규모가 적정하지 않다. 실제로 대부분의 사업비를 외부기관에서 충당하고 있으며 보건복지부의 지원예산으로는 독자적인 사업을 수행하기에 턱없이 부족한 형편이다. 따라서 현재 보건복지부의 예산을 증액하고, 증액되는 부분만큼 사업비에 사용될 수 있는 규정을 신설하여 전국 청소년자활지원관 사업이 특화되고 다양화될 수 있는 기반을 구축하는 것이 필요하다.

2) 인력의 확충

예산의 확충과 동시에 검토되어야 할 부분은 인력의 확충이다. 현재 청소년자활지원관에서 근무 중인 두 명이 제반사업을 추진하는데, 두 명이 추진하기에는 역부족인 상태이다. 이러한 어려움을 해결하기 위해 자원봉사자를 활용하고 있으나 자원봉사자 인력자체가 지속성이 떨어지며, 이용청소년에게 프로그램은 일정 정도 제공할 수 있으나 상담과 생활지도 및 사례관리를 담당하기에는 인력이 절대적으로 부족하다.

따라서 이러한 문제점을 극복하기 위해서 청소년자활지원관에 최소한 3명 이상의 직원을 배치하도록 규정하고 이에 필요한 추가 인건비를 국고에서 보조해야 한다.

4. 법률 및 운영규정의 보완

1) 법률 규정의 보완

현재의 청소년자활지원관의 설치 근거인 국민기초생활보장법 시행령 제22조(자활후견기관의 사업)의 3항의 내용으로는 청소년자활지원관의 근거를 제시하기에 미흡한 부분이 있다. 따라서 이 규정을 현실에 맞게 개정하고, 시행령이나 시행규칙을 통해 청소년자활지원관 설치와 운영에 관한 규정을 별도로 정할 필요가 있다.

2) 운영규정의 보완

현재 청소년자활지원관 운영규정은 청소년자활지원관의 설립목적과 사업내용, 인력규정, 회계 등의 규정이 간략하여 이에 대한 세부적 보완이 필요하다. 구체적인 내용은 [표 9-20]과 같다.

표 9-20 운영규정 보완 방향

영역	현 행	방 향
사업 목적	저소득층 청소년 등을 대상으로 취업 및 자활을 위한 지속적인 지원과 동시에 건전한 문화공간을 제공함으로써 빈곤문화의 세대전승을 차단하는 것을 목적으로 한다.	저소득 청소년들에게 진로 및 취업상담을 지원함과 동시에 문화활동을 통해 빈곤문화의 세습을 방지하고 건전한 민주시민으로 육성한다.
설치 및 운영 책임	청소년자활지원관은 자활후견기관의 부설조직으로 설치하되, 자활후견기관장은 청소년자활지원관의 독창성이 최대한 보장될 수 있도록 독립적으로 운영한다.	청소년자활지원관은 자활후견기관의 부설조직으로 설치하되, 자활후견기관장은 청소년자활지원관을 자활후견기관과 독립해서 운영한다.
	청소년자활지원관 운영에 필요한 사무실과 사업프로그램 공간 등의 시설은 독립적으로 운영할 수 있도록 확보하여야 한다.	청소년자활지원관 운영에 필요한 다음과 같은 공간을 확보한다. 1. 사무실 2. 프로그램 공간 3. 상담실
	청소년자활지원관의 운영책임은 시 · 구청장의 지도 · 감독하에 자활후견기관장이 진다.	청소년자활지원관의 운영책임은 시 · 군 · 구청장의 지도 · 감독하에 자활후견기관장이 진다.
대상	저소득층 자녀로, 아동에서부터 취업 전의 청소년까지로 한다.	동일

(계속)

영 역	현 행	방 향
기능	-저소득 청소년의 올바른 진로의식 및 직업관 확립을 위한 사업 -청소년의 창의적인 직업개발 및 창업을 위한 동아리 활동지원 -취업 전 단계에서의 직업 능력 향상 지원 -직장 및 사회적응력 배양을 위한 교육 -실업청소년 모임을 통한 자생력 배양 -자활공동체 사업장의 취업 연결 등	-저소득층 청소년의 올바른 진로의식 및 직업관 확립을 위한 사업 -청소년의 창의적인 직업개발 및 창업을 위한 동아리 활동지원 -취업 전 단계에서의 직업 능력 향상 지원 -직장 및 사회적응력 배양을 위한 교육
회계	-청소년자활지원관의 운영비는 예산의 범위 내에서 '보조금의예산및관리에관한법률' 에 의거하여 집행되어야 한다. -청소년자활지원관의 재무회계는 '사회복지법인재무회계규칙' 을 준용하되, 자활후견기관의 회계관리와 독립하여 운영하여야 한다. -후원금이 기탁된 경우에는 청소년자활지원관 운영을 위한 직접 경비로 투명하게 사용되어야 한다. -청소년자활지원관이 설치목적에 위배되거나 부당하게 운영된 경우에는 보조금 지급을 중단할 수 있다.	동일
지도감독	지방자치단체는 자활후견기관의 지도 · 감독요령과 동일하게 하며, 특히 청소년 등의 안전관리에 유의하여야 한다.	동일
	시장 · 구청장은 매년 2월 말까지 청소년자활지원관의 재무 · 회계관리 및 사업운영 전반에 관한 지도 · 감독을 실시하고, 그 결과를 시 · 도지사를 거쳐 보건복지부장관에게 보고하여야 한다.	동일(보고양식 보완)

자료: 장원봉(2005), "사회적 경제의 대안적 개념구성에 관한 연구", 한국학중앙연구원 박사학위논문.

참고문헌

김지선(2003), "저소득 청소년의 구조적 빈곤완화를 위한 지역사회단체 활동",『청소년자활지원관 정책세미나 자료집』.

김태성·손병돈(2002),『빈곤과 사회복지정책』, 청목출판사.

노대명 외(2003), "2002년 저소득층 자활사업 실태조사", 한국보건사회연구원.

문화관광부(2002),『2002 청소년백서』.

보건복지부(2002),『국민기초생활보장사업 안내(Ⅱ)-자활사업』.

보건복지부(2003),『2004년도 보건복지부 소관 세입·세출 예산(안) 개요』.

손치훈(2003), "청소년자활사업의 정책적 쟁점", 미발표 논문.

신명호(2003), "빈곤가정 청소년의 과거, 현재 그리고 미래",『도시와 빈곤』62호, 한국도시연구소.

신익현(2003), "교육복지 투자 우선지역 지원사업의 의의와 추진방향",『도시와 빈곤』61호, 한국도시연구소.

오재진(2003), "청소년자활지원관의 전망",『생애진로지원 매뉴얼집』, 한국자활후견기관협회.

우정자·김문석·최종혁(2003),『선진 각국의 청소년보호체계 사례조사』, 청소년보호위원회.

이인재(2003), "저소득층 가정 청소년 빈곤 정책에 관한 연구",『청소년자활지원관 정책세미나자료집』, 한국자활후견기관협회.

이혜영(2003),『빈곤계층을 위한 교육복지정책의 방향』, 한국교육개발원.

이혜영 외(2003), "교육복지 투자우선지역 선정지원을 위한 연구", 한국교육개발원.

이현주 외(2001), "국민기초생활보장제도 운영실태 평가 및 개선방향", 한국보건사회연구원.

이태수(2005), "지역아동센터의 역할과 활성화 방안", 2005년 한국아동복지학회 춘계학술대회 발표문.

이태진 외(2003),『2002년 국민기초생활보장제도 평가 및 정책과제』, 한국보건사회연구원.

참여복지기획단(2003),『참여복지 5개년 계획(안)공청회 자료집』.

청소년위원회(2005). "새로운 통합적 청소년정책 과제(요약본)", 발표문.

한국자활후견기관협회(2003a),『2002년 전국 청소년자활지원관 사업보고서』.

한국자활후견기관협회(2003b),『청소년자활지원관 생애진로지도 매뉴얼집』.

보건복지부(2003a), 사회복지관 현황. http://blss.mohw.go.kr

보건복지부(2003b), 국민기초생활보장제도 통계자료. http://blss.mohw.go.kr

노동부(2003), 중기고용정책기본계획(2004~2008). http://blss.mohw.go.kr

한국사회복지관협회(2003), 사회복지관 프로그램 안내. http://www.kaswc.or.kr

제10장
농어촌자활사업 현황과 발전방안[1] [2]

최 은 미

I. 들어가는 말

2004년 12월 말 현재, 13개 군을 제외한 전 지역에 설치·운영되고 있는 242개소의 자활후견기관 중에서 군 단위 소재 자활후견기관은 총 75개소로, 전체 후견기관의 약 31%를 차지하고 있다. 농어촌 지역을 포함하고 있는 도농복합시까지 포함할 경우, 130개소, 약 53.7%의 후견기관이 농어촌 특성 지역에 위치하는 것으로 볼 수 있다. 그러나 자활사업은 표준화사업의 선정에서 사업 운영방식까지 대도시 중심으로 구상되고 도입된 제도였기 때문에 농어촌 지역에도 그대로 적용시키는 것에 대한 근본적인 문제제기가 계속 되어 왔다.

농어촌의 경우는 지역경제의 쇠퇴로 고용창출이 쉽지 않고, 불리한 교통조건과 참여자의 취약한 근로능력, 자활여건을 조성하고 유지하기 위한 가용자원들이 매우 부족하

---

1) 본 내용은 보건복지부 지원으로 2004년 11월~2005년 3월까지 사)한국자활후견기관협회 부설 자활정보센터에서 수행한 "농어촌자활사업 실태조사 및 농어촌형 자활사업 모델 개발"의 내용을 축약한 것임.
2) 현황분석에는 한국자활후견기관협회 월 실적보고(2004. 11.), 한국보건사회연구원 자활사업 참여자 실태조사(2004), 통계청 지역통계연보(2002), 지역특성별 자활사업 활성화 방안마련을 위한 설문조사(2005) 등이 사용되었음.

기 때문이다.

외국의 경우도 오늘날 농어촌이 처한 현실 속에서 탈빈곤정책을 수행할 때 겪게 되는 어려움은 우리나라와 크게 다르지 않은데 미국의 경우, 농어촌 지역 TANF 실행의 가장 큰 장애물로 지리적인 고립과 인구 분산, 낙후된 경제로 인한 높은 수준의 실업률, 교통, 자녀보육, 기술의 낙후성, 직업 및 교육 달성 기회 부족, 분산된 프로그램들을 수행하기 위한 전문 행정 기술의 제한성을 지적하고 있다(Ellen L. 외, 1999; April Kaplan, 1998). 영국의 경우, 농촌지역에서 뉴딜정책을 수행함에 있어, 교통, 보육, 고용처의 부족, 지역 내 교육 및 훈련시설의 부족, 저임금, 계절적 고용의 문제와 함께 참여자의 기술부족, 열악한 건강상태, 알코올 중독, 재정적 어려움 및 문화적 태도 등을 장애물로 인식하고 있다(Raymond young university of Glasgow and Scottish welfare to work task force, 2002).

따라서 농어촌 지역에서 자활제도의 성과를 높일 수 있도록 지역의 특성을 반영한 자활사업 활성화 방안 및 모델을 제시하고자 한다.

Ⅱ. 농어촌 지역의 특성

농어촌 지역의 대표적인 특성은 인구의 고령화를 들 수 있다. 1960년대 이후 급격한 도시화에 따른 농어촌인구의 유출로 농어촌 지역의 인구비중은 2000년도에 20.3%로 급격하게 감소하였고 특히 청장년층의 도시전입으로 인구의 노령화가 가속화되고 있는데, 이러한 농어촌 지역의 고령화는 유휴인력의 감소로 지역사회 전반의 활력을 저하시키는 것은 물론, 노인의 보호 및 부양에 대한 지역사회의 부담을 증가시키는 문제를 야기하고 있다([표 10-1] 참조).

또 1970년대의 경제우선개발 기조에 따른 성장거점개발정책은 대도시 및 수도권의 과대집중화와 상대적인 농촌의 저개발을 가져왔는데 농어촌지역은 2·3차 산업의 발달이 상대적으로 저조하여, 고용구조는 정체되는 특성을 가지며, 농업의 낮은 생산성, 저임금의 불완전·계절적 고용, 농외소득확보 기회의 부족 등은 도농간 소득격차를 더욱 심화시키고 있는 형편이다. 더욱이 지역의 사회경제 개발에 주도적인 역할을 담당할 수

표 10-1 읍·면 지역 인구추이

(단위: 명)

	1980년	1985년	1990년	1995년	2000년
전국(A)	37,436,315	40,448,486	43,410,899	44,608,726	46,136,101
동부	21,434,116	26,442,980	32,308,970	35,036,473	36,755,144
읍·면부(B)	16,002,199	14,005,506	11,101,929	9,572,253	9,380,957
구성비(B/A)	0.427	0.346	0.256	0.215	0.203

자료: 한국농촌경제연구원(2004), 『신국토 구상과 농산촌의 혁신체계 구축』.

표 10-2 도농간 복지 인프라 비교

(단위: 개소)

	계	도 시	농 촌
사회복지관	353(100%)	338(95.8%)	15(4.2%)
장애인복지관	93(100%)	86(92.5%)	6(7.5%)
노인회관	152(100%)	120(78.9%)	32(21.1%)

주: 2002년 12월 말 현재의 내용임.
자료: 보건복지부 보도자료, 2003. 6. 10.

있는 인적 자본이 도시로 유입됨에 따라, 농어촌의 전반적인 교육수준은 도시에 비해 크게 떨어지는 수준이다.

농어촌 지역은 전반적인 저개발에 따라 교육, 의료, 복지 및 문화 환경 등의 수준이 매우 열악한 특성을 가지고 있는데 복지시설의 경우, 농어촌 지역의 높은 복지수요에도 불구하고, 총 353개의 사회복지관 중 95.8%가 도시지역에 집중되어 있고, 농어촌 지역에는 4.2%만이 설치되어 있는 형편이며([표 10-2] 참조) 보육시설 또한 94%가 도시에 집중되어 있고, 보육시설이 전무한 면이 전체 면의 45%에 달하고 있는 실정이다(1998년 기준).

또 다른 농어촌 지역의 대표적인 특징이라 한다면 교통여건의 열악함을 들 수 있다. 낮은 인구밀도와 자연 지리적인 제약조건 등으로 인해 농어촌 지역의 교통조건은 매우 불리한데 넓은 면적 위에 소규모의 인구가 불규칙하게 분산, 분포하여 근본적인 교통여건이 불편하며 농가인구가 대부분을 차지하고 있어, 통행발생률이 낮고 통행발생주기도 도시지역에 비해 일정하지 않다.

다른 측면에서 농어촌 지역의 특성을 살펴본다면 농어촌 지역의 공동체성을 들 수 있다. 농촌지역에서의 공동체성은 여전히 사회 전반에 영향력을 행사하고 있어서 혈연·지연·학연을 통한 인간관계의 결속정도가 도시보다 높게 나타나는 특징이 있다.

III. 농어촌자활사업현황 [3]

1. 지역 및 기관 현황 [4]

1) 일반 현황

시·군·구별 평균 인구 수를 살펴보면, 군지역의 경우 평균 인구는 6만 4,124명으로, 도시지역 39만 7,649명, 도농복합시 24만 1,656명에 비해 매우 낮고, 65세 이상 인구 비율은 평균 16.6%로, 도시지역 6.2%, 도농복합지역 9.83%보다 매우 높은 수치이다.

또 자활후견기관이 속해 있는 군지역의 평균 사업체 수와 평균 종사자 수는 각각 3,847개, 1만 5,800명으로 도시지역에 비해 지역경제규모가 매우 작은 것으로 나타났고 ([표 10-3] 참조) 군 지역의 지자체 재정자립도는 평균 16.6%로, 대도시 자치구 42.6%, 일반시 38.8%보다 크게 낮은 수치이다.

2004년 3월 현재 209개 후견기관 소재 지역의 지자체 조건부수급자 수는 농어촌 지역의 경우, 지자체당 조건부수급자 수가 평균 89.5명으로, 평균 174.3명인 도시지역보다 낮게 나타나고 있다.

2004년 11월 말 현재, 운영기간 1년 미만인 군 단위 지역의 후견기관은 30.3%이며, 3

표 10-3 지역별 평균 사업체수 및 종사자수

(단위: 명)

	도 시	도농복합시	농어촌
사업체수	26,229	15,311	3,847
종사자수	122,316	71,006	15,800

자료: 지역통계연보(2002).

---

3) 본 내용에서는 특별시와 광역시, 일반시(동부로 구성)는 도시지역, 읍·면을 포함하고 있는 일반시는 도농복합지역, 군 단위는 농어촌 지역으로 분류한다. 행정구역상 읍·면 지역을 농어촌으로 지칭하는 것이 일반적임을 고려할 때, 도농복합시 또한 농어촌 지역에 해당되나, 연구의 편의상, 본 연구에서는 농어촌형 후견기관의 정의를 군 단위 소재 후견기관으로 한정하였다. 또 군 소재 지역이라 하더라도 광역시 또는 수도권 내에 포함되어 있거나, 인구 60만 이상의 일반시를 둘러싸고 있는 일부 군의 경우, 일반 농어촌보다는 도농복합시의 성격을 보이고 있으나, 본 연구에서는 일단 농어촌 지역으로 분류하여 분석하였다.
4) 지역특성별 자활사업 활성화 방안마련을 위한 설문조사(2005) 결과임.

표 10-4 후견기관 모법인 현황
(단위: 개소, %)

	도 시	도농복합시	농어촌	총 계
종교단체	13(19.4%)	9(23.7%)	29(43.9%)	51(29.8%)
사회복지법인	28(41.8%)	15(39.5%)	19(28.8%)	62(36.3%)
학교법인	3(4.5%)	1(2.6%)	4(6.1%)	8(4.7%)
사회단체	19(28.4%)	12(31.6%)	8(12.1%)	39(22.8%)
지자체	0	1(2.6%)	2(3.0%)	3(1.8%)
개 인	0	0	4(6.1%)	4(2.3%)
기 타	4(6.0%)	0	0	4(2.3%)
총 계	67(100.0%)	38(100.0%)	66(100.0%)	171(100.0%)

년 이상인 기관은 30.3%이다. 이에 비해 도시지역과 도농복합지역의 경우, 운영기간이 3년 이상인 기관이 70%를 넘는 것으로 나타나 대조를 보이고 있다.

모법인 현황을 살펴보면 도시지역의 경우, 사회복지법인이 40% 이상으로 가장 높은 비중을 차지하고 있는 반면 농어촌의 경우, 종교단체가 43.9%로 가장 높게 나타났다 ([표 10-4] 참조).

2) 자활지원현황

지역특성별 자활사업 활성화 방안마련을 위한 설문조사(2005)를 통해 모법인 협력사항에 대해 물은 결과 모법인으로부터 도움을 받은 적이 있다는 응답이 농어촌 지역이 74.2%로, 88.1%인 도시 지역에 비해 약간 낮은 것으로 나타났고([표 10-5] 참조), 모법인의 구체적인 협력 및 지원사항을 살펴본 결과, 농어촌 지역보다 도시 지역이 더 많은 것으로 나타났다.

표 10-5 모법인의 협력 및 지원 여부
(단위: 개소, %)

	도 시	도농복합시	농어촌	총 계
있다	59 (88.1%)	33 (86.8%)	49 (74.2%)	141 (82.5%)
없다	8 (11.9%)	5 (13.2%)	17 (25.8%)	30 (17.5%)
총계	67 (100.0%)	38 (100.0%)	66 (100.0%)	171 (100.0%)

표 10-6 지자체와의 협력관계 평균비교

		사례수	평균	표준편차	F	Sig.
담당공무원의 자활사업 이해도	도시	67	3.13	1.00	3.884*	.022
	도농복합	37	3.22	1.08		
	농어촌	66	3.59	.91		
	총계	170	3.33	1.00		
참여자 및 자활근로 예산 배정 적극성	도시	67	3.21	1.07	3.095*	.048
	도농복합	37	3.27	1.15		
	농어촌	66	3.64	.95		
	총계	170	3.39	1.06		
담당공무원과의 갈등정도	도시	67	2.57	.76	6.306*	.002
	도농복합	37	2.49	.80		
	농어촌	66	2.09	.85		
	총계	170	2.36	.83		
담당공무원의 자활사업 협력정도	도시	67	3.25	.89	2.520	.083
	도농복합	37	3.38	1.04		
	농어촌	66	3.61	.86		
	총계	170	3.42	.92		
타부서 공무원의 자활사업 협력정도	도시	66	2.24	.91	4.058*	.019
	도농복합	37	1.84	.83		
	농어촌	66	2.38	1.00		
	총계	169	2.21	.95		

주: *p<.05.

지자체 협력관계에 대해 5점 척도로 주관적 평가를 실시한 결과, 담당공무원의 자활 사업 이해도, 참여자 및 자활근로 예산배정의 적극성, 협력정도가 농어촌에서 가장 높게 나타났고, 갈등 정도는 농어촌 지역이 가장 낮은 것으로 나타났다([표 10-6] 참조).

또 지자체의 구체적인 협력 및 지원사항을 살펴본 결과, 후견기관 상품의 우선판매 및 우선위탁, 전세점포임대 지원 또는 사업자금 융자, 사무실 또는 시설의 무상 제공 등은 농어촌 지역이 도시보다 낮게 나타나서 실제 주관적으로 느끼는 협력정도는 농어촌 지역이 높으나 구체적인 협력 및 지원사항은 도시지역이 높은 것으로 조사되었다.

보건, 복지, 교육, 경영 등 지역 내 자활지원 인프라의 충분성을 5점 척도로 물은 결과, 농촌이 2.15로 중간수준 이하의 가장 낮은 점수를 나타냈고, 2005년 2월 현재, 복지관 수는 농어촌 지역이 평균 0.71개로 도시의 5.69개보다 매우 적은 것으로 나타났다([표 10-7] 참조).

표 10-7 자활지원 인프라의 충분성

	사례수	평균	표준편차	F	Sig.
도 시	67	2.58	.76		
도·농	37	2.62	.76	6.731*	.002
농어촌	66	2.15	.79		
총 계	170	2.42	.80		

주: *p<.01.

3) 자활참여자의 교통이용 현황

(1) 현황

교통문제로 인한 참여자의 자활사업 불참사례와 복지서비스 제공 사례 유무에 대한 질문에서는 농촌이 86.4%, 41.5%로 다른 지역에 비해 가장 높게 나타났고([표 10-8] 참조) 자활사업 참여자의 통근방식은 대중교통 방식의 경우, 평균적으로 도시지역 후견기관 참여자의 68.4%가 이에 해당하는 것으로 나타났고, 농어촌 지역은 약 40%로 도시에 비해 낮게 조사되었다. 기관 및 실무자 차량을 이용하는 경우도 평균적으로 도시지역은 후견기관 참여자의 1.15%만이 이에 해당하는 것으로 나타난 반면, 농어촌 지역은 16.6%로, 비교적 타 지역에 비해 높게 나타났다.

자활사업 참여자의 왕복 출퇴근 비용에서 도시지역은 평균 참여자의 대다수인 82%가 2천 원 미만인 것으로 나타났고, 농어촌 지역의 경우 31.5%만이 2천 원 미만인 것으로 조사되었다. 왕복 출퇴근 비용이 4천 원에서 5천 원 미만인 경우, 도시 지역은 평균 참여자의 0.6%만이 해당되는 반면, 농어촌의 경우, 13.7%에 해당하는 것으로 나타났고, 5천 원 이상 역시, 도시지역에는 해당사항이 없는 반면, 농어촌 지역의 경우 9개 기관에서 이에 해당하는 참여자가 있는 것으로 조사되었다.

표 10-8 참여자의 자활사업 불참사례 유무

(단위: 개소)

	도시	도농복합시	농어촌	총계
예	20 (29.9%)	21 (56.8%)	57 (86.4%)	98 (57.6%)
아니오	47 (70.1%)	16 (43.2%)	9 (13.6%)	72 (42.4%)
총계	67 (100.0%)	37 (100.0%)	66 (100.0%)	170 (100.0%)

표 10-9 통근시간

		사례수	평균	표준편차	F	Sig
30분 미만	도시	60	56.914	33.224	4.167*	.017
	도농복합시	33	53.692	32.069		
	농어촌	48	39.662	29.775		
	총계	141	50.287	32.529		
30분 이상 1시간 미만	도시	60	41.937	31.747	.127	.881
	도농복합시	33	39.500	30.353		
	농어촌	48	39.318	26.365		
	총계	141	40.475	29.501		
1시간 이상 2시간 미만	도시	60	1.442	4.335	13.244***	.000
	도농복합시	33	6.808	18.079		
	농어촌	48	19.914	28.022		
	총계	141	8.986	20.315		
2시간 이상	도시	60	.000	.000	2.719	.069
	도농복합시	33	.000	.000		
	농어촌	48	1.106	4.571		
	총계	141	.376	2.700		

주: *$p < .05$, ***$p < .001$.

통근시간에 있어서도 도시지역은 평균 참여자의 약 60%가 집에서 후견기관으로 이동 시 30분 미만을 소요한 반면, 농어촌의 경우 약 40%가 이에 해당하는 것으로 나타났다. 또 농어촌 지역의 경우 통근시간이 1시간 이상에서 2시간 미만을 소요하는 참여자가 평균 약 20%인 것으로 나타난 반면, 도시지역은 1.4%에 불과한 것으로 나타나 큰 차이를 보여주고 있다([표 10-9] 참조).

결론적으로 농어촌 지역의 교통문제는 원활한 사업수행의 가장 큰 걸림돌이라 할 수 있으며, 이와 같은 문제를 해결하기 위한 대안을 제시하면 아래와 같다.

(2) 대안

① 작업장(사업장)의 주거근접지역 배치

현재 많은 농어촌자활후견기관에서 실시하고 있는 방법으로, 거리 및 교통편이 기존 사업장과 너무 멀거나 불편하여 참여가 어려운 참여자들을 위해 인근 몇 개 면을 묶어 그 지역에 사업장을 배치하는 방법이다.

② 출퇴근 기관차량으로 수송

농어촌자활후견기관에 한하여 출퇴근 전용차량을 임대하여 출퇴근 차량을 운행하는 방안으로 24인승 출퇴근 전용차량과 사업단차량을 적절히 배치하여 운행하면 출퇴근 문제를 크게 줄일 수 있다. 출퇴근 차량을 운영할 경우 차량운영비에 대해서는 기관과 참여자가 실비의 50%씩 부담하는 것을 원칙으로 하되 기관실정에 따라 조정할 수 있다.

또 차량운전자에게 인센티브가 필요한데 출퇴근 전담 차량운전 전담인력에게 수당을 주는 차량운영수당 신설이 필요하며, 참여자의 운전면허취득을 적극 지원하고, 운전자는 반드시 운전자보험에 가입해야 한다. 이 방식은 현실적으로 출퇴근 문제를 해결하는 대안이 될 수 있고, 수급자들의 참여를 독려할 수 있으나, 소요되는 차량, 유류비, 보험료 등이 도시지역에 비해 높다는 점과 농어촌 지역은 사방으로 넓게 분포되어 있어 차량 한 대로는 출퇴근 문제가 완전히 해결될 수 없는 한계가 있다.

③ 실 교통비 지급(실비의 현실화)

실제 통근거리를 산정하고 기본 차비(1회분, 850원)를 초과하는 부분을 추가하여 지급하도록 하는 방안이다. 교통비가 추가로 지원된다면 지금보다 많은 주민이 자활사업에 참여할 수 있고 기존 참여자들도 모자라는 교통비를 보충 받을 수 있다. 그러나 실비인상이 되더라도 출퇴근에 너무 많은 시간이 걸리기 때문에 시간문제에 대한 한계는 여전히 남는다.

④ 분소설치

실무자가 파견되어 직접 참여자와 사업단을 관리하는 형태이다. 자활사업이 확장되고 참여자의 경력 또한 높아지면서 실무자 역할을 대신할 '반장' 이나 '전담보조관리자' 가 사업단별로 구성되어 있기 때문에 이들을 '분소' 에 고정 배치시켜 출퇴근과 현장관리 역할을 부여하고 실무자는 주 2~3회 방문·관리하는 방법이 있을 수 있다. 분소를 설치하기 위해서는 건물임대에 따른 경비가 부담되므로 지자체의 분소 설치에 대한 이해와 도움을 받아 주민자치센터나 빈 건물을 무상 임대받도록 해야 하며, 분소설치로 인해 파견된 실무자와 기관 내 정보공유 문제, 사업의 일관성 문제가 고려되어야 한다.

⑤ 농어촌 지역에 대한 별도의 대중교통 체계 개편 필요

버스의 배차 회수 증대, 수급자 교통버스비 할인, 군과 협의하여 출퇴근 시 작업장 순환 셔틀버스를 운행하는 것 등이다.

2. 자활사업 참여자 현황[5]

도시 지역의 경우에는 자활사업 참여자 중 이혼상태가 34.4%로 농어촌 지역보다 높게 나타나는 반면, 농어촌 지역의 경우 기혼이 48.0%로 32.4%인 도시 지역보다 높게 나타나고 있고, 사별 또한 22.1%로 도시 지역보다 높게 나타나고 있다. 가구형태는 타 지역에 비해 농어촌 지역은 단독가구비율이 20.1%로 가장 높게 나타나는 반면, 도시 지역은 모자가구비율이 24.7%로 가장 높은 비율을 보여주고 있다.

또 자활사업 참여자의 평균연령을 살펴보면, 도농복합시가 47.2세로 가장 높게 나타나는 가운데, 농어촌 지역이 46.64세, 도시가 44.52세로, 그 차이가 크지는 않으나 도시 지역에 비해 농어촌 지역 참여자의 연령은 높음을 알 수 있다.

농어촌의 경우 참여자의 학력에 있어 초등학교 이하가 52.4%로 높게 나타나는 반면, 도시 지역은 고등학교 이상 학력이 57.4%로 조사되었고 기관당 평균 문맹비율은 도시가 5.8%로 가장 낮게 나타나고, 농어촌이 약 24%로 상대적으로 가장 높게 나타났다([표 10-10] 참조).

참여자의 건강상태를 조사한 결과 만성질환을 가지고 있는 경우가 농어촌 지역이 25.1%로 가장 높게 나타났고, 도시는 22.8%로 가장 낮게 나타났다. 장애여부의 경우,

표 10-10 지역별 기관 평균 문맹비율

	사례수	평균	표준편차	최소	최대	F	Sig.
도시	61	5.819	6.133	.0	28.3		
도농복합시	35	11.292	11.442	.0	50.0	30.877*	.000
농어촌	54	23.988	17.589	.0	83.3		
총계	150	13.637	14.839	.0	83.3		

주: *p<.001.

---

5) 한국보건사회연구원(2004), "자활사업 참여자 실태조사" 일부 결과임.

도농복합지역이 참여자의 12.1%가 장애를 가지고 있는 것으로 나타났고, 그 뒤를 이어 농어촌 지역이 11.4%, 그리고 도시지역이 7.6%로 조사되었다.

운전면허증 보유여부는 도시지역 참여자의 60.3%, 농어촌 지역 참여자의 67.1%가 보유하고 있지 않은 것으로 나타났다.

3. 사업 현황[6]

1) 일반 현황

2004년 11월 말 현재, 232개 자활후견기관 중 농어촌 지역 66개 기관에서 총 3,040명이 참여하고 있으며, 이 수치는 전체 참여자의 약 21.4%에 해당한다. 농어촌 지역의 경우, 전체 참여자 중 조건부수급자가 55.4%, 차상위가 29.5%로, 도시나 도농복합지역에 비해 차상위계층의 참여율이 높게 나타나고 있으며 성별은 남성이 28.4%, 여성이 71.6%로, 도시지역에 비해 남성의 참여율이 다소 높은 것으로 조사되었다.

기관 당 평균 참여자 수를 살펴보면, 도시지역이 67.4명으로 가장 높고, 그 뒤를 이어 도농복합시가 근소한 차이로 67.0명이 참여하고 있으며, 농어촌 지역이 46.1명으로 가장 낮게 나타나고 있다.

2004년 11월 말 현재, 전국적으로 총 1,518개의 사업단이 운영되고 있는데 이 중 농어

표 10-11 사업유형별 사업단 수
(단위: 사업단수)

	사업단 총계	인정 자활공동체	미인정 자활공동체	시장진입형 자활근로	사회적 일자리 자활근로
전국	1,518 (100.0%)	233 (15.3%)	61 (4.0%)	561 (37.0%)	663 (43.7%)
도시	816 (100.0%)	146 (17.9%)	49 (6.0%)	315 (38.6%)	306 (37.5%)
도농복합시	388 (100.0%)	65 (16.8%)	9 (2.3%)	140 (36.1%)	174 (44.8%)
농어촌	314 (100.0%)	22 (7.0%)	3 (1.0%)	106 (33.8%)	183 (58.3%)

6) 한국자활후견기관협회 월 실적보고(2004.11) 및 지역특성별 자활사업 활성화 방안마련을 위한 설문조사 (2005) 분석결과임.

촌자활후견기관은 인정자활공동체 22개, 미인정 자활공동체 3개, 시장진입형 자활근로 106개, 사회적 일자리 자활근로 183개로, 총 314개의 사업단을 운영하고 있고 기관당 평균 운영 사업단 수는 도시지역이 7.3개, 도농복합지역은 7,2개, 농어촌 지역은 4.8개의 사업단을 운영하고 있다([표 10-11] 참조).

전국 232개 기관의 지역별 인정자활공동체의 평균 수를 살펴본 결과 도시지역이 평균 1.30개로 가장 높게 나타났고, 농어촌 지역은 0.33개로 나타났으며, 운영기간을 통제하여, 3년 이상 된 후견기관을 대상으로 기관당 평균 공동체 수를 살펴본 결과, 도농복합지역이 1.44개로 가장 높게 나타났고, 그 뒤를 이어 도시지역이 1.42개, 그리고 농어

표 10-12 전국 자활사업 업종 현황 (단위: 사업단 수, %)

	도 시	도농복합시	농어촌	총 계
간병	133(16.3)	79(20.4)	66(21.0)	278(18.3)
집수리	113(13.8)	73(18.8)	78(24.8)	264(17.4)
청소	117(14.3)	44(11.3)	29(9.2)	190(12.5)
재활용	79(9.7)	47(12.1)	24(7.6)	150(9.9)
영농	29(3.6)	40(10.3)	50(15.9)	119(7.8)
외식	80(9.8)	17(4.4)	15(4.8)	112(7.4)
봉제	37(4.5)	10(2.6)	5(1.6)	52(3.4)
세차	32(3.9)	14(3.6)	3(1.0)	49(3.2)
가사도우미	18(2.2)	7(1.8)	3(1.0)	28(1.8)
세탁	20(2.5)	4(1.0)	3(1.0)	27(1.8)
복지도우미	16(2.0)	5(1.3)	5(1.6)	26(1.7)
산모도우미	18(2.2)	1(.3)	1(.3)	20(1.3)
공부방	5(.6)	9(2.3)	4(1.3)	18(1.2)
공예	15(1.8)	2(.5)	1(.3)	18(1.2)
부업	9(1.1)	2(.5)	3(1.0)	14(.9)
장애아통합교육	12(1.5)	1(.3)	1(.3)	14(.9)
음식물재활용	7(.9)	5(1.3)	1(.3)	13(.9)
재활용비누	6(.7)	7(1.8)		13(.9)
유통	4(.5)	1(.3)	4(1.3)	9(.6)
천연염색	5(.6)	3(.8)	1(.3)	9(.6)
식품가공	4(.5)	4(1.0)	1(.3)	9(.6)
푸드뱅크	1(.1)	1(.3)	5(1.6)	7(.5)
영림	3(.4)	4(1.0)		7(.5)
도예	4(.5)	1(.3)	1(.3)	6(.4)
애견	5(.6)		1(.3)	6(.4)
미용	6(.7)			6(.4)
황토벽돌		1(.3)	4(1.3)	5(.3)
기타	38(4.7)	6(1.5)	5(1.6)	49(3.2)
총계	816(100.0)	388(100.0)	314(100.0)	1,518(100.0)

촌 지역이 0.88개로 가장 낮게 조사되었다.

지역별 업종 분포를 살펴보면, 음식물재활용을 제외한 5대 표준화사업이 세 지역 모두에게서 높은 비중을 차지하고 있고, 이와 함께 도시지역은 외식업, 도농복합지역과 농어촌 지역은 영농이 주요 사업으로 운영되고 있음을 알 수 있었다([표 10-12] 참조).

구체적으로 농어촌 지역의 자활사업 업종을 살펴보면, 집수리와 간병이 각각 24.8%, 21.0%로 가장 높은 비율을 차지하고 있고, 그 뒤를 이어 영농 15.9%, 청소 9.2%, 재활용 7.6% 순이다.

자활공동체의 경우 도시는 비교적 다양한 업종이 분포하고 있으나, 농어촌 지역의 경우 5대 표준화와 영농, 유통 등에 공동체가 진입하였고, 그 중 약 50%는 현물급여의 보호된 시장이 확보되어 있는 집수리에 집중되어 있는 것으로 나타났다.

2) 주요 사업 현황

간병사업의 경우 도시지역과 비교할 때, 사회적 일자리형의 비중이 높게 나타나고 있는데, 그 원인으로는 군 지역의 경우 보건·의료 인프라의 부족으로 입원 병상을 보유한 병원의 수가 많지 않아, 주로 재가간병을 중심으로 간병사업이 이뤄지고 있기 때문으로 추측할 수 있다.

집수리 사업단의 경우, 2002년 현물주거급여의 시행으로 인해 특히 농어촌 지역에서 그 성과가 높은 것으로 나타나고 있는데, 특별시 및 광역시의 도시지역은 지자체별 평균 공사가구 수가 비교적 낮게 나타나는 반면, 농어촌을 다수 포함하고 있는 지역에서는 현물가구 수가 매우 높게 나타나고 있다.

재활용사업은 사회적 일자리형의 비중이 62.5%로 타 지역에 비해 높게 나타나는 특징이 있고, 농어촌의 경우 재활용 품목을 전문화하기보다는 종합적으로 취급하는 경향이 있으며 일부 특수한 경우를 제외하고는 나오는 물량 자체가 적어 수익발생이 크지 않음을 알 수 있다.

청소 사업단은 사회적 일자리형 자활근로 비율이 69.0%로 타 지역에 비해 매우 높게 나타나고 있는데, 농어촌의 경우 안정적인 소득을 창출할 수 있는 상주청소 수주비율이 높지 않고, 지역규모가 크지 않아 준공청소 또는 일반청소의 수주건수도 높지 않은 실정이다.

농어촌 지역의 영농사업은 시장진입형과 사회적 일자리형이 유사한 비율로 운영되고 있는데 농어촌 지역의 다른 주요 자활사업 업종에 비해 공동체 진입율이 매우 낮다는 특징을 보이고 있다.

설문조사를 통해 영농사업을 시작한 이유에 대해 물은 결과, '여건상 농촌에서 쉽게 시작할 수 있어서'가 42.1%로 가장 높게 나타났고, '농촌(농업)살리기 측면에서'가 25.0%, '시장가능성이 있어서'는 15.8%로 조사되었다.

또 영농사업 운영 시 애로사항 1순위에 가중치를 부여하여 분석한 결과, 부지확보의 어려움이 30.7%로 가장 높게 나타났고, 그 뒤를 이어 높은 초기투입비용과 판로확보의 어려움 등이 각각 28.9%, 16.5%로 조사되었다. 지원 요구사항 역시 휴경지의 무상임대가 30.2%로 가장 높게 나타나고, 장비구입 및 초기시설확보 비용지원이 25.0%, 판로 및 유통망 확보 지원이 22.9%로 나타났다.

영농사업의 향후계획 및 전망에 대한 주관식 응답 결과를 분석해 보면 대체로 영농사업단의 수익을 높이기 위한 생산방식 및 판로확보방식에 대한 고민과 함께 안전한 먹거리 제공, 시장가능성을 엿볼 수 있는 유기농 재배에 대한 전망을 가지고 있는 것으로 나타났다.

3) 농어촌 지역 시장형 사업

2004년 11월 현재, 인정·미인정 공동체와 시장진입형 자활근로를 포함한 시장형 사업단의 수는 도시지역 후견기관이 평균 4.46개로 가장 높게 나타났고, 그에 비해 농어촌 지역 후견기관은 평균 1.98개로 가장 낮게 나타났다([표 10-13] 참조).

시장형 사업(공동체, 시장진입형 자활근로)의 주된 시장확보방식에 대한 응답 결과, 도시지역의 경우, 영업 및 홍보방식이 58.1%, 지자체 등의 보호된 시장이 21.7%를 차지하는 반면, 농어촌은 영업 및 홍보방식이 37.7%, 지자체 등의 보호된 시장이 34.9%로,

표 10-13 시장형 사업단수(인정, 미인정 공동체, 시장진입형 자활근로 포함)

	사례수	평균	표준편차	최소값	최대값
도시	112	4.46	2.28	0	14
도농복합시	54	3.96	1.30	0	8
농어촌	66	1.98	1.59	0	8
총계	232	3.64	2.25	0	14

표 10-14 시장형 사업 업종분포

	집수리	영농	간병	재활용	청소	외식	봉제	유통	황토벽돌	세차	기타	총계
빈도	51	25	10	9	9	6	4	4	3	3	7	131
%	38.9	19.1	7.6	6.9	6,9	4.6	3.1	3.1	2.3	2.3	5.3	100.0

주: 유통에는 영농, 의류, 생활용품 유통사업이 포함됨.

영업 및 홍보와 보호된 시장이 비슷한 비중을 차지하는 것으로 조사되었다.

농어촌 지역의 시장형 사업단 수와 그 지역의 인구 수는 통계적으로 유의미한 상관관계가 존재하지 않는 것으로 나타났는데, 이와 같은 결과는 시장형 사업단 수 자체가 곧 그 지역의 시장형 사업으로서의 가능성을 의미하지 않을 뿐 아니라, 동시에 시장형 사업에는 단순히 지역의 규모뿐만 아니라, 관·실장 및 실무자, 참여자, 지자체, 지역사회 요인 등 다양한 변수들이 작용하기 때문인 것으로 판단할 수 있다.

시장형 사업으로 운영되는 사업 업종의 분석결과, 현물급여에 의해 보호된 시장이 확보되어 있는 집수리와 시장성과 상관없이 농어촌 지역의 여건상 쉽게 시작할 수 있는 영농사업이 농어촌 시장형 사업의 주 업종으로 나타났다([표 10-14] 참조).

농어촌자활후견기관 시장형 사업 2004년 총 매출의 평균을 분석한 결과, 특수사례를 제외하면, 집수리를 제외한 다른 주요 사업에서 다른 지역에 비해 농어촌 지역의 매출이 낮은 것으로 나타났다.

그러나 농어촌 지역 시장형 사업의 매출액에 앞서 우선적으로 고려해야 할 것은 농어촌 지역에서는 아직까지 시장형 사업의 비중 자체가 매우 낮다는 점과, 시장형 사업의 운영기간이 길지 않다는 점, 그리고 비교적 높은 매출을 보이고 있는 시장형 사업의 경우, 인구가 10만 명 이상의 대도시 인접지역이거나, 지자체 또는 모법인, 지역사회로부터 보호된 시장을 제공받고 있다는 점 등이다.

Ⅳ. 농어촌 지역 자활사업 모델

1. 모델 개발배경

농어촌 지역의 자활후견기관 역할 역시 다른 지역과 마찬가지로 지역사회의 저소득층에게 일자리를 제공하고 소득창출 지원하는 기능을 주 업무로 하는 기관으로 운영되어야 한다.

그러나 농어촌의 경우 인구 과소화, 고령화에 따른 구매력의 감소로 시장개척 및 취업 혹은 창업 형태의 일자리 창출이 용이하지 않고 또한 복지 인프라는 부족하나 노인인구 증가로 인한 복지욕구는 점차 높아지는 상황이며, 자활사업을 수행하는 참여자의 능력자체가 상대적으로 열악하다는 농촌의 특성을 판단한다면 도시와는 다른 일자리의 개념정립이 필요하다.

따라서 사회적 일자리는 단순히 복지서비스의 제공이라기보다 농어촌 지역에 적절한 일자리라는 점을 인식할 필요가 있다. 결론적으로 농어촌 지역의 자활후견기관은 지역이 필요로 하는 사회서비스와 일자리를 모두 제공하는 인프라의 기능을 해왔고 앞으로도 자활후견기관의 주관적·객관적 여건이 이러한 기능을 요구하고 있으므로, 본 모델도 이러한 배경하에 제안되고 있는 것이다.

2. 농어촌 지역 자활사업 모델

본 연구에서 제안하고 있는 농어촌 지역 자활사업모델은 지역의 복지적 요구를 일자리로 연결시키는 방향 안에서 현재 농어촌자활후견기관 중점사업과 개선·지원 방향을 중심으로 제시하고자 한다([그림 10-1] 참조).

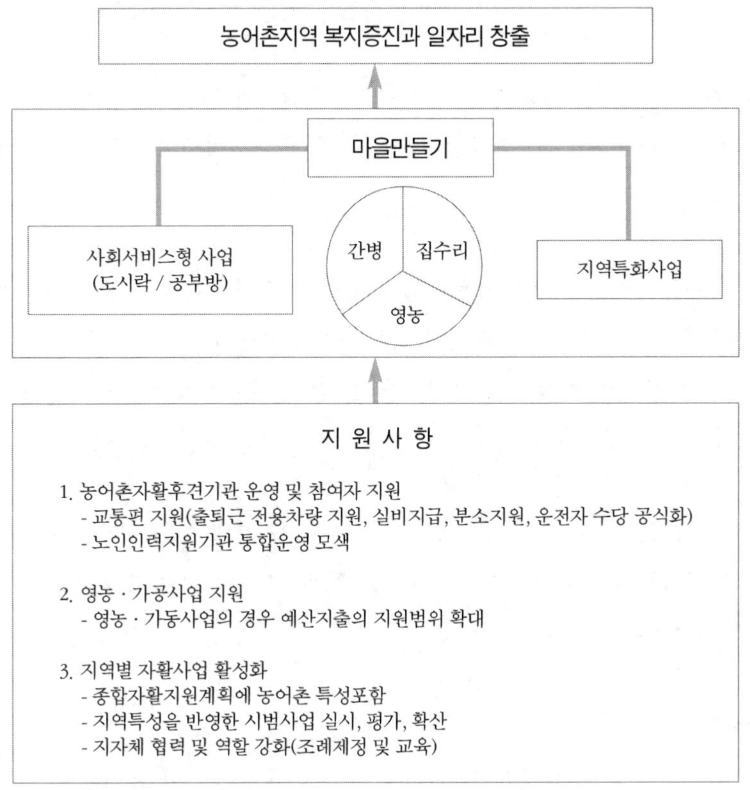

3. 농어촌 지역 자활사업

1) 농어촌 중점 사업

농어촌 지역에서는 보편적으로 공익성과 시장성 모두 확보할 수 있는 사업인 간병, 집수리, 영농사업을 중심으로 운영하되, 지역의 여건에 따라 기타 사회서비스형 사업과 지역특화사업을 부가적으로 운영할 수 있다.

(1) 간병

농어촌 지역의 고령화와 노인 단독가구의 증가로 무료 재가간병의 필요성이 증가하고 있으므로 농어촌 간병사업은 재가간병을 중심으로 하되 노인전문요양시설 확충에 따른 유료간병 수요 증가가 예상되므로 가능한 수준에서 병원과의 연계를 확보해 나가야 한다.

또 농어촌 재가간병에 대한 전문적 교육과 체계적 내용이 필요할 뿐 아니라(가사간병교육센터의 지원이 요구됨), 이후 실시되는 노인요양보험제도 도입에 대비해야 한다.

(2) 집수리

집수리 사업은 지난 3년간의 자활사업 수행결과, 현물급여의 보호된 시장 확보로 농어촌 지역에서 시장진입 성공률이 가장 높은 것으로 평가되는 사업이다. 현재로서 농어촌 지역 집수리 사업의 현물급여 사업 물량은 충분하고 적절하다고 판단된다. 따라서 현물급여 사업을 통해 지역사회 내 공신력과 신뢰를 확보할 뿐 아니라 시장형과 공동체 건설을 내실 있게 발전시켜 나가야 한다.

또 집수리 사업은 현물주거급여 사업을 더욱 내실 있게 운영하는 데 집중하되 이후 집수리자활공동체 방향과 관련하여 논의 중인 주거복지센터를 농촌지역 특성에 맞게 적용시키는 문제를 고민하여야 한다.

(3) 영농

영농사업에 대한 회의적 시각이 많은 것도 사실이다. 그러나 농어촌의 주요 생산 기반이 1차 산업이기 때문에 아직은 농어촌 지역에서 주요한 일자리의 하나로 볼 수 있다. 또 현재 영농사업은 농어촌 지역 자활사업에서 시장형 사업단 수 2위, 가장 많이 진행하고 있는 사업 3위를 차지하여 이후 자활후견기관에서 공동체 창출 가능성을 가진 사업이기도 하다.

영농사업은 유기농으로의 전환을 유도하고 생산, 가공, 판매의 각 단계의 어려움을 해결해야 한다. 생산단계에서 가장 큰 어려움인 부지문제와 가공단계에서는 원자재 구입에 대한 물량확보, 분기별 예산지출로 인한 원자재 구입의 어려움, 사업비 부족, 판매문제 등을 안정화시켜야 한다. 판매단계에서는 물류비용과 정보부족으로 인해 어려움을 겪고 있는데 현재 대부분의 판매처는 기관의 법인이나 우인들이 대상인 한계를 갖고 있기 때문이다.

따라서 농어촌 지역의 생산조절 및 판매지원, 네트워크 형성을 위해 광역자활지원센터는 우선적으로 농어촌 지역에 설치·운영될 필요가 있다.

2) 사회서비스형 사업

농어촌 지역의 자활사업은 사회서비스 공급인력을 훈련하고 제공하는 기능을 수행해야 한다. 이러한 일자리는 사회적 일자리형 자활근로로 운영될 수도 있지만, 지자체 또는 관련부처의 보호된 시장제공을 통해 시장형 자활근로, 또는 공동체로의 발전도 함께 고려할 수 있다.

사회서비스형 사업의 경우, 시장형 사업 아이템의 창출이 어렵고 복지욕구는 높으나 복지 인프라가 취약한 농어촌 지역의 특성을 고려할 때, 자활사업의 지역사회 기여도와 그 파급력을 크게 높일 수 있는 사업으로, 지역사회 요구에 따라 다양한 사회서비스형 사업이 생겨날 수 있다.

본 조사에서는 현재 농어촌 지역에서 활성화되고 있고 확산되는 추세인 도시락사업, 공부방사업을 제안하고 있으나, 지역사회의 특성과 욕구에 따라 다양한 사회서비스형 사업이 운영될 수 있다.

3) 지역특화사업

지역특화사업의 경우, 용어 그대로 그 지역만의 특화된 사업인 만큼 적절한 투자와 지원이 이뤄진다면 시장가능성을 엿볼 수 있으며, 다양한 특성을 지닌 농어촌 지역에 적합한 사업유형이라 할 수 있다.

지역특화사업 아이템을 준비하기 위해서는 아이템 개발원칙을 이해해야 한다. 아이템이란 그 지역의 조건과 실행하는 주체의 주관적·객관적 요인에 따라 매우 다양하게 적용되기 때문에 다른 지역에서 성공적으로 진행했다 하더라도 그 지역에는 맞지 않을 수 있다. 결국 아이템은 그 지역으로부터 얼마든지 변형되고 재구성되고 창조된다.

4. 마을 만들기

장기적으로 농어촌 지역의 자활사업은 "마을 만들기" 사업과의 연계를 통해 일자리의 총량을 늘리는 방향으로 나아가야 한다. 자활사업을 다각화할 필요가 있으며 농촌에서 할 수 있는 사업이 농업만은 아니기 때문이다.

마을 만들기 사업은 2가지 측면에서 접근할 필요가 있는데, 첫째 국가의 농어촌 지원 정책을 충분히 활용할 필요가 있다는 점, 둘째 국가 정책을 활용하면서도 그 한계를 넘어서 지역공동체 회복이라는 지역중심·주민중심의 지역개발 관점에서 마을 만들기를 실현해나가야 한다는 것이다.

그동안 농어촌 지원 관주도의 사업들은 여러 가지 장점에도 불구하고 과도한 시설투자, 관광위주의 사업진행, 단순한 소득증대, 지역 간의 지나친 경쟁, 사업이 성공하여 지역의 총 매출액을 증가시킬 수는 있지만 매출의 증가가 지역경제 활성화에 도움을 주지 못하는 등의 문제점을 안고 있다.

따라서 농어촌 지역 자활사업의 새로운 비전과 사업모델 발굴을 지역개발의 새로운 방향(생태보전적, 소득증대, 전통과 문화의 계층, 도시와 공생 등의 목표)을 제시하는 과정 안에서 함께 가져가고자 하는 것이 자활사업에서 지향하는 마을 만들기이다.

마을 만들기 사업과 연계해서 일자리를 창출할 수 있으며 장기적 준비도 필요하나 현재 연계 가능한 사업부터 벌여나갈 필요가 있다.

5. 정책 지원

농어촌자활사업 활성화를 위한 정책 지원 사항은 크게 3부분으로 나누어 볼 수 있는데, 첫째 농어촌자활후견기관 운영 및 참여자 지원이며, 둘째 영농·가공사업 지원, 셋째 지역별 자활사업 활성화 지원이다.

첫째, 농어촌자활후견기관 운영 및 참여자 지원 사항은 교통편 지원(출퇴근 전용차량 운영, 농어촌 지역 참여자 교통비 실비지급, 분소지원, 기술경력 수당에 출퇴근 기관 차량 운전자 수당 포함)과 문맹자를 위한 한글교실 공식프로그램화, 노인인력지원기관 통합운영 모색이다.

둘째, 영농·가공사업 지원 사항은 먼저 영농, 가공사업의 경우 예산지출의 탄력성이 부여되어야 하고, 또 영농사업은 기간이 많이 소요되는 사업이므로 공동체 진입기간은 타 사업단에 비해 시장형 사업 시작으로부터 4~5년 정도로 진입기간을 연장해야 한다. 그리고 영농사업의 공동생산 및 브랜드화, 공동판매, 정보제공 역할을 위해 광역자활지원센터는 농어촌 지역에 우선 설치·운영되어야 한다. 뿐만 아니라 영농사업단이 공식적인 영농법인으로 성장할 수 있을 때까지 집중적인 지원이 필요한데 현재의 기초생활보장기금은 전세점포 지원 및 자활공동체 사업자금에 해당되므로 농어촌 지역의 자활 근로 '영농·가공 사업단'의 경우에도 초기 자금 및 시설 장비 등의 구입에 활용할 수 있도록 기금의 탄력적 운영이 필요하다. 즉 현재의 기초생활보장기금 안에 영농사업에 한하여 지원 범위가 확대될 수 있도록 제도개선이 필요하다.

셋째, 장기적으로 자활사업은 지역특성이 반영되는 방향으로 나아가야하는데 그러기 위해서는 종합자활지원계획 내에 농어촌 특성이 포함될 수 있도록 해야 하며, 지역특성을 반영한 시범사업을 실시하고 평가 및 확산시킬 필요가 있다. 그리고 무엇보다도 지자체의 협력이 자활사업에는 중요하므로 자활지원 조례제정 확산과 지자체 공무원 대상으로 자활관련 교육 및 홍보가 더욱 강조될 필요가 있다.

V. 결론: 지역특성을 고려한 자활지원으로 발전

본 조사를 통해 나타난 도시지역 및 도농복합지역 특성을 간단히 살펴보면 먼저 도시지역은 경쟁이 심해 시장경쟁력이 떨어지며 비도시지역에 비해 부동산 및 임대비용이 매우 높아 전세권 설정을 비롯한 점포임대문제를 어려움으로 인식하고 있었다.

이에 비해 도농복합시는 도시중심형, 농촌중심형 여부에 따라 편차가 있긴 하지만, 대부분 도시와 농어촌 지역의 중간 수준을 유지하는 것으로 나타나 두 지역의 장단점을 모두 취할 수 있어 두 지역의 상호 보완 효과가 나타난다는 특징이 있다. 따라서 도농복합지역의 자활사업은 사업적 측면에서 도시지역에 크게 뒤떨어지지 않고 일부 사업의 경우, 더 활성화되고 있는 것으로 나타났다.

결국 자활사업은 지역특성을 고려한 정책으로 발전되어야 하는데 지역특성을 고려한 정책이란 농어촌 지역, 도시 지역 각각의 지역적 특성이 갖는 장점을 살리고 보완하는 방식을 말하는 것이다.

특히 앞으로 자활은 변화의 시기(지방이양, 내·외부적 평가)를 맞이하고 있으므로 더욱 지역별 특성이 고려된 지원이 이루어져야 한다. 지역특성을 고려한 정책이 이루어지기 위해서는 계속적으로 심화된 지역 조사가 이루어져야 하고 구체적 지원과 시범사업(예: 자활후견기관이 참여하는 마을 만들기 시범사업) 실시 및 확대가 뒤따라야 한다.

또 자활후견기관 실무자들에게는 지역을 알고 지역을 품으려는 노력이 더욱 강조되어야 하며, 자활협회 사업 지원영역 안에 영농사업에 대한 지원과 농촌지역 사업에 대한 모니터링이 요구되며(시범사업들에 대한 모니터링), 이후 자활정책 및 지침 개선안에 지역별 특성이 반영될 수 있도록 정부부처와의 꾸준한 협의도 필요하다.

참고문헌

강명오(2001), 『지역사회개발운동의 새로운 발전방안』, 국가전문행정연수원.

김남선(1992), 『지역사회개발학개론』, 형설출판사.

김수현(2002), "지역사회와 자활지원사업", 한국도시연구소, 『도시와 빈곤』 56호.

김영모 · 김일태(1994), 『지역사회개발론』, 와이 · 제이물산.

김인(2000. 8.), "농촌지역 공공부조사업의 차별성 반영에 관한 연구", 『한국사회복지학』 Vol.42.

김정연(1996. 12), 『농촌지역의 교통여건과 주민의 통행행태』, 한국농촌경제연구원.

김정연(2001), "과소농촌지역의 교통체계 개선에 관한 연구", 『한국지역개발학회지』 제13권 2호.

박경철 · 김성수(2002. 6), "농촌과 도시지역 주민 간 지역사회 친밀도 비교연구", 『한국농촌지도학회지』
    제9권 1호.

보건복지부 보도자료(2003. 6. 10.)

보건복지부(2003.6), "2003년도 사회복지관현황".

보건복지부 · 한국보건사회연구원(2003. 12.), "WTO 체제하의 농어촌 복지수요와 대응방안".

보건복지부 · 한국보건사회연구원(2005. 3), "2004 전국 노인생활실태 및 복지욕구조사".

보건복지부(2004), "노인인력지원기관(CSC) 평가연구".

부산자활정보센터(2002a), "농촌지역 자활사업 실태분석과 제언", 내부보고서.

부산자활정보센터(2002b), "자활후견기관 간병사업 참여자 현황조사".

삼성경제연구소(2005.4), "지역 활성화 정책의 현황과 발전방안".

서울시정개발연구원 · 보건복지부(2000. 9), 지역특성별 자활지원모형개발에 관한 연구.

성주인 · 송미령(2003), "지역유형구분과 농촌지역의 유형별 특성", 『농촌경제』 제26권 2호.

신대순(1981), 『한국지역사회개발론』, 세영사.

이홍규(2001. 10), "고령농소득보장대책", 『CEO focus』 92호.

임경수(2005), "마을만들기를 통한 지역 공동체 회복과 자활사업", 자활정보센터 토론회 자료집.

엄형식(2004. 12), "주거복지시장 현황과 집수리자활사업 발전방안".

최은미 · 이지은(2003), "농촌지역 자활사업 현황보고서", 자활정보센터.

한국농촌경제연구원(2003. 12), "농촌지역사회의 변화 동향과 전망: 인구구조의 변화를 중심으로".

한국농촌경제연구원(2004a), "신국토 구상과 농산촌의 혁신체계 구축".

한국농촌경제연구원(2004b), "도농 간 소득 및 발전격차의 실태와 원인분석".

통계청(2003), 『2002 통계연보』.

통계청(2004), 『2004 고령자 통계』.

April Kaplan(1998. 9), Rural Challenges: Barriers to Self-Sufficiency, Welfare Information Network, *Issue Notes*, Vol.2, No.14.

Ellen L. Marks, et al.(1999.6), *Rural Welfare to Work Strategies: Research Synthesis*, Macro International Inc.

Raymond Young University of Glasgow and Scottish welfare to work task force(2002. 9.), *Welfare to work-the new deal in rural areas*.

제11장
집수리자활사업의 현황과 전망

엄 형 식

I. 서론

집수리자활사업을 관찰하는 데는 세 가지 접근이 가능하다. 첫째, 일반적인 자활사업으로서의 집수리사업이다. 자활사업으로서의 집수리사업은 지침에 따라 운영되는 일반적인 자활공동체 및 자활근로 사업으로 집수리사업을 바라보게 한다. 둘째, 집수리 또는 건설업이라는 업종의 맥락에서 집수리자활사업을 바라보는 것이다. 건설업에서도 주변부적이고 비공식적인 영역으로 존재하는 집수리의 업종적 특성에 의해 집수리자활사업의 많은 측면들이 규정되고 있다고 볼 수 있다. 셋째, 자활사업의 새로운 양상으로서의 집수리자활사업이다. 집수리자활사업은 다른 자활사업과 많은 공통점을 가지고 있지만, 동시에 특수한 발전단계를 보이고 있다. 상대적으로 안정된 보호시장을 가지고 있으면서 성장해온 집수리자활사업은 기존 자활공동체나 자활근로로는 해석되지 않는 새로운 양상을 보이고 있다.

이 글은 세 번째의 관점에서 집수리자활사업에 접근하고자 하는 취지를 가지고 있다. 즉 집수리사업의 일반적 현황이나 기술적인 측면을 나열하기보다는 집수리자활사업이 어떠한 발전단계에 도달하였으며, 어떠한 문제를 겪고 있는지 그리고 어떻게 문제

해결을 시도하고 있는지 소개하고자 한다. 앞서 요약하자면, 집수리자활사업은 한국 사회에서의 사회적 기업이 어떻게 생겨나고, 어떻게 작동하며, 사회에서 어떤 위치를 갖게 되는지를 보여주는 시금석이 되고 있다. 이는 집수리자활사업이 먼저 겪고 있을 뿐, 다른 업종과 사업에서도 재생산되는 패턴일 것으로 예상된다. 따라서 집수리자활사업이 가지고 있는 현 단계의 고민을 살펴보는 것은 자활지원사업과 향후 사회적 기업운동에 중요한 시사점을 줄 것으로 기대된다.

Ⅱ. 집수리자활사업의 역사

생산공동체 또는 자활사업으로서 집수리사업의 역사는 1990년대 초반부터 시작되었으며, 다른 자활사업에 비해 비교적 오래된 역사를 가지고 있다. 집수리사업은 성장배경에 따라 크게 3가지로 구분할 수 있는데, 빈민지역 생산공동체운동에 기반을 두고 성장한 흐름, IMF 이후 공공근로 민간위탁과 실업극복국민운동위원회의 지원에 의해 성장한 흐름, 2000년 자활사업의 제도화 이후 자활근로사업에서 시작된 흐름으로 나눌 수 있다.

빈민지역 생산공동체운동으로서의 집수리사업은 빈민지역 남성들의 주된 일거리였던 건설 일용노동을 주민 스스로가 운영하는 생산공동체 방식으로 수행하고자 했던 1991년 하월곡동 '일꾼 두레'에서 시작되었다. 지역 종교지도자였던 허병섭 목사의 주도로 시작된 '일꾼 두레'는 외형적인 사업 성장에도 불구하고, 경영과 기술 부족, 공동체적 운영의 어려움 등으로 1994년 봉천동의 '나섬건설'과 통합하여 '나래건설'로 이어진다. 1993년 봉천동에서 시작된 '나섬건설'도 지역 종교지도자였던 송경용 신부와 지역 주민들이 함께 설립한 생산공동체이다. 빈민지역 생산공동체운동과는 조금 다른 기원을 갖지만, 건설 일용노동자들을 중심으로 설립된 마포건설과 성남건설협동조합의 실험도 1990년대 중반에 진행되었다. 생산공동체운동에서 시작된 흐름은 단순한 집수리보다는 처음부터 일반건설시장에서 하청이나 증·개축, 더 나아가 신축까지 참여하였으며, 이 과정에서 실패와 반성을 통해 현장인력 중심의 조직보다는 경영관리인력 중심의 조직으로 발전방향을 설정하였고, 현재는 종합건설회사이면서 노동자협동조합인

(주) CNH로 그 흐름이 이어지고 있다.

두 번째 흐름은 IMF 이후 활성화된 공공근로 민간위탁과 실업극복국민운동위원회의 지원사업에 기반을 둔 것이다. 이 사업은 주로 민간실업단체들이 지자체나 실업성금의 재정을 지원받아 실업자들로 하여금 지역 저소득층 주민들의 집을 무료로 수선하게 하는 방식으로 진행되었다. 이 사업에 참여한 계층은 주로 근로능력이 있고, 건설노동의 경험이 있는 실업자들로 현재의 개념으로는 차상위계층이라 할 수 있다. 민간실업단체들이 자활후견기관을 위탁받으면서 이 사업단들의 경험과 인적 자원은 대부분 자활사업으로 흡수되었고, 현재 자활공동체의 일부는 이러한 형태의 사업을 기원으로 하고 있다.

마지막으로 2000년 자활사업의 제도화 이후 시작된 자활집수리사업은 주로 자활근로사업을 수행하면서, 자활사업비에 포함된 사업비로 자재비를 충당하여 무료 집수리사업을 하고, 여건이 되면 유료사업을 하는 형태로 진행되었다. 일부 지자체에서는 사회복지관련 부서가 재량권을 갖는 소규모 사업(경로당 개보수, 어린이놀이터 수선 등)을 위탁받으면서 사업성장의 계기를 마련하기도 했다.

대부분의 사활사업이 비슷하게 겪는 어려움이지만, 초기 집수리사업도 기술력이나, 경영능력 때문에 일반시장에 진입하기 어려웠고, 무료 집수리사업을 하기 위한 충분한 사업비를 확보하지 못하는 어려움을 겪었다. 그러나 2001년 하반기부터 집수리사업을 둘러싼 환경이 급격히 변하기 시작하였다.

먼저 2001년 하반기 사회복지공동모금회의 '사랑의 집수리사업'이 자활사업단과 연계되어 진행되면서 '저소득층 가구에 대한 집수리'가 새로운 활동영역으로 등장하였고, 이를 계기로 집수리사업의 전국 네트워크가 구성되었다. 한편, 자활사업 초기에 사업추진이 원활하지 않자, 보건복지부는 5대 표준화사업을 선정하여 전국적으로 사업을 확산시키는 전략을 채택하고, 이에 2002년부터 간병, 집수리, 청소, 재활용, 남은 음식물 재활용을 5대 표준화사업으로 선정하여 중점적으로 관리하게 된다. 자활후견기관도 이러한 추세에 호응하여 5대 표준화사업을 중심으로 전국, 지역별 사업단 네트워크를 활성화시킴으로써 기술교육, 정보교류 시스템을 구축하게 되었다.

마지막으로 2002년 하반기부터 전면 실시된 현물주거급여는 집수리사업 성장의 결정적 계기가 된다. 현물주거급여는 자활공동체에 상대적으로 안정적인 공사물량을, 자활근로사업단에는 충분한 사업비를 제공함으로써 집수리사업이 안정성을 확보하는데 크게 기여하였다. 현물주거급여의 실시는 비단 안정적인 일거리를 확보하는 것뿐만 아니라, 노동부 자활직업훈련과 연계한 직업훈련 과정의 개설, 2002년 하반기에 현장밀착

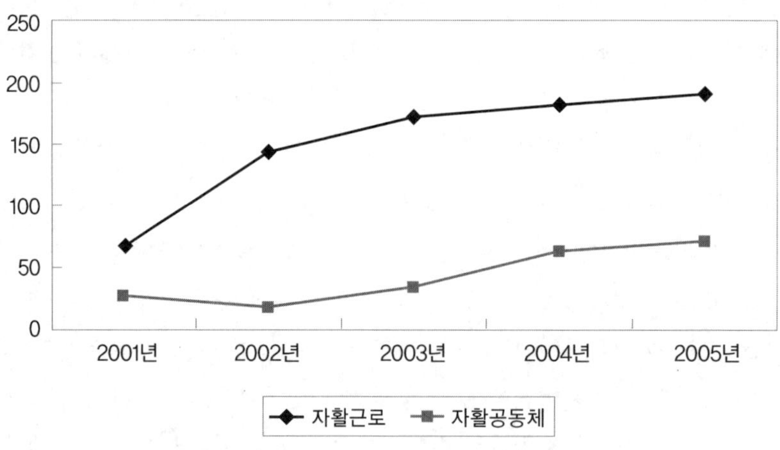

자료: 한국자활후견기관협회(2005), 백서 발간 중간보고자료.

형 기술훈련을 위한 중점 실시기관 선정으로 이어지면서 집수리사업에 대한 지원시스템을 구축하는 계기가 되었다. 민간차원에서도 실무가이드라인을 자체 제작하고 이를 권역별 교육을 통해 전파함으로써 사업수행 첫 해에 발생할 수 있는 혼란을 최소화하였고, 상대적으로 큰 문제없이 현물주거급여사업이 안착되도록 중앙정부차원, 지자체차원의 민·관 협력을 진행하였다. 그 결과 집수리사업은 2005년 현재 전체 자활사업 중 간병 다음으로 많은 사업단과 참여자가 참여하고 있는 사업으로 자리잡게 되었다. [그림 11-1]은 집수리사업의 성장세를 보여주고 있다.

Ⅲ. 집수리자활사업단의 주요 사업내용

집수리자활사업단이 수행하고 있는 사업은 발주처별로, 공종별로 구분할 수 있다. 먼저, 집수리자활사업단이 수행하는 사업을 발주처별로 분류를 해보면 크게 네 가지로 구분된다.

첫째, 현물주거급여를 꼽을 수 있다. 일부 지역에서는 현물주거급여를 수행하는 집수리자활사업단과 그렇지 않은 집수리자활사업단을 구분하여 운영하는 경우가 있으나 대부분의 집수리사업단은 현물주거급여를 수행하고 있다. 2004년 하반기의 실무자 실태조사에 따르면, 사업의 100%가 현물급여인 경우가 38%, 3/4정도가 현물급여인 경우가 35%로 매우 큰 비중을 차지하고 있는 것으로 나타났다. 그러나 그 비중은 지역별로 편차를 보이는데, 상대적으로 집값이 비싸서 자가소유자들이 기초생활보장을 받기 어려운 대도시의 경우에는 현물주거급여 대상자들이 매우 적기 때문이다. 서울지역은 전체 대상가구가 100가구가 안 되고 1년 예산이 2천만 원이 안 되는 경우가 대부분이다. 반면 도농복합도시나 농촌지역은 대상가구가 1,000가구가 넘는 경우가 많으며, 1년 예산도 많은 지역에서는 1억 원이 넘고 있다.

둘째, 민간복지사업이다. 대표적인 것으로 사회복지공동모금회가 주관하는 '사랑의 집수리사업'과 한화그룹의 '주거환경 개보수 지원사업', 그리고 강원랜드의 '사랑의 집수리사업'을 들 수 있다. 저소득층 가구들의 열악한 주거상황을 개선하는 것에 민간복지사업이 관심을 기울이면서 집수리사업은 새로운 영역을 확보해가고 있다. 다른 측면에서 보면 집수리사업이 새로운 사업의 인프라로 자리잡으면서 과거에는 내규보도 시행하지 못했던 집수리사업이 가능하게 된 것도 중요한 요인으로 분석할 수 있다. 대표적으로 한화그룹의 '주거환경 개보수 지원사업'은 다양한 지역에 분포하고 있는 한화계열사와 연계할 수 있는 집수리사업단 전국네트워크가 있었기 때문에 사업수행이 가능했다고 평가할 수 있다. 향후에도 민간복지사업으로서의 집수리사업은 더욱 활성화될 것으로 전망된다.

셋째, 지자체이다. 대부분은 자활사업 담당부서인 사회(복지)과의 재량으로 진행할 수 있는 노인정 개보수, 어린이놀이터 개보수가 주를 이루며, 많은 경우는 아니지만 재해관련 긴급수선에 참여하기도 한다.

넷째, 일반시장에서의 공사이다. 각 사업단별로 일반시장의 공사를 수주받는 정도는 다양하다. 집수리의 특성상 광고 등의 방식은 별로 효과가 없으며, 주로 입소문과 연고자를 통해서 일반공사가 이루어지게 된다. 대체로 자활후견기관이나 모법인, 지자체 공무원 등 지역사회 후원자들의 소개와 현물주거급여공사를 하는 동안 대상 가구의 이웃들로부터 일반공사를 수주하게 된다.

집수리사업단들이 수행하는 사업들을 공종별로 살펴보면 크게 일반집수리와 도배장판으로 나눌 수 있다. 일반집수리란 지붕수리, 보일러 및 배관, 벽체수리, 화장실 개보수 등 다양한 부문의 공사를 말한다. 최근의 추세는 1970년대에 초가지붕을 슬레이트로 개

량한 지붕들을 개보수하면서 슬레이트를 교체하거나, 컬러강판으로 지붕을 덮는 공사를 많이 하고 있다. 도배장판은 일반집수리를 하는 사업단이 병행하거나, 도배장판만 전문적으로 수행하는 사업단이 하기도 한다. 그러나 도배장판이라는 업종의 특징이 전문도배사 개인들 간의 인적 네트워크를 통해 일감이 제공되는 것이기 때문에, 상대적으로 낮은 기술력을 가진 인력이 팀을 이루어 활동하게 되는 도배장판사업단의 경우에는 시장에서 안정적인 자활공동체로 자리잡기가 쉽지 않다. 도리어 도배장판사업단에 참여하여 기술을 익혔다가, 기존 전문 도배사들과 연계되어 자활사업 외부에서 개인적으로 일자리를 구하는 경우가 더 많다. 이러한 이유로 도배장판공동체들은 자재 도소매를 병행할 수 있는 점포창업(지물포)을 추진하곤 한다.

IV. 집수리자활사업 발전을 위한 시도들

2005년 현재 집수리자활사업은 새로운 변화가 요구된다. 변화에 대한 요구는 사업의 내적 성숙과정에서 나오기도 하지만, 결정적으로는 집수리자활사업을 둘러싼 외적 환경에 의해 촉발되었다. 검토한 바와 같이 집수리자활사업은 현물주거급여라는 상대적으로 안정된 시장을 바탕으로 성장해왔고, 양적 성장뿐만 아니라 자활공동체로의 전환과 매출 및 인건비의 안정적 성장이라는 질적 발전도 계속되고 있다. 다른 한편으로 이러한 특징은 집수리자활사업이 다른 업종보다 빠르게 '자활공동체 지원 3년 이후'에 대한 고민을 시작하게 만들었다. 즉 보건복지부의 지침에는 자활공동체에 대한 지원이 3년으로 명시되어 있는데, 3년이 지난 이후에 자활공동체는 우리 사회에서 어떠한 시민권을 얻게 되는가에 대해서는 누구도 해답을 제시하지 않고 있기 때문이다. 가령, 3년의 지원기간이 종료된 집수리자활공동체에 대하여 현물주거급여사업에 참여하도록 하는 것이 옳은가에 대해서도 분명한 기준이 없으며, 자활후견기관이나 지자체에 따라 다르게 해석하고 있다.

현물주거급여의 안정적 확보라는 문제에서 시작된 집수리자활사업의 전망 논의는 집수리사업을 뛰어넘어, 한국 사회에서 자활공동체가 갖는 함의까지 돌아보게 하는 계기가 되고 있다. 즉 자활공동체의 발전전략을 일반 시장으로의 진입에서만 찾아야 하는

가, 해외의 사회적 기업처럼 현물주거급여와 같은 새로운 복지서비스 전달이라는 특수한 시장에서의 성장은 불가능한 것인가, 만약 사회적 기업으로서의 자기전망을 갖고자 한다면 무엇을 바꾸어야 하는가? 이러한 집수리자활사업의 현재 주요 고민은 사회적 기업으로서의 시민권 확보라는 문제의식을 중심으로 형성되고 있다.

한편, 현물주거급여의 불안정성 문제는 현물주거급여에 대한 의존도를 낮추는 대안적인 시장개척의 필요성을 제기하게 되었으며, 다른 한편으로는 제반 문제를 다루고, 대응할 수 있는 집수리사업의 안정적인 조직을 구성하는 문제도 더욱 적극적으로 제기하게 되었다.

다음에서는 집수리자활사업의 발전형태로서 고민되는 사회적 기업으로서의 '주거복지센터' 와 주거복지의 한 영역이면서 현물주거급여에 대한 의존도를 낮출 수 있는 방안으로서의 '고령자·장애인 편의시설' 에 대한 논의를 소개한다. 또한 집수리자활사업의 질적 성장을 위해 요구되고 있는 조직적 전망으로서 '물류사업' 과 '연대조직' 에 대한 논의도 검토하도록 하겠다.

1. 주거복지센터

집수리자활사업의 전망에 대한 논의 과정에서 논의되고 있는 것은 사회적 기업으로서의 '주거복지센터' 라는 화두이다. 이는 집수리사업의 발전을 더 이상 집수리 자체에서 찾는 것이 아니라, 광의의 주거복지운동을 상정하고, 이 속에서 역할을 찾아야 한다는 취지에서 비롯된 것이다.

1) 개요

주거복지센터라는 개념이 처음 제기된 것은 2003년 하반기 집수리자활공동체연대조직을 결성하는 준비과정에서이다. 집수리자활공동체 발전전망의 하나로서 제기된 주거복지센터는 다음과 같은 취지에서 논의가 시작되었다. 첫째, 집수리자활공동체의 발전방향으로서 기존에 논의되었던 전문건설업체로의 발전이나, 시장에서 경쟁력 있는 사업체로 발전, 그리고 생태건축 등 틈새시장으로의 발전이 실질적으로는 집수리자활공동체 일반이 채택할 수 있는 방법이 아니라는 인식이 공유되었다. 이에, 새로운 분야로 진출하기보다는 현재의 집수리자활공동체가 가지고 있는 강점이자 독창성인 저소득층 주거개선을 사업의 전면으로 내세워 시장을 적극적으로 창출하자는 아이디어가 제시되었다. 둘째, 때마침 이루어진 주택법 개정을 통한 최저 주거기준의 도입과 건설교통부 내에 주거복지과의 신설, 그리고 정부의 매입임대주택사업 추진이라는 제도적 변화는 향후 주거복지의 영역이 활성화될 것이라는 전망을 제시하였고, 이에 대한 적극적인 대책수립의 필요성이 집수리자활사업단 내부에서 제기되기 시작했다.

주거복지센터라는 개념은 현재 집수리자활사업단이 수행하고 있는 현물급여를 비롯한 주거복지관련 사업뿐만 아니라, 향후 예상되는 주거복지시장을 통합적으로 관리하는 민간주체를 의미한다. 집수리자활공동체연대조직을 추진하던 주체들은 2003년 하반기부터 주거복지센터라는 개념을 개발하고 전파함으로써 외부적으로는 잠재적인 주거복지시장 내에서의 유리한 고지를 선점하고, 내부적으로는 다양한 방식으로 운영되고 있는 집수리자활공동체들이 보다 통일적인 운영모형을 갖추도록 함으로써 외부 환경에 대한 대응력을 높이고자 하였다. 이를 위해 집수리자활공동체들은 2004년 이후 연대조직을 출범시켜 공동 모색을 진행하고 있다.

2) 현황

주거복지센터에 대한 논의는 크게 두 가지 흐름으로 진행되고 있다. 하나는 집수리자활공동체연대조직에 기반으로 한 논의이고, 다른 하나는 일부지역 자활후견기관들을 중심으로 진행된 논의이다. 양자 모두 해당지역의 주거복지관련 시장을 통합 관리하는 민간주체로서 주거복지(지원)센터를 상정한다는 측면에서 공통점을 가지고 있으나, 접근하는 관점에서는 다음의 몇 가지 차이를 보이고 있다.

첫째, 주체의 문제이다. 집수리자활공동체연대조직이 제안한 주거복지센터는 독립적인 민간주체를 의미한다. 현재의 집수리자활공동체에 복지사업이나 주거복지운동의 역할을 수행하는 구성원이 추가되고, 운영에 있어서는 자활후견기관이나 지자체로부터 독립적인 운영구조를 갖는다는 점이다. 이를 추진하는 과정에서 적절한 인적 자원의 확보와 안정적인 정책적 협력을 위해 기존 주거권 운동진영과의 화학적 결합이 필요하다는 입장이 있다. 반면 일부지역의 논의에서 제기되는 주거복지(지원)센터는 자활후견기관의 일부 기능이라는 성격을 가진다. 즉 사회복지관의 재가봉사센터나 자활후견기관의 노인간병지원센터처럼 외부적으로는 독립적인 역할을 가지고 있지만, 실제에 있어서는 모기관(자활후견기관)의 한 부서로서 역할을 하는 것이다. 이러한 논의에는 자활사업 참여자들의 특성상 자활공동체가 독립적으로 운영되기 어렵고 자활후견기관의 관리 아래 운영되어야 한다는 인식이 전제되어 있다.

둘째, 사업의 위상과 범위의 문제이다. 집수리자활공동체연대조직이 제안하는 주거복지의 범위는 비단 현재 수행 중인 현물급여나 그 밖의 사업뿐만 아니라 향후 증가될 매입임대주택 관리, 노인주택 개보수, 더 나아가서는 민간공급 임대주택사업까지를 바라보는 것이며, 따라서 주거복지센터의 위상은 더 이상 자활사업의 일환이 아닌 주거복지 또는 주거권 운동의 측면에서 바라보아야 한다는 것이다. 반면 일부지역의 논의는 자활사업 참여자의 인적 역량이 부족하기 때문에, 이들을 자활사업의 대상자로서 보호, 관리하는 것이 우선적[1]이라는 위상을 제시하고 있다. 이 논의에서는 확장된 의미의 주거복지영역을 부정하지는 않지만, 자활사업의 일환으로서 제한되는 주거복지지원센터가 다양한 주거복지영역으로 진출하기란 쉽지 않다고 판단된다.

한편, 주거복지센터에 대한 논의는 2004년과 2005년을 경과하면서 각각의 결실을 거두게 되었다. 집수리자활공동체연대조직은 주거복지센터의 필요성을 다양하게 제기함으로써 주거복지센터라는 아이디어가 집수리사업단네트워크로 상징되는 집수리자활사업의 전국적인 틀 안에서 적극적으로 공론화되도록 하였으며, 건설교통부 주거복지과와 대한주택공사 등의 공공기관에 집수리사업의 존재와 역할을 각인시켰다. 또한 주거복지센터의 위상을 사회적 기업으로 상정함으로써 사회적 기업으로서 집수리자활공동체가 담보해야 할 표준적인 운영방식과 회계규칙에 대한 연구성과를 축적할 수 있게 되었다. 이러한 1년간의 활동을 밑바탕으로 하여, 실업극복국민재단으로부터 주거복지센터의 구체적인 활동내용을 생산을 위한 조사사업과 집수리자활공동체 간의 연대사업을 위한 재정을 지원받아 2005년 12월에는 서울, 인천, 충북에서 지역의 주거권 운동단체들과 함께 주거복지센터에 대한 정책토론회를 개최하였다.

---

1) 이러한 인식의 배경에는 '현실적으로 참여주민 중에서 리더가 나오지 못할 수 있는 문제, 자활공동체를 유지하는 데 필수인 영업과 회계를 자체적으로 처리하지 못하는 역량의 문제, 자칫 자활공동체가 일반 집수리업체로 전락할지 모른다는 불안감, 자활후견기관의 외피를 가지고 있는 것이 혹독한 일반시장에서 공동체를 유지하는 데 현실적이라는 판단' 등이 존재하고 있다.

3) 과제

주거복지센터에 대한 두 가지 논의는 현재 자활공동체 및 자활사업의 발전전망과 관련된 논의와 밀접하게 연관된다. 집수리자활공동체연대조직에서 제기하는 주거복지센터는 '자활'이라는 수세적이고, 시혜적인 공간에서 벗어나 한국의 시민사회에 뿌리를 내린 새로운 시민조직으로의 발전을 전망하고 있는 것이다. 이는 자활공동체의 발전 방향에 있어서 시장에서 경쟁력을 갖는 기업으로의 발전 이외에도, 제3섹터형 기업으로 발전할 수 있다는 전망에 기반을 둔 것이다. 따라서 자활지원사업은 한국의 시민사회 활성화에 기여하고 특히 제3섹터형 조직을 배양하는 공간으로서 기능해야 한다는 전망을 갖고 있다. 반면, 일부지역에서의 논의는 참여자들의 조건이나 한국의 뒤떨어진 복지 인프라를 고려할 때, 자활후견기관이 사회적 일자리형 자활근로 방식으로 안정적이고 보호된 일자리를 제공하는 동시에 부족한 복지 인프라를 보완할 수 있다는 인식에 기반을 두고 있다. 이는 자활후견기관 스스로를 다양한 사회적 일자리를 개발하고 유지하는 사회적 기업으로 인식하는 태도에서 나온 것이다. 이러한 인식의 차이는 비단 집수리사업뿐만 아니라, 다른 업종과 사업에서도 제기되고 있는 문제이다. 자활사업의 장기적 전망에 대한 문제는 이 글의 주제가 아니기 때문에 논의를 유보하도록 하고, 집수리자활사업의 차원에서 검토되어야 할 과제를 정리하면 다음과 같다.

첫째, 주거복지센터의 역할과 위상, 내용에 대한 제시와 사업추진 주체 간의 합의가 필요하다. 현재까지는 주거복지에 관련된 사업을 통합 관리하는 민간주체라는 정도의 위상만이 분명하며, 구체적으로 어떠한 일을 수행하고 이를 위해서 어떠한 운영과 자원동원이 필요한가에 대해서는 아이디어 수준에 머물러 있을 뿐이다. 또한 상반된 논의가 보여주듯이 새로운 주거복지 분야의 개척인지, 기존 자활사업 영역의 강화인지에 대한 위상에 대해서도 논점이 대립되는 상황이다. 주거복지센터의 역할과 위상, 내용에 대한 합의수준이 높아져야 공공기관 및 각종 자원을 제공할 주체들에게 본 사업에 대해 적절하게 설명할 수 있고, 올바른 협력을 이끌어낼 수 있을 것이다. 긍정적인 것은 건설교통부의 매입임대주택사업에 대한 민간참여를 논의하기 위해 2005년 하반기에 결성된 '매입임대주택 네트워크'에서 향후 발전 전망으로서 주민들의 주거복지를 위해 활동하는 '주거복지지원센터'에 대한 논의를 시작했다는 점이다. 옹호활동을 중심으로 성장해오던 주거권 운동이 서비스활동을 병행하는 주거복지운동으로 전환되는 것은 자활사업에서 제기된 주거복지센터에 대한 논의에 탄력을 줄 것으로 기대된다.

둘째, 주거복지센터의 추진 주체가 정리되어야 한다. 공공기관이 주도할 것인가, 민간부문이 주도할 것인가? 민간부문이 주도한다면 자활후견기관이 주도할 것인가, 주거복지영역의 새로운 주체가 주도할 것인가, 아니면 기존 주거권운동이 주도할 것인가? 이와 관련해서도 많은 이견이 존재하고 있는 것으로 보인다. 무엇보다 자활후견기관과 주거권운동진영, 그리고 집수리자활사업단이라는 주체들이 공동의 전망 아래 적절히 역할을 분담해야 한다. 자활후견기관은 공신력과 복지기관으로서의 이미지 때문에 공공기관의 협력을 이끌어내는 데 유리한 이점이 있는 반면, 사업의 성격을 주거복지보다는 자활사업의 일환으로 간주함으로써 사업의 성장을 위축시킬 가능성이 높다. 주거권운동진영은 철거민, 노숙자, 쪽방주민, 비닐하우스촌의 문제와 같이 심각한 주거문제에 봉착한 주민들을 중심으로 사업을 진행해왔거나, 임대아파트를 바탕으로 한 주민공동체운동을 진행해왔다. 이러한 주거권운동진영의 경험과 명분은 향후 주거복지의 부문에서 중요한 역할을 수행하게 될 것이 분명하다. 반면, 집수리자활사업단은 전국적인 수준의 네트워크와 물리적인 사업수행능력을 갖고 있다는 장점을 가지고 있다. 또한 실제로 3~4년간의 저소득층 주택에 대한 개보수 사업을 시행하면서 다양한 정보와 경험을 축적해왔고, 주거복지사업을 추진할 수 있는 인적 역량도 생산해왔다. 주거복지센터에 대한 논의를 추진하기 위한 주체로는 주거권운동진영과 집수리자활사업단의 결합을 통한 새로운 주거복지운동의 주체 형성이 적절하며, 자활후견기관은 이러한 흐름을 다양한 측면에서 지원하면서 지역사회에서 주거복지센터가 안착할 수 있도록 매개체로서의 역할을 수행해야 할 것이다.

마지막으로, 주거복지센터에 대한 논의가 공론으로 끝나지 않기 위해서는 실제로 구체적인 모델을 구현해야 한다. 공공부문의 지원이나, 제도화에 대한 보장이 이루어지지 않더라도 현장 욕구를 기반으로 민간단체로서의 자율성과 창조성을 바탕으로 주거복지센터의 실험을 진행하는 결단이 필요하다. 실제로 3~4개의 지역에서 주거복지센터를 시범적으로 추진함으로써 사업의 기대효과와 이에 따른 문제점들을 점검하고, 이를 바탕으로 2006년 지방선거 등을 통해 가능한 지역에서부터 지자체의 지원을 이끌어내는 등의 적극적인 노력이 필요하다. 중앙정부차원의 지원이나 제도적 지원은 민간차원과 지역차원의 주거복지센터에 대한 실험이 어느 정도 가시화되어야 가능할 것이며, 그렇게 하는 것이 바람직할 것이다. 구체화된 모델 없이 아이디어만으로 정부정책이 추진됨으로써 민간부문의 역동성이 위축되고, 민·관 협력 파트너십의 왜곡이 이루어졌던 수많은 민·관 협력의 사례들이 이러한 경로의 중요성을 확인해주고 있다.

2. 고령자 · 장애인 주거편의시설

집수리자활사업에서는 현물주거급여에 대한 높은 의존도를 극복하고자 하는 노력이 산발적으로 지속되어 왔다. 이 중 가장 주목할 만한 것이 고령자 · 장애인 주거편의시설 기술을 습득하기 위한 모색이다. 고령자 · 장애인 주거편의시설관련 사업은 현물주거급여가 가장 적은 서울지역에서 시작된 고민으로서, 일본의 개호보험제도에 따른 주택개보수사업을 관찰한 경험이 있는 실무자의 제안으로 시작되어 추진되고 있다.

1) 개요

고령자와 장애인의 주거편의에 관련된 시설개보수는 1998년 '장애인 · 노인 · 임산부등의편의증진보장에관한법률'이 제정되면서 제도적인 시장으로 등장했다. 그러나 당시에는 집수리자활사업이 활성화되지 않았으며, 이에 따라 공공시설의 편의시설 설치를 중심으로 형성된 시장에는 집수리자활사업이 참여하지 못하였다. 다만, 집수리사업의 과정에서 대상 가구들의 특성상 소규모의 편의시설 설치가 이루어졌으나, 전반적으로는 주요한 사업영역이 되지 못하였다. 이는 편의시설관련 공사가 상대적으로 높은 가격대의 장치를 요구하기 때문에 집수리자활사업이 활용할 수 있는 예산의 범위를 넘는 경우가 많으며, 편의시설을 설치하더라도 수혜자가 요구할 때에만 이루어질 뿐, 수혜자의 문제해결을 위해 시공자가 적극적으로 편의시설을 제안하는 개념이 아니었기 때문이었다.

그러나 2005년부터 시범사업으로 시작되는 노인수발보장제도의 도입, 사회의 고령화에 따른 고령친화산업에 대한 정부차원의 육성전략 등은 고령자 · 장애인 주거편의시설에 관련된 새로운 시장 형성을 예고하고 있다. 특히, 고령자 · 장애인 주거편의시설은 단순한 물리적 환경의 개선뿐만 아니라, 편의시설을 사용하게 되는 고령자와 장애인의 복지적인 측면을 고려해야 하는 바, 주거와 복지가 결합되는 새로운 영역이라 할 수 있다. 실제로 일본의 경우, 개호보험이 도입된 이후 '주택의 개수'라는 항목으로, 기간을 설정하지 않고 주택마다 약 200만 원의 한도액으로 고령자를 위한 주택 개보수를 지원하고 있으며, 한도액을 초과하는 경우에는 각종 공적 조성금, 융자제도로 충당하고 있다.[2] 일본에는 개호보험 외에도 '고령자주거법'과 '주택품질확보촉진등에관한법률'을

---

2) '주택의 개수'에 있어서 주거개조에 대한 사정은 케어 매니저가, 실행은 복지주거 코디네이터가 담당하

통해서 고령자를 위한 주거환경개선을 지원하고 있는데, 고령자주거법은 고령자를 위한 건물의 신축 및 개축을 위한 자금지원 임대 및 주거시설 융자에 대한 내용을 규정하고 있다. 주택을 하나의 상품으로 본다는 전제를 가지고 있는 '주택품질확보촉진등에 관한법률'에서는 고령자에 대한 배려 대책 등급을 5단계로 설정하여 각 등급에 따른 고령자 배려 및 대책을 밝히고 있다.

일본의 사례가 보여주듯이, 고령화 사회로의 진입과 고령친화산업의 활성화는 주거와 복지가 결합된 고령자 주택 개보수 및 편의시설 확충을 활성화시킬 것으로 예상된다. 이는 주거와 복지가 결합된 시장으로서 집수리자활사업이 진입할 수 있는 중요한 영역으로 고려될 수 있다.

2) 현황

고령자·장애인 편의시설 시장의 변화에 대한 집수리자활사업 내부 준비가 차분하게 진행되고 있다. 서울 강서방화자활후견기관은 2004년 고령자장애인 편의시설사업단을 자활근로사업단으로 구성하여 KT&G와 SK의 지원을 받아 지역 내 영구 임대아파트에 거주하는 노인들을 위한 편의시설 설치사업을 진행하였다. 강서방화자활후견기관의 사업실적을 바탕으로, 서울지부 집수리사업단네트워크에서는 실업극복국민재단에 자유공모사업으로 "고령자·장애인 자립지원을 위한 주거편의시설 사업—공공서비스 분야에서 일자리 나누기를 활용한 일자리 창출"을 제안하여, 2005년 1년간 3천만 원의 예산을 지원받게 되었다. 서울지부 집수리사업단네트워크에서는 예산지원을 바탕으로 교육사업과 10건의 실제 시공 그리고 사후 평가를 통해 과제를 도출하였으며, 관련 일본 책자를 번역하여 기술 매뉴얼로 활용할 계획을 가지고 있다.

3) 과제

집수리자활사업이 고령자·장애인 편의시설관련 부문에 접근하는 것은 이제 시작단계이다. 고령자·장애인 편의시설관련 부문은 주거복지시장에서 상당한 규모의 확대가 예상되는 영역이라는 측면에서 매우 중요하며, 이 부문으로의 진출을 준비하는 것은 향

고 있다.

후 집수리자활사업의 중요한 과제가 될 것이다. 이를 위한 몇 가지 실천과제는 다음과 같다.

첫째, 서울지부 집수리사업단네트워크에서 진행하고 있는 "고령자·장애인 자립지원을 위한 주거편의시설 사업"은 비단 서울지부 집수리사업단네트워크의 개별적인 사업이 아니라, 전체 집수리자활사업의 의제로 주목받고 지원받을 필요가 있다. 1년간 사업의 성과, 즉 생산될 교육내용과 구체적인 사례 그리고 사업 수행능력에 대한 이미지는 체계적으로 관리되고, 전체 집수리자활사업에 효과적으로 전파될 수 있도록 해야 할 것이다.

둘째, 고령자 주거개선, 특히 노인수발보장제도 및 관련 제도 정비에 대한 대책이 필요하다. 애당초 노인수발보장제도에는 주택개보수 항목이 설정되었으나, 2005년 현재 예산상의 이유로 시범사업에서 제외되었고, 예산조달의 어려움을 겪고 있는 제도적인 상황 때문에 주택개보수 영역이 당분간 도입되기는 쉽지 않아 보인다. 그러나 해외의 많은 사례들이 보여주듯이, 노인문제의 상당부분은 편안한 주거환경과 직결되기 때문에 노인복지의 확충과 더불어 주거환경개선에 대한 다양한 제안과 아이디어가 제시될 필요가 있다. 이는 단순히 집수리자활사업단의 사업영역 확보라는 차원을 뛰어넘어 노인들의 주거환경문제에 대한 심도 있는 분석과 대안 제시를 통해 노인수발보장제도 및 관련 제도들이 거동이 불편하고, 다양한 생활의 문제를 겪고 있는 노인들의 주거복지 향상에 기여하도록 제안해야 한다.

셋째, 고령자·장애인 편의시설사업은 소비자들의 구체적인 요구보다는 소비자의 욕구를 평가하면서 다양한 아이디어와 대책을 평가자 또는 공급자가 적극적으로 개발해야 하는 특성을 갖는다. 대부분의 대상자들은 편의시설을 통해 본인들이 얼마만큼 문제해결을 제공받을 수 있는지 잘 모르고 있는 상황이다. 또한 제3자의 입장에서도 생소한 편의시설 시공에 대해서는 아직까지 그 효과성과 필요성에 대해 의구심을 가지고 있다. 이러한 상황을 타개하기 위해서는 고령자·장애인 편의시설의 시공 효과를 실제적으로 입증하는 것이 필요하며, 이는 2005~2006년 집수리자활사업의 과정에서 얼마나 고령자·장애인 편의시설 공사가 전략적으로 배치될 것인가에 달려있다. 이를 위해 서울지부의 시범사업뿐만 아니라, 집수리사업단네트워크나 집수리자활공동체연대차원에서 적극적인 재원을 개발하여 실제적인 시공을 진행하고 그 효과성을 구체적으로 입증하는 계획이 수립되어야 할 것이다.

3. 물류사업

　물류사업의 당초 아이디어는 전국적으로 형성되어 있는 집수리사업에서 사용하는 원자재의 일부를 공동구매 방식으로 조달함으로써 개별 사업체는 저렴한 원자재를 확보하고, 집수리자활사업은 네트워크의 유기적 성격을 강화하며, 중장기적으로는 집수리자활사업의 조직력을 만드는 토대를 확보할 수 있으리라는 전망하에 시작되었다. 따라서 물류사업에 대한 고민은 당장의 현실적 문제해결을 위한 것이 아닌, 집수리자활사업의 발전을 위한 조직적 준비의 성격으로 이해할 필요가 있다.

1) 개요

　집수리자활사업이 확대되면서 사업 내용에서 도배장판의 비중도 증가하게 되었다. 이는 현물급여사업 초기에 낮은 상한액으로 시공할 수 있는 개보수 내역이 제한되었던 이유도 있으며, 일부에서는 집수리사업과 별개로 도배장판사업을 전략적으로 추진하기도 했기 때문이다. 또한 구조상의 문제가 없더라도 자신에게 주어진 개보수 기회를 사용하고 싶은 수혜자들의 적극적인 도배장판 시공요청이 이루어졌다. 이에 따라 집수리자활사업단 중 약 30%정도는 도배장판사업단으로 구성될 만큼 도배장판의 사업영역은 중요한 비중을 차지하고 있다. 도배장판사업을 주요한 아이템으로 운영하던 집수리자활사업단 중 일부는 소점포의 형태로 지물포를 창업하였다(서울 성북, 인천 부평남부, 전주 등). 이는 한편으로는 지역 일반소비자를 대상으로 하는 영업전략 차원이었고, 다른 한편으로는 기왕에 많은 자재비를 도배장판에 쓰는 상황에서 도매가로 자재를 구입하겠다는 비용절감전략 차원이었다.

　이 중 인천 부평남부자활후견기관이 지원하는 한우리종합인테리어는 소매보다는 인천지부 집수리사업에서 발생하는 도배장판 자재의 도매공급을 취지로 2002년 물류사업을 시작하게 되었으며, 이후 2003년에 한화종합화학과 총판계약을 체결함으로써 보다 저렴한 가격으로 도배장판 자재를 공급할 수 있게 되었다. 한우리종합인테리어의 도매사업은 그 영역을 넓혀서 서울 성북자활후견기관이 지원하는 두레건축을 통해 서울지역에 도배장판 자재를 납품하기에 이르렀다. 이러한 물류사업의 경험과 아이디어는 계속 발전하여, 현재 추진 주체인 한우리종합인테리어를 중심으로 수도권을 주요 대상으로 한 독자적인 물류사업이 시도되고 있다. 물류사업 추진의 핵심적인 동기는 집수리사업을 통해 발생하는 자재 구매에서의 이윤을 다시 집수리사업으로 환원시킴으로써 저렴한 단가에 공사를 수행하고, 물류사업을 통해 새로운 일자리를 창출하며, 또한 집수리자활사업단 간의 연대 및 조직력을 높일 수 있다는 것이다. 집수리자활사업의 사업규모가 확대되면서, 이러한 물류사업도 점차 구체화되고 있다.

2) 현황

2005년 현재 물류사업은 자활공동체인 한우리종합인테리어가 한화종합화학 장판총판권을 계약하고, 인천지역 벽지 대리점과 연계함으로써 도매단가보다 저렴한 단가로 장판 및 벽지를 구매하여 인천지역 집수리사업단에 공급하는 형태로 진행 중이며, 또한 이를 확대하여 서울지부 집수리사업단네트워크와의 연계를 통해 서울지역 대리점으로 서울 성북의 집수리자활공동체인 두레건축을 선정하고 서울지역 집수리사업단에 자재를 공급하고 있다. 2005년 중반까지 전국 집수리네트워크와 집수리자활공동체연대의 논의를 통해, 서울과 인천 외에도 경기와 부산, 충북이 물류사업에 참여하고 있다. 주요 자재로는 장판(한화), 벽지(한샘, 거북, 보성, 코스모스), 지물(풀, 본드, 방습지, 초배지, 노본, 논슬립 등)을 판매하고 있으며 참여 인원은 한우리종합인테리어 3명, 두레건축 2명이다. 아직까지는 한우리종합인테리어라는 자활공동체가 사업을 주도하는 양상을 띠고 있으나, 전국 집수리네트워크 차원에서 구성된 물류센터추진위원회를 통해 중장기적으로는 독자적인 사업부문으로서 집수리자활사업의 자회사로 성장할 계획을 가지고 있다.

3) 과제

물류사업은 집수리사업뿐만 아니라 전체 자활사업에서도 기존 사업의 파생 사업을 정착시키고, 파생 사업을 통해 기존 사업의 네트워크가 강화되는 질적인 전환을 시도하는 사례이다. 그러나 강한 중앙집중적인 시스템이 구축되지 못한 상황에서 아래로부터 자발적으로 추진이 되고 있기 때문에 많은 어려움이 존재하고 있다. 사업추진 주체들의 의견을 중심으로 물류사업이 정상적인 궤도에 오르기 위한 과제를 살펴보면 다음과 같다.

첫째, 가급적 강한 중앙집중적 시스템을 통해 사업이 추진되는 것을 검토할 필요가 있다. 현재의 물류사업은 2개의 자활공동체가 자체적인 집수리사업을 진행하는 동시에, 부수적으로 진행하는 부수입원의 성격을 지니고 있다. 이러한 상황은 내·외부에 다소 혼란을 야기하고 있는데, 외부의 관점에서는 특정 자활공동체의 부수입원을 돕는 것은 아닌지 인식하게 되고, 내부적으로도 두 자활공동체가 물류사업 부문을 자신들의 고유 사업부문으로 간주하게 되는 것이다. 이러한 상황을 타개하기 위해 사업추진주체들은 구매자인 인천지역 네트워크와 서울지역 네트워크를 한우리종합인테리어와 두레건축으로 구성된 추진기구의 운영위원회와 총회에 참여시키고자 노력하고 있다. 그러나 사업 위상의 혼선이 계속되는 한, 사업이 힘있게 추진되기는 쉽지 않을 것으로 보인다. 다만, 사업의 위상이 정리되는 과정에서 현재의 상황을 초래하게 된 원인으로 어느 누구도 장기적인 투자 및 전략적인 행동에 나서지 못하는 자활사업의 구조에 있다는 점이 확인될 필요가 있으며, 이러한 자활사업의 한계를 지역에서부터 극복하기 위해 노력했던 사업추진 주체들의 기득권과 수고에 대해서도 적절한 보상이 강구되어야 할 것이다.

둘째, 사업의 위상이 집수리자활사업의 공동사업으로 자리매김할 경우에는 한국자활후견기관협회, 보건복지부, 그리고 지자체의 이해와 협조가 뒤따라야 할 것이다. 사업에 참여하는 모두가 이익을 얻는 방식으로 사업이 조직되고, 이를 바탕으로 집수리자활사업단들이 자발적으로 참여하는 것이 올바른 순서이겠지만, 현재의 상황에서는 개별 집수리자활사업단들이 적극적으로 참여할 만큼 유인동기가 크지는 않은 반면, 지역사회 자원의 일부인 거래처와의 관계를 잃는 단기적인 손실이 발생하기 쉽기 때문에 집수리자활공동체에 자발적으로 참여하는 것은 쉬운 일이 아닐 것이다. 따라서 적극적으로는 물류사업 활성화를 위한 참여 독려가, 소극적으로는 물류사업에 대한 이해와 협조가 각종 지원기관들에 의해 이루어질 필요가 있다.

4. 집수리자활사업의 추진을 위한 연대조직

집수리자활사업이 겪고 있는 가장 큰 어려움은 집수리자활사업을 둘러싼 위험과 기회를 인지하고, 이를 해결하는 전략을 수립하며, 체계적으로 내·외부 자원을 동원할 수 있는 조직력이 부재하다는 점이다. 앞서 언급된 다양한 시도들이 효과적으로 융합되기보다는 각개 약진의 방식으로 진행되는 것은 집수리자활사업 전반의 내부적 조직력이 부재하기 때문이다. 이러한 문제에 대하여 집수리자활사업 내부에서는 연대조직을 어떻게 형성할 것인가에 대해 많은 논의가 진행되어 왔다.

1) 개요

집수리자활사업은 사업 초기부터 전국적인 규모의 보호시장을 확보하기 위한 연대 조직이 중요한 역할을 해왔다. 첫 번째 사례는 2001년 사회복지공동모금회에서 진행하는 '사랑의 집수리사업' 위탁을 계기로 형성된 집수리사업단 네트워크이다. 당시에는 서울자활정보센터가 정보를 제공하고 모임을 주선하였는데, 이를 통해 사랑의 집수리사업 자체를 모르거나, 알더라도 지역에서 개별적으로 영업을 하고자 했던 사업단들이 전국적으로 통일적인 대응을 할 수 있게 되었다. 그 결과 사랑의 집수리사업 지침에 자활후견기관의 집수리사업단에 위탁을 줄 것을 적시하게 하는 성과를 얻게 되었다. 그러나 당시 네트워크는 해당 사업을 중심으로 진행되었다가 중단되었으며, 이후 한국자활후견기관협회 차원에서 월 1회 전국 네트워크 회의를 진행하게 되었다.

집수리자활사업의 전국적인 네트워크가 활성화된 것은 2002년 상반기 보건복지부에 의해 5대 표준화사업 활성화를 위한 지원체계가 꾸려지고, 그 일환으로서 집수리사업에 대한 민간추진반이 구성된 이후이다. 다른 5대 표준화사업과는 달리 집수리자활사업은 주거급여의 현물급여 시행을 어떻게 구체화할 것인가에 대한 실제적인 과제를 다루었고, 이 과정에서 집수리사업 민간추진반의 구성원들이었던 현장의 실무자들은 현물주거급여 지침작성에서 민간측 입장전달, 민간측의 내부 의사소통을 원만히 하고, 필요한 공동사업을 추진할 수 있는 '전국 집수리사업단네트워크' 의 구성, 현물주거급여 시행을 위해 기획된 기술교육과 중점 실시기관에 대한 실무적인 대응 등의 활동을 하게 되었다. 그 결과 2002년 4월 용인 한국노동교육원에서 전국의 집수리 실무자들로 구성된 '전국 집수리사업단네트워크' 가 결성되었고, 독자적으로 활동하고 있던 각 광역지부별 네트워크와의 연계도 활발하게 진행되었다. 집수리사업단네트워크는 보건복지부의 현물주거급여 시행이 가급적 수혜를 받는 주민들과 사업을 실행하는 참여자들에게 적합하게 이루어질 수 있도록 연구와 조사 그리고 이를 기반으로 하는 정책 제안을 진행하였으며, 그 결과로 합의된 현물주거급여의 시행지침을 내부적으로 올바르게 숙지하고 이행하기 위해서 각종 서식을 개발하고 광역지부별 교육을 진행하였다.

그러나 2002년 중순 이후, 현물주거급여의 시행이 안정화되면서 공동의 관심사가 적어지게 되었고, 집수리 담당 실무자들의 업무변경 또는 이직이 이루어지면서 집수리사업단네트워크의 안정성이 크게 위협받게 되었다. 이에 따라 2002년 하반기부터는 현물 주거급여의 영향으로 자활공동체의 양적 성장이 예측되는 가운데, 집수리사업단네트워크의 집행부는 인적 구성원의 안정성이 담보되고, 재정적인 자율성을 가질 수 있는 자활공동체들의 연대조직을 구성함으로써 집수리사업의 장기적 전망을 모색하자는 합의에 이르게 되었다.

그러나 예상 외로 자활공동체로의 전환이 빠르게 이루어지지 않으면서 자활공동체 연대조직에 대한 논의는 더디게 진행되었고, 집수리사업단네트워크는 각 지부의 대표 실무자들이 교체되면서 느슨한 정보교류의 장으로 자리매김하였다. 2003년에는 집수리자활공동체연대조직을 결성하려는 모색이 중점적으로 이루어졌으며, 집수리사업단 네트워크는 침체기에 빠지게 된다.

집수리자활사업의 연대조직에 대한 논의가 다시 활성화된 것은 2004년에 들어와서이다. 1년여 간 준비했던 집수리자활공동체연대조직은 주거복지센터를 장기적인 비전으로 제시하면서, '주거복지센터협의회 준비위원회'를 2004년 3월에 결성하였고, 한국 자활후견기관협회 사업지원국과의 협력을 통해 주거복지센터 및 주거복지시장에 대한 개념 정립 및 전파에 나섰다. 때마침 집수리사업단네트워크의 침체를 안타까워하던 집수리 담당 실무자들을 중심으로 실무자 중심의 집수리사업단네트워크를 활성화해야 한다는 제안이 계속되었으며, 그 결과 2004년 하반기에 집수리사업단네트워크의 조직복원을 추진하였다.

이를 기반으로 2004년 11월에 있었던 '2004년도 전국 집수리실무자워크숍 및 총회'를 개최하게 되었고, 기존의 느슨한 정보교류 네트워크 형태의 조직을 뛰어넘어 독자적인 기획력과 집행력을 갖춘 '전국 집수리네트워크'를 결성하게 되었다. 또한 준비위원회의 형태로 활동을 하던 '주거복지센터협의회 준비위원회'는 2005년 2월에 본 조직인 '집수리자활공동체연대'의 창립총회를 14개 참여 업체들과 함께 진행함으로써, 2005년 현재 집수리자활사업은 전국 집수리네트워크와 집수리자활공동체연대라는 두 개의 주체가 함께 협력하는 구조로 구성되어 있다.

2) 현황

전국 집수리네트워크는 자활후견기관의 집수리사업단 실무자를 회원으로 하는 조직으로서, 총회와 운영위원회를 기본 회의 구조로 가지며 대표와 부대표, 감사 2인의 임원을 두고 있다. 전국 집수리네트워크의 핵심적인 특징은 자활근로사업비에서 회비를 갹출하여, 집수리사업 전담실무인력을 두고자 하는 것이었다. 그러나 회비납부를 통한 당초 예산조달계획의 집행이 불가능하게 되었으며, 따라서 핵심사안인 실무자를 두는 것이 어렵게 되었고, 이로 인해 실무자를 전제로 계획된 사업계획의 상당부분이 축소·조정되었다.

집수리자활공동체연대는 자활공동체를 회원단위로 하는 조직으로, 총회와 운영위원회로 구성되어 있으며, 운영위원회의 운영위원장을 내·외적인 대표로 하고 있다. 집수리자활공동체연대의 조직상 특징에서 가장 특이한 것은 정회원을 자활공동체 구성원이 대표로 참여하는 A형과 실무자가 대리로 참석하는 B형으로 구분하고, 의결권에서 B형이 50%를 넘지 못하도록 조정하고 있다는 점이다. 이는 자칫 실무자가 대리로 참여하는 자활공동체의 수가 많아져서 자활공동체 자체의 이해보다는 자활후견기관의 이해가 과도하게 대표되는 것을 예방하기 위한 조치로서, 자활공동체의 상당수가 여전히 실무자에 의해 실질적으로 대표되고 있다는 현실을 인정하는 입장이기도 하다. 집수리자활공동체연대는 가입비 10만 원과 월 회비 5만 원을 걷으며, 실업극복국민재단의 지원과 몇몇 자활공동체의 특별 회비를 통해 중앙사무국의 역할을 하는 실무자 1명과 최저주거기준 이하 주택조사사업 조사원 2명을 고용하고 있다.

3) 과제

전국 집수리네트워크와 집수리자활공동체연대는 집수리자활사업의 양대 축으로서 효과적인 역할분담이 요구되고 있다. 전국 집수리네트워크는 전국적인 규모의 실무자 네트워크로서 전체 집수리사업을 대표할 수 있는 공신력을 가장 큰 장점으로 가지고 있다. 반면, 안정적인 집행력이 담보되지 않고 있으며, 무엇보다 실무자들이 1년 단위로 상당부분 교체되는 것은 조직의 안정성과 연속성을 저해하고 있다. 반면 집수리자활공동체연대는 독립적인 재정과 운영구조를 통해 독자적인 실무자와 집행력을 가지고 있으며, 구성원들이 오랫동안 팀워크를 이루어옴으로써 조직운영의 효율성이 높은 편이다. 그러나 아직까지 가입한 자활공동체의 수가 18개 밖에 되지 않으므로 대외적인 협상에서 전체 집수리사업의 대표성을 갖기는 어려운 상황이다. 따라서 전국 집수리네트워크와 집수리자활공동체연대는 서로의 장단점을 보완하는 협력이 매우 중요하다.

먼저, 각각의 장기적인 역할분담이 정립될 필요가 있다. 자활공동체의 증가 추세로 보면, 중장기적으로는 현재의 자활근로사업단들이 집수리자활공동체연대로 가입함으로써 집수리사업의 주체는 집수리자활공동체연대로 집중될 것으로 예상된다. 이에 따라 전국 집수리네트워크는 보다 지원적인 기능을 전문화하고 강화할 필요가 있다. 즉 각종 교육과정 및 교재 개발, 교육훈련장 확보와 운영 등 집수리자활사업단들의 안정적인 발전을 위한 지원체계로서의 역할을 해야 할 것이다. 또한 물류사업을 집행하는 단위로서 자활공동체와 자활근로사업단에 주요 자재를 공급함으로써 비용의 절감과 조직적 통일성을 높이는 사업을 할 수도 있을 것이다.

둘째, 단기적으로도 양 조직의 효율적인 연계가 절실하다. 특히, 주거복지센터에 대한 전망수립과 이를 위한 사회적 관심을 이끌어내기 위해서는 양 조직의 공동행보가 무엇보다 절실하다. 현재, 전국 집수리네트워크의 감사로 집수리자활공동체연대의 운영위원장이 활동 중이며, 집수리자활공동체연대의 사외 운영위원으로 전국 집수리네트워크의 부대표가 활동을 함으로써 양 조직의 임원진 간 교류는 공식적으로 진행 중이다. 또한 집수리교육장 확보를 위한 프로젝트를 공동으로 추진함으로써 양 조직의 자원을 효율적으로 운영하는 성과를 낳고 있다.

셋째, 전체 자활사업의 발전 단계를 보았을 때, 이제는 사업조직의 발전수준이 지원조직의 역량을 벗어나는 양상을 보여주고 있다. 특히, 간병과 집수리와 같이 규모가 크고 독자적인 자원동원력을 갖는 사업부문은 더욱 그러하다. 그럼에도 불구하고, 자활후견기관의 입장에서는 사업조직의 독자적인 발전에 대해 일정 정도의 거부감을 가지고 있는 것으로 보인다. 그러나 지원조직보다 사업조직 자체의 활동을 통해 각 사업단들이 많은 정보와 실질적인 내용들을 얻게 됨으로써 지원조직과 사업조직의 관계 재정립은 불가피하며, 한국자활후견기관협회와 전국 집수리네트워크, 집수리자활공동체연대는 이러한 관계 재정립에 대해서 공론화하고, 발전적인 방향으로의 재정립을 추진해야 할 것이다.

V. 결론 – 집수리자활사업의 시사점

집수리자활사업은 제도적으로 지원을 받으며, 전국적인 규모로 성장한 자활사업이 어떠한 질적 변화를 겪는가에 대한 사례를 보여주고 있다. 먼저, 지금까지 성장 가능했던 제도적 지원의 성격에 대한 문제의식이 심화되고 있다. 자활지원제도의 설계가 함의하고 있듯이, '자활'이라는 라벨이 붙은 지원은 결국 자활을 위한 한시적 시혜일 뿐이다. 물론 이러한 지원이 밑거름이 되어 시장에서 경쟁력을 확보할 수 있는 업종이나 사업도 있을 수 있다. 그러나 치열한 생존경쟁의 정글에 또 다른 플레이어를 밀어 넣는 것으로 자활에 성공했다고 볼 수 있을까? 최근 논의되고 있는 사회적 기업, 사회적 일자리에 대한 관심은 이러한 문제 의식에서 확산되고 있는 듯하다. 즉 한국 사회에 필요한 사회적 서비스를 사회적 기업, 사회적 일자리의 방식으로 확충함으로써 취약계층에게 안정적인 일자리를 제공할 수 있을 것이라는 기대가 높아지고 있다. 집수리자활사업의 사례는 사회적 기업과 사회적 일자리에서 사회적 서비스 제공이라는 가치와 취약계층의 일자리 창출이라는 가치가 실제로는 매우 복잡하게 조합될 수 있다는 점을 보여 준다. 두 가지 가치의 조합은 서비스의 규모, 전달방식, 참여자에 대한 지원 등 다양한 문제점들을 만들어낼 것이다. 집수리자활사업의 현재 고민이 보여주는 시사점은 사회적 서비스 공급이라는 차원에서 일자리 창출을 바라보지 않으면, 결국 '얼마나 도와 주어야 자활을 하느냐'라는 비본질적인 논점으로 문제가 왜곡될 수 있다.

집수리자활사업이 보여주는 또 다른 질적 변화는 사업의 양적 성장이 이에 걸맞는 조직적 외양을 필요로 한다는 점이다. 이는 집수리자활사업뿐만 아니라 간병이나 청소, 재활용과 같이 5대 표준화사업을 통해 전국적인 규모로 성장한 사업들에서 비슷하게 나타나는 현상이다. 사업의 양적 성장에 따라 다양한 자원이 관련되고, 노하우와 정보가 내부적으로 축적되고 유통되면서 집수리자활사업은 사업조직으로서 자기완결적 조직을 필요로 하고 있다. 그리고 다양한 방식으로 자기완결적인 조직을 구성하기 위한 시도들이 이루어져 왔다. 이 과정에서 발생하는 문제는 지원기관과 사업조직 간의 문제이다. 더는 개별 자활후견기관이 사업적인 측면에서 집수리자활사업을 지원하는 것은 쉽지 않은 것으로 보인다. 자활후견기관과 실무자가 헌신적으로 사업단을 정착시켜 놓은 경우 더욱 그러하다. 집수리자활공동체나 집수리자활근로사업단은 사업의 발전방향에 대해 더는 개별 기관으로부터 많은 것을 얻기 어렵다. 물론 지역사회 자원과의 네트워크라는 측면에서 자활후견기관이 지속적으로 중요한 역할을 수행하겠지만, 사업 자체에 대한 전문적 정보와 지식은 자활후견기관이 아닌 사업조직 간의 네트워크를 중심으로 축적되고 유통되고 있는 것이 현실이다. 따라서 이제는 집수리자활사업을 수행하는 사업조직의 자체적인 발전과 강화를 도모하고, 지원기관들을 이러한 흐름이 효과적으로 이루어질 수 있도록 지원하는 방향으로의 전환이 필요하다.

참고문헌

김영찬(2005), "전주권 집수리사업의 발전전망", 『집수리자활공동체 2005년 겨울수련회 자료집』, 주거복지센터협의회(준).

김원중(2005), "고령자 · 장애인 주거편의시설 사업소개", 『집수리자활공동체 2005년 겨울수련회 자료집』, 주거복지센터 협의회(준).

남원석(2003), "우리나라 비영리주택활동의 가능성에 대한 탐색", 『비영리주택활동 활성화를 위한 워크숍』, 주거복지연대 · 주택발전소 · 한국자활후견기관협회.

엄형식(2003), "자활집수리사업의 현황과 과제", 한국도시연구소 편, 『도시와 빈곤』 64호, p.28-46.

엄형식(2003), 『자활공동체 현황과 발전과제』, 자활정보센터.

엄형식(2004), "집수리사업단을 통한 매입임대주택 관리방안", 한국도시연구소 편, 『도시와 빈곤』 67호, p.63-80.

주거복지연대회의 외(2005), 『기존주택 매입임대사업 민간위탁 계약서』.

집수리자활공동체연대조직준비모임(2004), "집수리자활공동체연대조직 결성방안"

한국자활후견기관협회(2004), 『집수리자활공동체연대조직 준비모임 연합수련회 자료집』.

한국자활후견기관협회(2004), 『2004년도 전국집수리실무자 워크숍 및 총회 자료집』.

홍명표(2005), "물류센터 구축을 위한 계획안", 미발간 자료.

제12장
재활용자활사업의 현황과 발전방안

모 세 종

I. 들어가며

이 글은 두 가지 한계를 가지고 있다. 하나는 재활용자활사업 모두를 다루지 못하고, 전자전기폐기물 분야와 플라스틱 분야를 주로 다루고 있다는 점이다. 재활용자활사업에서 이 두 분야가 다수는 아니다. 일반수집업, 잡병, 중고품 매장사업 또한 많이 있다. 그 외에도 남은 음식물재활용사업 등 여러 분야가 있다. 모든 분야에서 일하는 사람들이 고난을 헤치고 희망을 만들기 위해 노력하고 있음에도, 이를 충분히 담지 못하고 있는 것은 오로지 필자의 부족함 때문이다. 또 하나는 자활 안팎 모두를 향하는 게 아니라 재활용자활사업 관련자들에게 시선을 맞추고 있다는 것이다. 사실 자활 외부에 있는 사람이 '자활'을 아는 게 쉽지 않은데, 재활용까지 이해하는 것은 매우 어렵다. 자활재활용 관련자들도 담고 있는 내용들을 낱낱이 이해하는 데는 숙독과 많은 생각이 필요할 것이다.

---

1) 이 글은 그 동안 자활 외적으로 발표되었던 것과 자활 내부에 제출되었던 자료들을 모아서 편집한 것이다.

Ⅱ. 재활용사업의 일반적 이해

종량제 및 분리수거의 시행에 따라 주민의식은 위생 및 신속한 처리에서 환경 및 자원화에 대한 관심으로 증가하고 있다. 이는 폐기물관리정책의 시행에 대한 '감시'에서 '참여'로, 분리배출재활용품 판매 등 소극적인 참여에서 관련 정보의 요구 및 운영과정 참여 등 적극적인 참여로, 질적인 변화가 일어나고 있다. 이는 폐기물의 적정 관리 및 재활용 극대화라는 목표를 실현하기 위하여 지방자치단체와 주민, 시민단체 등의 공동 책임과 참여의 원칙에 입각하여, 기존의 공공·민간운영의 단점을 극복할 대안적 운영체의 필요성에 대한 공감대가 형성되고 있다.

1. 재활용사업의 사회적 유용성

1) 환경적 유용성

우리나라는 종량제봉투제도, 확대생산자책임제도(EPR; Extended Producer Responsibility), 음식물재활용제도를 모두 실시하여 국가 전체의 재활용률이 30%를 넘고 있다. 그러나 좁은 면적에 많은 사람들이 살고 있어 OECD 국가 중 단위면적당 쓰레기발생량이 가장 많다. 가정에서 배출되는 쓰레기량도 1999년 이후 다시 증가 추세이며, 생활쓰레기의 매립·소각률이 55%에 달하고 있다. 매립은 토양과 수질 오염이라는 예방도, 치료도 할 수 없는 문제를 야기하고, 더는 묻을 땅도 없다. 소각은 그 처리비용이 매립이나 재활용보다 훨씬 많이 들고, 다이옥신 등 독성 물질로 인한 대기오염의 위험성을 가지고 있다. 매립과 소각은 자연 그리고 인간의 생명을 위협하며, 모든 자원의 근원지인 지구생태계의 파괴를 줄이지 못한다. 재활용은 이러한 지구생태계의 오염과 파괴, 생명의 위험을 감소시킨다.

2) 산업적 유용성

재활용은 땅에 묻히거나 재로 변할 소중한 자원을 다시 생산과 소비의 순환 과정으로 환원시킨다. 이 과정에서 부가가치가 창출되고, 원재료 수입도 줄게 된다. 재활용 자원의 생산성은 재활용업체와 사회적 시스템의 발전 정도에 달려있다. 우리나라는 재활용률은 매우 높으나, 재활용사업은 아직 산업적 규모나 질에 이르지 못하고 있다. 재활용사업은 '넝마주이', '고물상'의 단계를 넘어 현재는 '고물상과 전문적인 재활용기업을 지향하는 업체'들이 공존하고 있다. 조금씩 전문재활용기업체로 나아가고 있지만, 1차 수집·선별단계 사업체(자)의 영세성과 푸대접, 불합리한 다단계 유통 구조로 인한 유통비용의 증가, 일부 품목의 경우 납품(독점)업체 및 중간처리업체(재생, 가공)의 횡포, 기술과 시설에 대한 열악한 투자, 불법적인 처리(수출, 매립, 소각), 재활용사업체들의 시스템화 곤란이라는 고질적인 문제가 발목을 잡고 있다. 전국적인 범위에서, 수거-중간처리-최종처리까지의 광범위한 인프라와 네트워크를 구축한다면 전문재활용기업들과 네트워크 조직이 가능하게 되고, 생산성과 사회적 투명성을 비약적으로 끌어올려 선진적인 시스템을 구축할 수 있다. 재활용사업을 하나의 산업부문으로 발전시킬 수 있을 것이다.

3) 시민사회적 유용성

폐기물을 처리하는 데는 소각·재활용·매립 순으로 비용이 많이 든다. 앞에서도 언급했듯이 소각과 매립은 돈을 쓰고도 얻는 게 별로 없다. 그러나 재활용은 환경적·사업적 측면에서 이익이 더 많다. 그런데 요즘 폐기물 처리의 추세는 매립은 급격이 축소되고 소각은 급격히 확대되고 있다. 소각장을 짓고 운영하는 데는 막대한 비용이 든다. 이 돈은 결국 세금에서 부담된다. 재활용 시설과 장비 확충, 기술 투자, 시스템의 발전을 위해 사용하는 예산은 궁색하기 그지없다. 그리고 소각장을 짓는 대부분의 지역에서 분쟁이 발생하여 사회적 비용이 막대하게 소요되고, 지역 이기주의로 인해 다른 지역의 쓰레기가 들어오지 못하고, 무조건 크게만 짓는 등의 잘못으로 소각장이 정상적으로 가동되지 못하는 곳이 많다. 필자가 작년에 방문한 경기도 ○○시는 3일에 하루만 가동하고 있었다. 일부 지자체를 제외한 대부분의 지자체는 재정자립도가 낮다는 것은 누구나 알고 있으면서도 소각장을 고집하고 있다. 재활용은 이러한 부적절한 세금 사용을 막아 소중한 세금이 적절한 곳에 사용되게 하는 효과가 있다. 또한 시민사회에 재활용 현장을 개방하고, 상호 소통과 참여·협력을 통해 신뢰를 쌓는다면, 시민사회의 재활용과 재활용사업체에 대한 인식을 제고할 수 있고, 시민으로서 누구나 할 수 있는 환경운동으로 재활용운동이 발전할 수 있을 것이다.

4) 근로능력 취약계층의 일자리로서 유용성

재활용은 품목별로, 시스템의 각 단계별로 필요한 노동능력이 다양하다. 그러나 재활용 과정에서 가장 많은 사람이 필요한 것은 수집·간단한 해체·선별인데 대략 70%를 차지한다. 이러한 일은 지자체나 영리업체에 가 보면 60~70대 노인이 하고 있는 것을 쉽게 볼 수 있다. 간단한 교육으로 쉽게 배울 수 있고, 적절한 업무분장을 통해 각 개인의 노동능력에 맞는 일을 주는 것도 비교적 쉬운 편이다. 성별에 따라 달리해야 할 이유도 별로 없다. 여러 면에서 노동능력이 낮은 사람들도 참여하기 쉬운 사업이다.

2. 산업적 성장 가능성

1) 국제 상황

환경문제는 인류전체의 문제가 되었고, 환경 규제는 경제성을 높이기 위해 무역 규제와 연계성이 높아지고 있다. 가장 대표적인 것이 바젤협약과 유럽연합의 전자전기폐기물 처리에 대한 지침(WEEE)이다. 바젤협약은 선진(산업)국에서 발생한 위험한 폐기물을 저개발국에 보내면서 발생되는 심각한 환경오염, 중금속 중독이라는 국제적 부정의를 막기 위한 조치이다. 바젤협약에 가입한 국가는 이를 이행하기 위해 자국 내 법률을 제정하여 시행해야 한다. 협약에 의해 지정된 물질이 들어있는 제품은 다른 나라로 보내거나 받아들일 수 없는데, OECD 국가 간에는 가능하다. WEEE는 유럽연합 내 국가 및 유럽연합으로 수출하는 국가 및 기업들에게 재활용해야 하는 품목과 재활용량 등 의무사항, 불이행 시 징벌사항들을 자세히 담고 있다. 특히 유럽연합으로 수출하는 국가 및 기업이 의무사항을 지키지 않을 경우, 수출에서 상당한 징벌과 불이익을 당할 수 있다.

2) 국내 상황

우리나라는 바젤협약에 조인하여 '유해 폐기물의 국가 간 이동과 그 처리에 관한 벌'

을 제정하여 시행 중이다. 또한 유럽연합의 WEEE에 대응하기 위해 시범적으로 재활용 예치금제를 실시하였고, 2004년엔 EPR을 시행하고 있다. 아직 제도적 정비가 부족하여 여전히 컴퓨터류 등 일부 전자전기제품의 중국 등 저개발국 불법수출, EPR 우선 적용대상 품목의 한정 등의 문제가 있기는 하지만, 재활용사업에서 새로운 단계의 환경이 조성되었다. 실제로 우리나라 정부와 중국 정부의 컴퓨터류 등 전자전기제품의 불법 수출입에 대한 감시가 강화되고 있으며, EPR 적용 품목의 경우 재활용량이 크게 증가하였고 재활용업체들의 투자가 활발해져 시설과 장비 등이 규모화되고 기술 발전도 이루어지고 있음을 확인할 수 있다.

3) 일자리 창출 전망

재활용 관련 데이터의 신뢰성은 매우 낮다. 사업 규모에 대한 예측도 근거 데이터의 취약함으로 인해 불확실하다. 대략적인 예상치는 GDP의 2~3% 정도라고 하며, 일본은 10~12% 정도라고 한다. 이는 일본의 자동차산업이 차지하는 비중과 비슷하다. 그렇다면 우리나라의 경우 재활용산업은 매우 낙후한 상태이다. 이는 반대로 보면 매우 발전할 수 있다는 얘기이다. 실제 필자가 4년 정도 재활용사업을 하면서 많은 재활용사업체를 보고, 크다고 하는 곳도 많이 가 보았는데, 구멍가게나 조금 큰 슈퍼 정도의 규모였다. 만나본 대부분의 사업주의 공통점은 자기가 자기 지역에서, 일부는 국내에서 최고라고 주장하고 있었다. 그들은 작은 부분에서는 매우 민첩하고 적극적이었지만, 대부분 국내외적 환경 변화에 대해 알지 못하고 있었으며, 자본 동원 능력도 낮고, 업체 간 치열한 경쟁으로 제한적인 네트워크와 협력하고 있을 뿐이었다. 객관적인 재활용 산업 발전의 지체로 인한 성장의 여유가 충분하고, 영리 재활용업체의 경쟁력이 다른 산업에 비해 낮다는 2가지 조건을 볼 때, 많은 일자리 창출이 가능하리라 본다.

Ⅲ. 재활용자활사업의 일반적 이해

1. 주요 경과 및 현황

1) 주요 경과

재활용자활사업은 1998년에 실업대책사업으로 시작하여, 2002년에 전국재활용사업 네트워크 결성하였다. 이후 컴퓨터 사업을 집중적으로 추진하여 2003년 전국 컴퓨터재활용사업분과 결성, 2004년에 '컴퓨터로 일자리 만들기 운동'을 시작하였다. 주요 사회적 기업인 '(주)컴윈', '미래자원', '사람과 환경' 등이 설립되었고, 이들 업체는 재활용 공제조합으로부터 재활용 협력업체로 지정되었다. 이러한 토대 형성으로 2005년 현재 교육부, 삼성전자, HP사, 지자체 등과 재활용 계약 및 협약을 체결하였다.

2) 현황

2005년 현재 전국 127개 사업단에서 약 1,500여 명이 활동하고 있다. 이 중 전자전기 폐기물 분야에 63개 사업체, 400여 명 참여하고 있고, 폐플라스틱(합성수지) 분야에 11개 사업체, 200여 명 참여하고 있다. 이 외에도 남은 음식물 수거운반사업은 전북실업센터의 희망사업단, 청주실업센터·청주자활 컨소시엄 사업체인 '삶과 환경', 서울 강북자활후견기관의 자활근로사업단 등 전국적으로 10여 개가 있다. 중고물품 재활용사업은 울산 북구자활후견기관과 충남 천안자활후견기관이 지자체 재활용센터를 위탁받아 운영 중이며, 그 외 약 30여 개의 소형재활용매장을 운영하고 있다. 110ml 이하의 유리병을 잡병이라 부르는데, 약 20여 개의 잡병사업단이 있다. 그 외에도 재활용 비누, 헌옷, 자전거 등 특화품목사업과 일반적인 수집사업을 하고 있다.

주요 조사연구사업으로 전문 단위와 협력하여 재활용가능자원 발생 및 처리현황조사(쓰레기문제해결을 위한 시민운동협의회, 2003), 컴퓨터의 배출 및 재활용 실태조사(한국전자산업환경협회, 2003), 폐합성수지 포장제의 효율적 수거 및 재활용 방안 연구(한국플라스틱리사이클링협회, 2004), 폐전자제품 배출 및 재활용 실태조사(한국전자산업환경협회, 2005)를 수행하였으며, 자체적으로 전기전자폐기물, 플라스틱, 잡병, 폐

표 12-1 주요 사회환원 사업

- 소외계층 및 저개발국 정보화 지원 사업
  - 한국정보문화진흥원의 '소외계층의 중고 PC보급 사업' (2003년부터 참여 중)
  - '친구에게 컴퓨터 보내기 운동' (2004년)
  - '컴퓨터로 일자리 만들기 운동' (2004년부터 진행 중)
  - 교육부, 교육청, 기업 등으로부터 협약 및 기부를 통해 폐컴퓨터 8만여 대를 재활용하여 저소득층 청소년에게 P-4 등 2천여 대, 몽골 등 저개발국에 P-3로 4천여 대 기증

- 그 외 중고 TV 가전제품, 재활용 의류 등 기증

자료: 자활협회 사업지원국 내부자료.

지, 금속류 등 재활용사업 관련 조사연구를 진행하였다.

2. 재활용자활사업의 일반적 문제들

1) 물량수급의 어려움

품목에 따라, 지역에 따라 차이는 있으나 투여 인력에 비해 수거하는 물량이 적다. 컴퓨터 품목은 관련제도 미비, 수익성이 높은 품목은 민간업자의 치열한 경쟁, 가전제품은 관련 제조·유통회사와 지자체의 기존 수거체계 내에서의 배려 부족, 일부 품목은 재처리기술의 미흡으로 인해 수익성이 매우 낮은 것 등이 주요인이다.

2) 정부(지자체)와 기업의 리사이클시스템에서 사회적 일자리에 대한 연계 미약

재활용 책임확대제도는 기존 민간시장의 합리적이고 효율적인 재편을 목적으로 하고 있다. 어떻게 보면 기존 수거업체의 이익을 최대화하고 생산 및 판매업체의 부담을 최소화하기 위한 측면이 많다. 여기에 사회적 일자리란 발 디딜 곳이 없다. 단지 거대한 시장의 한 부분으로서, 작은 수거업체로서의 가능성뿐이다. 이러한 상황에서는 컴퓨터 수거가 의무화되고 공공기관이나 대기업에서 폐컴퓨터를 비영리단체에게 기여할 수 있게 되더라도 이미 사회에 자리 잡고 있는 막강한 이익단체와 중간수집상과 힘겨운 경쟁을 해야 한다.

3) 내적 동원 자원의 절대적 부족과 네트워크 미약

각 기관이나 단체를 보면 조그만 고물상 하나 낼 만큼의 자원도 매우 부족하다. 사업 비용이 시장의 측면에서 볼 때 그리 크지는 않으나 각 기관 및 단체의 경제적·인적 자원은 참으로 열악하다. 또한 지금까지 각 사업 주체들이 독립적으로 수행해 왔다. 그나마 있는 자원이 집중된 힘으로 효율적으로 투여되지 못했다. 이는 사업주체들 간의 네트워크 미약이 주요인이다. 저마다 가진 것이 적고 이런저런 부분이 빠져있는 게 현실이기에 이를 함께 채워주고 나누어야 하는 것, 즉 사업의 성격을 공동사업으로 하여, 네트워크를 강화하고 내적 동원이 가능한 자원을 최대한 합리적이고 효율적으로 운영하는 방법을 찾아야 한다.

IV. 주요 사업 분야의 이해

1. 컴퓨터 등 전자전기폐기물사업

1) 일반적 이해

전자전기폐기물이란 전기가 주 동력원이고 전자장치를 통해 작동하는 제품 및 그 부품, 구성 물질을 가리킨다. 아주 단순히 설명하면 인쇄회로기판 및 인쇄회로기판이 들어있는 제품이다. 대표적인 제품이 컴퓨터류와 핸드폰인데, 요즘은 텔레비전, 세탁기 같은 가전제품도 기능 향상을 위해 전자(인쇄회로기판) 장치가 많이 사용되고 있어 그 범위가 확장되고 있다. 우리나라의 경우 하이테크 산업의 발달, 소비수준의 향상으로 가정과 사업장(기업, 학교 등 대형 배출처)에서 배출량이 계속 증가하고 있다. 전자전기폐기물은 그 상태와 시장 여건에 따라 중고로 유통되거나 해체되어 원료로 회수된다. 현재 원료로 회수되는 물질은 크게 철, 구리, 알루미늄, 납 등 일반 금속, 플라스틱이 대부분이며, 금, 은 같은 귀금속이 소량 있다. 그 외 수십 가지의 금보다 비싼 특수 금속이 있지만, 워낙 소량이고 아직 이를 회수할 수 있는 기술과 시설이 없는 상황이다.

전자전기폐기물 재활용사업의 발전전망은 확실하다. 그러나 몇 가지 어려운 문제가 있다. 이 사업은 품목별 '수집-처리' 경로가 다양하여 현재의 공공·민간 시스템으론 어렵다. 품목별 '수집-처리' 경로가 다양한 이유는, 첫째 백색가전(TV, 세탁기, 냉장고)과는 달리 '구매와 배출'의 시기가 일치하지 않아 생산자의 역회수가 매우 저조하고, 둘째 컴퓨터류와 핸드폰 등 돈이 되는 품목은 불법 시장이 워낙 넓고 뿌리 깊게 자리 잡고 있으며, 셋째 오디오, 프린터 등 다른 소형 전자전기제품은 돈이 안 되어 시장이 형성되지 않은 것이다. 품목별로 구분되어 배출되거나 선별 과정에서 제품별로 구분되지 않고, 대부분 잡고철이나 잡플라스틱에 섞여 처리되고 있다. EPR의 당사자인 생산자들에게 현실적으로 큰 어려움을 주고 있다. 타당한 대안 시스템을 제시하고 가능성을 보여준다면 전략적 파트너십을 형성하여 사업적으로 매우 좋은 여건을 만들 수 있을 것이다.

2) 컴퓨터재활용사업의 추진 경과

(1) 사업의 시작

IMF 위기는 한국 사회에서 실업운동의 시작을 의미한다. 많은 민간단체들이 실업에 대응하기 위해 진행한 주요 방향의 하나가 일자리 창출이었다. 이 토대는 한국의 빈민운동에서 자생적으로 태동한 생산공동체운동이었다. 그 방법은 정부와 지자체가 실시하는 공공근로사업에 사업계획서를 내어 위탁받는 것이었다. 그 때 시작한 여러 시범적인 일자리 창출사업은 현재의 자활사업으로 이어져 발전하고 있다. 당시는 아직 국민기초생활보장법(이하 기초보장법)도 제정되지 않았고, 자활후견기관도 없었다. 후견기관의 전신인 자활지원센터가 전국에 20여 개 있었고, 100여 개의 실업 관련 민간단체들이 있었다. 2000년 10월 기초보장법이 시행되면서 자활지원센터는 자활후견기관으로 이름을 바꾸게 되었고, 실업관련 민간단체의 상당수도 시기의 차이는 있었지만 자활후견기관으로 변화했다.

1999년 초에 서울 북부지역에 있었던 서울 북부실업자사업단 노원지부(이하 노원지부)와 광주지역 실업극복센터(이하 광주실업센터)는 거의 비슷한 시기에 컴퓨터재활용사업을 시작하였다. 당시 대부분의 컴퓨터가 재활용되지 않고 일부 금속류만 회수된 채로 소각되거나 폐기되는 상황이었는데, 컴퓨터가 많이 배출되는 학교나 관공서에서는 골칫거리였고, 이쪽과 교류가 있었던 두 단체는 환경운동적인 측면에서 재활용에 관심을 가지게 되었다. 그러다가 우연히 당시 국내에서는 유일하게 컴퓨터재활용 전문업체를 표방하고 있는 '한국컴퓨터리사이클링 주식회사' (이하 리컴)를 알게 되어 재활용 시 경제적 가치가 충분함을 알게 되었다. 폐기물의 적정 재활용으로 환경오염을 막는다는 취지와 재활용을 통해 얻게 되는 경제적 가치로 실업자에게 새 일자리를 줄 가능성을 있다고 판단하였다.

지금 돌아보면 그 시작은 준비가 부족하였지만, 대성공을 거두었다. 광주실업센터는 전라남도 교육청과 협력하여 시작하진 6개월 만에 전라남도 전역의 초 · 중 · 고에서 1만 6천여 대의 컴퓨터를 수거하였고, 노원지부도 1년 동안 8천여 대를 수거하였다. 수거된 컴퓨터의 본체와 모니터는 별다른 재활용 작업 없이 재활용업체에게 넘겨져서, 생각했던 만큼의 경제적 이익을 갖지는 못했지만 희망은 충분히 가질 수 있었다.

그러나 2000년에 컴퓨터재활용은 큰 변화를 겪는다. 중국이라는 거대한 재활용의 블랙홀이 열린 것이다. 모니터 일체와 본체에서 케이스를 제외한 대부분이 중국으로 수출되게 되었다. 그 전에는 상상하지도 못했던 경제적 이익이 가능하게 되었고, 국내에서는 민간업체들의 물량확보 경쟁이 치열해지면서, 예전에는 돈을 받고 처리해 주던 폐컴퓨터를 돈을 주고 사게 되었으며, 그 가격도 치솟았다.

희망을 가지고 2000년을 기다렸던 두 단체는 이러한 변화에 속수무책이었다. 시간이 갈수록 주공급원이었던 학교와 관공서에서 더는 주지 않았다. 가정도 트럭을 몰고 아파트 단지와 골목을 누비는 재활용업자에게 팔았다. 두 단체는 사회적 기부라는 '무상기증' 방식을 지켰고, 현실적으로 민간업체와 경쟁할 만한 판로와 매입자금도 없었다. 일자리창출에 필요한 사업적 마인드가 아직 갖추어지지 않았던 것이다.

이를 극복할 수 있는 가능성을 보여주고 새로운 도약을 가능케 한 곳은 실업극복부천시민운동본부(이하 부천실업센터)의 컴퓨터재활용사업단이었다. 빠르게 재활용 시장의 매커니즘을 파악하고, 민간업체들의 사업마인드와 경영노하우를 흡수하고, 무상기증과 유상매입을 병행하였으며, 적극적으로 판로를 개척하였다. 부천실업센터 사업단의 놀라운 경제적 성공은 새로운 희망을 가지게 하였다. 그러나 근본적인 두 가지 문제가 드러났다. 하나는 중국으로 수출되는 폐컴퓨터가 환경오염과 노동자 및 주민들의 중금속 중독을 발생시키고 있음을 알게 되었다. 또 하나는 자본력이 풍부하고, 환경적 측면을 고려하지 않은 채 높은 수출 가격—높은 매입 가격 전략을 쓰는 민간업체와 경쟁해서 이길 수 없다는 것이 분명해졌다. 이를 헤쳐나갈 비전과 전략이 필요했다.

(2) 변화와 도전

2000년 10월 기초보장법이 시행되면서 이듬해부터 본격적으로 자활사업[2]이 시작되어, 전국적으로 자활후견기관이 빠르게 증가하였다.[3] (사)한국자활후견기관협회도 복지부의 인가를 받아, 회원인 자활후견기관의 사업을 지원하게 되었다. 2001년 10월부터 수도권에서 재활용자활사업을 하는 사업단들이 모임을 가졌다. 여기에 노원지부의 컴퓨터재활용사업을 계승한 노원자활후견기관과 부천실업센터의 담당 실무자도 참여하고 있었다. 모임을 지속적으로 가지면서 주력사업으로 컴퓨터재활용사업과 잡병재활용사업을 결정하였다. 또한 '리컴'과 교류하면서 많은 정보(EPR에 관한 사항)를 가지게 되었고, 상호 협력에 대해 합의하게 되면서 더욱 자신감과 도전의식을 가지게 되었다.

오랜 논의와 조사연구를 통해 2003년 1월에 자활컴퓨터재활용사업의 비전과 전략을 수립하였다.

요지는 'EPR에 부응하는 전국적인 컴퓨터재활용사업체를 건설한다. 이를 위해 전국-광역-기초를 효율적인 사업시스템으로 조직화하고, 적정 재활용시설과 인허가를 갖추고, 사업경쟁력을 강화한다'였다.

그 이후의 경과는 대충 이러하다. 비전과 전략에 동의한 60여 개의 자활근로사업단으로 자활재활용네트워크 내에 컴퓨터재활용사업분과[4]를 건설하였다. 2003년 11월 실업극복국민재단의 지원을 받아, 컴퓨터재활용공장을 갖춘 사회적 기업[5] '(주) 컴윈'[6]을 2004년 3월에 설립하였다. (주)컴윈은 2004년 7월경에 (사)한국전자산업환경협회로부터 컴퓨터재활용업체 지정서를 받아 EPR제도 내로 들어갔다. 2004년 8월에 폐컴퓨터의 EPR제도 내 적정처리 활성화, 저소득·빈곤층의 일자리 창출, 소외계층의 학생 등에게

---

2) 자활사업은 일할 능력은 있으나 일이 없어 스스로 기초 수준의 생계를 해결하지 못하는 사람을 지원하여 다시 일할 수 있고, 스스로 기초 수준 이상의 생계를 해결할 수 있도록 하는 것이다.

3) 2005년 3월 현재 전국에 자활후견기관은 242개소이다.

4) 현재 63개 사업체(공동체 및 자활근로사업단)에 약 350여 명이 참여하고 있다. 지역을 나누어 컴앤워크 또는 자활협회의 의뢰를 통한 위탁 수거 및 자체 홍보와 영업을 통한 수거를 하고 있다. 수거된 물품은 컴윈 본사와 2개 지사로 모아 재활용한다. 조직 체계는 전체회의-대표(전국센터의 대표자)-운영위원회(대표 및 권역센터의 대표자, 사업지원국 담당자)-권역센터-광역센터-기초센터로 되어있다.

5) 실업빈곤층의 일자리 창출과 같은 사회적 목적을 실현하고 경제 조직으로서 일정한 수익을 실현하는 사업체를 뜻한다.

6) 경기 시흥 작은자리와 경기 안산의 공동자활근로사업으로 시작하였는데 사업 초기에 부천실업센터의 컴퓨터 공동체가 참여하였다. 2003년 말의 실업재단 지원사업 신청을 계기로 중부권역센터(대전 서구와 동구의 공동사업단), 영남북부권역센터(대구 달성)가 합의하여 2004년 초에 주식회사를 설립하고 본사와 2개 지사 체계를 갖추었다.

컴퓨터 기증을 목적으로 하는 '컴퓨터로 일자리 만들기 운동'[7]을 시작하였다. 2004년 9월 교육부, 2005년 2월 (주)LG화재, 2005년 3월 삼성전자 경원지사와 협약을 체결하였다. 이러한 협약을 통해 전국의 초·중·고, 대학 등 교육기관 및 협약 기업에서 연간 4만 대의 폐컴퓨터류를 무상으로 기증받게 되었다. 사회환원사업으로 2004년엔 저소득층 고2, 3학년에게 인터넷 교육용 P-4를 420여 대 지원했고, 여러 용도로 저소득층 및 영세 비영리단체에 2003년부터 매년 중고 500여 대를 지원해오고 있다. 2005년 현재 교육부와 함께 몽골 등 저개발국의 교육정보화 지원을 위해 중고 P-3 컴퓨터를 4천 대 지원할 예정이다. 교육부와 관계가 더욱 발전되어 교육부의 'e-leaning 국제협력단'에 참여하게 되었다. 교육부는 이 사업을 통해 저개발국 및 해외거주 동포들에게 연간 4만 대의 컴퓨터를 지원할 계획을 가지고 있다.

3) 소형가전, 오디오, 복사기·팩시밀리, 프린터, 핸드폰재활용사업

소형가전사업은 2가지 수집 여건이 갖추어지면서 본격화되었다. 하나는 플라스틱사업 과정에서 아파트, 사업장(공장, 기업 등), 지자체에서 많은 양이 수집되었고, 또 하나는 자활협회와 삼성전자가 2005년 7월에 관련 협약을 맺게 되어 삼성전자 24개 물류센터에 집하된 폐소형가전을 위탁처리하게 된 것이다. 적정 시설과 인허가를 갖춘 자활플라스틱사업체가 계속 늘고 있고, EPR제도에 의해 소형가전제품들이 지정품목이 될 것임으로 사업 확대가 분명하다.

오디오, 복사기·팩시밀리는 배출·처리 경로가 드러나지 않아 사업화에 많은 어려움이 따르고 있다. 오디오는 2005년에 EPR 품목이 되었고, 복사기·팩시밀리는 2006년 예정임으로 배출·처리 경로에 대한 심층적이고 지속적인 추적을 통해 정확한 데이터를 확보하고, 이를 근거로 사업화를 모색해야 한다.

프린터는 2006년 EPR에 지정될 예정이다. 이미 2005년에 (주)컴윈은 HP사와 처리 계약을 체결하여 수행 중이고, 2006년엔 더욱 위탁물량이 늘어날 전망이다. 또한 자활협회와 삼성전자가 맺은 소형가전에 프린터가 포함되어 있기에 사업 전망은 밝다.

---

7) 2004년 5월에 발족하여 현재 민간단체 등 34개 단위가 참여하고 있는 범민간실업대책기구인 '일자리 만들기 운동본부'의 연계 사업이다. 자활협회에서 실질적으로 주관하고 있으며 실업재단, 쓰레기문제해결을 위한 시민운동협회 등 환경단체들이 참여하고 있으며 복지부 등 4개 중앙부처와 10여 개 기업과 민간단체들이 후원하고 있다. 2004년 9월에 교육부, 05년 2월 (주)LG화재, 3월에 삼성전자 경원지사와 협약하였으며, 그 외 여러 공공기관, 기업 등에서 컴퓨터류를 기증하고 있다.

연번	사업체명	사업지역	사업 현황	
			진행사업	추진예정
1	컴윈 본사	경기 안산	컴퓨터 재활용	중간처리업(기판분쇄, 부속)
2	컴윈 중부지사	충남 대전	컴퓨터 재활용	
			소형가전	
3	컴윈 영남지사	경북 대구	컴퓨터	
			소형가전	
4	미래자원	충북 청주	소형가전	2공장 준비(중간처리업)
5	사람과 환경	전북 전주		소형가전
6	희망자원	전남 광주		소형가전
7	구리, 노원 -에코그린	수도권 북부		소형가전
8	평택, 화성, 오산 -그린비전	경기 남부		소형가전
9	횡성자활	강원 횡성		소형가전
10	북구희망터	부산		소형가전
11	창원자활	창원	소형가전	소형가전
12	인천광역	인천		소형가전

자료: 자활재활용 사회적 기업연합회 준비위원회 내부자료(2005).

핸드폰은 한국전자산업환경협회와 유통사 간 협의를 통해 지정된 4개 중간처리업체를 통해 처리되고 있다. 자활은 아직 중간처리시설과 중간처리업 인허가를 갖지 못해 참여하지 못하고 있는데, 참여의 조건을 갖추는 게 시급한 과제다.

2. 플라스틱(폐합성수지)재활용사업

1) 일반적 이해

지자체와 더불어 공공부문에서 플라스틱 재활용의 한 축이었던 한국자원재생공사가 '생산자책임재활용제도'의 시행에 따라 '한국환경자원공사'로 전환하게 되었다. 이에 따라 재활용 자원을 회수, 처리하던 자원재생공사 사업소가 2004년부터 관련 업무를 중단하였다. 중단되는 사업의 상당부분이 지자체로 이전되면서 지자체의 추가 인프라 구축, 수거 및 재활용 비용의 막대한 발생이 예상되므로, 지자체는 이를 다양한 방식으로

표 12-3 플라스틱 재활용 사업의 주요 문제점

배 출	시민 홍보 부족으로 분리 배출 미흡 (종량제 봉투 내 폐플라스틱류가 21.15% 차지)
수 거	복잡하고 중복되어 많은 비용 발생
선 별	시설 및 작업의 효율성이 낮아 많은 비용 발생
재활용	재활용되고 있는 비 EPR 품목에 대한 지원 없음

자료: (사)한국플라스틱리사이클링협회(2004), "폐합성수지 포장재의 효율적 수거 및 재활용 방안 연구".

표 12-4 PET병 재활용 시 일자리 창출 가능성

※ 1년에 1,000톤 처리 시
 - 매립: 1.2(수거) + 0.1(매립관리) = 1.3 일자리
 - 소각: 1.2(수거) + 0.27(소각관리) = 1.47 일자리
 - 재활용: 14.7(수거) + 0.71(선별분류) + 0.19(재생단위로 운반) = 15.6 일자리

자료: 유럽위원회(The European Commission)의 정책 자료.

표 12-5 발생 및 재활용 현황

구 분	전체발생량(톤)	의무재활용량	의무분담금(원/kg)
단일재질	146,133	70,614	150
복합재질	73,602	20,726	380
PVC	3,969	1,878	930
PSP	12,680	2,585	310

자료: 사)한국플라스틱리사이클링협회(2004), 홈페이지 자료.

민간에 이양하려 한다. 그러나, 공익적 서비스의 성격을 가지는 폐자원재활용사업의 특성상 이윤을 우선하는 민간기업보다는 지역사회의 통제와 참여가 실현되는 자활후견기관이 공동으로 지역사회 재활용기업을 설립하여 운영하는 것이 바람직할 것이다.

　　EPR 시행 이후 PETE, PE, PS, PP[8] 같은 단일 재질의 재활용은 매우 활성화되었고 사업적 측면에서도 고유가와 맞물리면서 좋은 여건이 만들어졌다. 그러나 일부 광역도시를 제외하고는 대부분 재활용사업 시스템이 낙후되어 있어 변화에 능동적으로 부응하

---

8) 폴리에틸렌테프탈레이트(PETE), 폴리에틸렌(PE), 폴리스타이렌(PS), 폴리프로필렌(PP)은 플라스틱의 재료성분이다.

지 못하고 있다. 수거주체와 선별주체가 분리되어 있고, 선별시설과 작업공정의 열악함과 불합리함으로 인해 생산성이 매우 낮았다. 업체 간의 경쟁이 치열한 곳은 선별업체나 재생업체 모두 불안정한 물량 수급으로 인해 어려움을 겪고 있었으며, 이것은 더욱 비합리적인 경쟁을 부추기고 있었다. 필름류와 비닐류는 매우 많은 수집비용이 들어가는 데 반해 지원금이 매우 적고, 비닐류는 아예 없다. 이에 수거와 선별주체를 단일화하여 안정적 물량 공급과 물류비용 절감을 이루고, 가장 발달되어 있던 민간업체의 선별시설과 작업공정을 도입하여 생산성을 초기에 이루어냈다. 이 사업은 초기에 대략 3~4억 정도의 비용이 들어가는 어려움이 있었는데, 민간업체의 투자를 이끌어내고, 여러 사회적 자원을 동원하며 단기간 내에 자리를 잡을 수 있었다. 사업을 진행하면서 플라스틱사업 시스템이 소형전자전기폐기물의 수집과 해체, 선별단계의 시스템과 긴밀히 연결되어 있음을 알게 되었다. 플라스틱을 수거하는 곳에서 많은 소형전자전기폐기물이 배출되고 있었고, 소형전자전기폐기물의 주성분이 플라스틱이 많아 따로 하는 것보다 같이 하는 것이 수집비용을 절감시키고 판매 가격을 높일 수 있음을 알게 되었다. 또한 지역의 환경관련 단위들과 네트워크를 구축하여 지역의 재활용운동을 할 수 있는 좋은 매개사업이기도 하다. 현재 전국에 3개 사업체가 있으며, 현재 여러 곳에서 추진 중으로 10여 개를 더 확충할 계획이다.

2) 경과

플라스틱 재활용사업을 모색한 곳은 부천실업극복운동시민협의회(이하 부천실업센터)와 울산 북구자활후견기관, 서울 강북자활후견기관이었다. 이 두 경험에 대한 대체적인 평가는 사회적으로는 의미가 있지만 시장성이 없어 지자체의 지원 없이는 자립하기 어렵다는 것이었다. 부천실업센터의 사업내용은 지자체 선별장으로 모이는 가전제품류, 완구류를 해체하여 원료별로 선별하는 것이었다. 사업의 전망은 이 사업을 하기 전엔 지자체가 톤당 24만 원을 들여 소각하고 있었으므로, 절감되는 만큼 되돌려 주기를 바랐다. 그러나 지자체의 입장은 자활근로로 임금이 나가고 있어 자활근로 동안에는 곤란하다는 것이었다. 내부에서도 해결되지 않은 문제가 있었다. 열악한 시설과 장비 등으로 인해 10명이 달라붙어도 1일 1톤을 처리하지 못하는 상황으로 나아질 기미가 보이지 않았다. 울산북구자활후견기관은 사정이 매우 좋았다. 지자체와 계약을 체결하여 일반주택지역의 플라스틱 등 수거와 지자체 선별장을 운영하고, 이에 대한 운영비를 지원받고 있었다. 그러나 운영비 규모가 작고, 시설이 열악하며, 공동주택을 맡고 있는 일반 업자가 판매권을 소유하고 있어 부가가치를 향상시킬 수 없었다. 무엇보다도 이 사업의 생사가 지자체의 위탁여부에 달려있다는 게 가장 큰 한계였다. 현실적으로 아무런 경험도, 시설도 없는 후견기관에 위탁할 지자체도 없었다. 서울 강북자활후견기관은 몇 개 동의 일반주택 지자체로부터 위탁 받고, 자체적으로 일부 아파트와 계약하여 재활용 자원을 수거 및 선별, 판매하였다. 그러나 별도의 위탁처리비가 지원되지 않는 자활근로사업이었고, 수거량도 매우 적고, 재활용 시설 인프라가 매우 취약하여 사업 발전이 매우 어려운 상황이었다.

재활용 사업이 다시 활로를 모색하게 된 것은 2003년 8월 전주 덕진자활후견기관에서였다. 지자체가 선별장을 지어 곧 완공되는데, 민간위탁할 계획이어서 이를 후견기관이 위탁받고자 추진한 것이다. 전주덕진자활후견기관과 자활협회 사업지원국은 힘을 모아 추진하였다. 전주시의 재활용 실태 자료를 검토했는데, 인구 60만 명이 넘는 도시에서는 이해하기 어려울 정도로 심각했다. 인구 몇 만의 '군' 수준이었다. 몇 차례의 협의를 통해 기본 방향을 정했다. 전주시의 재활용 시스템을 개선하는 것을 목적으로 하고, 지역 내 네트워크를 형성하여 추진하기로 하였다. 먼저 정확한 상황을 파악하기 위한 실태조사가 한 달 동안 진행되었다. 이후 후견기관이 지역 네트워크를 구축하는 동안, 자활협회 사업지원국은 전국의 크다는 플라스틱 재활용 업체들을 방문하여, 사업의 타당성을 묻고, 협력 여부를 타진하였다. 결론은, 만난 모든 업체들이 전주의 상황을 볼 때 아파트를 직접 수거하면 지자체 지원 여부와 상관없이 수익성을 충분히 가질 수 있고, 주요 시설과 장비비용을 투자할 뜻이 있다고 하였다. 사업 타당성을 확신할 수 있었다.

그러나 정작 사업의 시작은 전주가 아닌 충북 청원에서 되었다. 충북 청원자활후견 기관의 재활용사업단이 공동체로 전환해야 하는데, 기존의 잡병사업은 가능성이 적어 플라스틱 재활용사업을 하고 싶어 했다. 몇 번의 미팅을 통해 추진 방향을 정하고 준비에 들어갔다. 전주 덕진자활후견기관은 지자체와 협상을 통해 일을 진행하려고 하는 데 지자체의 협조 부족으로 시간이 많이 지체되고 있었다. 반면 청원자활후견기관은 청주시의 비협조적인 입장을 확인하고는 독자 사업화로 방향을 정하고 신속히 움직였다. 파트너를 이룰 민간업체는 3가지 기준으로 결정하였다. 첫째, 높은 생산성과 판매의 안정성 등 사업성을 가지고 있을 것 둘째, 높은 가격으로 우리 물량을 매입할 수 있을 것 셋째, 충분한 자금력을 가지고 있을 것이다. 민간업체에서 청원의 미래자원에 현물(선별 컨베이어, 압축기, 지게차)로 투자한 금액은 대략 1억 5천만 원이었다. 부족한 돈은 사회연대은행, 국민기초생활보장기금에서 대출 받고, 그래도 1억 원 정도 부족하여 미래자원의 수익금과 출자금, 대표자의 개인 부채, 후견기관 실장, 실무자들이 카드를 사용하고 빌려와 충당하였다. 그렇게 하여 2004년 4월부터 본격적으로 공장이 돌아가게 되었다. 첫 달의 물량은 100톤 정도였다. 피나는 노력으로 청주시 아파트의 50% 수거, 청원군과 수의계약체결, 다른 후견기관 및 민간업체로부터 매입, 기업계약을 늘려갔다. 2005년 10월의 경우 플라스틱 500톤 등을 수거하여 1억 2천만 원의 매출을 올려 손익분기점을 넘어섰다. 지금은 충북지역 내 다른 지역들을 적극 지원하고 있으며, 컴퓨터 수거, 소형가전 수거 및 해체 사업을 하고 있다. 전주 덕진의 '사람과 환경'은 2004년 6월에 같은 방식으로 시작하여, 전주시 아파트 전체 수거, 익산과 군산의 고물상으로부터 물량을 무상으로 받고 있다. 2005년 10월의 경우 플라스틱 400톤 등을 수거하여 매출액은 1억 원이다. 이 두 사업체의 성공은 다른 후견기관으로 확산되었다. 또한 소형가전 재활용사업 분야를 새로 개척하고 있다.

3) 사업체 현황(2005 현재 및 2006년 내 계획)

표 12-6 현재 운영 중인 사업체

사업체명	미래자원	사람과 환경	희망자원	자활근로사업단
자활기관명	충북 청원자활	전주 덕진자활	광주 동구자활	충북 충주자활
사업개시	2004 . 6	2004 . 9	2004 . 12	2005 . 9
사업장 면적	1800평	700평	1000평	400평
사업장 인원	35명	34명	24명	15명
사업형태	공동체	자활근로	자활근로	자활근로
시설규모	월 500톤	월 400톤	월 400톤	월 150톤
평균 처리량	월 500톤	월 400톤	월 120톤	월 50톤
월 매출액	1억 2천만 원	1억 원	3천만 원	1천만 원

자료: 자활재활용 사회적 기업 연합회 준비위원회 내부자료(2005).

준비기관	예정시기	처리용량	기 타
(주)에코그린	2006.02	월 500톤	- 노원, 구리 자활공동사업 - 부지완료(1800평)
(주)그린비전	2006.01	월 500톤	- 평택, 화성, 오산 자활공동사업 - 부지완료(3000평)
늘품테크	2005.12	월 300톤	- 대구 달성자활시설 설비 중(1500평)
대전서구자활	2005.11	월 300톤	- 시설 설비 중(1300평)
인천광역센터	2006.07	월 500톤	- 부지확보(3000평)
부산북구자활	2006.03	월 500톤	- 시장조사 중
횡성자활	2006.01	월 150톤	- 지자체 선별장 위탁사업 준비
화순자활	미정	월 150톤	- 지자체 선별장 위탁사업 준비
천안자활	미정	월 150톤	- 부지 선정 중

자료: 자활재활용 사회적 기업 연합회 준비위원회 내부자료(2005).

3. 기타 분야

남은 음식물 수거운반사업은 전국단위 사업체계를 모색하면서, 수거운반사업과 처리사업, 연계사업을 개발하는 것이 필요하다.

중고물품 재활용사업은 전국 단위 사업체계를 모색하면서, 브랜드화와 중점 물류 및 수리 센터라는 인프라를 구축해야 한다. 아름다운 가게를 적극 벤처마킹하면 도움이 될 것이다. 이런 단위들과의 협력을 모색할 필요가 있다.

잡병사업은 컴퓨터와 플라스틱 사업의 사례를 적극 적용해야 한다. 우선 판매를 공동화하고, 이후 수집을 집중하여 선별과 파분쇄시설을 갖추어 부가가치를 향상하는 것이 유효할 것이다. 이 후 세병 공장을 검토할 수도 있다.

V. 발전 전망

자활은 후발주자로서 기존의 사업 품목이나 방법으론 기존의 공공ㆍ민간 재활용시스템을 뚫고 들어가지 못한다. 자활은 틈새와 새로운 품목을 주요 대상 품목으로 하여 종합ㆍ전문ㆍ높은 부가가치의 실현을 통해 경쟁력을 확보해야 한다. 재활용사업은 물류사업으로 기초지역에서 탄탄한 수집체계를 갖추고 광역-전국차원의 물류체계를 구축해야 한다.

자활은 자활 내ㆍ외에게 대안적인 사업체로 비전과 전략, 추진 계획을 제시하고 설득하여, 다양한 사회적 자원을 동원해 필요한 인적ㆍ물적 인프라를 구축하여 사업규모를 갖추어야 한다.

자활 조직 내 공동사업의 추진 원칙으로는, 첫째 철저한 지역 조사를 통해 중장기적 비전과 전략 수립, 둘째 전체 재활용자활사업과 함께 하려는 태도 견지, 셋째 진취적 도전 정신과 개인-사업체의 전망의 일치, 넷째 사업체 간 공동운영제 인식을 바탕으로 철저한 신뢰와 책임 있는 실행, 다섯째 상호 발전 추구와 역할 분담 합의, 여섯째 끈질기게 최선을 다하여 실천하는 것이다.

자활사업의 발전에서 리더의 역할은 매우 컸다. 사업의 시작은 운영주체의 결단에서 시작한다. 아무리 밖의 조건이 좋고, 지원을 약속하여도 결단하지 않으면 소용이 없다. 두 사업 분야는 무엇보다 많은 재원이 필요하여 재정적 부담이 크고, 앞서 성공한 사례도 없어 위험 요소가 많고, 사업의 규모가 매우 커서 심적 부담도 많을 수밖에 없었다. 개척정신과 모험심, 강한 의지가 있어야 했다. 많은 행운이 따르기도 했지만, 무엇보다 운영주체(실무자, 사업단 대표)들이 후견기관 실무자에서 사업체로 투신하고, 엄청난 사업적 책임과 생계 고통에 시달리면서도 포기하지 않았다. 그 이유는 그들이 자신의 비전을 재활용 사회적 기업에 확고히 두고 나아갔기 때문이다.

재활용자활사업은 공공부문(정부 및 지자체 등)과의 협력이 매우 중요하다. 주요 관련 단위는 환경부, 한국환경공사, 지자체의 청소행정담당부서이다. 그런데 이 단위는 전문성이 부족하고 현장실태를 잘 모른다. 자활에 대해서 별로 관심을 가지지 않으며, 자활의 능력에 대해 신뢰하지 않는다. 기존의 방식을 고수하려는 입장이 강하고, 재활용사업은 사업성이 없다는 생각을 확고하게 갖고 있다. 그러나 재활용사업의 발전을 위해서는 제도적 환경이 중요하고, 지자체의 사업 위탁은 결정적인 요소임으로 자활이 쌓아온 성과를 보다 적극적이고 효과적으로 드러내고, 자활의 능력을 보게 해주어 믿음을 심어야 한다.

　재활용자활사업은 다른 자활사업보다 민간부문(기업, 비영리조직, 전문그룹 등)과의 협력이 활발했고 성과도 많았다. 자활 외부에 적극적으로 개방하여 관계를 맺었다. 환경단체 및 연구소, 전문(연구)가와 교류하여 정책적 전문성을 높이고, 여러 조사연구활동에 참여하여 서로가 필요한 실증적인 정보와 자료를 가지게 되어 신뢰를 형성할 수 있었다. 재활용업체 및 전문 사업가와 단순한 교류가 아닌 서로의 중장기적인 이익과 발전이라는 전략적 제휴를 맺었다. 이런 결과로 단순한 자문이 아니라, 적극적인 투자, 사업의 공동기획, 프로젝트의 공동추진, 자원의 원활한 이동, 발달된 생산 시스템과 경영 노하우의 전수가 가능하였다. 다소 복잡하고 관계가 명확하지 않은 부분이 있지만, 자활사업 중 가장 넓고 높은 단계의 네트워크를 구축한 점이 사업발전의 충분한 밑거름이 되고 있다. 재활용자활사업에 실질적인 도움을 주었고, 앞으로 더욱 관계를 발전시켜 나가야 한다.

1. 비전

　양질의 종합 솔루션을 제공할 수 있는, 전국 단위의 전문 재활용 사회적 기업 건설 및 네트워크(연합체)를 실현하는 것이다.

2. 전략

　첫째, 핵심사업인 전자전기폐기물 분야와 플라스틱 분야를 연계(상호 작용능력 향상) 발전시키고, 이를 중심으로 자활 내·외의 조직 및 다른 분야, 지역을 종적·횡적으로 연결시킨다.

　둘째, 전자전기폐기물 분야와 플라스틱 분야의 제도적 환경을 개선하고, 핵심관련 단위와 전략적 파트너십을 형성하여 사업 여건을 마련한다.

연번	사업체명	사업지역	사업 현황	
			진행사업	추진예정
1	컴윈 본사	경기 안산	컴퓨터 재활용	중간처리업(기판분쇄, 부속)
2	컴윈 중부지사	충남 대전	컴퓨터 재활용	
			소형가전	
3	컴윈 영남지사	경북 대구	컴퓨터	
			소형가전	
			플라스틱	플라스틱 선별장
4	미래자원	충북 청주	선별장	2공장 준비(분쇄,펠렛)
			소형가전	2공장 준비(중간처리업)
5	사람과 환경	전북 전주	선별장	플라스틱
				따대기 분쇄, 소형가전
6	희망자원	전남 광주	선별장	플라스틱
				소형가전
7	청주자활	충북 청주	잡병	
8	충주자활	충북 충주	플라스틱	
9	구리, 노원 -에코그린	수도권 북부	선별장	플라스틱
				소형가선
10	평택, 화성, 오산 -그린비전	경기 남부	선별장	플라스틱
				소형가전
				잡병
11	서구자활	대전	선별장	플라스틱
12	화순자활	전남 화순	선별장	플라스틱
13	횡성자활	강원 횡성		선별장 위탁
14	북구희망터	부산	선별장	선별장, 소형가전
15	창원자활	창원	소형가전	소형가전
16	인천광역	인천	선별장	플라스틱
				소형가전
				잡병

자료: 자활재활용 사회적 기업 연합회 내부자료.

3. 주요 추진 과제

첫째, 부가가치 향상 및 중간 처리의 투명성을 확보하기위하여 PCBs류(인쇄기 회로) 중간처리사업, 플라스틱 중간처리(재생, 고체연료) 사업시설을 확보하고, 수집 물량의 안정적 확보와 처리를 위해 소형전자전기폐가물 수집·해체 사업, 플라스틱 수집·선별 사업시설을 전국으로 확대하는 데 필요한 재원을 확보하여야 한다.

둘째, 사업 안정화의 핵심인 수익성 향상을 위해 주요 기업, 지자체와의 협약·계약을 성사시켜야 한다.

셋째, 협약·계약 기업, 지자체 및 관련 공공·민간 조직의 요구(데이터 제공 등 조직적 중심성을 높이기 위해 PCBs류 중간처리사업, 플라스틱 재생사업, 서비스)를 적시에 제공할 수 있는 능력을 갖추어야 한다.

넷째, 다수 수집사업체의 성장을 위해 수익성 있는 품목을 발굴하고 실제화해야 한다.

다섯째, 사업을 함께하고 있는 다양한 단위들의 사업적·조직적 인식, 커뮤니케이션을 향상시켜 역할 분담을 명확히 하고 상호 협력을 강화한다.

여섯째, '(가칭)전자전기폐기물 처리에 관한 법' 제정 및 EPR제도의 개선, 물품관리법 및 조례 개선 등 핵심적인 제도 개선을 이룬다.

4. 조직적 과제

첫째, 전자전기폐기물 재활용사업은 물량 확보에 있어 지역적 영향이 약하며, EPR 증명에 대한 신속성과 투명성이 관건이다. 이에 지역별 독립 법인 방식은 적절하지 않다. 사회적 기업 (주)컴윈을 단일법인체로 하여 지사와 지점 방식으로 확대·통합하는 방식이 바람직하다.

둘째, 플라스틱 재활용사업은 물량 확보에 있어 지역적 영향을 많이 받고, EPR 증명에 대해서도 편리하다. 이에 지역별 독립법인들의 연합체들이 하되, 중간처리업(재생, 고체연화)은 공동법인으로 설립·운영하는 것이 바람직하다.

셋째, 중고사업은 물량 확보에 있어 지역적 영향을 많이 받으나, 지역을 넘는 물류체계가 필요하고 사회적 인지도와 신뢰를 높일 수 있도록 공동 브랜드를 사용하는 것이 바람직하다. 소규모 공간, 상품의 비규격화의 수량 부족의 문제, 낮은 부가가치를 극복하기 위한 인프라를 공동법인으로 설립·운영하는 것이 바람직하다.

넷째, 잡병 등도 위의 점을 고려하여 각 분야의 특성에 맞게 조직체 방식을 정하는 것이 바람직하다.

다섯째, 적절한 시기에 각 재활용 사업 분야의 대표적인 사업체들의 전국 네트워크를 건설·운영하여 이후 전체 사업체를 아우를 수 있는 전국 재활용 사회적 기업 연대조직을 건설한다. 전국 조직체계는 각 분야별 조직, 사무국, 운영위원회, 대표, 총회로 한다. 이를 추진하기 위한, 전 단계로 핵심적인 자활사업체들이 힘있는 운영주체 및 지원조직[9]의 결성이 필요하다.

5. 일자리창출 목표

1) 컴퓨터 등 전자전기폐기물 사업 분야

2008년 기준으로 컴퓨터 30만 대, 핸드폰 600만 대, 프린터 10만 대 등 500억 원의 매출을 올려 700명의 일자리를 창출하는 것을 목표로 하고 있다. 이를 위해 PCBs류 중간처리사업을 실시하고, 소형전자전기폐가물 수집 · 해체 사업, 중고사업 분야를 전국으로 확대하고 시스템화한다. 또한 사회적 협력을 강화하여 공공기관, 기업과의 협약 또는 계약을 확대해야 한다. 희귀금속 축출기술 등의 개발과 판로 개척을 적극 펼쳐야 한다.

2) 플라스틱 재활용사업 분야

2008년 기준으로 플라스틱 10만 톤을 재활용하여 400억 원의 매출을 올려 600명의 일자리 창출을 목표로 하고 있다. 이를 위해 플라스틱 중간처리(재생, 고체연료) 사업을 실시하고, 플라스틱 수집 · 선별 사업을 전국으로 확대하고 시스템화한다. 지자체 사업(수거, 선별장 운영, 처리위탁) 위탁 계약, 기업 영업을 적극 펼쳐 생활계 및 공업계 물량을 확대해야 한다. 재생 원료 기술 등의 개발과 판로 개척이 필요하다.

3) 기타

중고사업 분야, 잡병 분야 등 기존 사업 분야를 발전시키고, 새로운 분야(건설 안정망, 장판 등)를 개척하여 400억 원의 매출을 올려 700명의 일자리를 창출한다.

---

9) (주)컴윈, 미래자원, 사람과환경은 중심이 되어 '(가칭)자활재활용사회적 기업연합회' 를 추진하고 있다.

6. 사회적 기여 방향

첫째, 노동능력 미약자, 사회적응 곤란자들에게도 적합한 일거리를 줄 수 있어 근로유지활동, 사회적응활동을 통해 사회에 통합에 기여한다.

둘째, 이익을 직·간접적인 방법으로 지역과 사회에 환원하여 사회안전망 보완에 기여한다.

셋째, 정확하고 풍부한 재활용 데이터를 제공하여 정부 및 지자체의 정책 수립에 기여한다.

넷째, 지역 환경단체 등과 협력하여 재활용 현장체험, 캠페인과 교육, 정보 제공, 운영 참여를 통해 시민들의 인식 제도와 재활용 생활화에 기여한다.

7. 사업의 운영모형

1) 참여자 선정/관리

사람을 보고 일을 나누는 방식을 지양하고, 해야 할 일이 무엇인지 명확히 구분한 후에 적합한 사람을 뽑아야 한다. 자활사업의 특성상 어려운 점이 많지만, 현재의 상황에서 어떻게든 해 보겠다고 하는 것보다 꾸준한 노력을 통해 적합한 인력 구조를 갖추어야 한다. 특히, 공공기관과 기업의 협약·계약이 늘어남에 따라 요구되는 일이 무엇이고, 이를 해내는 데 필요한 기능과 능력이 무엇인지를 파악한 후에 사람을 정해야 한다. 재활용은 물량 확보가 최우선이고, 수익성을 개선하기위해서는 기업(사업장) 영업을 적극 펼쳐야 함으로 영업능력이 있는 사람을 꼭 확보해야 한다. 운전과 시설 관리 인원도 충분히 확보해야 한다. 회계는 충분한 지식과 필요한 기능이 있는 사람을 구하고, 회계사와 계약하여 처리한다. 작업은 공정별 노동 강도, 작업 자세 등의 특성을 파악하여 되도록 맞는 사람이 하도록 한다. 대표는 전체적인 리더십을 발휘하지만 전체 구성원을 다 아우를 수 없다. 각 분야별 책임자(영업/총무/생산/수집/판매/교육/안전 등)를 정하여 권한과 책임을 주고, 운영주체는 책임자들이 이를 잘 숙지, 이행, 보고하는지 등을 잘 살펴야 한다.

2) 일감확보(수요창출)

배출처, 협력단위, 판매처로 크게 구분하고, 각 조직별, 부서별, 사람별 정보를 풍부히 수집하여 데이터베이스화한다. 그 과정에서 인권침해가 없도록 사적인 것은 기록하지 말고, 정보를 단계별로 구분하여, 관리 수위를 정하여 공유 및 제한 범위를 정한다. 수집한 정보를 분석하여 적절한 대응책을 정하고 실행한 후 그 결과를 근거로 수정·보완한다. 품목별 매입 및 매출 가격, 공급량과 수요량에 변화를 주는 요소들이 무엇인지 파악하여 적극 살핀다. 안정적인 물량 확보는 매입 단가 및 제공하는 서비스의 질과 양, 상도의적 신뢰 정도가 핵심이며, 좋은 일을 하고 있다는 느낌과 인간적 유대도 중요한 요소다. 계약을 할 때 불규칙적인 거래 관계는 지양하고 되도록 서면으로 협약, 계약서를 작성하고 1년 이상의 기간을 정하는 것이 좋다. 상대에게 재활용에 대한 정보를 충분히 알려 주어, 서로가 얻게 되는 이익이 무엇이고 공평한지를 알게 한다.

3) 경영/기술배양

안에서 스스로 모든 것을 알아내고 길러내려 하지 말고 시작은 밖에서 충분히 배운다. 그러나 한 업체, 한 사람에게만 배우지 말고, 경쟁관계에 있는 사람 모두에게 배운다. 재활용은 사업체별, 지역별, 유통관계별 폐쇄성과 자부심이 강해 자칫하면 정보의 통로가 좁아지는 경우가 많다. 전국적인 상황을 파악한다. 자기 사업체만의 방식을 고집하지 말고, 유연하게 비교하고 능동적으로 수용한다.

4) 광고/교육

둘 다 꾸준히 정기적이고 체계적으로 해야 한다. 광고는 지역 범위, 대상의 특성, 비용 등을 고려한다. 영리업체들 중에서 광고를 하는 것은 1차 수집사업체(자)뿐일 것이다. 고물상 이상은 광고의 실효성이 없기 때문이다. 자활은 광고를 많이 하고 있다. 현재 재활용 시장의 특성상 효과는 적더라도, 영리업체는 결코 이룰 수 없는, 시간이 걸리겠지만 사회적 브랜드 형성이 가능할 수 있다. 교육은 사업에 필요한 기능 교육, 사업체와 구성원들의 일치를 이루기 위한 가치 지향 교육, 개인의 인성 개발 및 공동체 형성 교육이 있다. 교육의 효과가 나타나는 기간의 길이는 위에 적은 순서대로다. 이러한 특성

을 잘 이해하여 교육 목표를 잘 조절하여 정하고 추진한다. 되도록 외부의 전문 교육기
관, 교육 전문가와 협력하여 교육계획을 수립·실행하는 게 바람직하다. 기능교육은 분
야별 기본-전문-보완 과정을 마련하여 실행한다.

5) 제도적 여건 마련(창업자금, 세제감면, 우선위탁 등)

재활용은 우리 사회에서 낮게 평가되고 있다. 자활사업에 대한 사회적 이해도 매우
부족하다. 창업자금은 필요할 때 신속하게 지원되지 못하고, 사용 용도가 제한적이고,
대부분 소액이고, 여러 사람들의 공동 책임을 요구하는 등의 문제점이 있어 활용이 쉽
지 않다. 세제 감면은 아예 근거가 없고, 우선위탁, 수의 계약 등 우선권을 주는 사례도
매우 드물다.

8. 사업활성화를 위한 지원

1) 인프라 구축에 필요한 자금 지원

2005년 말까지 대략 70억 원의 재원이 필요하다. 현재는 내부 자원으로 해결하기는
어렵기 때문에 외부에서 공급되어야 한다. 2006년에도 그 정도의 자금이 필요하나, 하
반기에 사용될 것으로 예상되므로 상당부분 내부 해결이 가능하여 외부지원이 많이 필
요하지는 않을 것이다.

2) 공공부문에서의 사업위탁

정부차원에서 공공기관은 직접, 기업은 경제단체의 협조를 통해 불용물품 중 전자전
기폐기물은 EPR에 맞게 처리하도록 행정조치하고, 되도록 재활용 사회적 기업에 무상
양여, 또는 수의 계약을 통해 처리하도록 안내한다면 좋은 여건이 만들어질 수 있다.

Ⅵ. 끝맺으며

　재활용자활사업은 자활사업 중에서 가장 주목할 만한 성공과 성장을 하고 있다. 이런 성공의 기반은 민간투자, 공공자원, 민간공익자원의 성공적 결합, 환경단체 등과 적극적인 조사연구 참여 및 자체 조사연구활동을 통해 재활용관련 정책 능력을 갖추고, 지역차원 및 전국차원에서 현실가능한 대안 제시 능력을 갖추었기 때문이다. 재활용자활사업의 경험은 자활사업에 꼭 필요한 사업 개발의 모델을 제시하고 있다.

　반면, 사업적 측면에서 시장 상황에 대한 정확한 정보수집 능력과 의지 부족, 재정적 취약성이 여전하여 추진 사업이 계획보다 많이 늦어져 시장의 변화에 능동적 대응력이 부족하다. 조직적 측면에서는 정보와 의사소통의 부족으로 오해가 생기고, 생긴 오해가 해소되지 못하고 있는 점, 여전히 많은 후견기관에서 분산적으로 사업을 수행하고 있으며, 일부에서는 자기 사업체의 성장을 우선시하여 전체적인 상황에 근거한 판단을 하지 않고, 잘못된 경쟁을 하는 모습이 있다. 무엇보다도 사업의 성장에 걸맞는 '가치'의 성장이 매우 느린 것이다. 자활공동체에서 사회적 기업으로 발전하기 위해서는 '사회적 연대와 공동체 자치'의 가치를 내부화하고 성숙하는 데 많은 노력과 투자가 필요하다. 우리 앞에 많은 난관이 있지만 재활용자활사업은 힘과 지혜를 모아 발전을 거듭할 것이다.

참고문헌

자활재활용 사회적 기업연합회 준비위원회(2005), "2005년 사업계획서".

자활협회 사업지원국(2005), "2005년 사업계획서".

(사)한국플라스틱리사이클링협회(2004. 4.), "합성수지 포장재의 효율적 수거 및 재활용 방안연구".

자활협회(2004), 『2004년 1 · 2차 전국 폐자원 재활용 실무자 워크숍 자료집』.

쓰레기문제해결을 위한 시민운동협의회(2002), "재활용품 분리수거 및 유통경로 실제조사".

대구광역자활지원센터(2005. 3.), "대구지역 생활계 폐기물 재활용 실태조사 보고서".

쓰레기문제해결을 위한 시민운동협의회 · 자활협회(2002), 『EPR 대비 폐컴퓨터 재자원화 모델 워크숍 자료집』.

자활협회(2003), 『2003년 컴퓨터 재활용 사업 간담회 자료집』.

한국전자산업환경협회(2001), "폐전자제품 회수 및 재활용 실태조사".

제13장
청소자활사업의 설립모형과 발전방안

이 철 종

Ⅰ. 청소업종의 특성

1. 청소사업의 개념

청소사업이란 사람의 생활이나 사업, 기타 여러 활동의 용도로 이용하는 건물 등 시설의 쓰레기, 먼지, 오염물을 제거하여 청결한 상태를 유지하고 사람의 건강과 시설을 유지 보존하고 쾌적한 분위기를 만드는 사업을 말한다. 청소사업을 몇 가지 분류방식으로 구분하여 보면 [표 13-1]과 같다.

2. 시장전망

1) 시장영역

청소사업에 있어 시장영역은 크게 4가지로 분류해 볼 수 있는데, 일반시장, 기업시

표 13-1 청소사업의 분류

사업내용	단순청소	별다른 약품과 장비 없이 쓸고, 닦고, 쓰레기를 버리는 등의 단순 업무
	기능청소	약품과 장비를 활용하여 먼지와 때를 제거하고, 시설의 기능을 유지 · 향상시키는 기능 업무
사업양태	청소용역사업	아파트, 공공건물, 병원 등의 시설에 1~2년간의 수의 · 입찰 계약을 통해 인원을 상주시켜 일상적인 청소관리를 주로 하는 도급형태의 업무
	청소대행사업	개인 주택 및 중 · 소형 상업시설의 1회, 또는 정기적인 기간 동안 각종 아이템별 청소 견적 제출과 계약 체결을 통해 장비와 약품을 활용하여 주로 기능적인 청소작업을 수행하는 형태
기능별 구분	단순기능분야	비질, 걸레질, 유리창 닦기, 쓰레기 제거 등
	일반기능분야	홈 클리닝, 화장실 기능 청소, 침대 매트리스 세척, 일반 카펫 · 소파 세척, 일반 바닥 세척 및 왁스코팅, 소형 인테리어 매장 청소 등
	전문기능분야	고층건물 외벽 청소, 대리석 · 화강석 전문 광택, 목재 바닥 전문 광택, 중대형 할인매장 초고속 광택, 고급 카펫 · 소파 세척, 초대형 샹들리에 세척 등
	특화분야	스팀(광택)세차, 물탱크 청소, 방역, 구충

장, 공공시장, 특수시장으로 나누어 볼 수 있다.

① 일반시장- 오피스빌딩, 상업빌딩, 호텔, 웨딩홀, 주택, 병원 등

② 기업시장- 기업소유의 빌딩, 대형공장, 체인매장 등

③ 공공시장- 관공서, 공기업, 문화, 체육시설, 공원 등

④ 특수시장- 전문기술이 필요함. 외벽, 닥트, 고압 전기장비, 석재(대리석, 화강석 등), 공장시설 등

기능별로 분류하면 20여 종류 이상의 단순기능에서부터 전문기술과 지식, 건강한 노동력이 어우러져야 수행할 수 있는 업종이다.

2) 청소용역사업의 동향과 현황

한국 청소용역사업의 변화 흐름과 현황을 살펴보면 몇 가지 특성을 확인할 수 있다.

첫째, 청소업체의 현황을 살펴보면 노동집약적 형태의 접근방식으로 생산성이 매우 떨어지며, 전문적인 기술개발의 인력 및 인식 부재로 청소기술의 발전이 거의 이루어지

고 있지 않는 것이 현실이다. 이로 인해 청소사업의 인식이 부족한 상황 속에서 전문사업영역으로 발전전망을 내놓지 못하고 있다. 그리고 5인 이하의 사업장이 대부분으로 소규모 영세성을 극복하지 못한 업체들이 저가 덤핑시장을 형성하면서, 인력 파견업 중심의 일시적 용역 노동자 고용을 통한 고용의 불안정성을 극복하지 못하고 있는 것이 지금의 청소업체의 현황이다.

둘째, 산업의 변화와 소비자의 욕구 상승은 전문적인 청소서비스의 욕구를 높이고 있어 기존의 쓸고 닦는 개념에서 전문기술로의 변화를 요구하고 있다. 이에, 청소사업은 환경 등과의 연계산업으로서 정부의 정책적 지원이 필요하다. 이런 변화 요구를 수용한 청소용역사업자와 노동자들의 기술이 발전·증가되면서, 전문 청소약품(친환경적 산업의 요구)에 대한 이해와 기능성 요구, 청소 전문기술 이론과 기능의 전문성 확보, 친환경적인 사업 차별화 상품, 서비스의 통일성(복장, 고객 응대, 장비, 약품, 작업매뉴얼, 청소사업 변화 동향에 대한 정보제공 등) 등이 필요하게 되었으며, 또한 친환경적 사고방식에 의한 생활환경과 밀접한 청소가 요구되면서, 사회적으로 청소사업 노동에 대한 가치의 변화가 일어나고 있다.

셋째, 한국 청소사업영역에서 전문교육을 이수한 중간관리자가 절대 부족한 상태로서, 대기업을 대상으로 수도권만 하더라도 한국빌딩경영협회 40여 개 회원사(삼성에버랜드, LG유통 등)에서 1,000개 이상의 일자리 수요가 존재한다고 볼 수 있다. 그러므로 이러한 관리자들을 양성하는 프로그램이 절실히 요구되고 있다.

넷째, 공장 기계 설비에 대한 전문적인 기술 중심의 청소, 고압 전기장비 세척, 대리석 등의 석재바닥 재생, 환경 친화적 방식과 병원 환자에게 맞는 방식의 병원 청소, 사무환경 및 생활환경 인식을 기반으로 한 냉·난방시설 청소, 공기정화 공급시설, 특수바닥 등 특수기능 중심의 부가가치시장은 미개척시장으로 남아 있다.

다섯째, 국가의 산업정책, 소비자의 의식전환으로 인하여 특히 환경관련 산업은 선진사회(미국, 영국, 독일, 이탈리아)에서 지속적으로 성장을 거듭하고 있다. 미국의 경우 연간 80조 원의 시장이 형성되어 있고, 1994~2005년 기간에 신규 직업 창출이 가장 큰 분야 중 청소용역시장이 2위를 차지할 정도이다. 유럽의 경우 영국, 이탈리아, 독일, 프랑스가 주된 시장으로 이들 4개국이 유럽시장의 75%를 차지하며 유럽조직(EFCI)에 가입된 서유럽 13개국의 시장규모는 약 36조 원 이상으로 추정될 정도로 환경관련 산업의 시장규모는 엄청난 규모를 형성해 가고 있다.

선진국의 산업통계와 시장의 성장과 흐름으로 볼 때, 한국은 OECD 국가 중 청소용역

시장, 환경의식과 시민사회 의식이 가장 낮은 나라이다. 이는 앞으로 한국의 청소시장에서 친환경적 전문기술을 통하여 사회적 청소사업에 대한 인식의 변화와 서비스 질에 대한 향상을 통해 전문기술의 개발과 친환경적인 청소시장으로 확대할 수 있는 가능성이 매우 크다고 볼 수 있는 것이다.

3. 사회적 유용성

1) 전문청소기술의 확대와 발전을 통하여 사회적으로 청소사업의 가치 향상

청장년 실업층과 고령자 등의 사회적 약자를 참여하게 하여 전문 관리인력으로 성장할 수 있는 기회를 폭넓게 제공하고, 친환경적인 서비스 제공을 통해 사람 · 환경 · 기업이 더불어 살아가는 사회를 만드는 데 기여할 수 있는 사업이다.

2) 건물이용 및 생활환경의 친환경적 청소방식을 통해 이용자의 환경권 확보

초등학교, 주민자치센터의 경우 대중이용시설로 청결이 우선적으로 요구되며, 이에 적합한 건물환경위생관리방식의 개발이 필요하다. 이러한 대중이용시설 이용자에게 쾌적한 환경을 제공할 수 있도록 전문적인 기술 혹은 그에 적합한 서비스를 제공하므로 목적의식적인 친환경 접근을 통해 지속적으로 관리해 나갈 수 있다.

3) 노동시장에서의 경쟁력이 약한 취약계층의 안정적 고용

보호된 시장의 원리를 적용할 수 있는 영역을 확보하여 고용의 안정화 및 투명한 시스템을 통해 왜곡된 민간위탁에 의한 저임금 구조를 탈피하고, 사회적 약자에게 우선적인 취업의 기회를 제공하며, 사회적 기업의 관리를 통한 사회환원의 기회를 마련하므로 노동배제현상을 겪고 있는 취약계층들의 일자리를 확대할 수 있다.

Ⅱ. 청소자활사업 현황과 사업추진 경과

1. 추진배경

청소사업은 서비스 업종으로서 고용창출효과가 높고 다양한 아이템으로 사업에 접근할 수 있어 다양한 욕구와 사업수행능력을 갖춘 참여 구성원들의 여건과 노동력에 맞는 사업이다. 또한 공공영역에서의 공공서비스의 필요가 증가하여 사회적 기업의 일자리 확대와 서비스의 공공성 확보라는 큰 목적을 충족할 수 있을 것이라 기대된다. 자활사업 초창기에 다른 5대 표준화 사업에 비해 시장에서의 활로 개척이 용이하고 시설투자 비용이 높지 않아 시장 경쟁에서 필요한 기술력도 어느 정도 기본 교육 이수만으로 충족할 수 있는 장점이 있어, 많은 자활후견기관에서 청소사업단을 시장형 사업으로 추진하게 되었다.

2. 장애요인

1) 시장 규모에 따른 제약

(1) 대도시

일정한 기능을 보유하고 1년 이상의 사업 활동을 하면 민간 시장에서 소규모로 자립이 가능하나, 시장의 규모가 크게 형성된 만큼 공급과잉현상도 심화되고 있어, 기술력이나 가격 경쟁력 중에서 뚜렷한 우월성을 드러내지 못하는 상황에서는 사업 개시 2~3년 사이에 자활사업단들이 빠르게 도태되고 있다. 또한 사회적 서비스 수요가 존재하는 공공영역에서도 일정 정도 시장화가 가속화되는 추세 속에서 자본이나 사업실적 등의 경쟁력이 우선시 되는 경향을 보이고 있어, 어떤 영역에서도 확실한 시장확보능력을 드러내지 못하고 있는 것이 대도시 지역 대부분 사업단의 현실이다.

(2) 중소도시

대도시 지역에 비해 규모나 기술력 부분에서 내용을 갖춘 일반 업체들이 부족한 상황 속에서 나름대로 시장에서 경쟁력을 확보하기는 쉬우나, 경쟁력을 갖춘 일반 업체의 숫자가 적은 만큼 시장에서의 수요 또한 공급량을 채워 줄 수 있을 만큼 형성되어 있지 못하다. 특히, 인구의 편중현상이 심화되면서 수도권이나, 일부 성장형 도시를 제외하고는 일반 중소도시들이 축소되는 경향을 보이면서 시장이 확대되기보다는 퇴보하는 상황이므로 시장 확보가 더욱 어려운 추세이다. 그나마, 지방분권화가 강화되면서 일부 공공영역에서 시장이 형성되어가는 추세는 공공부문에서의 접근성 확대의 가능성을 열어주고 있다.

(3) 농촌 지역

시장에서 이렇다 할 경쟁업체가 없을 만큼 민간, 공공·공익 모두 시장 규모가 작아 시장형 자립사업이 부적절하며 수익모델을 고민하지 않는 공익형 사업단 운영조차 수요를 찾기 어려운 상황이다.

2) 사업단 구성 역량에서의 한계

청소사업 영역의 인력구성에 있어서의 경쟁력은 값싼 노동력과 근무시간의 탄력성, 높은 노동강도의 수행능력이다. 용역사업에서는 특히 값싼 노동력을 바탕으로 한 가격경쟁이 치열하며 대부분 새벽 6, 7시에 업무가 시작되어야 하는 특성을 보이고 있다. 자활사업에서 자활근로 인건비가 시장에서의 인건비 체계보다 약간 높거나 비슷한 수준을 유지하고 있어 자활사업 참여자들에게 용역사업으로의 전환은 매력적이지 않으며, 대부분 용역현장의 이른 근무시간은 학교를 다니는 자녀가 있거나 가정을 이루고 있는 여성이 주류인 청소자활사업단의 구성특성으로 볼 때, 접근 초기부터 차단되는 경향을 보이고 있다. 용역사업보다 더 많은 노동수행능력을 요구하는 대행사업은 시간 제약이나 낮은 체력요건으로 시장진입이 더욱 어렵다.

부가가치가 높은 사업영역은 대부분 대행사업 아이템에 몰려있는데, 수익성이 높은 사업들은 전문성을 강하게 요구하고 있다. 이러한 전문성을 강화하는 데는 전문지식에 대한 빠른 이해능력과 습득한 지식을 활용하여 현장상황에 맞게 대처할 수 있는 응용력이 바탕이 되어야 한다. 사업단 참여자 다수가 50대 전후의 저학력 여성인 상황에서는 구성원들의 이러한 경쟁력 확보는 몇몇 특수한 사례로 국한될 수밖에 없다. [표 13-2]를 통해 현 청소자활사업단의 인력 현황을 살펴보면 확연히 그 한계를 드러내고 있음을 알

년도	성별	연령	기 능				합계
			단순	일반	전문	특화	
2004	남	20대	3 (2.26)	1 (0.91)	4 (16.00)	0 (0.00)	8 (2.92)
		30대	10 (7.52)	14 (12.73)	6 (24.00)	1 (16.67)	31 (11.31)
		40대	54 (40.60)	44 (40.00)	7 (28.00)	0 (0.00)	105 (38.32)
		50대	57 (42.86)	42 (38.18)	6 (24.00)	2 (33.33)	107 (39.05)
		60대 이상	9 (6.77)	9 (8.18)	2 (8.00)	3 (50.00)	23 (8.39)
		합계	133 (100.00)	110 (100.00)	25 (100.00)	6 (100.00)	274 (100.00)
	여	20대	3 (0.65)	4 (1.40)	0 (0.00)	0 (0.00)	7 (0.92)
		30대	72 (15.62)	50 (17.54)	1 (6.67)	1 (25.00)	124 (16.21)
		40대	161 (34.92)	120 (42.11)	8 (53.33)	3 (75.00)	292 (38.17)
		50대	150 (32.54)	86 (30.18)	6 (40.00)	0 (0.00)	242 (31.63)
		60대 이상	75 (16.27)	25 (8.77)	0 (0.00)	0 (0.00)	100 (13.07)
		합계	461 (100.00)	285 (100.00)	15 (100.00)	4 (100.00)	765 (100.00)
2005	남	20대	4 (2.27)	4 (2.72)	4 (12.90)	0 (0.00)	12 (3.32)
		30대	14 (7.95)	17 (11.56)	8 (25.81)	1 (14.29)	40 (11.08)
		40대	66 (37.50)	52 (35.37)	7 (22.58)	1 (14.29)	126 (34.90)
		50대	77 (43.75)	63 (42.86)	8 (25.81)	2 (28.57)	150 (41.55)
		60대 이상	15 (8.52)	11 (7.48)	4 (12.90)	3 (42.86)	33 (9.14)
		합계	176 (100.00)	147 (100.00)	31 (100.00)	7 (100.00)	361 (100.00)
	여	20대	9 (1.55)	6 (1.57)	0 (0.00)	0 (0.00)	15 (1.51)
		30대	91 (15.72)	62 (16.19)	6 (22.22)	1 (25.00)	160 (16.11)
		40대	223 (38.51)	159 (41.51)	14 (51.85)	2 (50.00)	398 (40.08)
		50대	169 (29.19)	117 (30.55)	7 (25.93)	1 (25.00)	294 (29.61)
		60대 이상	87 (15.03)	39 (10.18)	0 (0.00)	0 (0.00)	126 (12.69)
		합계	579 (100.00)	383 (100.00)	27 (100.00)	4 (100.00)	993 (100.00)

자료: 자활정보센터 내부자료(2005).

수 있다.

3) 사업단의 사업능력 한계성

첫째, 청소사업 시장에서는 거래처를 확보할 수 있는 영업능력을 갖춘 기업체가 규모 있게 성장하는 모습을 보이는 것이 일반적이다. 그래서 기업이나 공공시장 쪽에서 종사했던 사람들이 그 영역에서의 인적 자원 동원능력을 활용하여 청소사업 시장에 뛰어들어 기업이나 공공시장 쪽에서 규모 있는 사업들을 많이 진행한다. 그러나 청소자활사업단의 경우, 그러한 인적 자원 역량을 갖춘 자원이 거의 전무한 상태여서 자활사업의 공공성만을 내세운 영업은 그다지 유효한 영업전략으로 성과를 거두지 못하고 있다.

둘째, 청소시장뿐만 아니라 어느 사업영역이나 전문 영업역량의 확보는 중요한 문제이다. 상품을 아무리 좋은 품질로 생산하고 제공할 수 있다 하더라도, 이를 고객이 구매할 수 있도록 유도하는 데는 영업역량이 무엇보다 중요하다. 더구나 청소사업을 진행하고 있는 사업단들은 집수리나 간병사업처럼 수요가 일정 정도 보장되지 못한 상황이기에 이에 대한 필요는 더욱 절실하다. 그러나 대부분의 청소사업단들이 아직도 고객이 찾아오길 바라는 수동적 영업자세에서 벗어나질 못하고 있다. 영업 인력들을 적극 발굴하고 양성하며, 그 역량들이 영업영역에만 전념할 수 있는 토대를 만들고 있지 못하다.

셋째, 청소사업은 굉장히 다양한 사업영역과 규모를 형성하고 있다. 청소관련 사업자 등록형태만 해도 수십 종에 이르며, 산업통계에 파악되지 않는 시장까지 포함한다면 그 규모와 유형을 가늠하기 힘든 것이 현재의 시장이다. 그런 시장의 다양한 모습 속에서 수요와 공급경쟁자들에 대한 시장조사능력과 분석능력이 현저히 떨어지므로, 그로 인해 구체적이지 못한 사업계획 수립이 시장형 사업단들의 시장 성공 가능성을 높이지 못하고 있다.

넷째, 어떤 사업이나 최고 경영자의 역할과 활동은 매우 중요하다. 특히 사업 초기 최고 경영자의 중요성은 절대적이다. 자활사업 초기 자활후견기관 실무자들은 각 사업단의 최고 경영자의 역할을 담당한다고 볼 수 있다. 다른 자활사업단들이 겪는 문제이지만, 특히 청소자활사업단에 있어서도 이런 경영자의 역할을 해주는 실무자들의 잦은 교체는 사업의 연속성과 경쟁력 향상을 떨어뜨리는 악순환을 반복하고 있다.

4) 규모와 실적의 제약

첫째, 요즘 환경관리가 필요한 건물들은 대형화, 다양화, 고급화되는 추세이다. 그에 따른 청소업체의 규모가 경쟁력이 되고 있으나, 현재의 청소자활사업단들은 영세업체의 현황에서 크게 벗어나지 못하고 있다. 자활근로 참여자 인력활용 범위 안에서 사업규모를 정하다 보니, 시장에서 요구하는 많은 노동인력과 장비를 확보하지 못하고 있다. 이는 영세업체들이 난립한 저가 시장에서 자활사업단들이 벗어나지 못하는 주요 원인이다.

둘째, 규모를 형성하지 못하는 상황 속에서 실적관리란 더욱 어렵다. 경쟁 입찰 시장에서는 업체의 사업수행실적 규모가 큰 경쟁력으로 발휘된다. 그러나 현재의 자활근로 사업단들은 한 현장에 10명 이상의 투입이 필요한 용역 현장이나 수천만 원 이상 규모의 청소대행 계약을 진행해본 경험이 전무하다고 할 수 있다. 이는 시장에서의 청소자활사업단에 대한 신뢰를 갖는데 제약요소로 작용되고 있다.

5) 공공영역에서의 사업확보의 어려움

첫째, 예산과 직접적으로 연관되어 있다는 점과 기존의 위탁관행으로 다른 사업에 비해 공공/공익 기관의 이해와 협조가 원활하지 못하여, 국민기초생활보장법상의 자활공동체 지원 규정이 충분히 발휘되지 못하고 있다.

둘째, 기존 공공부문의 청소는 기득권을 가진 민간업체에서 차지하고 있는 상황이어서 청소자활사업단이 진출하는 것이 쉽지 않다.

셋째, '국가를당사자로하는계약에관한법률' 에 자활사업체에 대한 배려가 없으며, 조달청의 시설관리 등 용역 적격 심사기준에서 '당해 용역규모 대비 최근 3년간 동등 이상 용역 및 유사용역 이행실적비율' 과 '재무비율분석에 의한 평가 또는 신용평가등급에 의한 평가' 에 상당한 심사 점수가 배정되어 있어 기존업체에게 일방적으로 유리하게 적용되고 있다.

넷째, 새로운 영역인 학교, 공중화장실, 주민자치센터 등은 위와 같은 문제가 없으나 새로운 예산을 확보해야 하는 난제가 있다.

6) 전문 청소 기능훈련에 막대한 교육 예산 필요

관련법과 제도의 미흡으로 훈련 교육프로그램을 실시하지 못하여 비용부담이 크며, 신뢰할 만한 교육기관이 거의 없어 적절한 교육을 실시하는 데 곤란을 겪고 있는 상황이다.

3. 추진 경과

1) 지역여건에 맞는 사업수행

지역 내 민간자원을 활용하여 민간에서 운영되고 있는 공공성 높은 시설물들에 대한 용역 수주와, 참여자들의 지속적인 기능교육과 현장실습을 통한 시장의 요구에 근접한 아이템에 집중한 사업 수행으로 일정 정도의 일반시장영역을 확보해 가고 있다.

2) 공공서비스 영역에서의 사업확보 노력

학교청소사업의 시범사업 진행 등을 통해 공공서비스에 대한 필요성과 효과에 대한 인식을 확대하면서 공공서비스 영역에서의 사회적 일자리 확대의 가능성을 열어가고 있으며, 기존 공공시설에 대한 용역 우선 위탁을 제한적이나마 이끌어냄으로써 사회적 기업에 대한 공공기관의 우선 지원에 대한 사례를 만들어 가고 있다. 특히, 2005년 10월 에 실시한 청소사업단 현황조사를 살펴보면, 학교청소영역에서 유료사업으로 총 361개

표 13-3 청소자활사업단의 용역수주실적

(단위: 건수)

	2004년				2005년			
	건수	학교	공공기관	민간	건수	학교	공공기관	민간
합계	386	202	50	134	650	365	56	229
강원	14	4	4	6	22	11	3	8
경기	32	11	4	17	67	37	4	26
경남	49	29	8	12	102	63	11	28
경북	80	46	12	22	94	56	14	24
광주	8	1	0	7	12	0	0	12
대구	34	10	8	16	67	35	11	21
대전	6	0	0	6	6	0	0	6
부산	27	13	3	11	48	29	3	16
서울	11	6	0	5	10	6	0	4
울산	15	14	1	0	21	16	3	2
인천	47	38	1	8	80	69	1	10
전남	8	1	2	5	11	1	2	8
제주	13	4	1	8	40	7	1	32
충남	25	11	4	10	43	10	2	31
충북	17	14	2	1	27	25	1	1

자료: 자활정보센터 내부자료(2005).

학교, 무료사업으로 총 429개 학교를 관리하고 있다.

3) 연합과 연대를 통한 개별 사업단의 사업취약성 극복

개별 자활사업단 간의 공동교육, 홍보, 영업, 업무수행 등을 통해 개별 사업단의 영세성으로 인한 사업 확장의 한계를 일정 정도 극복하고, 개별 사업단의 중심역량들의 역할분담을 통해 사업의 전문성 강화를 위한 단초를 마련하였다. 특히, 경기지역 청소사업 네트워크에서 발전하여 현재 공동 단일법인을 형성한 '함께일하는세상' 이 설립되어 사업을 수행하고 있으며, 인천과 경남에서는 학교 청소사업을 중심으로 사업설명회 등을 벌이면서 공동 브랜드화를 통한 광역사업화의 가능성을 열어가고 있다.

4) 사업참여자 구성의 취약성에 대한 보완

40, 50대 중심의 수급자 및 차상위계층을 중심으로 한 인력구성의 취약성을 보완하기 위해 일부 청소사업단에서 청년실업층과 경험과 실무력을 갖춘 인적 구성원의 참여를 확대하여 참여자들의 약한 노동력과 전문성 그리고 경영능력에 대한 보완을 통해 사업의 외연 확대 및 성장을 꾀하고 있는 사례들이 형성되고 있다.

5) 부족한 교육 인프라에 대한 확보 노력

청소사업에 대한 기능교육을 수행할 수 있는 교육시설을 확보하고 자체에서 일정 수준 이상의 교육인력 역량을 성장시켜 자활사업의 특성에 맞는 교육프로그램과 매뉴얼 개발함으로써 참여자들의 교육기회가 확대될 수 있었다.

4. 한계

이러한 노력과 성과들이 제도적 지원체계가 확립되지 못한 상황 속에서 끊임없는 시장경쟁의 논리에 내몰리고 있는 상황이므로, 자활사업 참여자들의 지속적인 고용불안 상태와 함께 열악한 노동환경으로 내몰리고 있다.

Ⅲ. 사회적 일자리로서의 발전전망

1. 수요창출 방안

1) 기존 공공/공익 영역에서의 용역 위탁사업

공공/공익 영역에서 주민 편익과 복지를 위한 공공시설들이 계속해서 증가하고 있는 추세이다. 이에 새로 신축되는 시설물에 대해 사회적 기업에 대한 용역 우선 위탁 진행을 통한 사업장 확대는 주요한 사회적 일자리 영역이 될 것이다.

표 13-4 학교청소 유료사업 현황 (단위: 개소)

지부	2004				2005			
	초등학교	중학교	고등학교	합계	초등학교	중학교	고등학교	합계
강원	2 (100.00)	(0.00)	(0.00)	2 (1.00)	7 (100.00)	0 (0.00)	0 (0.00)	7 (1.94)
경기	11 (100.00)	(0.00)	(0.00)	11 (5.50)	29 (78.38)	5 (13.51)	3 (8.11)	37 (10.25)
경남	27 (93.10)	(0.00)	2 (6.90)	29 (14.50)	52 (82.54)	5 (7.94)	6 (9.52)	63 (17.45)
경북	30 (65.22)	7 (15.22)	9 (19.57)	46 (23.00)	38 (67.86)	8 (14.29)	10 (17.86)	56 (15.51)
광주	1 (100.00)	(0.00)	(0.00)	1 (0.50)				
대구	6 (60.00)	2 (20.00)	2 (20.00)	10 (5.00)	24 (68.57)	7 (20.00)	4 (11.43)	35 (9.70)
부산	11 (84.62)	1 (7.69)	1 (7.69)	13 (6.50)	23 (79.31)	4 (13.79)	2 (6.90)	29 (8.03)
서울	5 (83.33)	1 (16.67)	0 (0.00)	6 (3.00)	5 (83.33)	1 (16.67)	0 (0.00)	6 (1.66)
울산	5 (35.71)	6 (42.86)	3 (21.43)	14 (7.00)	5 (31.25)	8 (50.00)	3 (18.75)	16 (4.43)
인천	20 (52.63)	10 (26.32)	8 (21.05)	38 (19.00)	32 (46.38)	23 (33.33)	14 (20.29)	69 (19.11)
전남	0 (0.00)	1 (100.00)	0 (0.00)	1 (0.50)	0 (0.00)	1 (100.00)	0 (0.00)	1 (0.28)
제주	4 (100.00)	0 (0.00)	0 (0.00)	4 (2.00)	7 (100.00)	0 (0.00)	0 (0.00)	7 (1.94)
충남	1 (9.09)	5 (45.45)	5 (45.45)	11 (5.50)	2 (20.00)	3 (30.00)	5 (50.00)	10 (2.77)
충북	7 (50.00)	6 (42.86)	1 (7.14)	14 (7.00)	11 (44.00)	8 (32.00)	6 (24.00)	25 (6.93)
합계	130 (65.00)	39 (19.50)	31 (15.50)	200 (100.00)	235 (65.10)	73 (20.22)	53 (14.68)	361 (100.00)

자료: 자활정보센터 내부자료(2005).

2) 새로운 청소용역사업 영역 개척

현재까지는 예산이 투입되지 않았으나, 공공성과 주민들의 환경권 차원에서 공공예산 투입이 필요한 영역을 발굴 및 개척해 나갈 수 있을 것이다.

(1) 초 · 중등 교육시설 종합 환경관리

[표 13-4]와 [표 13-5]에서 진행되고 있는 자활 학교청소사업 현황에서 보듯이 교육시설 환경관리 사업에는 수요가 존재하므로, 교육예산 편성을 통한 전국 1만 2천여 개 학교시설의 화장실 등 건물 실내 환경관리에 필요한 적정 인원 배치를 통해 취약계층의 일자리 확대가 가능하다고 판단된다. 특히, 2005년 11월에 개정된 학교보건법 제4조에서의 학교 건물 환경 측정항목의 확대는 그 가능성을 더욱 앞당기고 있다.

(2) 개방형 화장실 및 공중화장실 환경관리 사업

공중화장실 관리법의 개정으로 각 지역에서 관리소홀로 확대되지 못하고 있는 개방

표 13-5 학교청소 무료사업 현황

(단위: 개소)

지부	초등학교	중학교	고등학교	합계
강원	23 (88.46)	1 (3.85)	2 (7.69)	26 (5.87)
경기	66 (66.00)	21 (21.00)	13 (13.00)	100 (22.57)
경남	144 (99.31)		1 (0.69)	145 (32.73)
광주	(2) (18.18)	9 (81.82)		11(2) (2.48)
대구	3 (42.86)	4 (57.14)		7 (1.58)
대전				0 (0.00)
부산	11 (64.71)	4 (23.53)	2 (11.76)	17 (3.84)
서울	11 (52.38)	5 (23.81)	5 (23.81)	21 (4.74)
인천	6 (46.15)	4 (30.77)	3 (23.08)	13 (2.93)
전남	1 (100.00)			1 (0.23)
충남	20 (71.43)	8 (28.57)		28 (6.32)
충북	39 (65.00)	13 (21.67)	8 (13.33)	60 (13.54)
합계	326 (75.99)	69 (16.08)	34 (7.93)	429 (96.84)

주: 기관수 중 ( )의 값은 자활공동체, 그 외의 값들은 모두 자활근로.

형 화장실과 청결한 관리상태 유지미흡으로 민원이 발생하고 있는 공중화장실에 대한 관리업무 대행을 진행하여 지역 내 고용창출 효과를 높일 수 있다.

(3) 주민자치센터 건물환경관리 사업

주민들의 이용도가 높은 주민자치센터 시설에 대한 체계적인 환경관리 업무수행의 필요성을 부각시켜 주민자치센터에 환경관리 전담인력을 편성하도록 하여 신규 일자리 창출의 가능성을 열어갈 수 있다.

(4) 기타 사업

경로당 환경관리사업, 각종 복지시설 환경관리사업, 시내버스 정류장 환경관리사업 등 고용창출효과가 높은 사회공공서비스 영역에서의 청소사업 아이템이 다양하게 존재하고 있다.

2. 사회적 기여방안

1) 고용창출효과

공공영역에서의 환경관리사업은 어느 지역에서나 폭넓게 진행할 수 있는 사업영역이고, 또한 시설들이 고르게 산재해 있어 지역마다 요구되고 있는 취약계층의 지속적이면서 안정으로 활동할 수 있는 사업장을 제공할 수 있다. 초·중등 교육시설에 대한 환경관리사업만 하더라도 도시와 농촌을 가리지 않고 일자리를 만들어 낼 수 있으며, 환경관리 범위와 방식을 어떻게 채택하느냐에 따라 1만 명에서 5만 명까지의 고용창출효과를 낼 수 있을 것으로 예상된다.

2) 사회서비스 확충

공공서비스에 대한 요구가 증대되면서 다양한 용도의 공공이용시설들이 지역마다 설립·운영되고 있지만, 그 시설을 이용하는 주민들의 건강과 환경에 대한 이해가 부족한 상황이어서, 시설운영 주체들이 시설 이용자들이 쾌적하고 건강하게 시설을 활용할

수 있도록 공공서비스의 질을 올려주는 역할을 담당하며, 나아가 안전한 건물환경 관리
방식 수행을 통해 환경을 저해하는 요소를 최소화하여 생태환경에 대한 책임성도 높일
수 있다.

3. 사회적 기업으로서의 제도적 전망

광역시·도 단위의 사회적 기업의 연합체인 조합이나 법인 설립을 통해 사회적 기업
으로서의 역할과 위치를 확보할 수 있는 토대를 마련할 수 있다고 보인다.

1) 단위 구성별 역할

(1) 시·군·구 지역사업단
기초 지자체를 기반으로 지역 내 청소사업을 전담으로 수행해주는 역할을 담당하며,
참여자 선정과 관리를 책임진다.

(2) 광역시·도 사업단
각 지역사업단의 통합조직 구성을 통한 지역사업단의 사업력 강화를 위해 기술 교육,
홍보활동 지원, 물류 등의 지원 업무와 광역시·도 단위의 대단위 일자리 창출사업을
기획·추진하는 역할을 담당한다.

(3) 전국 중앙조직
청소사업에서의 사회적 기업 전국조직으로, 각종 사회적 기업 지원정책과 사회 공공
성을 요구하는 아이템을 개발하며, 시장에서의 새로운 기술정보 데이터 축적과 기술의
표준화와 향상을 위해 다양한 통합 교육 매뉴얼 개발 및 기술검증 시스템 구축의 역할
을 담당한다.

2) 단위 구성별 조직 구성 방안

(1) 전국 단일 사회적 기업

시 · 군 · 구 지역사업단- 프랜차이즈 가맹점 형식의 독립된 개인사업자, 광역시 · 도 사업단- 단일 법인의 광역 지사로 구성, 전국 중앙조직- 전국 단일 사회적 기업 법인의 중앙 본사 역할을 한다.

(2) 조합 형식의 전국조직

시 · 군 · 구 지역사업단- 회원조직으로 독립적 사업운영, 광역시 · 도 사업단- 연합체의 지부로 구성, 전국 중앙 조직- 일종의 협회조직으로 사단법인 형식으로 구성한다.

(3) 사회적 기업과 조합의 융합

시 · 군 · 구 지역사업단- 광역 사회적 기업의 지점으로 구성, 광역시 · 도 사업단- 시 · 군 · 구 지역사업단을 지점으로 구성한 사회적 기업으로 형성, 전국 중앙 조직- 광역시 · 도의 사회적 기업들의 연합체로서 협회의 역할을 담당한다.

위 세 가지 구성방식 중 전체 조직의 원활한 운영과 각 지역 조직의 독립적 활동들이 활발하게 발휘될 수 있는 조직체계를 선정해야 할 것이다.

Ⅳ. 사업 운영방안

1. 참여자 구성과 역할 배치 및 인력 동원능력 확대

국민기초생활보장법상의 수급권자, 차상위계층 위주의 구성으로 인한 전문성 약화와 업무수행능력의 한계를 청년실업층과 해당분야 전문인력 등이 적극적으로 결합할 수 있는 통로와 제도를 구성함으로써 내실있는 성장을 이룰 수 있도록 인적 토대를 확대한다.

또한 무리하게 자활사업 참여자들에게 경영능력과 기술향상을 꾀하기보다는 참여자의 체력, 기술습득능력, 활동여건, 참여의욕 정도, 사회경력 등을 고려하여 적절한 역할배치와 업무분장을 진행하고 전문 경영진을 배치하며, 참여구성원들이 민주적 참여구조를 거쳐 사업경영과 조직운영에 참여할 수 있는 통로를 시스템으로 구축한다.

그리고 각 지역의 사업단 인력 현황을 조사·분석하여 대행사업 적합역량과 용역사업 적합역량을 구분한다. 대행사업 참여가 가능한 인력들을 대행사업의 규모와 수행능력의 요구도에 따른 배치가 원활이 이루어질 수 있는 시스템을 구축하여 필요한 역량만큼 대행사업팀을 구성한다. 용역사업은 단위 지역을 중심으로 확보 가능한 용역물량에 따라 인력들을 확대하는 시스템을 구축한다. 이를 통해 수용가능 인력 이상으로 인적구성원이 확대되어 사업전체의 재정구조 악화를 초래하지 않도록 한다.

2. 일감확보(수요창출)

1) 일반시장

성장형 중소도시와 대도시에서 새로이 형성되고 있는 시설물들에 대한 전문 영업활동과 서비스의 차별회 전략을 통해 건물관리 용역 물량을 확대해나간다.

2) 기업시장

대기업 사회공헌사업과 연계하여 기업 건물관리 영역에서 취약계층을 배려한 시장들을 확보해 나간다.

3) 공공시장

제도 개선과 새로운 공공서비스 개발을 통해 신규예산을 확보하여 대단위 일자리를 창출한다.

4) 특수시장

시설물들의 대형화, 다양화, 고급화 추세에 맞는 특수 영역의 관리기술 확보와 개발을 통해 경쟁력을 갖추고 시장을 확보한다.

3. 경영/기술배양

첫째, 사회적 기업의 경쟁력 강화와 기술력 향상을 위한 사무국과 기술교육 물류센터를 광역 또는 전국 중앙조직단위 산하에 두고 각 지역 조직에 대한 재무회계, 노무관리, 기술정보, 기능교육, 영업활동에 대한 체계적 운영이 가능하도록 한다.

둘째, 광역단위로 영업을 진행할 수 있는 전문 영업 역량을, 외부 영입과 내부 발굴을 통해 광역조직 단위로 영업 전담인력을 전진 배치하여 적극적 사업 수주가 가능하도록 한다.

셋째, 개별 지역단위의 업무를 총괄하고 중앙 단위와의 통로 역할을 원활히 수행하면서 현장을 지휘 · 감독할 수 있는 중간 지도역량을 발굴하여 단위조직의 높은 사업수행 능력을 갖추도록 한다.

넷째, 개별 영세사업단들의 조직적 취약성을 사무국의 조직운영으로 지원하고, 지역 사업조직들의 내부 불안요인과 외부 장해요소들에 대한 대응력을 높인다.

다섯째, 영세 지역사업단의 통합을 통한 규모의 확대로 자본규모와 설비를 확대하고, 이를 바탕으로 한 각종 인허가 및 신고 업종에 대한 자격을 취득하여 공공시설에 대한 관리를 수행하기 위한 일정 정도의 수행능력에 대한 신뢰도를 갖춘다.

4. 홍보

지역 내에서 개별사업단의 낮은 브랜드 이미지와 체계적인 홍보대책 부족으로 사업단의 인지도 확보에 어려움이 있으므로 이를 극복하기 위해 종합적인 홍보계획을 수립하고, 진행을 총괄하여 효율성을 높이고 브랜드 이미지를 강화하여 사회적 기업에 대한 사회인식의 확대를 유도할 필요가 있다.

이를 위해서는 단일 브랜드 개발과 브랜드 이미지 제고작업, 통합홈페이지 구축과 온라인 홍보방안 모색, 사업영역별 인쇄홍보물 제작과 배포전략 수립, 언론매체 홍보방안 수립, 공공기관 대상 정기 홍보물 제작계획 수립과 홍보 등이 필요하다.

5. 교육

환경유지관리서비스 사업은 일정 수준의 기능이 필요하며, 시장의 요구에 부응하는 새로운 기능 교육이 지속적으로 실시되어야 하고, 청소기능을 객관적으로 평가하여 자격을 부여함으로써, 전문기능인으로의 자부심과 사회적 인식을 제고할 필요가 있다.

통합(기능, 교양, 공동체) 교육 매뉴얼 개발, 중장기 교육 실행계획 수립 및 운영, 전문기능교육 실행평가지표 개발과 평가, 실행실무자 기능강화 교육과 교양교육이 이루어져야 할 것이다.

6. 제도적 여건

첫째, 사회적 기업에 대한 인정 요건이 확립되어 명확한 지위를 확보해야 한다.

둘째, 사회적 기업이 공공서비스 부분에서 우선 참여가 보장되기 위해 우선 구매대상 기업으로 편입되어야 한다.

셋째, 세법상의 면세혜택과 4대 보험에 대한 감면이 이루어져야 한다.

넷째, 도급계약에 있어 바로 위 도급회사 귀책사유로 하수급인의 근로자에게 최저임금이 지급되지 못할 때 바로 위 수급인의 연대책임을 제도화할 수 있어야 한다.

다섯째, 사업안정화와 확대를 위해 초기 필요자본에 대한 장기의 저리 융자지원제도를 확립해야 한다.

V. 사업활성화를 위한 지원

1. 교육물류센터 설립지원

사회적 기업 참여자들의 지속적인 기능 향상과 업무수행 표준화를 위해서는 교육시스템의 확충이 요구되며, 청소사업 수행에 필요한 물품들의 원활한 공급을 위한 물류시스템도 함께 요구된다.

2. 공공서비스 영역에 있어서의 적절한 예산 확보와 집행

공공서비스 영역에서 사회적 기업이 업무를 수행하고 있으나, 공공시설들이 적정한 예산을 투입하지 못함으로써 참여자들이 안정적으로 일할 수 있는 공간으로 자리매김하지 못하고 있다.

3. 초기 사업참여자들에 대한 인건비 지원구조

초기 사업참여자들의 낮은 생산성으로 인한 취약한 경쟁력을 일정기간 동안의 훈련실습을 통해 사업수행능력을 향상시킬 필요가 있으며, 이 기간 동안 일정의 급여지원구조가 마련되어야 한다.

4. 전문집단의 적극적 결합

사업참여자들의 전문성을 체계적으로 향상시키는 데 한계가 있고, 전문적 경영능력도 부족하다. 따라서 전문인력들이 사회적 기업에 참여할 수 있도록 하는 방안을 강구해야 한다.

5. 운영자금에 대한 지원

　초기 사업활성화와 경쟁력 확보를 위해서는 운영자금이 많이 소요된다. 자본금을 충분히 갖추지 못한 상황에서 사업을 성장시키는 데는 한계가 있으므로 운영자금이 지원되어야 한다.

참고문헌

한국자활후견기관협회(2005), 『청소기술 이론 · 실제』.

보건사회연구원(2005), "사회적 일자리 활성화 및 사회적 기업 발전방안 연구".

ㄴ

ㄷ

저자 소개

이 인 재
서울대학교 사회복지학과
서울대학교 대학원 사회복지학과 석사, 박사
현 한신대학교 재활학과 교수

노 대 명
인하대학교 정치외교학과
파리2대학 정치사회학 박사
현 한국보건사회연구원 연구위원

모 세 종
조선대학교 사범대학 국어교육과
(사)한국자활후견기관협회 사업지원국장
현 자활정보센터 사업개발팀장

신 명 호
서울대학교 인류학과
서울대학교 대학원 인류학과 석사, 사회복지학과 박사과정
현 한국도시연구소 부소장

엄 형 식
한국외국어대학교 불어과
한림대학교 사회학과 박사과정 수료
현 집수리자활공동체연대 운영위원

오 승 환
서울대학교 사회복지학과
서울대학교 대학원 사회복지학과 석사, 박사
현 울산대학교 정책대학원 사회복지전공 부교수

이 문 국

건국대학교 사회복지학과
숭실대학교 사회복지학과 박사수료
현 안산공과대학 사회복지학과 조교수

이 종 수

서강대학교 경영학과
연세대학교 사회복지학과 석사
현 빈부격차차별시정위원회 위원

이 철 종

시흥 작은자리자활후견기관 청소사업팀장
(사)한국자활후견기관협회 청소네트워크 대표
현 (주)함께일하는세상 대표이사

최 은 미

전북대학교 대학원 사회복지학과 석사
전북여성자활지원센터 사업지원팀장
현 여성자활지원센터 자문위원

한 상 진

서울대학교 경제학과
서울대학교 대학원 사회학과 석사, 박사
현 울산대학교 사회학과 교수